Knaur.

Knaur.

*Weitere Bücher von Gerhard Wisnewski
im Knaur Taschenbuch Verlag:*
Das RAF-Phantom (mit W. Landgraeber und E. Sieker)
Verschlußsache Terror
Drahtzieher der Macht
Das *Titanic*-Attentat
verheimlicht – vertuscht – vergessen 2007 bis 2012

Über den Autor:
Gerhard Wisnewski, geboren 1959, beschäftigt sich mit den verschwiegenen Seiten der Wirklichkeit. Seit 1986 ist der studierte Politikwissenschaftler als freier Autor, Schriftsteller und Dokumentarfilmer tätig. Viele seiner Bücher wurden Bestseller, unter anderem *Operation 9/11*, *Das RAF-Phantom* und v. a. auch die Vorgänger dieses anderen Jahrbuchs.
www.wisnewski.de

Gerhard Wisnewski

2013
Das andere Jahrbuch

verheimlicht vertuscht vergessen

Was 2012 nicht in der Zeitung stand

KNAUR TASCHENBUCH VERLAG

www.wisnewski.de

Besuchen Sie uns im Internet:
www.knaur.de

Originalausgabe Januar 2013
Copyright © 2013 by Knaur Taschenbuch
Ein Unternehmen der Droemerschen Verlagsanstalt
Th. Knaur Nachf. GmbH & Co. KG, München
Alle Rechte vorbehalten. Das Werk darf – auch teilweise –
nur mit Genehmigung des Verlags wiedergegeben werden.
Redaktion: Thomas Bertram
Bildredaktion: Sylvie Busche
Umschlaggestaltung: ZERO Werbeagentur, München
Satz: Adobe InDesign im Verlag
Druck und Bindung: CPI – Clausen & Bosse, Leck
Printed in Germany
ISBN 978-3-426-78467-9

5 4 3 2 1

Das Publikum wird eher die einfache Lüge als die komplizierte Wahrheit glauben.
Alexis de Tocqueville (1805 bis 1859)

Nie haben die Massen nach Wahrheit gedürstet. Von den Tatsachen, die ihnen missfallen, wenden sie sich ab und ziehen es vor, den Irrtum zu vergöttern, wenn er sie zu verführen vermag. Wer sie zu täuschen versteht, wird leicht ihr Herr. Wer sie aufzuklären sucht, ist stets ihr Opfer.
Gustav le Bon, Psychologie des foules, 1895

"haben wir doch gelernt, dass der Mensch frei ist... wenn noch klar wäre, worin." Gorbatschow

Inhalt

Vorwort 9

Einführung 11

Januar 2012:
NSU: Kam der Killer vom Verfassungsschutz? 17

Februar 2012:
Störfall Bundespräsident – Warum musste
Christian Wulff wirklich zurücktreten 40

März 2012:
Toulouse-Attentate –
»Schützenhilfe« für Sarkozy? 69

April 2012:
»*Titanic*-Eisberg« verzweifelt gesucht 102

Mai 2012:
Der Schwindel mit der »Todesfatwa« 137

Juni 2012:
Menschenrechtler: Die erstaunliche Geschichte
von Amnesty International 165

Juli 2012:
Organentnahme ist gleich Mord 207

August 2012:
Armstrong: A fucking big lie for mankind 252

September 2012:
Inklusion – Angriff auf das Schulsystem 275

Oktober 2012:
Mars-Rover *Curiosity* –
seltsame Funde auf dem Mars 303

November 2012:
Hurrikan »Sandy« gewinnt für Barack Obama
die US-Präsidentschaftswahl 330

Trends 2012 337

Nachwort 352

Bildnachweis 353

Register 354

Vorwort

Kann ein Bundespräsident ein Störfall sein? Kann es sein, dass der Verfassungsschutz Morde begeht? Ist es denkbar, dass all die schönen Hollywoodfilme psychologische Kriegführung sind? Wollte der französische Präsident Sarkozy mit Hilfe von Attentaten an der Macht bleiben? Werden wir von Menschenrechtsorganisationen angelogen? Verursachte die Schweinegrippe-Impfung die Schlafkrankheit Narkolepsie? Das alles waren Fragen, die sich uns 2012 stellten – aber bei weitem nicht alle. Denn 2012 war nicht ein x-beliebiges Jahr, sondern möglicherweise das erste »richtige« Vorkriegsjahr auf dem Weg in einen größeren Krieg. Rund um den Iran verdichteten sich die Spannungen. In Syrien führten die Großmächte einen fast unverhohlenen Stellvertreterkrieg. Und wie immer wurde dabei gelogen, dass sich die Balken bogen.

Auch 2012 wurde wieder deutlich, dass unsere Realität zunehmend durch flimmernde Bilder ersetzt wird: Bilder zum Beispiel, die Leichen zeigten, die gar keine waren – oder zumindest nicht die, für die man sie ausgegeben hatte; Bilder, die der Mars-Rover *Curiosity* vom Mars lieferte – oder sollte ich sagen vom »Mars«? Oder Bilder von Unruhen in Krisenherden, die alles Mögliche bewiesen – und gleichzeitig nichts. Und zwar, weil man sie keinem bestimmten Gebiet oder keinen bestimmten Menschen zuordnen konnte. Auch 2012 hieß es daher: Nicht die Realität bestimmt die Politik, sondern das, was man uns in den Hauptnachrichten zeigt – und die Geschichten, die man dazu erzählt. Oder müsste es heißen: erfindet?

Auch 2012 ähnelten wir wieder den Menschen in Platons Höhlengleichnis. Diese Menschen sitzen in einer Höhle gefangen und bekommen von der Außenwelt nur die Schatten mit, die durch den Höhleneingang fallen. Die Menschen außerhalb der Höhle veranstalten dabei eine Art »Schattentheater«, indem sie immer wieder verschiedene Gegenstände am Höhleneingang vorbeitragen, deren Schatten auf die innere Höhlenwand fallen. Sie selbst verbergen sich dabei jedoch hinter einer Mauer. Und wenn die »Außen-Menschen« sprechen, meinen die »Höhlenbewohner« die Stimmen der Schatten zu hören. Besser kann man unsere heutige Medienwelt kaum darstellen. Auch Platon ging dabei bereits von einer »Inszenierung« bzw. Täuschung aus. Sogar die getrennten Text- und Bildebenen in Film und Fernsehen hat er gleichsam schon »vorausgesehen«. Und natürlich, dass die Höhlenbewohner (= Fernsehzuschauer) die Trugbilder mit der Realität verwechseln würden. Nur dass man die Menschen 2000 Jahre später nicht mit einigen Schatten, sondern mit Milliarden bunter Bilder bombardiert hatte, konnte der antike Philosoph natürlich nicht wissen.

Auch 2012 geht es daher um die Frage, ob wir es schaffen werden, aus der Höhle bzw. dem Kaleidoskop der Trugbilder herauszukommen. Dazu möchte ich einen bescheidenen Beitrag leisten.

München, im November 2012
Gerhard Wisnewski

Einführung

»Was darf man in Deutschland nicht alles sagen!«, wird mancher nach der Lektüre dieses Buches ausrufen. Zwar mag es hierzulande viele Missstände geben. Tatsächlich erscheint aber gerade dieses Jahrbuch vielen Lesern als der Beweis für die Lebendigkeit deutscher Demokratie und Pressefreiheit. Mit anderen Worten, dieses Buch ist »systemfunktional«. Es gaukelt eine Demokratie und Meinungsfreiheit vor, die es in Wirklichkeit so nicht gibt. Wie bitte? Aber stehen nicht immer wieder die kritischsten Kapitel in diesem Buch? Schon, aber dabei erfährt natürlich kein Mensch, was nicht in diesem Buch steht – was alles nicht geschrieben werden kann und darf, weil der Autor sonst um seine Existenz oder gar Freiheit fürchten müsste. Zahllose Themen können gar nicht veröffentlicht werden, und wenn, dann nur in stark entschärfter Form. Dass ich Ihnen nicht einmal sagen kann, um welche Themen es sich handelt, liegt in der Natur der Sache. Umso mehr bin ich entschlossen, die verbleibende Pressefreiheit bis an ihre Grenzen in Anspruch zu nehmen. Denn – auch das ist ein Gesetz der Demokratie – wer sie nicht nutzt, muss sich nicht wundern, wenn sie irgendwann verschwindet. So habe ich auch diesmal jede Menge brisante Recherchen für Sie angestellt – in der Hoffnung, die herrschende Meinung über das vergangene Jahr 2012 etwas korrigieren zu können.

Erst kommt die *Bild*-Zeitung, dann kommt die NATO

Zweitens habe ich in diesem Jahrbuch zum ersten Mal ein Schwerpunkt-Thema vorgesehen, und dieses Schwerpunkt-Thema sind die Krisengebiete Naher Osten und Iran. Denn wie es aussieht, entscheidet sich hier das Schicksal des gesamten Globus. In diesen Vorkriegsjahren verdichten sich die Konflikte zwischen mehreren Weltmächten: Auf der einen Seite drängen die USA, Israel und Großbritannien immer weiter nach Osten, auf der anderen Seite sehen China und Russland dadurch ihre Interessen bedroht. Dazwischen liegen Syrien und der Iran. Nach dem Motto »Erst kommt die *Bild*-Zeitung, dann kommt die NATO« wird – abgesehen von Syrien – zurzeit gegen kein Land so gehetzt wie gegen den Gottesstaat zwischen Kaspischem Meer und Persischem Golf. In Zeiten der Kriegshetze ist aber nichts so wichtig, wie miteinander zu reden. Da meine Arbeit davon bestimmt ist, nichts »einfach so« zu glauben, sondern mir selbst ein Bild zu machen, habe ich im April 2012, zusammen mit anderen Journalisten, Fotografen und Intellektuellen, zehn Tage lang den Iran bereist. Dabei traf ich auch den iranischen Präsidenten. Und auf diese Reise möchte ich Sie gerne mitnehmen.

Muggel und solche, die es bleiben wollen

Drittens wollte ich hier einen Begriff einführen, der mich seit geraumer Zeit fasziniert, nämlich den Begriff »Muggel«. In den Harry-Potter-Romanen sind die »Muggel« die ahnungslosen Spießbürger, die in ihrer kleinen Welt leben, ohne mitzubekommen, was um sie herum vorgeht. So haben sie keine Ahnung von dem geheimen Krieg der großen Zauberer und von den zwischen Gut und Böse tobenden Schlachten um die Zukunft der Welt. Stürzt zum Beispiel in London eine Brücke ein, erzählen die Muggel-Nachrichten etwas von einem Terroranschlag, während es sich in Wirklichkeit um eine Aktion im Rahmen des verdeckten Krieges handelte. Das heißt, selbst in diesem populären Bestseller gibt es den Gedanken des verdeckten Krieges und der Attentate »unter falscher Flagge«, der auf diese Weise Kindern auf der ganzen Welt nahegebracht wird. Im dritten Stock des Zaubereiministeriums residiert sogar ein »Komitee für muggelgerechte Entschuldigungen«, das laut Harry-Potter-Wiki die Aufgabe hat, »mit unverdächtigen Erklärungen für magische Vorkommnisse

aufzuwarten, die vor Muggeln nicht vertuscht werden können«. So wurde beispielsweise die magische Zerstörung eines Straßenabschnitts durch einen Bösewicht namens Peter Pettigrew »als Folge einer ›Gasexplosion‹ erklärt«.
Außerdem gibt es in der Harry-Potter-Welt noch das »Amt für Desinformation des Zaubereiministeriums«. Es verbreitet ebenfalls »unverdächtige Erklärungen«, und zwar »für Vorkommnisse, die selbst in der Muggelöffentlichkeit mit Magie in Verbindung gebracht werden«, das heißt für Ereignisse, die sogar die Muggel »verdächtig« finden. Als Beispiel wird das Erscheinen eines unheimlichen Tierwesens »in der furchterregenden Gestalt einer Seeschlange« genannt, das von diesem Amt »erfolgreich als reine Presseerfindung verharmlost« wird.

Das Zaubereiministerium lässt sich am besten mit unseren Geheimdiensten vergleichen: nämlich als Quelle für Foul Play ebenso wie für andere Ereignisse, bei denen auf die eine oder andere Weise kräftig nachgeholfen wird. Wobei das Ergebnis der Trickserei hinterher als ganz »normal« und »natürlich« verkauft wird. Nehmen wir nur den Bürgerkrieg in Syrien. Während die Medien den Eindruck erwecken, der Konflikt sei ein ganz natürlicher und spontaner Ausdruck des Volkszorns, werden die Aufständischen in Wirklichkeit von ausländischen Militärs und Geheimdiensten finanziert und bewaffnet.
Auch in unserer Realität binden uns Muggel-Nachrichtensendungen wie die »Tagesschau« oder »heute«, Magazine wie der *Spiegel* oder der *Stern* und Tageszeitungen wie die *Süddeutsche* oder die *Frankfurter Allgemeine Zeitung (FAZ)* jeden Tag neue Bären auf. Das hat auch damit zu tun, dass Muggel nirgendwo so gut unterkommen wie in unseren Medien. Das Muggeltum ist heutzutage geradezu die wichtigste Qualifikation für einen Journalisten. Menschen, welche die herrschende politische Fiktion hartnäckig mit der Realität verwechseln, sind wie geschaffen für den Job.

Leute, die über den Tellerrand hinausblicken können, sind dagegen nicht mehr gefragt. Ziel dieser ganzen Kampagnen ist es, uns schön in unserem kleinen geistigen Muggel-Häuschen einzusperren. Daher sind übrigens auch die vielbeschworenen »demokratischen Wahlen« eine Fiktion. Und dafür müssen nicht einmal Wahlergebnisse manipuliert werden. Es reicht, wenn man das Denken manipuliert. Denn geistige Freiheit ist die Voraussetzung für wirkliche Freiheit. Wenn die Wähler aber in ihrer geistigen Muggel-Welt eingesperrt bleiben, dann spiegelt sich das natürlich auch im politischen System wider. Und damit ist gewissermaßen auch der Bundestag das reinste »Muggel-Parlament«.

Der Blick aus dem Muggel-Fenster

Dieses Buch hingegen ist nichts für Muggel – jedenfalls nicht für solche, die es bleiben wollen. Denn immer wieder kann man beobachten, dass Menschen gar nichts wissen und gar nicht aufgeklärt werden wollen. Auch dieser Gedanke taucht bei Harry Potter auf. Dort gibt es ein Buch mit dem Titel »Die Philosophie des Weltlichen: Warum die Muggel es lieber nicht wissen wollen«. Darin wird behauptet, unter Muggeln sei ausgemacht, dass es »ganz normale« Erklärungen für alle merkwürdig erscheinenden Ereignisse gibt und geben müsse (siehe Harry-Potter-Wiki). Der französische Publizist und Politiker Alexis de Tocqueville (1805 bis 1859) drückte es etwas anders aus: »Das Publikum wird eher die einfache Lüge als die komplizierte Wahrheit glauben.« Und der Vater der Massenpsychologie, Gustave Le Bon, behauptete, dass die Massen lieber den Irrtum als die Wahrheit vergöttern. Denn die Menschen spüren unwillkürlich, dass sie nach bestimmten Erkenntnissen nie wieder in ihrem kleinen warmen Muggel-Häuschen unbekümmert auf dem Sofa sitzen könnten. Die Wahrheit macht ihnen eine Heidenangst – die ich Ihnen, liebe Leserinnen und Leser, natürlich nicht einjagen will. Ich will nur das eine oder andere Fenster öffnen: Viele Menschen entdecken die

Realität, indem sie zunächst einmal nur aus einem Fenster ihres Häuschens gucken. Bei diesem »Fenster« handelt es sich um irgendein Thema, das ihnen die Augen öffnet. Für viele waren das die Attentate des 11. September 2001, von denen ausgehend sie sich immer größere Bereiche der Realität erschlossen. Bei wieder anderen waren es die Geheimdienst-Attentate unter dem Siegel der »RAF«, die »Klimakatastrophe« oder die angeblichen Massenvernichtungswaffen in Irak. Wieder andere kamen anhand der Machenschaften rund um das Glühbirnenverbot der EU »auf den Trichter«. Bei vielen folgt auf ein derartiges »Initiationserlebnis« eine Übergangsphase, in der sie zwar diese eine, neue Realität anerkennen, aber die vielen anderen alten Irrtümer weiter mit Zähnen und Klauen verteidigen, sprich: die anderen Fenster in ihrem Haus nicht öffnen wollen. Erst wenn es ihnen gelingt, die Denkmethode, die sie ihren ersten Irrtum erkennen ließ, auf alle anderen Bereiche anzuwenden, können sie weitere Bereiche der Realität erkennen. Und genau für diese Mutigen gibt es die »anderen Jahrbücher« – und natürlich auch für all jene, die ohnehin schon längst aus ihrem Muggel-Häuschen ausgezogen sind.

Januar 2012

Tatverdächtige der »NSU«-Terrorzelle

Thema des Monats *5.1.:*
NSU: Kam der Killer vom Verfassungsschutz?

5.1. *NSU: Kam der Killer vom Verfassungsschutz?* **13.1.** Havarie des Kreuzfahrtschiffs *Costa Concordia* vor der Insel Giglio ***17.1. »Döner-Morde« wird zum Unwort des Jahres gewählt***/Martin Schulz (SPD) wird zum Präsidenten des Europäischen Parlaments gewählt **21.1. *»Solo-Weltumseglerin« Laura Dekker beendet ihre Weltreise***/US-Verteidigungsminister Panetta kündigt Entsendung des Flugzeugträgers *Enterprise* in den Persischen Golf an **23.1.** Die EU verhängt ein Ölembargo gegen Iran/Die Drogeriekette Schlecker beantragt Insolvenz **30.1.** 25 EU-Staaten beschließen Fiskalpakt und billigen den Euro-»Rettungsfonds« ESM

5. *Januar* NSU:
Kam der Killer vom Verfassungsschutz?

Der 5. Januar 2012 erregt kein großes Aufsehen in den Medien. Und das ist seltsam: Denn an diesem Tag wird dem Ermittlungsrichter beim Bundesgerichtshof der Teufel persönlich vorgeführt. Nur sechs Wochen zuvor wurde er verhaftet – im Rahmen einer Mords-Show: »Über dem brandenburgischen 100-Einwohner-Dörfchen Grabow schwebte an diesem Tag plötzlich ein Hubschrauber ein«, hieß es auf *Welt Online* (1.7.2012). Und damit noch nicht genug, seilten sich aus dem Hubschrauber nun auch noch vermummte GSG-9-Leute über dem beschaulichen Nest ab: »Die martialische Aktion in der Provinz sorgte für beeindruckende Fernsehbilder in den Hauptnachrichten. Die Botschaft war klar: Jetzt legt der Staat den braunen Sumpf trocken.« Donnerwetter! Und tatsächlich: Wenig später schlurfte der Gott-sei-bei-uns im schwarzen Kapuzenshirt, flankiert von zwei Maskenmännern der Polizei, von dannen und verschwand hinter schwedischen Gardinen. Der frühere Videoproduzent André E., so der weltliche Name des braunen Beelzebubs, soll die Bekennervideos zu den »Döner-Morden« der sogenannten Zwickauer Terrorzelle (= Nationalsozialistischer Untergrund, NSU) angefertigt haben. Wie inzwischen hinreichend bekannt, beging die »Zwickauer Terrorzelle« zwischen 2000 und 2007 angeblich das perfekte Verbrechen – oder besser gesagt: *die* perfekten Verbrechen. Neun türkische und griechische Kleinunternehmer und eine Polizistin soll die Terrorzelle erschossen haben, ohne dabei auch nur eine verwertbare Spur zu hinterlassen. Bis zum 4. November 2011. An diesem Tag sollen zwei Verdächtige nach einem Banküberfall in Eisenach ihr Wohnmobil angezündet und sich selbst erschossen haben. In dem Wohnmobil fand sich die Dienstwaffe der erschossenen Polizistin. Am selben Tag soll eine Komplizin namens Beate Z. die Zwickauer Wohnung der drei in die Luft gejagt haben, wo sich schließlich die Tatwaffe der Mordserie fand. Z. sitzt seit dem 8. November 2011 in U-Haft.

Der Video-Macher »ist unser wichtigster Beschuldigter in dem Verfahren«, prahlte ein Fahnder laut *Welt Online* (a.a.O.) und »stilisierte André E. sogleich zum ›vierten Mann der Bande‹« hoch. Doch ganz im Gegensatz zu den vollmundigen Behauptungen der Fahnder sind die Beweise dünn, weshalb der Anwalt von André E. auch Haftprüfung beantragt hat. Zunächst allerdings ohne Erfolg. Die mündliche Haftprüfung vom 5. Januar ergab der schlechten Beweislage zum Trotz: André E., im wirklichen Leben Solaranlagenbauer und Vater von zwei kleinen Söhnen, muss weiter im Gefängnis bleiben.

Sie kamen, sahen und schossen

Doch der Reihe nach: Der Vergleich der »Döner-Killer« mit dem Teufel ist nicht so weit hergeholt. Der oder die »Döner-Mörder« bewegt(en) sich schließlich Abstand wie ein böser Geist:

»Der Täter kommt, schießt und verschwindet. Mehr passiert offensichtlich nicht«, heißt es in einer Rundfunksendung über die »Döner-Morde« der NSU. »Er hinterlässt keinen Fingerabdruck, kein Haar, keine Hautpartikel, mit Hilfe derer man ihn gentechnisch überführen könnte. Kein Anzeichen, dass er den Laden durchsucht hat oder die Kasse plündern wollte. Keine Spuren eines Kampfes. Keine Verbindungen zwischen den Opfern. Einfach nichts« (*ARD*-Radio-Feature: »Auf der Suche nach dem ›Dönerkiller‹«, April 2012).

»Der Täter betritt den Laden, tötet sehr schnell dieses Opfer und setzt keine weiteren Verhaltensweisen am Tatort, was natürlich auch die Analyse eines solchen Falles sehr schwierig gestaltet …«, sagt der Profiler Alexander Horn in einer TV-Sendung. »Die Tötungsdelikte sind geprägt von sehr rationalem Handeln, sehr schnelles, effektives Handeln, wir sehen keine Anzeichen dafür, dass sich der Täter länger mit dem Opfer beschäftigt.«

Mit anderen Worten, der oder die Täter »wollten« überhaupt nichts von den Opfern: keine Rache, kein Geld und Sex natürlich schon gar nicht. Sie stahlen nichts, sie randalierten nicht, sie schlugen und quälten ihre Opfer nicht. Das heißt, anders als andere Mörder befriedigten sie keinerlei Bedürfnisse mit ihren Taten. Die Opfer waren ihnen völlig gleichgültig. Eine Beziehung zwischen ihnen und den Erschossenen schien es nicht zu geben. Ein typisches Merkmal für einen professionellen Killer. Das Besondere ist jedoch, dass auch der Auftraggeber kein personenbezogenes Motiv zu haben schien. Denn in drei Fällen wurden gar nicht die wirklichen Ladeninhaber, sondern eher zufällig anwesende Verwandte oder Vertretungen erschossen. Und das heißt, dass weder Killer noch Auftraggeber ihre Opfer kannten, sondern dass diese lediglich nach bestimmten abstrakten Merkmalen ausgesucht wurden. Zum Beispiel: »Ladeninhaber, männlich, südländisches Aussehen«. Statt um Rache, Geld oder Erpressung ging es wohl eher um Symbolik – um einen Angriff auf den »typischen kleinen Migranten«. Also doch Fremden- oder »Rassenhass«? Wohl kaum, denn begleitende Emotionen ließen sich, wie gesagt, an keinem der Tatorte feststellen.

Die Spur führt zum Verfassungsschutz

Das alles ist seltsam. Denn normalerweise werden etwa 95 Prozent aller aufgedeckten Morde aufgeklärt. Wurde ein Mensch erkennbar erschossen, erstochen, vergiftet oder sonstwie ums Leben gebracht, besteht eine etwa 95-prozentige Chance, dass der Täter gefasst wird. Bei einer Mordserie erhöht sich diese Chance mit jeder weiteren Tat, denn jede Tat produziert weitere Ermittlungsansätze: neue Zeugen und neue Spuren zum Beispiel. Nur die Döner-Mordserie hielt sich einfach nicht an die Gesetze der Kriminalistik. Ja, die Gesetze der Kriminalistik schienen regelrecht außer Kraft gesetzt zu sein. Wer ist dazu fähig? Da gibt es tatsächlich nur drei Möglichkeiten: Gott, der Teufel oder die Behörden selbst.

Während die »Döner-Morde« genau wie die Morde der späten RAF als die Taten von Unbekannten ausgegeben wurden, handelte es sich in Wirklichkeit wohl um allzu Bekannte. So gab es spätestens seit 2006 einen dringend Verdächtigen: Der Mann war in jenem Jahr kurz vor dem Mord an einem Internetcafé-Besitzer in dessen Gaststätte gewesen. Bei einer Hausdurchsuchung wurden Waffen und rechtsextreme Schriften gefunden. Laut *FAZ* vom 14. November 2011 bestand inzwischen der Verdacht, dass der Verdächtige das Internetcafé eben nicht, wie von ihm behauptet, vor der Tat verlassen hatte. Und das »Beste«: Der Unbekannte arbeitete für den Verfassungsschutz. Dass er sogar an mehreren »Döner-Tatorten« gesehen wurde, dementierte die Staatsanwaltschaft Kassel zwar, aber ebenso gut hätte sie es bestätigen können. »Ich sehe hier eine Verfassungsschutz-Mordserie«, sagte ich im Januar 2012 in einem Interview: »Darüber müsste man endlich einmal sprechen.« Im selben Monat schrieb ich in einem Artikel: »In Wirklichkeit waren die ›Döner-Morde‹ nie ›rätselhaft‹ oder ›nicht aufklärbar‹. (…) In Wirklichkeit führen sämtliche Spuren zum Verfassungsschutz«:

♦ Die rechte Gruppe »Thüringer Heimatschutz«, der die mutmaßlichen Serienmörder ursprünglich angehört haben sollen, wurde von dem Verfassungsschutzagenten Tino Brandt gegründet und geführt. Gesamthonorar vom Verfassungsschutz: über 200 000 D-Mark (*MDR Online*, 20.6.2012, u. a.).
♦ Kurz nachdem die drei angeblichen Rechtsterroristen, die später zur »Zwickauer Zelle« ernannt wurden, 1998 untergetaucht waren, wurde eine geplante Festnahme durch ein Sondereinsatzkommando in letzter Sekunde abgebrochen (*MDR Online*, 19.11.2011).

- Nach Angaben des *Spiegel* hat der Thüringer Verfassungsschutz Ende der neunziger Jahre drei Mitarbeiter im Umfeld der drei Untergetauchten geführt, wobei nicht ganz klar ist, ob damit nicht die drei mutmaßlichen Terroristen selbst gemeint waren (*Spiegel Online*, 19.11.2011).
- Im Jahr 2006 flog besagter Mitarbeiter des hessischen Verfassungsschutzes auf, der angeblich nicht nur in Kassel, sondern auch an sechs Tatorten der »Döner-Morde« anwesend war (*HNA.de*, 15.11.2011). Nach der Festnahme (und baldigen Freilassung) des Verdächtigen hörte die »Döner-Mordserie« auf.
- In den Trümmern des ausgebrannten Hauses der »Terrorzelle« in Zwickau wurden sogenannte legale illegale Papiere gefunden, wie sie Geheimdienste für ihre Mitarbeiter anfertigen (*Berliner Morgenpost Online*, 14.11.2011).

Ein V-Mann bekennt sich zum Mord

Kurz nach dem letzten Mord in dem Internetcafé Anfang April 2006 wurde versucht, die Ermittlungen »mit Gewalt« bei dem geheimdienstartigen Bundeskriminalamt zu zentralisieren. Die Sache muss so wichtig gewesen sein, dass das BKA 2006 »mit massivem Druck versucht« habe, »die Ermittlungen an sich zu ziehen«, so *tagesschau.de* am 24. Mai 2012. Doch das bayerische Innenministerium habe Widerstand geleistet und sogar von einer »Kriegserklärung« gesprochen. Was war da los? Die Antwort: Die Zentralisierung von Ermittlungen beim BKA bedeutet zunächst einmal die Kontrolle über die Ermittlungen. Und das hat immer wieder dazu geführt, dass Ermittlungen im Sande verliefen. So sind etwa auch sämtliche Morde der »späten RAF« an Leuten wie Alfred Herrhausen, Detlev Karsten Rohwedder und Gerold von Braunmühl bis heute unaufgeklärt geblieben. Unaufgeklärt ist nach wie vor auch der Mord an Generalbundesanwalt Siegfried Buback (1977). Auch hier gibt es deutliche Anzeichen für eine

Verstrickung der Geheimdienste. Zuständig für all diese gescheiterten oder sabotierten Ermittlungen ist das Bundeskriminalamt (als Ermittlungsbehörde der Bundesanwaltschaft). Die Zentralisierung und Kontrolle der Ermittlungen gelingt jedoch nur bei Terrorismusverdacht. Dann darf die Bundesanwaltschaft die Ermittlungen an sich ziehen und das BKA mit den Nachforschungen beauftragen. Da bei den »Döner-Morden« jedoch kein Terrorismusverdacht bestand, scheiterte das Vorhaben zunächst. Der damalige bayerische Innenministers Günther Beckstein kämpfte mit Zähnen und Klauen gegen die Übernahme der Ermittlungen durch das Bundeskriminalamt. Offenbar wollte er die Ermittlungen unabhängig vom BKA zum Erfolg führen. Statt den Fall im »schwarzen Loch« des BKA verschwinden zu lassen, rüstete Beckstein zusätzlich finanziell auf und erhöhte die Belohnung für sachdienliche Hinweise auf sage und schreibe das Zehnfache: von 30 000 auf 300 000 Euro (*tagesschau.de*, 24.5.12).

So verlor das BKA seinen »Krieg« um die Kontrolle der »Döner-« bzw. »Bosporus«-Ermittlungen – mit für die Behörden möglicherweise fatalen Konsequenzen. Denn nun kroch tatsächlich ein Verfassungsschutzmann aus seinem Loch. Spätestens Ende August 2011, nur etwa zwei Monate vor der »Entdeckung« der angeblichen »Terrorzelle«, drohte die ganze Sache zu platzen und das kriminelle Treiben des Verfassungsschutzes aufzufliegen. Am 22. August 2011 berichtete der *Spiegel* von einem Verfassungsschutzagenten, der selbst in einen der neun Morde verstrickt gewesen sei. Er habe bereits Kontakt zu Polizei und Staatsanwaltschaften aufgenommen. Der Mann sei im Besitz der Tatwaffe oder kenne zumindest das Versteck, aus dem sie alle paar Jahre hervorgeholt werde, um einen neuen Mord zu begehen. Der in dem Internetcafé in Kassel 2006 geplante Mord sei dem Verfassungsschutz demzufolge vorher bekannt gewesen, und das Café sei beschattet worden – ohne den Mord dabei zu verhindern.

Land unter beim Verfassungsschutz

Da war Land unter. Erstens mussten nun endlich andere Verdächtige für die Mordtaten her – und zwar vorzeigbare Verdächtige, nicht irgendwelche Verfassungsschutz-Leute. Zweitens musste es sich um »Terroristen« handeln, damit die Ermittlungen endlich beim BKA und bei der Bundesanwaltschaft, die dem Verfassungsschutz nahesteht und einen gewissen personellen Austausch mit dem Geheimdienst pflegt, konzentriert werden konnten. Für den »Terrorismusverdacht« wiederum braucht man nicht nur Verdächtige, sondern auch Bekennerbriefe oder -videos, die diesen Verdacht begründen. Daher ergibt es durchaus Sinn, dass der Verfassungsschutz und andere Behörden spätestens jetzt verzweifelt nach Sündenböcken suchten, mit denen man eine terroristische Vereinigung »gründen« und gleich wieder hoppnehmen, konnte – allerdings nicht, ohne ihr dabei entsprechende Beweismittel unterzujubeln. Was indes nur funktioniert, wenn die Verdächtigen sich nicht mehr wehren können. Deshalb sind die Verdächtigen am besten tot. Man nehme also: zwei Leichen, alle möglichen kompromittierenden Tatwaffen und ein Bekennervideo. So dürfte es zu dem denkwürdigen 4. November 2011 gekommen sein, an dem zwei Leichen zusammen mit Beweismitteln in einem brennenden Wohnmobil lagen und eine weitere »Verdächtige« aus einem brennenden Haus flüchtete.

Leichen, Lügen und Videos

»Nach dem, was ich während dieses Einsatzes gesehen habe, muss ich mich sehr wundern, was dort zwei Tage danach noch alles in der Brandruine gefunden wurde«, sagte einer der Feuerwehrmänner verblüfft (*Hamburger Abendblatt Online*, 20.11.2011): neben den DVDs mit E.s angeblichem Bekennervideo auch ein »Flugblatt« von André E., das in Wirklichkeit ein harmloser Werbeflyer war. Wobei natürlich die Frage auftaucht, warum die angeblichen Terroristen sich nicht gleich nach ihren inzwischen Jahre zurückliegenden Taten dazu bekannten. Welchen Sinn ergeben politische Attentate ohne Bekennerbrief oder Bekennervideo? Und noch verrückter: Wenn es zu den »Döner-Morden« doch ein Bekennervideo gab, warum ließen sie es dann viele Jahre in der Schublade liegen? Fazit: Nichts passt zusammen, weder kriminalistisch noch logisch. Für die Behörden war das Bekennervideo dennoch wichtig, weil die Bundesanwaltschaft das »Döner-Mord«-Verfahren nun endlich an sich ziehen und kontrollieren konnte (nach § 142a Gerichtsverfassungsgesetz).

Ohrfeigen für die Fahnder

Natürlich musste man noch einen »Videoproduzenten« präsentieren. Schließlich konnten die Videos ja nicht aus dem Nichts kommen. Und damit sind wir wieder bei dem früheren Video-Macher und »braunen Beelzebub« André E. Das Verfahren gegen die angebliche Terrorzelle »NSU« entwickelte sich für die Behörden zum Desaster. Ein tatverdächtiger »Helfer« nach dem anderen musste freigelassen werden. Am 14. Juni 2012 schließlich auch André E. Dabei erfuhr man nebenbei, dass sich die Bundesanwaltschaft offenbar nicht auf konkrete Beweise, sondern hauptsächlich auf die Machart des Videos gestützt hatte, um E. zu beschuldigen. Der Bundesgerichtshof stellte laut *Süddeutsche. de* (14.6.2012) jedoch fest, dass den Film auch »ein interessierter Laie« hätte herstellen können – also jedermann. Der Beschluss des Bundesgerichtshofs war eine einzige Ohrfeige für die »Fahnder«. Die von der Bundesanwaltschaft vorgelegten Beweismittel »stuften die Richter zu ›Beweisanzeichen‹ herab« schrieb *Welt Online* am 1. Juli 2012. Und zwar zu solchen, die bei näherem Hinsehen »deutlich an Überzeugungskraft« verlören: »Deutlicher kann ein Gericht seine Missbilligung gegenüber einer als mangelhaft empfundenen Ermittlungsarbeit kaum zum Ausdruck bringen.« Nun, da sieht man mal wieder, was herauskommt, wenn die Bundesanwaltschaft Ermittlungen an sich zieht. Tatsache ist, dass die Behörde im Juni 2012 verzweifelt um jedes inhaftierte Schäfchen ihrer vermeintlichen »Terror-Herde« kämpfte. Schließlich droht ihr ohne Mordvorwurf jedes einzelne abhandenzukommen (sprich: freigelassen zu werden) und die ganze Terror-Konstruktion unter den Händen zu zerbröckeln. Und damit rückt die Frage in den Mittelpunkt des Interesses: Wer war es dann? Im Sommer 2012 waren bereits vier Verdächtige wieder auf freiem Fuß. In U-Haft waren nur noch ein gewisser Ralf W. und Beate Z., die Überlebende des angeblichen »Terrortrios«. Um diesen letzten Rest ihrer vermeintlichen Terrortruppe, insbesondere aber um den Mordvorwurf gegen Beate Z. kämpften die sogenannten Ermittlungsbehörden verzweifelt. Denn ohne Mordvorwurf macht eine Terroristin nun mal nicht viel her. Nachdem ihr keine Beteiligung an den NSU-Morden nachgewiesen werden konnte, konstruierten die Beamten doch noch einen Mordverdacht: Und zwar habe Z., als sie angeblich das Zwickauer Haus anzündete, »möglicherweise das Leben einer älteren Dame in der angrenzenden Doppelhaushälfte gefährdet«, so die Fahnder laut *Welt Online* (2.7.2012). Tja, mühsam ernährt sich das Ermittler-Eichhörnchen. Besser eine Nachbarin als gar nichts. Unter einem Terrormord versteht man normalerweise allerdings etwas anderes. Überdies müsste für einen Mord auch noch der Vorsatz nachgewiesen werden. Dass sie das Haus jedoch anzündete, um ihre Nachbarin umzubringen, wäre selbst für die Bundesanwaltschaft eine etwas zu gewagte juristische Konstruktion.

Verfassungsfeinde im öffentlichen Dienst

In Wirklichkeit geht die ganze Terrorkonstruktion inzwischen nach hinten los. Selbst der ehemalige *Spiegel*-Chef Stefan Aust hat inzwischen kapiert, dass der Verfassungsschutz an den NSU-Morden beteiligt gewesen sein könnte. »Hat ein hessischer Verfassungsschützer einen der NSU-Morde begangen?«, fragte er am 5. Juli 2012 in der *Zeit*. Und das, obwohl Austs früheres Magazin

Der Spiegel Verfassungsschutz und Bundesanwaltschaft jahrzehntelang aus der Hand fraß. Unhinterfragt verbreitete das Magazin die offiziellen Fiktionen über die RAF und den sogenannten Terrorismus, obwohl es für eine Täterschaft der RAF bei den Morden an Herrhausen, von Braunmühl und anderen überhaupt keine Beweise gab. Wenn also selbst jemand wie Aust vom rechten Glauben abfällt, ist wirklich Feuer unterm Dach. Nachdem sich das Terrorkonstrukt NSU also zerlegt hatte, geriet auch der Verfassungsschutz ins Wanken. Die Beweismittelvernichtung, die man den inhaftierten NSU-Verdächtigen unterstellte, fand in Wirklichkeit beim Verfassungsschutz statt. Und Beweismittelvernichtung ist nun mal ein untrügliches Merkmal von Tätern. Nach zahlreichen »Pannen« und Aktenvernichtungen bat der Präsident des Bundesamtes für Verfassungsschutz, Heinz Fromm, am 2. Juli 2012 um die Versetzung in den vorzeitigen Ruhestand. Begründung: Er sei von seinen eigenen Mitarbeitern hintergangen und belogen worden. Schrecklich – dabei ist Lügen, Betrügen und Verschweigen ja geradezu eine Stellenbeschreibung für einen Geheimdienstler. Nur einen Tag später wurde der Chef des Thüringer Verfassungsschutzes, Thomas Sippel, gefeuert. Am 11. Juli 2012 folgte der Rücktritt von Sachsens oberstem »Verfassungsschützer« Reinhard Boos. Ende Juli stand auch der Vizepräsident des Bundesamts für Verfassungsschutz (BfV), Alexander Eisvogel, auf der Abschussliste. Im Bundestag diskutierten die Parteien eine Auflösung oder zumindest umfassende Reform des Verfassungsschutzes in Deutschland. Wurde ja auch Zeit. Denn die schlimmsten Verfassungsfeinde sitzen immer noch im Verfassungsschutz selbst. Allerdings wäre die Bundesanwaltschaft nicht die Bundesanwaltschaft, wenn sie nicht doch noch Anklage gegen die angebliche NSU-Frau Beate Z. erhoben hätte (Nov. 2012). Man darf gespannt sein, mit welchen »Beweisen« die Ermittler dabei aufwarten …

17. Januar »Döner-Morde«:
das Unwort des Jahres

Halt? Sagte ich »Döner-Morde«? Natürlich muss es heißen: »Morde an türkischen Kleingewerbetreibenden« (Bayern 2). Beziehungsweise: »Mordserie Bosporus (…) an Kleinunternehmern mit Migrationshintergrund« *(Wikipedia)*. Beziehungsweise: »Neonazi-Mordserie« – so der neue Titel des entsprechenden *Wikipedia*-Artikels. Puh – ganz schön anstrengend, politisch korrekt zu bleiben. Um sich nicht verdächtig zu machen, muss man sich ständig informieren, wie eine bestimmte Sache gerade genannt werden darf. Doch wie sagte schon der chinesische Friedensnobelpreisträger Liu Xiaobo: »Es muss ein Ende haben, dass Wörter Verbrechen sein können«. Und das gilt nicht nur für China.

Der Kampf für die politisch korrekte Sprache

Am 17. Januar 2012 ächtet die Gesellschaft für deutsche Sprache den Ausdruck »Döner-Morde« für die Mordserie an neun türkischen und griechischen Ladenbesitzern endgültig. Der Ausdruck »Döner-Morde« sei rassistisch. »Mit der sachlich unangemessenen, folkloristisch-stereotypen Etikettierung einer rechtsterroristischen Mordserie werden ganze Bevölkerungsgruppen ausgegrenzt.« Wer also weiterhin »Döner-Morde« sagt, gibt sich damit praktisch als Nazi zu erkennen. Wobei der Ausdruck als griffige Formel für die Mordserie wahrscheinlich ohne jede böse Absicht entstanden ist. Vermutlich wollte damit weder jemand sagen, dass hier leckere gefüllte Fladenbrote gemeuchelt wurden, noch, dass die Mordopfer selbst Döner waren.

Eigentlich hätte jeder selbst drauf kommen können. Aber nein: Der Kampf gegen eine politisch »unangemessene« Sprache muss weitergehen. Das betrifft zum Beispiel auch Begriffe, die im Dritten Reich verwendet wurden. Zwar schufen die Nazis ja tatsächlich auch ein paar spezifisch schreckliche Wörter, wie etwa »Endlösung«, die man nicht mehr in den Mund nehmen will. Aber wussten Sie, dass auch Begriffe wie »Abendland«, »Anschluss«, »Auslese«, »Behinderte«, »Gestapo-Methoden«, »Gleichschaltung«, »Machtergreifung« und »Selektion« verboten sind? Und ob. Denn diese Begriffe sind ebenfalls in einem *Wörterbuch der »Vergangenheitsbewältigung«* aufgelistet – und zusammen mit vielen anderen als quasi »Nazi-verdächtig« gebrandmarkt.* Auch der Begriff »Autobahn« wurde bereits als anrüchig angesehen, weil niemand anderer als Adolf Hitler als »Erfinder« dieser Art von Verkehrswegen gilt. Wer also einen dieser Begriffe benutzt, könnte sich dem Verdacht aussetzen, das Dritte Reich zumindest auf die leichte Schulter zu nehmen. Dabei ist das noch gar nichts. Schließlich gibt es da noch das unsägliche Wort »zurückgeritten«: Als am 31. Juli 2012 der deutsche Springreiter Michael Jung bei den Olympischen Spielen in London einen Null-Fehler-Ritt hinlegte, ließ sich TV-Kommentator Carsten Sostmeier in Anspielung auf den Beginn der deutschen Erfolgsserie zu dem Satz hinreißen: »Seit 2008 wird zurückgeritten.« Womit wir wieder beim Dritten Reich wären. »Adolf Hitler hatte vor dem Reichstag am 1. September 1939 den deutschen Einmarsch in Polen mit den Worten ›Seit 5.45 Uhr wird jetzt zurückgeschossen!‹ begleitet«, belehrte *Spiegel Online* seine Leser noch am selben Tag. Zurückgeschossen – zurückgeritten! Damit hatte Sostmeier sich die Mediengunst endgültig verscherzt. Schließlich schieden sich an Carsten Sostmeier »mit seinen Reitsport-Reportagen schon länger die Geister«, mäkelte *Spiegel Online*. Wie habe die *Frankfurter Allgemeine Sonntagszeitung* schon 2011 in einem Porträt Sostmeiers geschrieben: »Er kommentiere Sport in einer Intensität wie kaum ein anderer in

---

*Thorsten Eitz/Georg Stötzel (Hg.): *Wörterbuch der »Vergangenheitsbewältigung«. Die NS-Vergangenheit im öffentlichen Sprachgebrauch*, 2 Bde., Hildesheim/Zürich/New York o. J.

Deutschland. ›Mal flüstert, dann tremoliert er, haucht ins Mikro, sagt auch mal nichts, um dann zu explodieren.‹« Zwar hatte das bis dato niemanden gestört, im Gegenteil: »2004 gewann Sostmeier für seinen Kommentar zum olympischen Dressurreiten den Deutschen Fernsehpreis«, so *Spiegel Online*. Aber plötzlich war seine Art der Kommentierung nicht mehr gefragt: »2012 bekommt er ihn wohl eher nicht.«

Wer die Sprache beherrscht, beherrscht die Menschen

»Wer die Sprache beherrscht, beherrscht die Menschen«, lautet ein geflügeltes Wort. Und diese Herrschaft will es, dass wir auch »Döner-Mordserie« nicht mehr sagen dürfen, sondern nun den Ausdruck »Neonazi-Mordserie« benutzen müssen. Was natürlich ebenfalls nicht neutral, sondern eine Bewertung ist, die Fakten schafft und ein bestimmtes Denken initiiert. Denn wer sagt uns überhaupt, dass dies wirklich eine »Neonazi-Mordserie« war? Wer auch immer den gleichnamigen *Wikipedia*-Artikel liest, liest ihn jetzt mit der »Brille« »Neonazi-Mordserie«. Dabei könnte man auch ganz andere Brillen aufsetzen. Zum Beispiel »Verfassungsschutz-Mordserie« (siehe vorhergehendes Kapitel).

Auf dem sogenannten Campus der Ideen, einem Industrie- und Bürokomplex in München, wurde nach Art eines Mahnmals sogar eine riesige Hauswand mit Unwörtern bepinselt. Das meiste davon sind Stilblüten und Sprachpanschereien wie etwa »Powerwissen«, »Soft-news-Kompetenz« oder »Konfro-Talk«. Einige hingegen beschreiben äußerst treffend aktuelle Zeitphänomene. Wie »Anschubskandalisierung« oder »Aufregungseskalation« für die Mechanismen des hierzulande üblichen Kampagnenjournalismus. Wir werden in diesem Buch noch weitere Beispiele kennenlernen, wie etwa den Fall des »aus dem Amt gemobbten« Bundespräsidenten Christian Wulff.

Aber warum erzähle ich das alles? Gegenfrage: Wodurch unterscheiden sich Diktatur und Demokratie? Ganz einfach: Unter anderem durch die Unbefangenheit oder Befangenheit, mit der die Menschen reden können. Je mehr man reden kann, wie einem der Schnabel gewachsen ist, umso eher befindet man sich in einer Demokratie. Und je mehr Gedanken man sich machen muss, was und wie man etwas überhaupt noch sagen darf, umso mehr befindet man sich in einer Diktatur. So gesehen ist das Deutschland des 21. Jahrhunderts bei diesem kleinen »Demokratie-Test« bereits durchgefallen. Deshalb an dieser Stelle noch ein heißer Tipp: Wer sich die oben beschriebene Hauswand der »Unwörter« einmal anschauen will, sollte lieber vorsichtig sein. Denn in der Anfahrtsbeschreibung heißt es, sie befinde sich in unmittelbarer Nähe zur Münchener Innenstadt – »mit direktem Anschluss an die Autobahnen A8 und A94«.

21. Januar Laura Dekker: Segel-Genie oder Seenotfall?

Auf die historischen Leistungen der Männer hat ein Großangriff begonnen. Dass immer mehr Frauen nach Extremleistungen streben, ist kein Zufall, sondern Politik. Ob Bergsteigen, Segeln oder Südpol: Überall dort, wo plötzlich Frauen nach Rekorden gieren, ist ihnen die Aufmerksamkeit der Medien sicher. Oft funktionieren die neuen »Rekorde« jedoch nicht ohne mediale Trickserei und Etikettenschwindel. Schon vor zwei Jahren befasste ich mich mit dem vermeintlichen »Weltrekord« der Australierin Jessica Watson, die im Alter von 16 Jahren zu ihrer angeblichen Einhand-Weltumsegelung aufgebrochen war. In diesem Jahr findet der Irrsinn seine Fortsetzung in dem holländischen Segelgör Laura Dekker und seiner Solo-Weltumrundung. Sie war bereits mit 14 Jahren gestartet. Am 21. Januar 2012 feiert sie das Ende ihres Trips auf der Karibik-Insel St. Martin – im Alter von knapp sechzehneinhalb. »Eine Jugendliche allein auf Weltreise«, schwärmte

Spiegel Online tags darauf von Klein Laura: »Den ersten Schritt an Land muss sie zwei Mal machen – ein Fotograf hat den Moment verpasst, in dem Laura Dekker zum jüngsten Menschen wurde, der allein um die Welt segelte.« Was sich gerade so anhört, als habe Dekker seit Beginn ihrer angeblichen Solo-Weltumsegelung im August 2010 keinen festen Boden mehr unter den Füßen gehabt. Dekker sei »der jüngste Mensch«, der die Weltumsegelung »jemals allein geschafft« hat, schrieb auch *tagesschau.de*. Auch für *FOCUS Online* war klar: »Die 16-jährige Holländerin hat als bisher jüngster Mensch allein die Welt umsegelt.« Doch schon bei oberflächlicher Recherche stellt sich heraus: Nichts davon ist wahr.

Ein ganzes Team von Kindergärtnern?

Denn Laura Dekker hat die Welt gar nicht allein umsegelt. Wenn überhaupt, dann konnte sie den Trip offenbar nur mit einem ganzen Team von Kindergärtnern meistern. Schon laut Planung sollte sie an nicht weniger als vierzehn Orten helfenden Besuch bekommen. Immer wieder gab es wochenlange Stopps, mindestens einmal flog Dekker gar nach Hause in die Niederlande. Von einer »Solo-Weltumseglung« kann also gar keine Rede sein und von »nonstop« schon gar nicht. Laut Planung sollte die längste zusammenhängende Zeit allein auf See lediglich drei Wochen betragen. Angeblich wurden dann 47 Tage daraus.

Schon bei Dekkers Ankunft am 21. Januar 2012 auf der Karibik-Insel St. Martin beschlichen einen leise Zweifel. 500 Tage soll sie auf allen Weltmeeren unterwegs gewesen sein, fremde Häfen, Menschen und Länder gesehen und den Gefahren der Meere getrotzt haben. Eine Einhand-Weltumsegelung ist ein Kampf gegen Einsamkeit, Angst, Schlafmangel, Seekrankheit, Verletzungen, Motor- oder Segelpannen, Stürme und hohe Dünungen – kurz: ein Kampf ums eigene Überleben. In Geist und Körper sollte ein derartiger Kampf seine Spuren hinterlassen. Die Persönlichkeit sollte gereift sein, der Körper an Muskeln und natürlich an Bräune zugelegt haben.

Schmal, schüchtern und blass

Nichts von alledem war bei Dekker festzustellen. Bei ihrer Ankunft auf St. Martin ist Laura Dekker exakt dasselbe Girlie, das vor eineinhalb Jahren auf Gibraltar gestartet war: schmal, lieb, schüchtern und vor allem erstaunlich blass. Und zwar farblich genauso wie inhaltlich:

> »Ich habe eine Menge gelernt«, sagt sie an Land in die Mikrophone. Zum Beispiel, »besser zu segeln. Auf dem Ozean gut zu segeln. Mein Boot wurde mein guter Freund. Ich habe auch viel über mich selbst gelernt. Mich zu versorgen. Auch viele andere Dinge, die man schließlich lernt, wenn man alleine reist und alleine lebt. Das ist für mich das Wichtigste« *(IBTimes TV,* 23.1.2012).

»Ich sah eine Menge Wasser, sagt Laura, und Delphine«, zitierte *Spiegel Online* (22.1.2012) das Segel-Mädchen und fragt: »Was hat sie gelernt?« – »Eine Menge übers Segeln, sagt Laura.« – »Was hat sie jetzt vor?« – »Weiß nicht, sagt Laura, ausruhen, duschen, frisches Obst essen.« Die Reise sei immer »angenehm« gewesen, zitierte auch *Tagesspiegel Online* (23.1.2012) Laura Dekker: »Ich habe oft Delphine gesehen. Ich hatte viel Freude und bin sehr glücklich.« Ein bisschen inhaltsleer, finden Sie nicht?

Weltumsegelung oder Wellness-Urlaub?

Auch andere bissen sich an Dekker die Zähne aus. Zum Beispiel Thomas Gottschalk in seiner Talkshow »Gottschalk Live« am 14. März 2012. Man merkte Gottschalk das Misstrauen an. Und Dekker die Vorsicht. Das ganze Gespräch über blieb Dekker ein-

silbig, kurz angebunden und unbestimmt. Das sei doch gefährlich gewesen, fühlte Gottschalk ihr auf den Zahn. Ja, aber jeden Tag mit dem Fahrrad zur Schule zu fahren sei ja auch gefährlich, kam Dekkers bizarre Antwort. Bei ihr zu Hause seien das immerhin zwölf Kilometer. Aber was denn nun gewesen wäre, wenn sie krank geworden wäre – Blinddarmentzündung, Zahnschmerzen oder so. Darauf wusste Dekker keine Antwort. Dass sie dauernd an Land war, zwischendurch wochenlang, erwähnte sie nicht. »Was war denn die gefährlichste Situation?«, wollte der Gastgeber schließlich wissen. Eine journalistische Pflichtfrage, die spektakuläre Geschichten zutage fördern soll. Doch von Dekker kam nicht eine einzige: »Ich weiß nicht«, sagte sie, es habe keine wirklich gefährliche Situation gegeben. Stürme habe sie »schon gehabt«, aber sonst … »Hast du nie Angst gehabt und gedacht ›O Gott, was war das für eine Idee‹?« Ebenfalls eine naheliegende Frage. Bei einer Weltumsegelung bleiben solche Momente zweifellos nicht aus. »Nee«, erwiderte Dekker kurz und lächelte.
Eine merkwürdige Vorstellung für jemanden, der eineinhalb Jahre um die Welt gesegelt ist. Segelfreunde sind denn auch skeptisch: »wer sagt mir, dass diese segelfahrt kein fake war?«, schrieb ein User auf segelreporter.com (Rechtschreibung beibehalten):

> »wer war denn von uns 24 stunden bei der fahrt dabei? wer weiss, ob nicht noch andere auf dem boot gewesen waren, die in wirklichkeit das boot gesteuert haben? denn wieviel schlaf hatte sie pro nacht? und konnte dann das boot von ganz alleine den kurs halten, auch dann, wenn starker wellengang war? wie hat sie sich optimal verpflegen können usw. in ihrem gesicht sieht man keinerlei spuren von anstrengung. also ist eine weltumseglung eine art wellness-vergnügen? denn wer hätte von einer solchen lüge etwas, wenn nicht sie selbst und ihre eltern, die sicher von dem buch, das jetzt geschrieben wird und als bestseller verlegt wird, ein hübsches sümmchen verdienen werden.«

Rotterdam und dann immer geradeaus

Tatsächlich: Das Misstrauen nahm zu. Wie hat sich das Segel-Girl überhaupt auf seinen globalen Törn vorbereitet? Wie hat sie sich fit gemacht und trainiert? 2009, nur ein Jahr vor ihrer angeblichen Weltumsegelung, machte die damals 13-jährige Dekker ihren ersten Einhandtörn übers Meer. Es ging von Maurik (Niederlande) nach Lowestoft (Großbritannien) und zurück. Moment – sagte ich »Meer«? Das niederländische Örtchen Maurik bei Utrecht liegt gar nicht am Meer. Die ersten 70 bis 80 Kilometer dieses Trips, bis nach Rotterdam, konnten bequem auf dem Flüsschen Lek absolviert werden. Und weil man auf einem Fluss nicht so gut oder überhaupt nicht segeln kann, natürlich hauptsächlich mit Motorkraft. Von Rotterdam aus muss man dann nur noch schnurstracks geradeaus fahren, um in das direkt gegenüberliegende englische Lowestoft zu gelangen (von Küste zu Küste etwa 150 Kilometer). Ob Dekker die Strecke überhaupt unter Segel bewältigte, ist unklar, denn bis auf ihre eigenen Behauptungen kennen wir nichts von diesem Törn. Und mit diesen Behauptungen ist das so eine Sache. Dekker selbst schrieb beispielsweise über ihren anschließenden Aufenthalt auf der Britischen Insel: »In England komme ich auch mit einem Ehepaar in Kontakt, das ein Kinderheim betreibt. Sie sind sehr nett und zeigen mir viele schöne Orte in England. Sie nehmen mich mit nach Ipswich und London, da sie dort sowieso hin müssen.« Genau – denn dort befindet sich das Kinderheim, in das sie Dekker verfrachten müssen. Was Dekker hier als nettes Urlaubserlebnis beschreibt, war in Wirklichkeit nämlich nicht ganz so lustig. Dahinter verbirgt sich, dass die minderjährige Seglerin von den britischen Behörden in Gewahrsam genommen und in ein Kinderheim eingewiesen wurde. Aber das ist eben das übliche »Dekker-Sprech«. Was hat sie noch alles umformuliert, beschönigt und verschwiegen?

Auf einer Ketsch geboren

Nächste Frage: Warum wählte eine 14-jährige, schmächtige Einhandseglerin überhaupt einen Zweimaster (»Ketsch«) für ihre Weltumsegelung? In einem Segelforum für Einhandsegler werden alle möglichen Bootstypen diskutiert (Trio 80/92, Albin Cumulus, Omega 28, Maxi Fenix, Dehler 28, Dufour 2800, Dufour Arpege, Bavaria 30, Hai 710, Neptun 25, Prout 38), darunter allerdings kein einziger Zweimaster. Normalerweise geben Einhand-Weltumsegler auch Informationen darüber, ob und wie sie das Segelboot »single hand«-tauglich gemacht haben, beispielsweise durch »Rollsegel« (Rollgenua und Rollreff), die sich im Prinzip wie eine Jalousie reffen lassen, oder andere technische Kniffe. Normalerweise würde es sich kein Einhandsegler nehmen lassen, auf die pfiffige Ausrüstung seines Bootes hinzuweisen. So beschrieb der weltberühmte Einhandsegler Wilfried Erdmann in seinem Buch *Allein gegen den Wind* die an seinem Boot vorzunehmenden Änderungen wie folgt: »neue Wasserpumpen, Pinne kürzen, Aries [Selbststeueranlage] überholen lassen«. Die technische Einkaufsliste für seine Nonstop-Reise um den Erdball: »Winschkurbeln, Bolzen, Blöcke, Schotschlitten, Drahtklemmen, Benzingenerator, zweite Batterie, Log und Echolot« (Seite 35).

Auf Dekkers Website http://www.lauradekker.nl findet sich nichts dergleichen. »Ich werde mit einer Jeanneau Ginfizz Ketsch um die Welt segeln«, schreibt sie da, als wäre dies die größte Selbstverständlichkeit. »Die Yacht ist 11,5 Meter lang, woran man sich im Vergleich zu den 8,5 Metern zu meinem früheren Boot, einer Hurley 800, gewöhnen muss.« Rollsegel? Motorwinden? Nichts da, denn schließlich »habe ich schon zuvor eine 14-Meter Yacht gesegelt, was mir sehr gefallen hat«: »Und nicht zu vergessen, wurde ich auf einem Zweimaster geboren!« Natürlich gebe es noch eine Menge zu tun, räumte Dekker vor ihrer Reise ein. »Denn wie ihr alle wisst, muss man erst mal Arbeit hineinstecken, bevor man lossegeln und Spaß haben kann.« Aha – und welche Arbeit? Na ja, »die Yacht abschmirgeln«, natürlich (www.lauredekker.nl: »A new yacht«, 2.2.2010). Abschmirgeln? Lossegeln und »Spaß haben«? Irgendwie beschleicht einen das Gefühl, dass Dekker überhaupt keine Ahnung hat, was eine Einhand-Weltumsegelung bedeutet. Und außerdem hat man anhand dieser Website den Eindruck, dass das Boot nie »einhandtauglich« gemacht wurde.

Weltrekord: Fehlanzeige

Das eigentlich Interessante aber sind die Videoaufnahmen von ihrer »Solo-Weltumsegelung«. Einige davon zeigte Thomas Gottschalk in seiner Show »Gottschalk live« (http://www.youtube.com/watch?v=7GwedXg4tzg). In einer Szene sah man Dekker auf ihrer Yacht frontal von vorne Nudeln kochen. Aber wie habe sie sich selbst filmen können, wenn sie alleine war, wollte Gottschalk wissen, ohne offen an der Geschichte von der Solo-Weltumsegelung zu zweifeln. »Ich hab das alles alleine gemacht und eine Kamera auf das Boot gesetzt«, behauptete Dekker daraufhin. Dann dürfte das Bild allerdings nicht so heftig schwanken wie bei Dekker. Außerdem hatte man den Eindruck, dass sie mit jemandem kommunizierte. »Lecker«, sagte sie zum Beispiel beim Kochen mit einem Blick an der Kamera vorbei – offenbar zu einer weiteren Person. Überhaupt habe ich noch keine einzige Aufnahme von Dekker auf ihrem Boot gesehen, bei welcher der Bildausschnitt nicht gegenüber dem Boot geschwankt hätte. Das heißt, Dekker hat das, was sie bei Gottschalk behauptet hat, in diesen Videos gar nicht gemacht: nämlich die Kamera auf dem Boot abgestellt.

Auf einem Video von der Überfahrt von Gran Canaria zu den Kapverden scheint auch nach drei Tagen noch immer eine weitere Person an Bord zu sein. Während sie sich mit jemandem zu unterhalten scheint, schwenkt die Kamera immer wieder völlig unabhängig von ihr aufs Meer. Ab Sekunde 32 sagt sie »sorry« und entschuldigt sich, dass auf dem Boot alles herumfliegt – ganz wie jemand, der an Bord nur Gast ist. Bei Sekunde 36 hört man im Hintergrund ein Flüstern (http://www.youtube.com/watch?v=mkHoxnju3Lw). Auf eine entsprechende Anfrage von mir erklärte Dekker entgegen ihrer früheren Aussage plötzlich, sie habe die meiste Zeit aus der Hand gefilmt und dabei eben wie immer in die Kamera gesprochen. Doch erstens hatte sie zuvor das glatte Gegenteil behauptet, nämlich die Kamera auf dem Boot abgestellt zu haben, und zweitens spricht sie gar nicht in die Kamera, sondern deutlich daran vorbei, wobei sie auch auf Gesten oder Äußerungen eines anderen zu reagieren scheint.

Wie auch immer: Auch in diesem Jahr gibt es keinen neuen Einhand-Weltrekord für Jungsegler – weder das Guinness-Buch der Rekorde noch die Welt-Segelorganisation WSSRC haben Dekkers Fahrt als neue Bestleistung anerkannt. Der jüngste anerkannte Solo-Weltumsegler ist daher auch 2012 nach wie vor ein 18-jähriger junger Mann, nämlich der Australier Jesse Martin. Die Absage von Guinness war eine Ohrfeige für Dekker – und vor allem für ihre Betreuer und Erziehungsberechtigten:

> »Guinness World Records billigt oder fördert keine Personen unter 16 Jahren bei Rekordversuchen, die für einen jungen Menschen ungeeignet sein könnten. Dazu gehört auch die Kategorie der ›jüngsten Person, die die Welt umrundete‹, gleichgültig mit welchem Beförderungsmittel. Guinness World Records hat Menschen immer ermutigt, sich selbst herauszufordern und ihre Ziele zu erreichen. Allerdings wollen wir verantwortungsvolle Rekordversuche fördern, die weder den Kandidaten noch andere gefährden. Demgemäß zieht Guinness World Records in dieser Kategorie nur Bewerber im Alter von mindestens 16 Jahren in Betracht.«

Deshalb bleibt auch nach der angeblichen Einhand-Weltumsegelung von Laura Dekker ein 14-jähriges Mädchen, das allein mit einer Segeljacht den Hafen verlässt, um die Welt zu umsegeln, vor allem eines: ein Seenotfall. Denn das ist noch viel schlimmer, als hätte sie Papas Auto geklaut.

Februar 2012

Thema des Monats *17.2.:*
Störfall Bundespräsident –
Warum Christian Wulff wirklich zurücktreten musste

1.2. Facebook präsentiert seinen Börsenprospekt **6.2**. RIA Novosti meldet Anbohrung des eisbedeckten Wostoksees in der Antarktis durch russische Wissenschaftler *17.2. Störfall Bundespräsident – warum Christian Wulff wirklich zurücktreten musste* **18.2.** Vitali Klitschko verteidigt seinen WBC-Boxweltmeister-Titel im Schwergewicht *23.2. Jugendliche leiden nach Schweinegrippe-Impfung an Narkolepsie 26.2. Schein und Sein bei der Oscar-Verleihung in Hollywood*/Neue Verfassung in Syrien wurde nach Regierungsangaben von 89,4 Prozent der abgegebenen Wählerstimmen gebilligt *29.2. Ein Visum für Iran*

17. Februar Störfall Bundespräsident – warum Christian Wulff wirklich zurücktreten musste

Jeder hat schon mal einen solchen Alptraum gehabt: Alle wenden sich von einem ab. Die besten Freunde verstehen einen nicht mehr. Die Vertrauten von gestern werden plötzlich zu Feinden. Mit einem Mal scheint man nicht einmal mehr dieselbe Sprache zu sprechen. Und wo man auch immer klären und erklären will, wird alles nur noch schlimmer. Es ist, als würde man eine schiefe Ebene hinunterrutschen. Genau diesen Alptraum erlebte in den vergangenen Monaten Bundespräsident Christian Wulff. Die Medien, die ihn soeben noch in den Himmel hoben, ließen ihn plötzlich fallen. Statt ihn wie früher auf Rosen zu betten, gruben sie einen vermeintlichen Skandal nach dem anderen aus. Am 16. Februar beantragt schließlich die Staatsanwaltschaft Hannover die Aufhebung seiner Immunität, um ein Ermittlungsverfahren wegen Vorteilsannahme (also Bestechlichkeit) einleiten zu können. Einen Tag später tritt Christian Wulff zurück.

Ein Musterknabe muss weg

Was war nur geschehen? Was hatten alle plötzlich gegen ihn? An seinen sogenannten Verfehlungen kann es nicht gelegen haben. In Wirklichkeit ist erstaunlich, wie wenig die Medien trotz monatelanger Bemühungen zutage fördern konnten. Dafür war Christian Wulff nun der am besten durchleuchtete Präsident aller Zeiten. Am Ende brachte man es mit Ach und Krach zu einem Ermittlungsverfahren wegen des Verdachts auf Vorteilsannahme. Wobei ein Ermittlungsverfahren natürlich noch keine Anklage und eine Anklage noch keine Verurteilung ist. Aber die Stichworte »Ermittlungsverfahren« und »Aufhebung der Immunität« waren genau die Auslöser, die gebraucht wurden, damit der Bundespräsident das Handtuch warf.

Na und? Auch ein Bundespräsident kann auf Dauer nicht gegen sein Volk amtieren, wird jetzt mancher sagen. Falsch. Denn es muss heißen: Auch ein Bundespräsident kann auf Dauer nicht gegen die Medien amtieren. Zwar haben sich angeblich kleinere oder größere Mehrheiten der Bevölkerung für einen Wulff-Rücktritt ausgesprochen – doch das Volk denkt schließlich, was die Medien denken. Wenn beispielsweise bei einer Leser-Umfrage von *Spiegel Online* die Mehrheit der Teilnehmer antwortet, Wulff hätte schon viel früher zurücktreten müssen, dann ist das so, als ob der Lehrer seine Schüler nach den Vokabeln von gestern fragen würde. Lernerfolg in diesem Fall: 80 Prozent. Denn schließlich wurde die öffentliche Meinung von Anfang an von den »Qualitätsmedien« gesteuert. Oder wie Napoleon Bonaparte schon sagte: »Ich fürchte drei Zeitungen mehr als hunderttausend Bajonette. Die Bajonette finden irgendwann einmal in ihre Scheiden zurück, die Zeitungen hetzen aber weiter, hinterhältig wie Heckenschützen. Kein Krieg ist für sie je zu Ende.« Wie wahr. Neben Muammar al-Gaddafi musste das 2012 niemand so erleben wie Christian Wulff. Der Hass der Medien verfolgte ihn sogar noch nach seinem Rücktritt. Auch seinen Ehrensold wollte man ihm nicht lassen.

Nur: Was hatten die Medien plötzlich gegen Christian Wulff? Warum musste dieser Musterknabe plötzlich weg?

Ein Bundespräsident läuft aus dem Ruder ...

Ganz einfach: Der Mann hatte plötzlich angefangen zu denken – und das ist einem Bundespräsidenten gänzlich verboten. Denn ein Bundespräsident, der denkt, handelt womöglich auch noch. Beziehungsweise er handelt nicht – wenn es um das Unterschreiben von Gesetzen geht, die man ihm vorlegt. Nach Artikel 82 des Grundgesetzes werden die »nach den Vorschriften dieses Grundgesetzes zustande gekommenen Gesetze ... vom Bundespräsidenten nach Gegenzeichnung ausgefertigt«. Bevor die Gesetze also in Kraft treten können, müssen sie vom Bundespräsidenten unterzeichnet werden. Was der Bundespräsident an einem Gesetz genau prüfen und bemängeln und aus welchem Grund er die Unterschrift verweigern darf, liegt in seinem Ermessen. Was natürlich überhaupt kein Problem ist, solange ein Bundespräsident für die parlamentarischen und sonstigen Strippenzieher berechenbar bleibt – dann ist sein Wirken äußerst nützlich, weil seine Unterschrift auch verfassungswidrigen Gesetzen Legitimation verleiht. Denn schließlich wurden alle vom Bundesverfassungsgericht im Laufe der Jahre eingeschränkten oder gekippten Gesetze zuvor von einem Bundespräsidenten unterschrieben.

Gänzlich unerwünscht ist es dagegen, dass ein Bundespräsident sich plötzlich zu dem, was ihm vorgesetzt wird, seine eigenen Gedanken macht. Auch Christian Wulffs Vorgänger Horst Köhler trat 2010 bereits mitten in der Finanzkrise zurück. 2006 war er der erste Präsident seit langem, der von seinem Recht, eine Unterschrift zu verweigern, gleich zweimal Gebrauch machte (bei einem Gesetz über die Flugsicherung und bei einem neuen Verbraucherinformationsgesetz). Das war das Signal, dass der Mann seine Aufgabe ernst nahm und die Gesetze auch las, die man ihm vorlegte. In Zeiten der Finanzkrise und Schuldendiktatur war das gar nicht gut.

Richtig lästig wird so ein Bundespräsident, wenn der Bundestag offensichtlich verfassungswidrige, ja sogar verfassungsfeindliche Gesetze plant, also die Verfassung ganz offen überstrapaziert und den Bundespräsidenten damit quasi provoziert. Wie zum Beispiel bei der geplanten Ratifizierung des ESM-Vertrages. Mit diesem sogenannten Europäischen Stabilitätsmechanismus soll ab Mitte 2012 in Europa eine verfassungsfeindliche Finanzdiktatur errichtet werden (siehe auch Gerhard Wisnewski: *verheimlicht – vertuscht – vergessen 2012*, München 2012). Ein nicht gewähltes, geheim tagendes und gegenüber Strafverfolgung immunes Gremium (»Gouverneursrat«) soll dann unbegrenzt und unwiderruflich Finanzmittel, also Steuergelder, bei den ESM-Mitgliedsstaaten abrufen können. »Der ESM wird, wie der IWF, einem ESM-Mitglied Stabilitätshilfe gewähren, wenn dessen regulärer Zugang zur Finanzierung über den Markt beeinträchtigt ist oder beeinträchtigt zu werden droht«, steht im ESM-Vertrag zu lesen. Das heißt: Wenn niemand mehr so verrückt ist, dem betreffenden Land einen (günstigen) Kredit zu gewähren, sollen die Steuerzahler der ESM-Mitgliedsstaaten einspringen. Die ESM-Mitglieder verpflichten sich »unwiderruflich und uneingeschränkt, Kapital, das der Geschäftsführende Direktor« des ESM »von ihnen abruft, innerhalb von sieben Tagen ab Erhalt der Aufforderung einzuzahlen«. Und das heißt: Der ESM kann immer und jederzeit in das Steuersäckel der Mitgliedsstaaten greifen, und niemand kann ihn daran hindern oder später zur Rechenschaft ziehen. Der Vertrag gilt unbefristet; eine Kündigung ist nicht vorgesehen.

Verrat an eine europäische Finanz-Junta

Kurz: Wenn sie diesen Vertrag ratifizieren, sind die Abgeordneten des Deutschen Bundestages dabei, ihre Bürger an eine Europäische Finanz-Junta zu verraten. Und da kann ein Bundespräsident, der zu viel denkt, zum Problem werden. Denn alles, was ein Bundespräsident denkt und sagt, kann später in seine Entscheidungsprozesse einfließen. Und gesagt hat Christian Wulff schon 2011 – mitten in der Entwicklungsphase des ESM – eine ganze Menge. Was, das ließ Eva Herman am 4. Januar 2012 in einem Artikel für *KOPP Online* noch einmal Revue passieren:

> »In einem Zeit-Interview [vom 30.6.2011] hatte der Bundespräsident, aus welchen Gründen auch immer, plötzlich Klartext gesprochen. (…) ›Sowohl beim Euro als auch bei Fragen der Energiewende wird das Parlament nicht als Herz der Demokratie gestärkt und empfunden‹, hatte der deutsche Bundespräsident gewarnt. (…) Der ehemalige niedersächsi-

sche Ministerpräsident warnte, ›dass heute zu viel in kleinen Entscheider-Runden vorgegeben wird, was dann von den Parlamenten abgesegnet werden soll‹.«

Wulff sah darin »eine Aushöhlung des Parlamentarismus«: »Die Schnelligkeit, mit der jetzt Politik – oft ohne Not – bei einigen herausragenden Entscheidungen verläuft, ist beunruhigend. Und sie führt zu Frust bei Bürgern und Politikern sowie zu einer vermeidbaren Missachtung der Institutionen parlamentarischer Demokratie«.

Aushöhlung des Parlamentarismus? Missachtung der Institutionen der parlamentarischen Demokratie? Im Grunde hatte Wulff damit bereits Pflöcke eingeschlagen und Aussagen getroffen, hinter denen er später schwerlich würde zurückbleiben können. Denn dies waren bereits die Argumente für eine Unterschriftsverweigerung. Zwar beschloss der Bundestag die Ratifizierung des ESM, aber da es sich dabei um ein Gesetz handelte, musste es wie alle anderen auch vom Bundespräsidenten genehmigt werden.

Bei einer Rede vor Nobelpreisträgern in Lindau am 24. August 2011 schlug Wulff einen weiteren Pflock ein: »In freiheitlichen Demokratien müssen die Entscheidungen in den Parlamenten getroffen werden. Denn dort liegt die Legitimation.« Im Prinzip zog er damit eine rote Linie in Bezug auf die bevorstehende »Euro-Rettungspolitik«. Denn speziell mit der Finanzkrise, den Banken und der »Euro-Rettungspolitik« hatte Wulff ein besonderes Problem: »Erst haben Banken andere Banken gerettet, und dann haben Staaten Banken gerettet, dann rettet eine Staatengemeinschaft einzelne Staaten. Wer rettet aber am Ende die Retter? Wann werden aufgelaufene Defizite auf wen verteilt beziehungsweise von wem getragen?«

Der Super-GAU für die Euro-Retter

Kurz: Der Mann, der die neuen Euro-Gesetze würde unterzeichnen müssen, stand nicht mehr hinter der Euro-Rettungspolitik – der Super-GAU für die Rettungsstrategen! Ja, Wulff wurde plötzlich vor aller Augen zum Systemkritiker:

»Über viele Jahre wurden in vielen Ländern Probleme immer wieder über höhere staatliche Ausgaben, höhere Schulden und billigeres Geld vor sich her geschoben. Dabei wurde im großen Stil konsumiert und spekuliert, anstatt in gute Bildung und Ausbildung, in zukunftsweisende Forschung und Innovationen zu investieren, in das, was eine produktive und wettbewerbsfähige Wirtschaft ausmacht. Nun klaffen in den öffentlichen Kassen Löcher, wertvolles Saatgut wurde verzehrt, statt fruchtbaren Boden zu bestellen. Politik mit ungedeckten Wechseln auf die Zukunft ist an ihr Ende gekommen. Was vermeintlich immer gut ging – neue Schulden zu machen –, geht eben nicht ewig gut. Es muss ein Ende haben, sich an der jungen Generation zu versündigen. Wir brauchen stattdessen ein Bündnis mit der jungen Generation. Ich verstehe die Empörung vieler Menschen. Es sind ihre Zukunftschancen, die hier auf dem Spiel stehen« (*FAZ.NET*, 24.8.2011).

Donnerwetter! Welche Töne von einem Bundespräsidenten! »Was wird da eigentlich verlangt?«, fragte er in Bezug auf die Euro-Rettungsschirme:

»Mit wem würden Sie persönlich einen gemeinsamen Kredit aufnehmen? Auf wen soll Ihre Bonität zu Ihren Lasten ausgedehnt werden? Für wen würden Sie persönlich bürgen? Und warum? Für die eigenen Kinder – hoffentlich ja! Für die Verwandtschaft – da wird es schon schwieriger. Vielleicht würden wir bürgen, wenn nur so der andere die Chance bekommt, wieder auf die eigenen Füße zu kommen. Sonst doch nur dann, wenn wir wüssten, dass wir uns nicht übernehmen und die Bürgschaft in unserem, dessen und dem gemeinsamen Interesse ist. Auch der Bürge kann sich unmoralisch verhalten, wenn er die Insolvenz nur hinauszögert« (ebda.).

Wie Karl Marx schon sagte: Das Sein bestimmt das Bewusstsein. Aus dem braven Polit-Karrieristen Christian Wulff, ehemals Ministerpräsident von Niedersachsen, war plötzlich ein glaubwürdiger Bundespräsident geworden. Doch die Dialektik des real existierenden Euro-Kommunismus verlangte den Rücktritt eines solchen Mannes.

Denn zweifellos läuteten hier in einigen EU- und wahrscheinlich auch Berliner Etagen die Alarmglocken. Die Einsilbigkeit von ESM-Befürworterin Angela Merkel zum Abschied von Christian Wulff sprach Bände. »Christian Wulff hat sich in seiner Amtszeit voller Energie für ein modernes, offenes Deutschland eingesetzt«, so die dürren Worte der Bundeskanzlerin. Und er habe »uns wichtige Impulse gegeben«. Impulse, die man allerdings gar nicht haben wollte, darf man hinzufügen. Noch einen Tag vor seinem Rücktritt hatte Wulff für das Jahr 2012 zwei große Reden zum Thema Euro und Europa angekündigt (*Bild.de*, 18.2.12). Reden, vor denen es der Euro-Fraktion mit Sicherheit graute und die nun nicht mehr gehalten wurden.

Ein Bundespräsident steht stramm

Worum es bei dem Wulff-Rücktritt eigentlich ging, zeigt auch das Verhalten seines Nachfolgers Joachim Gauck, der am 18. März von der Bundesversammlung gewählt wurde. »Uneingeschränktes Ja zu Europa«, titelte, begeistert über Gaucks Antrittsbesuch in Brüssel, am 17. April 2012 *Bild.de* – also genau jenes Blatt, das Wulff zuvor aus dem Amt gemobbt hatte. Gaucks Botschaft

laut *Bild:* Keine Angst vor der Schuldenkrise! Rettungsschirme? Kein Problem: »Die aufgespannten Rettungsschirme würden von der Bevölkerung akzeptiert, mögliche Probleme mit dem Bundesverfassungsgericht in diesem Punkt sehe er nicht«, sagte Gauck. Nationalstaaten? Weg damit! »Als Europa sind wir stark, als Nationalstaaten nicht mehr stark genug.«
Der Mann steht stramm. Mit diesem Bundespräsidenten kann man Deutschland abschaffen. Skrupel scheinen ihm dabei fremd zu sein. Vor den Europa-Eliten und der Bundesregierung machte er sogleich einen Kotau. Auch die absurden Auslandseinsätze der Bundeswehr lobte Gauck sogleich über den grünen Klee. Bei einem Besuch der Führungsakademie der Bundeswehr in Hamburg forderte er die Deutschen laut *Spiegel Online* »zu größerer Offenheit für Auslandseinsätze der Bundeswehr auf« und bemängelte zugleich »eine gewisse Ignoranz der Bürger gegenüber den Streitkräften«. Gewalt könne – »solange wir in der Welt leben, in der wir leben (...) – notwendig und sinnvoll sein, um ihrerseits Gewalt zu überwinden oder zu unterbinden«, spielte Gauck auf die Kriege in Afghanistan und Libyen an – beides völkerrechtswidrige Kriege der Vereinigten Staaten, bei denen Hunderttausende von Menschen ums Leben kamen. »Dass es wieder deutsche Gefallene gibt, ist für unsere glückssüchtige Gesellschaft schwer zu ertragen«, wurde der Bundespräsident zitiert.
Die neuen Euro-Gesetze hatte der Bundespräsident offenbar »ursprünglich noch am Abend des 29. Juni unterzeichnen wollen, unmittelbar nach der Abstimmung in Bundestag und Bundesrat«, schrieb die *Süddeutsche Zeitung* am 21. Juni 2012 in ihrer Online-Ausgabe. Nichts anderes haben wir erwartet. Genau das war schließlich sein Job. Nur in einem hatte er sich getäuscht. Das Bundesverfassungsgericht meldete sich in Sachen Fiskalpakt und ESM sehr wohl zu Wort. Es bat den neuen Bundespräsidenten, die Gesetze nicht zu unterschreiben, solange das Gericht sie noch nicht habe prüfen können. Entscheidend war, dass das

Bundesverfassungsgericht den Bundespräsidenten nicht etwa nur per Brief oder Telefon, also unter vier Augen bzw. Ohren, um Aufschiebung der Unterschrift bat, sondern öffentlich, und zwar durch eine Sprecherin. »Die Richter bräuchten Zeit, um sich in die Materie einzuarbeiten«, sagte die Frau laut *FOCUS Money Online*. Der Bundespräsident hätte nun dem BVG coram publico eine Abfuhr erteilen müssen – ein Ding der Unmöglichkeit. Hätte das BVG die Bitte dagegen nicht öffentlich vorgetragen, wäre sie womöglich unter den Tisch gefallen und eine Randnotiz der Geschichte geblieben. Und genau diese Öffentlichkeit brachte unsere Verfassungsfeinde im öffentlichen Dienst denn auch auf die Palme: »Ich glaube nicht, dass es klug ist, wenn die Verfassungsorgane öffentlich miteinander kommunizieren«, schimpfte Bundesfinanzminister Wolfgang Schäuble vernehmlich.

Allerdings war das nur ein Etappensieg oder ein Stolperstein auf dem Weg in die europäische (Finanz-)Diktatur. Denn inzwischen steht fest: Das kommende ESM-Regime und die Verteilung des deutschen Wohlstands unter die restlichen Euro-Staaten tragen den Namen Gauck. Am 12. September 2012 winkte das Bundesverfassungsgericht den europäischen Selbstbedienungsladen namens ESM durch. Wie immer mit dem Feigenblatt einiger »Vorbehalte« oder »Auflagen«. Die Urteilsverkündung durch den BVG-Präsidenten Andreas Voßkuhle geriet allerdings zur Farce. Denn gleichzeitig war dies der Tag, an dem das deutsche Bundesverfassungsgericht im 61. Jahr seines Bestehens für jeden sichtbar abdankte. Während Gerichtspräsident Voßkuhle das politisch genehme Urteil sprach, leistete er sich den wohl spektakulärsten Versprecher in der Geschichte des Gerichts. Statt die Klagen gegen des ESM wie geplant als »unbegründet« zurückzuweisen, nannte er sie zunächst überwiegend »begründet«. Woraufhin die Reputation der Bundesverfassungsgerichts im Gefeixe seines Präsidenten endgültig unterging. Noch interessanter war, dass Voßkuhle seinen Irrtum erst nach dem Hinweis eines anderen

Richters bemerkte, um sich anschließend lachend zu korrigieren. Tja, was wären wir ohne Freudsche Versprecher und die tiefen Einblicke, die sie manchmal gewähren ...
Ach ja: Bereits am 1. Juni 2012 hatte die Staatsanwaltschaft Berlin übrigens die Einstellung des Ermittlungsverfahrens gegen Wulff wegen Vorteilsannahme bekanntgegeben. Es gebe keinen Anfangsverdacht für strafbares Handeln. Und am 29. Juli 2012 hatte *FOCUS Online* berichtet, dass auch »für die Staatsanwaltschaft Hannover derzeit kein hinreichender Tatverdacht« gegen Wulff bestehe: »Damit wird es immer wahrscheinlicher, dass es zu keiner Anklage wegen Vorteilsannahme kommt.« Womit von der gesamten Schmutzkampagne gegen Wulff nichts übrig bleiben würde.

22. Februar »Idiocracy«: EU-Politiker wollen Halogenlampen verbieten

Kennen Sie zufällig den Film *Idiocracy* aus dem Jahr 2006? Ein mittelmäßig intelligenter Mensch wird bei einem Experiment in den Gefrierschlaf versetzt und wacht durch eine Panne erst nach Jahrhunderten wieder auf. Zu seiner Überraschung muss er feststellen, dass die gesamte Menschheit inzwischen total verblödet ist und die USA von einem Idioten regiert werden. Was daran Zukunftsmusik ist? Ich muss doch sehr bitten. Also weiter: Da der Einäugige unter den Blinden bekanntlich König ist, wird die mäßig begabte Hauptperson schließlich selbst zum Präsidenten gewählt. Trotzdem nochmals die Frage: Stecken wir nicht schon mitten drin in der »Idiocracy«, in der Herrschaft der Idioten?
Nehmen wir zum Beispiel das, was am 22. Februar 2012 in britischen Zeitungen steht. Während unsere Qualitätsmedien wieder einmal schliefen, war den Medien in Großbritannien längst ein Kronleuchter aufgegangen: »EU zeichnet düsteres Bild von Halogenlampen«, heißt es an diesem Tag etwa im *Daily Express*. »Es werde Licht – energiesparendes Licht«, titelt die *Daily*

Mail: »Halogenbirnen stehen vor dem Aus durch die EU – und die Alternativen sind acht Mal teurer«. Auch künftig will es die EUdSSR demnach nicht ihren Bürgern überlassen, wie diese ihre Wohnungen, Häuser und Arbeitsplätze beleuchten. Nun soll auch noch die beliebte Halogenlampe weg – nach der Glühbirne das einzige erschwingliche Leuchtmittel, das ein natürliches und angenehmes Licht liefert. Da staunt der Fachmann, und der Laie wundert sich: Haben wir das Desaster des Glühbirnen-Verbots nicht noch gut in Erinnerung? Bedeutete es nicht das Aus für billiges und umweltfreundliches Licht für alle? Bedeutete es nicht um ein Vielfaches erhöhte Umweltgefahren durch Quecksilber und unnatürliches Licht? Denn dass die sogenannte Energiesparlampe umweltfreundlicher sein soll, wurde inzwischen tausendfach widerlegt. Sogar, dass die Glühbirne viel Energie in Form von Abwärme »verschwendet«, ist falsch – denn seit in den Wohnungen die Abwärme der Lampen fehlt, müssen die Verbraucher dafür die Heizungen höher drehen.

Neue Runde im Lampen-Chaos

Nun also die Halogenlampe. »Experten warnen: Durch EU-Pläne, Halogenlampen zu verbieten und Verbraucher zum Kauf von bis zu zwölf Mal teureren Alternativen zu zwingen, steht Großbritannien vor einer neuen Runde im Glühbirnen-Chaos«, schreibt der *Daily Express*. Der EU-Plan sei Teil der »Ökodesign-Fahrplans« der EU. Auf der Abschussliste stehen demnach die beliebten 12-Volt-MR16-Birnen, die nicht nur in Schreibtischlampen stecken, sondern deren Fassungen manchmal auch in Möbel oder Decken eingebaut wurden. Was bedeutet, dass Verbraucher dank der EU demnächst einen Schreiner holen müssen oder vielleicht auch noch neue Schränke brauchen. »Das ist nur ein weiteres Beispiel, wie sich die EU in jeden Winkel unseres Lebens einmischt«, schimpfte ein Vertreter der europakritischen – und natürlich »rechtspopulistischen«! – United Kingdom Independence Party, UKIP.

Bis jetzt hat jeder Irrsinn als Entwurf angefangen

Laut *Daily Express* behauptete das britische Umweltministerium zwar, das Ganze sei nur ein Entwurf »in einem sehr frühen Stadium«. Das Problem ist nur: Auch Irrsinn will entworfen sein. Bis jetzt hat noch jeder EU-Irrsinn als Entwurf angefangen. Sollte das Ganze Gesetz werden, könnten Halogenlampen bald vom Markt verschwinden. Hierzulande scheinen Experten daran keinen Zweifel zu haben: »Ab September 2016 darf ein Großteil der Halogenglühlampen nicht mehr in den Handel«, zitierte die Berliner *taz* einen Sprecher des Umweltbundesamtes, versteckt in einem Artikel über LED-Leuchten. Spätestens in vier Jahren also wird der EUdSSR-Bürger sein tristes Dasein im kalten Licht von LEDs und »Energiesparlampen« fristen dürfen. Na, dann fröhliche Weihnachten ...

23. *Februar* »Junge Leben in Trümmern«: Narkolepsie durch Schweinegrippe-Impfung

Erinnern Sie sich noch an den Rummel um die sogenannte Schweinegrippe? Im Jahr 2009 waren sich Medien und »Experten« ganz sicher, dass Millionen Menschen an der Schweinegrippe erkranken und Zehntausende sterben würden. Die entsprechenden Berichte stapelten sich in schwindelnde Höhen. Die Warnungen in Funk und Fernsehen erreichten Hunderte Millionen von Menschen. Was sich als »Information« ausgab, war jedoch nichts weiter als eine Marketing-Kampagne für fragwürdige Medikamente. Denn Angst mag zwar ein schlechter Ratgeber sein – ein guter Verkäufer ist sie bekanntlich allemal. »Ein kriminelles Komplott aus Politik, Medien, Medizin und Pharmaindustrie treibt Millionen Menschen zu einer Impfung mit unsicheren Impfstoffen«, schrieb ich am 23. Oktober 2009 auf *KOPP Online*. In mehreren Artikeln zählte ich Krankheits- und Todesfälle nach der Impfung in Schweden auf, die bei uns damals geheim gehalten wurden. »Statt der Schweinegrippe grassierte hierzulande mal wieder der Rinderwahn«, konnten Sie auch in der Ausgabe 2010 dieses Jahrbuchs lesen, »und zwar bei Politikern und Journalisten«. Die Weltgesundheitsorganisation (WHO) schlug Alarm wegen einer angeblichen »Pandemie«, weltweit kauften die Regierungen »Schweinegrippe«-Impfstoff ein und drängten ihre Bürger zur Impfung. Nach dem Motto: Selbst wo keine Gefahr ist, wächst das Rettende auch. Da hätte Hölderlin gestaunt.

Heute, drei Jahre später, kommt die Wahrheit hierzulande nur tröpfchenweise heraus. Rauschte damals der gesamte Blätterwald, wispern im Februar 2012 nur ein paar Zweige. Zum Beispiel am 23. Februar 2012 bei der Online-Ausgabe der hierzulande wenig gelesenen österreichischen Tageszeitung *Die Presse*. Demnach waren nach der Impfung mit dem Impfstoff Pandemrix zahlreiche Kinder an Narkolepsie, im Volksmund auch »Schlafkrankheit« genannt, erkrankt. Wer Genaueres wissen wollte, musste allerdings schon einen Blick in skandinavische Zeitungen werfen: »Wachen Sie auf!«, hörte im Herbst 2010 plötzlich die 17-jährige schwedische Schülerin Daniela Dahl ihren Englischlehrer rufen, nachzulesen im *Svenska Dagbladet*. »Als mich die anklagenden Blicke meines Lehrers trafen, war ich sprachlos und stumm. Dann brach ich in Tränen aus. Ich war plötzlich ganz wach – und kaputt.« Plötzlich wach? Allerdings: Mitten im Englischunterricht war die junge Schwedin eingeschlafen. Auch später machten sich immer wieder Klassenkameraden über sie lustig, weil Daniela mitten im Unterricht unvermittelt in tiefen Schlaf fiel. »Ich schlief selbst auf dem Rücksitz des Autos und im Bus. In der U-Bahn verschlief ich meine Haltestelle und bekam sogar beim Klavierspielen Schlafattacken. Wahrscheinlich war ich einfach nur müde, nahm ich an, und dachte nicht mehr so viel darüber nach.«

Diagnose: Narkolepsie

Erst im Frühjahr 2011 kam die schreckliche Diagnose: Narkolepsie. Unheilbar. Und unnötig. Denn Daniela bekam die Krankheit erst nach einer Impfung gegen die sogenannte Schweinegrippe. Und mit ihr weitere 168 Schweden und 121 Finnen, meistens Kinder. In beiden Ländern hatte man im Zuge der Pandemie-Panik von 2009 auf Massenimpfungen gesetzt. Während ein Impfschutz »nicht nachweisbar« gewesen sei, habe man in Finnland »ein mehr als zwölfmal höheres Narkolepsierisiko bei mit Pandemrix geimpften Kindern festgestellt«, schrieb *Die Presse*. Das Leben von Kindern – zerstört durch die Pharmaindustrie? Dieser Zusammenhang gilt in den beiden skandinavischen Ländern inzwischen als naheliegend. Doch nicht nur das: Die finnische Gesundheitsbehörde, so *Die Presse* weiter, sehe es sogar »als erwiesen an«, dass zwischen dem Impfstoff »Pandemrix« (GlaxoSmithKline) und Narkolepsie »ein direkter Zusammenhang besteht«. Die jungen Leben lägen »in Trümmern«. Weil die Anfälle meistens im Zustand positiver oder negativer Erregung auftreten, können die infizierten Kinder sich oft nicht mehr freuen, ohne durch die Narkolepsie bestraft zu werden: »Man darf nicht zu viel lachen«, zitiert das Blatt den neunjährigen Nemo, »sonst fällt man zusammen.« – »Ich hatte nicht mal Kraft, die Weihnachtsgeschenke zu öffnen«, erzählt der 13-jährige Manfred. Sie wolle, »dass alles wieder wie früher« sei, sagt die fünfjährige Tindra, »dass mein Gehirn wieder gut wird oder dass ich ein neues bekomme«. – »Ehe ich krank wurde, freute ich mich aufs Erwachsenwerden«, sagt die 17-jährige Elin. »Ich werde alles an meine Krankheit anpassen müssen«, befürchtet Filip (15).

»Wir würden es wieder tun«

Wer nun bei den Verantwortlichen auf Reue oder Einsicht hofft, ist allerdings schiefgewickelt: »Alle Arzneimittel haben Nebenwirkungen, und bei der Schweinegrippe hätten sie nur wenige getroffen«, zitiert die österreichische Zeitung Anders Tegnell von der schwedischen Sozialbehörde, die für die Durchführung der Massenimpfungen verantwortlich war. »Es gebe also keinen Grund zu Angst, es wäre eine ›Katastrophe‹, wenn nun eine generelle Skepsis gegenüber Impfungen ausbräche.«

Eine Katastrophe? Vielleicht für die Pharmaindustrie. In Wirklichkeit ist die sogenannte Schweinegrippe ein Lehrstück über die kriminelle Zusammenarbeit von WHO, Politik, Arzneimittelherstellern und Medien. Was bei der Schweinegrippe sichtbar wurde, war wohl nur die Spitze der Eisbergs und dürfte auch auf anderen Gebieten funktionieren. Gesundheitspolitiker sind sich natürlich keiner Schuld bewusst. So äußerte die schwedische Familienministerin Maria Larsson laut der *Presse:* »Wir haben richtig gehandelt und würden es wieder so tun.« Was man kaum anders denn als Drohung verstehen kann …

26. Februar Schein und Sein in Hollywood

Oscar-Verleihung in Hollywood. Im Hollywood & Highland Center am Hollywood Boulevard treffen sich die Reichen und die Schönen zur 84. Verleihung der Academy Awards: Das übliche Ritual aus rotem Teppich, Blitzlichtgewitter und bis zum Anschlag aufgebrezelten Stars. Allerdings sollte man dabei nicht vergessen, dass die Welt des Films nur eine Welt des Scheins ist. Und das gilt natürlich nicht nur für die Streifen selbst, sondern auch für die Oscar-Verleihung. Wo sich Schauspieler, Drehbuchautoren und Regisseure gegenseitig feiern, gibt es jede Menge gespielte Emotionen, falsches Lachen, missglückte Pointen und Dankesreden hart an der Grenze zur Peinlichkeit – und manchmal auch darüber. Schließlich gehört die industrielle Produktion künstlicher Emotionen und Realitäten zum täglichen Geschäft. Und das ist denn auch bei der Oscar-Verleihung, die Jahr für Jahr zum ebenso verkrampften wie verschwitzen Ritual gerät, überall mit Händen zu greifen.

Aber stopp: Sagte ich eingangs, dort träfen sich »die Reichen und Schönen«? Dann habe ich »die Guten« vergessen. Denn mit der Aura des Guten umgibt Hollywood sich mindestens ebenso gern wie mit der Aura des Wahren und Schönen. Und so werden alljährlich im Frühjahr nicht nur jede Menge politisch korrekte Filme geehrt, sondern es wird auch ein »Humanitarian Award«, ein Preis für Menschlichkeit, vergeben. (In diesem Jahr erhielt ihn Amerikas erste farbige Milliardärin, die Talkshow-Queen Oprah Winfrey, für ihre Verdienste um die Bedürftigen.) Nun – wie ich an anderer Stelle bereits sagte: Jeder macht die Propaganda, die er am nötigsten hat. Und Propaganda in Sachen Menschenfreundlichkeit hat Hollywood bitter nötig.

Hollywood – eine psychologische Klimakatastrophe

Denn Hollywood ist nicht nur ein kulturelles, sondern auch ein Sicherheitsproblem der Menschheit. Nirgendwo wird das so deutlich wie an der Art und Weise, wie ein zentraler Wendepunkt der jüngeren Geschichte, die Ereignisse von 9/11, »verkauft« wird. Der 11.9.2001 hätte ohne Hollywood und seine Techniken nicht funktioniert. Schon Jahre vorher veranstaltete Hollywood eine regelrechte »Verkaufsshow« zur Rechtfertigung dessen, was mit und nach dem 11.9.2001 kommen sollte.

Zunächst einmal erweckte das Geschehen von 9/11 ohnehin den Eindruck, als beruhe es auf einem schlechten Drehbuch: »Osama bin Laden und die 19 Räuber« kommen aus ihren afghanischen Höhlen und überfallen die ahnungslose Supermacht USA, die sich dann in heiligem Zorn gegen ihre Feinde wendet. Zufällig genau jene Feinde, die sie ohnehin schon lange auf ihrer Speisekarte stehen hatte. Die gesamte Dramaturgie des 11.9.2001 roch nach einem Hollywood-Drehbuch mit all seinen billigen Dramaturgien, Schein-Logiken und Emotionen – und natürlich mit seinen Bildern und Knalleffekten. Das zentrale Bild dieses denkwürdigen Tages, die beiden Passagierjets, die in die Türme des World

Trade Center krachen, scheint direkt den Gehirnen professioneller Drehbuch-Künstler entsprungen zu sein, die sich überlegt haben, wie sie alle anderen Hollywood-Spektakel noch übertreffen können, um die Menschheit aufzurütteln und vor den vermeintlichen Gefahren des »Bösen« zu warnen. Traurig und unentschuldbar ist allerdings, dass damit reale Opfer verbunden waren.

Psychologische Massenvernichtungswaffen

Auch echte Politik- und Geheimdienst-Profis entdeckten in den Ereignissen des 11.9.2001 Ähnlichkeiten zu Hollywood-Inszenierungen. Horst Ehmke, Mitglied der Regierung von Bundeskanzler Willy Brandt und als Geheimdienstkoordinator ein echter Insider, erinnerten die Fernsehbilder der Anschläge an eine »Hollywood-Produktion«. »Terroristen hätten eine solche Operation mit vier entführten Flugzeugen nicht ohne die Unterstützung eines Geheimdienstes ausführen können«, erklärte Ehmke nach dem 11. September.

Die künstlich wirkende Dramaturgie des 11.9.2001 zeigt die Gefährlichkeit dieser Techniken, die jener von psychologischen Massenvernichtungswaffen gleicht. Denn unmittelbar nach den Anschlägen enthüllte der damalige US-Präsident George W. Bush seinen globalen Speisezettel, auf dem 60 Staaten standen (nämlich alle, »die den Terrorismus unterstützen«). Und wenn das kein Weltkrieg ist – was dann?

Kurz und gut: Der 11.9.2001 wurde »geschrieben«. Nehmen wir nur die Abfolge der Medienberichterstattung. Die vier angeblichen Flugzeugattentate wurden immer in derselben Reihenfolge geschildert: Erst sah man zwei Flugzeuge in die World-Trade-Center-Türme krachen, dann sah man einen eingestürzten Teil des Pentagons und schließlich einen Krater in Pennsylvania. Das führte dazu, dass die Zuschauer auch die beiden letzteren Ereignisse optisch mit Flugzeugen in Verbindung brachten. In Wirklichkeit sah man aber nur bei den ersten beiden Ereignissen Flugzeuge. Aber da all diese Szenen immer in einem Paket gezeigt wurden, meinte der Zuschauer sich zu erinnern, überall Flugzeuge gesehen zu haben. Ein typisches Mittel der Illusion und der Dramaturgie.

Hollywood-Techniken haben aber nicht nur die Inszenierung des 11.9.2001 ermöglicht. Hollywood hat psychologisch auch den Boden für die Anschläge und insbesondere den anschließenden Feldzug gegen zahlreiche islamische Staaten vorbereitet. Allein Hollywood hat dafür gesorgt, dass die zentrale Botschaft des 11.9.2001 von den Amerikanern und der Welt verstanden wurde, nämlich dass 9/11 »ein neues Pearl Harbor« gewesen sei. Also die Wiederholung des Angriffs der Japaner auf die US-Marinebasis auf Hawaii am 7. Dezember 1941, der den USA den Eintritt in den Zweiten Weltkrieg ermöglichte – so wie 9/11 den Eintritt in den Dritten Weltkrieg ermöglichen soll.

Hollywoods »neues Pearl Harbor«

Wie hat Hollywood das gemacht?

Ganz einfach: Vor den Anschlägen des 11. September nutzte die Filmfabrik den 60. Jahrestag von Pearl Harbor, um diesen Mythos wieder aufzuwärmen und erneut ins allgemeine Bewusstsein zu rücken. Warum? Weil die Menschen sonst den Slogan »Der 11.9.2001 ist ein neues Pearl Harbor« nicht verstanden hätten. Rechtzeitig vor dem 11.9.2001 lief dann im Frühsommer und Sommer 2001 der Film *Pearl Harbor** in den Kinos an, um den Amerikanern und der Welt historische Nachhilfe zu erteilen.

Schon die Premiere des Films verwies auf seine eigentliche – kriegerische – Bestimmung, denn sie fand nicht etwa in einem Kino statt, sondern auf einem US-Flugzeugträger. Inhaltlich, dramaturgisch und künstlerisch war der Film mindestens so bescheiden wie der 11. September 2001, aber den Zweck der psycholo-

---

*USA 2001. Regie: Michael Bay.

gischen Attentats- und Kriegsvorbereitung erfüllte er perfekt. Als es dann am 11. September 2001 so weit war, wussten Millionen Menschen sofort, was mit dem Stichwort »Pearl Harbor« gemeint war und inwieweit dieses Ereignis den USA die Legitimation für den Eintritt in den Zweiten Weltkrieg verschafft hatte. So wurde impliziert, dass 9/11 den USA die Legitimation für Eintritt in den Dritten Weltkrieg verschaffen würde.

Atombomben sind etwas Gutes

Wirft man aus heutiger Sicht einen Blick auf die US-Kinolandschaft vor dem 11. September 2001, dann drängt sich der Eindruck auf, diese Angriffe seien nicht nur schon jahrelang in Strategiepapieren, sondern auch in den Hollywood-Studios vorweggenommen worden.

In dem Film *Armageddon**, ebenfalls produziert von dem *Pearl Harbor*-Produzenten Bruckheimer, rettet die NASA die Welt vor einem heranrasenden Asteroiden – ausgerechnet gemeinsam mit einem Ölbohrteam. Zusammen mit der NASA hecken die Ölbohrer einen Plan aus, wie man im All ein Loch in den Gesteinsbrocken bohren und diesen anschließend mit einer Atombombe sprengen könnte. Wir lernen, dass nicht nur die USA, die NASA und Ölbohrer, sondern auch Atombomben etwas Gutes sind. Zusammen mit Ölbohrern retten sie die Menschheit, lautet die Botschaft.

Hellsehen und Hollywood

Zuvor, im Jahr 1997, hatte sich Bruckheimer schon durch die Fernsehserie *Soldier of Fortune*** hervorgetan. Der Titel ist indes keine Erfindung von Bruckheimer, sondern steht in den USA für eine militaristische Szene von Söldnern und Waffennarren, deren

---

* USA 1989. Regie: Michael Bay; dt. Verleihtitel: *Armageddon – Das jüngste Gericht*.
** USA 1997–1999; dt. Titel: *Die Schattenkrieger*.

Fachblatt den Namen *Soldier of Fortune* trägt. Die gleichnamige TV-Serie handelt von einer Sondereinheit aus Helden, die für die US-Regierung weltweit die Kastanien aus dem Feuer holen. Im Film lautet der offizielle Name der Sondereinheit »Special Operations Force«, so dass auf diese Weise auch gleich Sympathien für die real existierenden »Special Operations Forces« der USA geschaffen werden.

Die jeweilige Handlung der einzelnen Folgen der TV-Serie *Soldiers of Fortune* stellt die geradezu unglaublichen seherischen Fähigkeiten ihrer Autoren unter Beweis. Schon Jahre vor dem 11.9.2001 und dem Irakkrieg lautete der erste Auftrag für die Filmhelden, vier amerikanische Kriegsgefangene aus dem Irak zu befreien. Im April 2003 wurde dieses Hollywood-Drehbuch Realität, als ein Greifkommando der realen »Special Operations Forces« die 19 Jahre alte US-Soldatin Jessica Lynch aus irakischer Kriegsgefangenschaft befreite, in die sie am 23. März 2003 geraten war. Eine Heldentat, welche die US-Militärs angesichts schwindender Unterstützung für den Irakkrieg gut gebrauchen konnten. Die Heimkehr der Jessica Lynch wurde ganz groß über die Medien vermarktet, die Besetzung der Rolle war mit einer hübschen, schlanken Blondine optimal. Die USA badeten in Eigenlob und Heldenverehrung.

Was heißt in Amerika schon »Realität«?

Irakische Ärzte wunderten sich indes über die Saga von der gefährlichen Befreiung der Soldatin aus einem Krankenhaus. Es seien gar keine irakischen Kämpfer mehr da gewesen, die man hätte überwältigen müssen, sagten die Mediziner. Die US-Soldaten hätten sich nicht wie strahlende Retter, sondern eher wie Elefanten im Porzellanladen benommen. Statt irakischen Kriegern hätten sie Ärzten und Patienten des Krankenhauses, darunter eine gelähmte Frau, Handschellen angelegt. Die einzigen, die Angst und Schrecken verbreitet hätten, seien die Amerikaner gewesen, hieß es. Jessica Lynch sei in dem Krankenhaus keineswegs bedroht, sondern behandelt worden. Aber was heißt in Amerika schon »Realität«.

Ein anderer Feind der USA in *Soldiers of Fortune* ist Iran: »Mit Hilfe von Milliarden gefälschter Dollar versucht Iran, den Weltwirtschaftskreislauf zu manipulieren. Hergestellt werden die Blüten in einer Geheimdruckerei des Landes, die Major Shepherd und seine Leute finden und zerstören sollen«, so die Handlung.

Auch Nordkorea, ein weiterer Fixpunkt in George W. Bushs »Achse des Bösen«, fehlt in der Serie nicht:

> »Matt und Margo werden beauftragt, einen Repräsentanten der UNO zu beschützen. Als sie ihn jedoch auf seiner Reise nach Nordkorea begleiten, geraten sie prompt in einen Hinterhalt und werden entführt. Nordkoreanische Soldaten klagen sie der Spionage an und stellen sie vor Gericht. Gerade noch rechtzeitig erfahren die restlichen SOF-Teammitglieder von der Verhandlung und machen sich auf, die beiden zu befreien.«

Die Achse des Bösen – made in Hollywood?

So wurde die berühmte »Achse des Bösen« bereits viele Jahre vor der offiziellen Verkündung durch Präsident Bush in Hollywood-Filmen konstruiert. Hollywood nahm die amerikanische Geschichte nach dem 11. September 2001 vorweg und bereitete die Menschen psychologisch auf das vor, was danach kommen sollte: die Kriege gegen Afghanistan, den Irak, aber auch den Iran. Bevor die US-Kampfjets für die Kriege in Irak und Afghanistan abhoben, waren sie schon x-mal auf der Leinwand gestartet.

Dass das US-Militär mit Hollywood-Drehbuchautoren zusammenarbeitet, ist erwiesen. So berichtete *Spiegel Online* im Jahr 2001, dass die Macher von Actionfilmen wie *Die Hard** und

---

*USA 1988. Regie: John McTiernan; dt. Verleihtitel: *Stirb langsam*.

Action-Serien wie *MacGyver** »offenbar die neuen Berater der amerikanischen Armee« seien: »Ein geheimes Treffen habe in der vergangenen Woche zwischen Militärvertretern und Filmemachern an der Universität von Südkalifornien stattgefunden«, zitierte *Spiegel Online* das Branchenblatt *Variety*. »Unter den ›Krisenberatern‹ befanden sich angeblich die Drehbuchautoren von *Die Hard* und *MacGyver*, Steven de Souza und David Engelbach, sowie Joseph Zito, Regisseur der Chuck-Norris-Filme *Delta Force One*** und *Missing in Action****. In *Delta Force One* geht es um ein Flugzeug, das von palästinensischen Terroristen nach Beirut entführt wird.«

Von der Traumfabrik zur Alptraumfabrik

Ein derartiger Erfahrungsaustausch zwischen Armee- und Filmvertretern sei laut *Variety* nichts Ungewöhnliches: »Die Unterhaltungsindustrie könne durchaus als Ratgeber für das Militär dienen, beispielsweise beim Verständnis von Handlung und Charakteren oder bei der Erstellung eines ›Drehbuchs‹« – so *Variety*. So habe die Armee im Jahr 1999 zusammen mit der University of Southern California das Institute for Creative Technologies (ICT) gegründet. Filmemacher, Videospiel-Erfinder und Computerexperten entwickelten dort unter anderem virtuelle Simulationsprogramme für Militärübungen. Solche Simulationsprogramme sind vielseitig verwendbar. Man kann nicht nur mit ihnen üben, sondern ihre künstlichen Realitäten lassen sich via Fernsehen möglicherweise auch als Realität verkaufen. In Wirklichkeit tauschen sich Filmemacher, Regisseure und Militärs seit Jahrzehnten intensiv aus. Längst ist die Traumfabrik zur Alptraumfabrik geworden, die uns auf die nächsten Kriege des Pentagons vorbereiten soll.

---

* TV-Serie, USA 1985–1994.
** Der korrekte Originaltitel lautet *The Delta Force* (USA 1986). Regisseur ist nicht Joseph Zito, sondern Menahem Golan; dt. Verleihtitel: *Delta Force*.
*** USA 1984. Regie: Joseph Zito.

Vermutlich könnte man enorme prophetische Fähigkeiten hinsichtlich kommender Feldzüge der USA entwickeln, würde man die Hollywood-Produktionen nur richtig deuten.

Ein weiteres typisches Beispiel aus der Zeit vor dem 11. September: Der amerikanische Präsident eint die Welt im Kampf gegen das Böse, zum Beispiel in den Filmen *Air Force One** und *Independence Day***. Wer diese Filme bislang für harmlose Unterhaltung hielt, der irrt. In Wirklichkeit sind sie nichts anderes als nackte Propaganda und transportieren die gefährliche Ideologie eines angeblich guten US-Präsidenten, der die Führung und Einigung der Welt übernimmt, also das, was nach dem 11. September in der »Koalition der Willigen« geschah. Das Böse sind im einen Fall »Terroristen« *(Air Force One),* im anderen entmenschte »Aliens« *(Independence Day),* die alten Teufelsdarstellungen verdächtig ähnlich sehen. In der Realität wird dieses Böse dann natürlich durch reale Feinde wie dem Irak oder Iran ersetzt. In Hollywoodfilmen sind »Aliens« nur Stellvertreter für das Fremde und Ausgegrenzte, das man vernichten muss.

Ein rätselhafter Unterschied

Fünf Jahre vor dem 11. September 2001, im Jahr 1996, erregte *Independence Day* auch deshalb besonderes Aufsehen, weil erstmals symbolische Gebäude der USA zerstört wurden – unter anderem das Empire State Building in New York. Dabei sieht man genau die gleichen Rauch- und Staubwolken durch die Straßenschluchten wabern wie später am 11. September. Der 11. September ist teilweise ein Remake von *Independence Day* und anderen Heldenepen. Zum Beispiel tritt der Filmpräsident in *Independence Day* nach dem Angriff der Aliens genau denselben Irrflug in der Präsidentenmaschine Air Force One an wie George

---
* USA 1997. Regie: Wolfgang Petersen.
** USA 1996. Regie: Roland Emmerich.

W. Bush am 11. September. Und auch George W. Bush entstieg im Jahr 2003 einem Militärflugzeug, um seine Rede nach dem »Sieg« über den Irak zu halten – genauso wie einst der Filmpräsident in *Independence Day*.

Rätselhaft bleibt dagegen ein wichtiger Unterschied zwischen diesen beiden Inszenierungen. Denn es stellt sich die Frage, warum der Film *Independence Day* sich damals mit der Zerstörung eines zweitrangigen Symbols, des Empire State Building, zufriedengab und ausgerechnet die höchsten Gebäude New Yorks, die Türme des World Trade Center, aussparte. Merkwürdig, dass der Filmemacher Roland Emmerich, der sonst vor keinem Superlativ zurückschreckt, ausgerechnet diese spektakulären Gebäude in seinem Film links liegenließ, denn damit hätte *Independence Day* mit Sicherheit noch mehr Aufsehen erregt. Warum wurde das World Trade Center nicht schon in *Independence Day* zerstört? Hat man es sich etwa für den 11.9.2001 aufbewahrt?

Der US-Präsident übernimmt das Kommando

Wichtig ist auf jeden Fall, dass die Aliens (also »die Fremden«) besiegt werden, indem der amerikanische Präsident weltweit das Kommando übernimmt. Am Ende steigt er sogar selbst ins Cockpit eines Kampfjets, um »die Fremden« zu bekämpfen. Psychologisch entscheidend sind auch die folkloristischen Szenen aus aller Welt, in denen sich die Staaten der Erde dem Kampf des US-Präsidenten in einer Art Anti-Alien-Koalition anschließen und seinen Befehlen gehorchen. »Der Kontext der Katastrophen ist immer biblisch«, heißt es in einer Analyse der Filme *Independence Day, Deep Impact*[*] und *Armageddon*,

> »ob es nun das vom Himmel fallende Feuer des Asteroiden ist, die dann zu erwartende Sintflut oder, wie in *Indepen*

---

[*] USA 1998. Regie: Mimi Leder.

dence Day, eine intergalaktische Heuschreckenplage. Und die Menschheit rückt schauernd unter einem Gedanken zusammen, der da ›Überleben‹ heißt. (...) Die Katastrophe kittet alle vorher problematischen Beziehungen. Sowohl die persönlichen als auch die nationalen. (...) In allen drei Filmen ereignet sich analog zu einer Hochzeit die Kooperation der führenden Industrienationen unter Federführung der Vereinigten Staaten« (»World without End – Die Frage nach der Funktion globaler Bedrohung anhand der Filme Independence Day, Deep Impact und Armageddon«, http://frame25.f-lm.de/Ausgaben/05_99/world_end.html).

In vielen Filmen »wird die Gemeinschaft immer als Differenz zu einem fremden Anderen (außerirdische Invasoren, kasachische Terroristen, britische Okkupatoren), das diese Gemeinschaft bedroht, konstruiert. Es ist patriotische Pflicht, dieses Andere in seine Schranken zu verweisen«, meint der Filmexperte Timothy Simms (ebda.).

Bei der Produktion von *Air Force One* mangelte es dem deutschen Starregisseur Wolfgang Petersen an nichts: Der erste Drehort war die Rickenbacher Air National Guard Base. »Die Filmemacher konnten«, vermerkt das CD-ROM-Filmlexikon von Dirk Jasper, »auf die Mitarbeit aller vier Truppengattungen der US-Armee zählen, und das technische Wissen der Militärs garantierte der Produktion eine Authentizität, wie sie nur selten im Kino zu sehen ist.« Hilfreich sei auch »das offizielle O. K. aus dem Weißen Haus [gewesen], Petersen bei seiner Arbeit zu unterstützen. (...) Neben einer ganzen Einheit von Hubschraubern, F-15-Jägern und Transportern standen an die 250 Mann bereit, das Equipment zu warten, zu bedienen und zu fliegen.«

Deutungen vom Fließband

Kurz: Hollywood ist für die Kriegsstrategen des Pentagons unverzichtbar. Niemand hat so viel Erfahrung bei der Massenproduktion von Deutungen, Rechtfertigungen sowie seichten menschlichen und moralischen Motiven wie die Filmindustrie. All das sind Rohstoffe, die man in einem Krieg mindestens ebenso dringend benötigt wie Bomben und Cruise Missiles, denn ohne sie lässt sich ein räuberischer Feldzug kaum in ein moralisches Unternehmen zur »Befreiung« der Bevölkerung des überfallenen Landes umdeuten, wie das etwa in den Fällen des Irak und Libyen versucht wurde.

Die US-Filmindustrie ist mit ihren für das jeweilige Ereignis maßgeschneiderten Dramen in der Lage, jeden, aber auch wirklich jeden Raubzug als Akt der Menschlichkeit darzustellen. Und genau deshalb sollten wir aufhören, solche Filme mit Unterhaltung zu verwechseln. Denn am Ende werden möglicherweise wir das Andere und das Fremde sein, das mit triefendem Pathos ausgemerzt wird. Erst auf der Leinwand, dann in der Realität.

29. Februar Ein Visum für Iran

Ganz Deutschland hat Angst vor dem Iran und seinem »irren« Präsidenten Mahmud Ahmadinedschad! Ganz Deutschland? Nein: Ein mutiges Häuflein unerschrockener Journalisten, Fotografen und Intellektueller macht sich auf, um zehn Tage lang den Iran zu bereisen und sich selbst ein Bild von diesem »Reich des Bösen« zu machen. Wie bereits in der Einleitung angekündigt, bin auch ich dabei. Ab dem 19. April 2012 will ich mit einigen Kollegen und Bekannten eine private Reise in das Land unternehmen. Heute gilt es den Visumantrag auszufüllen. Aber es ist kaum zu glauben, was für Fragen man in dem Visumsformular beantworten muss, um in eine Diktatur wie diese reisen zu dürfen:

1. Haben Sie einen sonstigen Ausweis mit anderer Identität?
   Klar – und zwar auf den Namen Bond. James Bond.

Oder diese hier:

4. Sind Sie in irgendeinem militärischen oder Milizen-Ausbildungslager gewesen oder haben Sie versucht, in solchen aufgenommen zu werden oder sind Sie aufgefordert worden, an solchen Ausbildungen teilzunehmen?

Sicher – weil ich schon von Natur aus wie der geborene Untergrundkämpfer aussehe, reißen sich praktisch sämtliche denkbaren Milizen seit meiner Geburt um mich.

Oder noch besser:

5. Haben Sie terroristische Tätigkeiten geplant oder durchgeführt, oder haben Sie an deren Planungen und Durchführung teilgenommen?
   – Nein …..
   – Ja ….. (bitte erklären Sie es)

Klar – natürlich bin ich gewohnheitsmäßiger Terrorist, und wenn man mich schon fragt, dann erkläre ich das selbstverständlich auch gerne. Aber Spaß beiseite – das hätte ich mir ja denken können. Noch nicht im Iran angekommen, weht mir gleich der Wind der Diktatur um die Nase. Vielleicht sollte ich es mir doch noch einmal überlegen, in ein Land zu fahren, das Reisenden solche Fragen stellt.
Nun gut – dann sollte man sich allerdings auch überlegen, ob man künftig noch nach Deutschland einreisen will. Denn entwickelt hat den absurden Fragenkatalog gar nicht der Iran – sondern Deutschland bzw. die EU. Die iranischen Fragen sind nur die Re-

aktion darauf. Die Vorlage kann man dagegen auf der Website der Deutschen Botschaft in Teheran bewundern, und zwar im Visumantrag für Iraner, die nach Deutschland reisen wollen. Während der übrige Visumantrag in Deutsch und Persisch abgefasst ist, findet man auf Seite 3 ausschließlich Fragen auf Persisch – nämlich genau die, über die ich mich beim Ausfüllen des Antrags auf ein iranisches Visum geärgert habe.

März 2012

Thema des Monats *11.3.:*
Toulouse-Attentate – »Schützenhilfe« für Sarkozy?

1.3. Neue Datenschutzbestimmungen bei **Google** *und Suchmaschinen-Alternativen* **4.3.** Bei den Parlamentswahlen in Iran siegt konservatives Bündnis über das Lager von Ahmadinedschad/Bei den Präsidentschaftswahlen in Russland gewinnt Ministerpräsident Wladimir Putin mit 63,6 Prozent der Stimmen **9.3.** Griechenland gibt 100 Milliarden Euro Schuldenerlass durch Privatgläubiger bekannt *11.3. USA gegen Iran: Die letzte Fahrt der Enterprise/Mordserie in Frankreich: »Schützenhilfe« für Sarkozy?* **13.3.** Die *Encyclopedia Britannica* stellt nach 244 Jahren ihr Erscheinen als Druckausgabe ein **18.3.** Bundesversammlung wählt Joachim Gauck zum neuen (11.) Bundespräsidenten *15.3. Studie: Gibt es eine Generation 9/11?*

1. März *Ixquick*: Suchmaschine macht Schluss mit der *Google*-Schnüffelei

Gibt es in diesem Jahrbuch nur schlechte Nachrichten? Nicht doch. Wie wär's zum Beispiel mit dieser: Im Internet gibt es doch tatsächlich eine Suchmaschine, die nicht nur so gut sein soll wie *Google,* sondern die auch noch Ihre Privatsphäre schützt und keine IP-Adressen der Nutzer speichert. Darüber hinaus ermöglicht sie auch noch anonymes Surfen per Mausklick. Doch der Reihe nach. Es gibt da einen Alptraum: Was auch immer Sie an Ihrem Computer tun, welche Taste auch immer Sie drücken, der Große Bruder bekommt es mit. Und seit einiger Zeit hat der Große Bruder auch einen Namen: *Google*. Und seit dem 1. März 2012 bekommt dieser Große Bruder immer mehr mit. Denn mit diesem Datum setzt *Google* neue »Datenschutzbestimmungen« in Kraft, die es dem Konzern erlauben, die Nutzerdaten seiner verschiedenen Dienste zusammenzuführen. Während wir zu Hause oder im Büro unsere gesammelten Interessen und geheimsten Neu- und andere Begierden vertrauensselig in die Suchmaschine *Google* eintippen, unseren eigenen Rechner mit *Google Desktop Search* durchsuchen, den Globus durch die Brille von *Google Earth* betrachten, unsere Videos auf *YouTube* (also *Google*) hochladen und unsere Mails über *Google Mail* verschicken, navigieren wir unterwegs mit unserem *Google*-Handy und suchen Hotels, Restaurants und Ärzte mit *Google Maps*. Und da manche inzwischen alles, was sie tun, an Computern tun (einschließlich Sex), bekommt *Google* auch alles von uns mit.

Jeder Mensch ist eine Nummer

Ein Schlüssel zum Schnüffel-Paradies der Internetkonzerne heißt IP-Adresse: Wer auch immer sich im Netz bewegt, tut dies unter einer ganz persönlichen Nummer – nämlich der IP-Adresse. Suchmaschinen wie *Google* speichern die Suchanfragen zusammen mit dieser Nummer ab und erhalten auf diese Weise ein komplettes »Interessen-Profil« des Besitzers dieser IP-Adresse. Fragt man nun unter derselben IP-Adresse noch seine E-Mails ab oder durchsucht persönliche Dateien auf seinem Rechner, ist die eigene Identität im Prinzip aufgeflogen. Ab jetzt lässt sich alles zusammenführen, und unser Leben wird zum offenen Buch.

Suchmaschinen tun aber noch ein Übriges und vergeben eine User-ID an den Benutzer, unter der sämtliche Anfragen gespeichert werden. Wie so etwas aussieht, konnte man 2006 bewundern, als AOL die Suchdaten von 658 000 Nutzern »entwischten« und für jedermann einsehbar im Netz landeten. Nehmen wir zum Beispiel den »User 30115«. Sein bis dahin gespeichertes Suchprofil (http://www.aolstalker.com/301115.html) gewährte einen umfassenden Einblick in seine Interessen und Vorlieben.

»Lindsay Lohan nackt«

Als Erstes erfahren wir, dass »User 30115« sich für Mobiltelefone interessierte und wahrscheinlich im US-Bundesstaat Georgia wohnt, denn er wollte auch etwas über Steuerrückzahlungen in Georgia, Blumenläden in Athens (Georgia) und Husky-Hunde in Savannah wissen. Manches spricht auch dafür, dass er Savannah nur besuchen oder dorthin umziehen wollte, denn er suchte dort nach Touristenattraktionen und Hotels, aber auch nach der örtlichen Tageszeitung *(Savannah Morning News)*. Vermutlich handelt es sich um einen Mann, denn der Nutzer interessierte sich intensiv für das weibliche Geschlecht, zum Beispiel für »Lindsay Lohan naked« oder für die amerikanische Schauspielerin Leslie Easterbrook (ebenfalls »naked«) sowie für eine gewisse Jenna Renee Edwards. Auch eine Schauspielerin? Oder ein Privatkontakt? An einem der nächsten Tage folgte ein regelrechtes »Suchgewitter« nach Porno-Websites: »Pamela Anderson sex tape«, »porn sites«, »pornography«, »sex websites«, »fucking websites« usw. Einige Tage später suchte der Nutzer nach »Locos Restaurant«. Vermutlich hätte man ihn dort treffen können. Dabei waren dies nur auf wenige Tage begrenzte Suchanfragen einer relativ »kleinen Suchmaschine« (AOL) und eines nicht besonders aktiven Nutzers.

Tagebuch bei *Google*:
Ein Röntgenbild ist nichts dagegen

Wenn Sie bisher dachten, dass Sie kein Tagebuch führen, dann haben Sie sich geirrt: *Google* & Co. führen es längst für Sie. Gut möglich, dass sich jeder Tag, jede Phantasie und jede Lebensäußerung eines intensiven *Google*-Nutzers bis ins Detail rekonstruieren lässt – erst recht mit Hilfe der weiteren Internet-Dienste des *Google*-Konzerns. Verwendet ein Nutzer hauptsächlich eine Suchmaschine, entsteht so eine riesige Datenbank seiner Interessen. Betreibt derselbe Anbieter gleichzeitig noch andere Dienste, ist es zumindest theoretisch ein Leichtes, das »intime Nutzertagebuch« der Suchmaschine damit zu verknüpfen. Ein Röntgenbild ist nichts dagegen.

»I have a dream ...«

Auf der anderen Seite war da mal ein Traum: eine Suchmaschine, die kein Tagebuch über Sie führt, sondern sofort vergisst, was Sie gesucht haben; die keine IP-Adressen mit den Suchanfragen speichert und bei der Sie jedes Mal ankommen wie das sprichwörtlich unbeschriebene Blatt. Gleichzeitig sollte diese Suchmaschine natürlich auch leistungsfähig sein. Gibt's nicht? Gibt's doch – jedenfalls, wenn man den Behauptungen von *ixquick* glaubt. Während unsere »Qualitätsmedien« tagein, tagaus über *Google* schreiben und der Konzern auf diese Weise immer weiter wuchert, führt diese Suchmaschine ein Schattendasein. Oder wo waren denn die Schlagzeilen, als *ixquick* bereits 2008 als erstes IT-Produkt überhaupt das europäische Datenschutz-Gütesiegel European Privacy Seal (»EuroPriSe«) bekam: »Die Verleihung des ersten Europäischen Gütesiegels an die Meta-Suchmaschine Ixquick ist ein Meilenstein für die Umsetzung des Datenschutzes im Internet und verdient große Anerkennung«, sagte damals der Europäische Datenschutzbeauftragte Peter Hustinx.

Schluss mit dem Tagebuch

Wenn *ixquick* hält, was es verspricht (und bisher spricht nichts dagegen), ist der Dienst geradezu verboten gut. Für Ihre Anonymität müssen Sie demnach nicht einmal auf *Google* & Co. verzichten. Denn *ixquick* ist eine sogenannte Metasuchmaschine: Der Suchdienst fragt für Sie bei den etablierten Suchanbietern an und stellt das Resultat als eigene Ergebnisliste dar. Als IP-Adresse taucht bei den herkömmlichen Suchmaschinen höchstens eine IP von *ixquick* auf, nicht aber Ihre. *Ixquick* selbst wiederum speichert Ihre IP nicht ab und führt auch kein »Tagebuch« über Sie – legt also kein sogenanntes »Logfile« mit Ihrer IP-Adresse an.

Wer speziell *Google*-Resultate haben möchte, für den gibt es den *ixquick*-Bruder *startpage*. Diese Suchmaschine arbeitet genauso, fragt aber nur *Google* ab – anonym, versteht sich. Der absolute »Knaller« ist aber, dass man mit *ixquick* und *startpage* auch anonym surfen kann. Denn sobald man die Suchergebnisse von *ixquick* verlassen und einen Ergebnis-Link angeklickt hat, wird die eigene IP-Adresse natürlich von der besuchten Website gespeichert. Deshalb findet man unter dem jeweiligen *ixquick*- und *startpage*-Suchergebnis noch einen kleinen unscheinbaren Link namens »Proxy«. »Proxy« heißt »Stellvertreter«, und klickt man auf diesen Link, surft *ixquick* für einen. Das heißt, *ixquick* stellt einen Umweg bereit, über den man die betreffende Seite besuchen kann. Am besten testet man das mit einer Seite wie www.wieistmeineip.de, die einem die eigene IP-Adresse anzeigt:

1. Zuerst sucht man in *ixquick* oder *startpage* nach »meine IP-Adresse«.

2. In der Ergebnisliste befindet sich an fünfter oder sechster Stelle www.wieistmeineip.de.
3. Nun kann man entweder den Hauptlink des Suchergebnisses anklicken oder darunter den Link »Proxy« und sehen, welche IP-Adresse von der besuchten Seite jeweils angezeigt wird.
4. Ergebnis: Klickt man auf »Proxy«, wird eine andere IP-Adresse angezeigt als bei dem Klick auf den Hauptlink.
5. Nachteil: Über Proxy sind nicht alle Funktionen der besuchten Website verfügbar.

Bis jetzt spricht alles dafür, dass *ixquick* und *startpage* unser Vertrauen verdienen. Ansonsten gilt das im Internet überlebenswichtige Motto: Holzauge, sei wachsam – traue jedem nur bis auf weiteres. Und: Die besten Daten sind gar keine Daten.

11. März USA gegen Iran: Die letzte Fahrt der *Enterprise*

»Aller Anfang ist schwer« – das gilt auch für einen Krieg. Denn wie soll man ihn beginnen, ohne als Aggressor dazustehen? Es ist offensichtlich, dass sowohl die USA als auch Israel nur zu gerne Krieg gegen den Iran führen würden – wegen fiktiver Massenvernichtungswaffen. Das war bereits im Fall Saddam Hussein so. Nur: Wie soll man diesen Krieg anfangen? Bekanntlich wird nicht erst seit Adolf Hitler immer nur »zurückgeschossen«. Und schließlich gibt es auf der ganzen Welt nur »Verteidigungsministerien«. Wenn das allerdings wahr wäre, könnte es logischerweise gar keinen Krieg geben. Da es aber Kriege gibt, kann das nur heißen, dass einige dieser Verteidigungsministerien in Wahrheit Kriegsministerien und manche der edlen Verteidiger in Wahrheit Aggressoren sind. Aus Gründen der Legitimation gegenüber der Welt, dem eigenen Lager, aber auch gegenüber der Geschichte darf man selbst jedoch niemals als Schurke dastehen. Sollte es also einen Krieg gegen den Iran geben, wird dieser aller Voraussicht nach mit einer »false-flag attack«, einem »Angriff unter falscher Flagge«, sprich: einem inszenierten Angriff auf die USA, Israel oder einen anderen Verbündeten, beginnen.

Wir wollen die Mechanismen und Logiken eines solchen »false-flag attack« an einem konkreten Beispiel einmal durchspielen. Als mögliches »Opferlamm« haben Beobachter den rund 50 Jahre alten US-Flugzeugträger *USS Enterprise* ausgemacht. Am 21. Januar 2012 kündigte US-Verteidigungsminister Leon Panetta die Entsendung der *Enterprise* in den Persischen Golf an. Die *Enterprise* ist der elftschwerste Flugzeugträger aus einer Flotte von elf Flugzeugträgern. Am 11. März 2012 machte sich der Träger auf den Weg. Ganz offiziell wird dies die letzte Fahrt der *Enterprise* sein, »bevor der Flugzeugträger im November außer Dienst gestellt wird« (*Hürriyet Daily News*, 22.1.2012). 2013 steht nämlich die Verschrottung des nuklear getriebenen Riesenschiffes an. Und das gibt zu denken.

Ob der Untergang des US-Kriegsschiffes Maine 1898 in Havanna (Spanisch-Amerikanischer Krieg), der angeblich überraschende Überfall der Japaner auf die US-Marinebasis Pearl Harbor 1941 (Zweiter Weltkrieg), der angebliche Angriff vietnamesischer Schnellboote auf ein amerikanisches Kriegsschiff im Golf von Tonkin 1964 (Vietnamkrieg) oder der 11.9.2001 (»Krieg gegen den Terror«) – all diese Kriegsgründe waren mehr oder weniger inszeniert oder aus der Luft gegriffen. Und was auch immer der Grund für einen Krieg gegen Syrien und den Iran sein wird – eines kann man schon jetzt sicher sagen: Er wird erlogen sein. Das ist Punkt 1.

Es beginnt mit einem Schiff ...

Punkt 2: In die Inszenierung der Gründe für die großen US-Kriege gegen Spanien (*Maine,* 1898), Deutschland (*Lusitania,* 1915), Deutschland und Japan (Pearl Harbor, 1941) und Vietnam

(Tonkin, 1964) waren immer Schiffe verwickelt. Die US Navy ist die mächtigste Waffengattung der Vereinigten Staaten (und der Welt) und daher zuvorderst an Kriegen interessiert und beteiligt. So entwickelte die US Navy Anfang der sechziger Jahre des vorigen Jahrhunderts auch das »false-flag«-Szenario »Northwoods«, in dem die Inszenierung feindlicher Angriffe detailliert beschrieben wird. Northwoods wurde später zur Blaupause für die Anschläge des 11.9.2001. Ein weiterer Vorfall war der israelische Überfall auf die *USS Liberty* am 8. Juni 1967 während des Sechstagekrieges zwischen Israel, Ägypten, Jordanien und Syrien, wobei ungekennzeichnete israelische Flugzeuge das US-Kriegsschiff beschossen. Die BBC-Dokumentation *Dead in the Water* aus dem Jahr 2002 sah darin »Das Bild ... einer gewagten israelischen Verschwörung, um einen ägyptischen Angriff auf ein amerikanisches Spionageschiff zu fälschen und Amerika auf diese Weise einen Grund zu liefern, offiziell in den Krieg gegen Ägypten einzutreten«, wie es in der Pressemeldung zu dem Film heißt: »*Dead in the Water* deckt auf, dass Israel mit voller Absicht ein amerikanisches Schiff attackierte, um es so schnell wie möglich zu versenken.« Tatsächlich seien zur Vergeltung sogar amerikanische Bomber von einem US-Flugzeugträger im Mittelmeer gestartet – mit dem Ziel Kairo. Die Flugzeuge »wurden jedoch gerade noch rechtzeitig zurückgerufen, nachdem klar war, dass Israel verantwortlich und die *Liberty* nicht mit Mann und Maus gesunken war«. Tatsächlich sieht es aus, als sei die Inszenierung dieses Kriegsgrundes seinerzeit daran gescheitert, dass das Schiff nicht schnell genug versenkt werden konnte. Plötzlich ließen die Israelis daher von ihrem Angriff ab, änderten ihr Verhalten um 180 Grad und boten dem beschädigten Schiff Hilfe an. Für viele Besatzungsmitglieder war es da schon zu spät. 34 US-Soldaten kamen ums Leben, 171 wurden verletzt. Verschiedenen Quellen zufolge hatten israelische und US-Geheimdienste konspiriert, um die *Liberty* zu versenken.

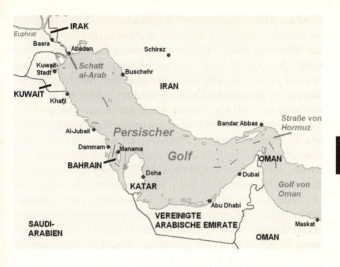

Punkt 3: Es entspricht der Logik solcherart inszenierter Kriegsgründe, dass als Ziel meistens veraltete Anlagen oder veraltetes Kriegsgerät herhalten müssen. 1941 warfen die Amerikaner den Japanern alte und ausmusterungsreife Kriegsschiffe in der Marinebasis Pearl Harbor zum Fraß vor. Am 11.9.2001 wurde ein sanierungsbedürftiger, asbestverseuchter und hochversicherter Gebäudekomplex geopfert.

Opferlamm *Enterprise?*

Und nun ein Flugzeugträger? Die 1961 in Dienst gestellte *Enterprise* ist überhaupt der erste atomgetriebene Flugzeugträger, der verschrottet werden soll. Und dies ist eine äußerst heikle Sache. »Big E's Alter und Zahl der Reaktoren – acht – bedeuten, dass der Prozess der Außerdienststellung lang, arbeitsaufwendig und teuer sein wird«, schrieb die *Navy Times* schon am 5. April 2009. »Die Enterprise ist nun mal kein konventionelles Schiff«, erklärte der Chef der US-Marineoperationen, Admiral Gary Roughead: »Wir haben noch nie einen atomgetriebenen Flugzeugträger außer Dienst gestellt, deshalb ist das ein bedeutendes Vorhaben« (*The Navy Times*, a.a.O.). Wie aufwendig die Verschrottung ist, mag man daran ermessen, dass die Unterhaltskosten für die Navy allein dadurch im Fiskaljahr 2013 um knapp eine Milliarde Dollar steigen werden. Es wäre gut möglich gewesen, dass die USA genau wie in Pearl Harbor eine effizientere Lösung suchen und mehrere Fliegen mit einer Klappe hätten schlagen wollen: Eine Milliarde Dollar und jahrelange Arbeit sparen sowie den ganzen Atomschrott vor der Haustür des Feindes versenken – das wäre doch die Ideallösung. Die Enterprise wäre daher eine der zartesten Versuchungen, seit es inszenierte Kriegsgründe gibt. »Der letzte Einsatz der *Enterprise* erfolgt in einem Augenblick erhöhter Spannungen mit Iran, der gedroht hatte, die Straße von Hormus zu schließen – den wichtigsten Öl-Transportweg der Welt« (*Hürriyet Daily News*, a.a.O.).

Vor der Nase des Feindes

Nach einer Übung im Atlantik brach die *USS Enterprise* am 11. März 2012 in den Persischen Golf auf, um direkt in der Straße von Hormus, vor der Nase der Iraner, Schau zu laufen: Laut Verteidigungsminister Panetta sollte die Fahrt des Trägers durch die Meerenge »eine direkte Botschaft an Teheran« sein (*Associated Press*, 22.1.2012). Wobei »Botschaft« genau wie »Verteidigungsministerium« einer Übersetzung bedarf, nämlich »Provokation«.

Erstaunlicherweise wussten manche schon ganz genau, wie es weitergehen würde: »Der Iran wird genau wie Nazi-Deutschland in den vierziger Jahren die Initiative ergreifen und dem US-Präsidenten ›helfen‹, dem amerikanischen Volk die Augen zu öffnen, indem das Land mit dem Angriff auf einen US-Flugzeugträger im Persischen Golf den ersten Schritt macht«, schrieb der ehemalige israelische Geheimdienstoffizier Avi Perry in der *Jerusalem Post* vom 9. Januar 2012. Aber warum sollte der Iran das tun? Schließlich ist der weit unterlegene Staat am Persischen Golf weder mit »Nazi-Deutschland« zu vergleichen, noch erschließt sich, warum der Iran dem US-Präsidenten »helfen« sollte, einen Krieg anzuzetteln. In Wirklichkeit ist das absolut widersinnig. »In diesem ›Pearl Harbor‹-ähnlichen Szenario, in dem der Iran einen ›Überraschungsangriff‹ auf die US-Marine unternimmt, hätten die USA die perfekte Rechtfertigung, um den Iran zu erledigen und dem hässlichen Spiel ein Ende zu bereiten«, schrieb der israelische Spionage-Experte weiter. Die Wortwahl ist verräterisch. Der Verweis auf Pearl Harbor und die Anführungszeichen bei dem Wort »Überraschungsangriff« sprechen Bände. Denn auch die Attacke auf Pearl Harbor war in Wirklichkeit gar kein »Überraschungsangriff«. Und natürlich stellt sich erneut die Frage: Warum sollte der Iran den USA »helfen« und einen »perfekten Vorwand« liefern, den »Schurkenstaat« zu »erledigen«?

Oder sollte das Opferlamm *Enterprise* in den dunklen Hohlweg geschickt werden, während die Wölfe bereits warteten, ob sich der iranische Fuchs aus der Höhle traute? Denn schließlich befanden sich, so die russische Nachrichtenagentur Ria Novosti in ihrer Online-Ausgabe vom 26. Januar 2012, bereits zwei US-Flugzeugträger in der Region: *USS Abraham Lincoln* und *USS Carl Vinson*. Ein weiterer sollte im Spätsommer dazukommen. Somit hätten die USA nach dem Verlust der *Enterprise* genügend militärische Schlagkraft gehabt, um »Vergeltung« zu üben – wie immer nach dem Motto »Erst schießen, dann fragen«. Und wenn der Fuchs nicht von selbst kommt, kann man natürlich auch einen Wolf als Fuchs verkleiden.

Spektakuläre Bilder für die Medien

Diesen Ablauf hielt auch der Navy-Veteran Mario Andrade für möglich, ein Spezialist für Minenräumung und Leckbekämpfung, der am Zweiten Golfkrieg (1990–1991) teilgenommen hat. »Angesichts der langen Geschichte von Angriffen unter falscher Flagge in der Vergangenheit der US-Marine kann man dieses Szenario nicht ausschließen«, schrieb er in einem Artikel für die Website der Talkshow »Deadline Live« (29.1.2012). Da ein Flugzeugträger sehr schwer zu versenken sei, könne ein »getürkter« Angriff auf die *Enterprise* gleichzeitig mit Torpedos, Minen und/oder U-Boot-Raketen erfolgen. Oder Saboteure aus der Besatzung könnten einen der acht Atomreaktoren an Bord beschädigen. »Leider ist die Wahrscheinlichkeit für ein solches Szenario sehr hoch«, meinte Andrade. Ebenso gut könnten aber auch Geheimdienstler zusammen mit Spezialkräften einen Sabotageakt durchführen. Oder es könnte ein Planspiel des früheren US-Verteidigungsministers Dick Cheney zum Einsatz kommen, in dem als Iraner verkleidete Special Forces einen Flugzeugträger mit Torpedobooten angreifen sollten – zusammen mit »Unterwassersprengungen durch die Navy Seals«. Auch wenn die *Enterprise* nicht unterginge, würden solche Operationen spektakuläre Bilder liefern, so Andrade.

Ob der Träger sinken würde, hänge neben der Stärke des Angriffs allerdings auch von seinem Standort ab. Da das Wasser im Persischen Golf nicht sehr tief sei (20–25 m), wäre der ideale Ort für die Operation eigentlich der Golf von Oman. Wenn die Navy ihren Träger also ein für alle Mal hätte loswerden wollen, wäre dies der Schauplatz der Wahl gewesen.

Ein Torpedo aus dem Nichts?

Eine »verirrte« Rakete oder ein Torpedo aus dem Nichts hätte genügt, um den USA den Vorwand zum Losschlagen zu liefern. *Spiegel Online* zufolge wuchs in der US-Marine bereits »die Angst vor iranischen Angriffen« – was natürlich ein Witz ist. In Wirklichkeit wuchs in der US-Marine der Wunsch nach iranischen Angriffen. »Wir sind nicht unverwundbar«, bereitete

Vize-Admiral Mark Fox, Kommandeur einer Flotte im Persischen Golf, die Welt schon mal auf kommende amerikanische Verluste vor – die natürlich absehbare Konsequenzen haben werden, nämlich einen Krieg gegen den Iran. Am 4. November 2012 war diese »Kuh« erst mal vom Eis. An diesem Tag lief die *Enterprise* zum letzten Mal in ihrem Heimathafen in Norfolk ein. Ob damit auch ein Krieg gegen den Iran vom Tisch ist, steht auf einem anderen Blatt …

11. März »Schützenhilfe« für Sarkozy?

Toulouse, 11. März 2012, 16 Uhr. In der Nähe der Schule Château de l'Hers hat sich Sergeant Imad Ibn-Ziaten vom Ersten Fallschirmspringerregiment mit einem potenziellen Käufer seiner Suzuki Bandit verabredet. Nur wenige Minuten zuvor hat er einen Anruf des Interessenten erhalten. Am 24. Februar hatte Ibn-Ziaten das Motorrad inseriert. Doch statt Geld bekommt er eine Kugel. Laut Polizei wird »ein einzelner behelmter Motorradfahrer beobachtet, der auf Imad Ibn-Ziaten Schüsse abfeuert. Anschließend entkommt der Motorradfahrer unerkannt« (*Radio Utopie*, 24.3. 2012). Ibn-Ziaten bleibt mit Kopfschüssen liegen.

Montauban bei Toulouse, 15. März 2012, 14 Uhr. Vor einem Geldautomaten an einem Einkaufszentrum warten geduldig drei Männer und eine ältere Frau. Plötzlich eilt ein dunkel gekleideter, behelmter Mann heran, stößt die Frau zur Seite und beginnt zu schießen. Wenig später liegen die drei Männer am Boden – zwei tot, einer schwer verletzt. Die Opfer sind farbige Fallschirmjäger aus den benachbarten Kasernen des 17. Fallschirmspringerregiments. Der Täter flieht auf einem Motorroller. Am 19. März schließlich erschießt der »große Unbekannte auf zwei Rädern« Lehrer und Schüler einer jüdischen Schule in Toulouse. Ein Rabbiner, zwei seiner Kinder und eine weitere Schülerin sterben.

Vom Rumpelstilzchen zum Riesenstaatsmann

Frankreich steht Kopf. Mitten im Wahlkampf zwischen Präsident Nicolas Sarkozy und seinem sozialistischen Rivalen François Hollande ist die Nation in hellem Aufruhr. Ein Bild geht um die Welt: im Vordergrund französische Soldaten, die einen mit der Trikolore geschmückten Sarg tragen – im Hintergrund Präsident Sarkozy, andächtig und mit geschlossenen Augen. Das kommt an. Das französische Rumpelstilzchen Nicolas Sarkozy, politisch schon seit langem mit dem Rücken zur Wand, mausert sich plötzlich zum Riesenstaatsmann. »Der Präsident ist überall, der Herausforderer geht unter«, erkennt *Spiegel Online:* »Präsident Sarkozy meistert die Rolle des trauernden Staatschefs mit Bravour, wirkt wie ausgewechselt – sein sozialistischer Herausforderer Hollande kommt kaum noch vor« (21.3.2012).

Händeschütteln adieu!

Aus ist es mit dem normalen Wahlkampfprogramm. Adieu Händeschütteln, Kinder tätscheln und Klinkenputzen. Und Bonjour Monsieur Le Président! Die übliche Wahlkampflangeweile wird »vorerst ausgesetzt, pausiert, verschoben«, beobachtet *Spiegel Online*. Stattdessen erlebt die Öffentlichkeit Sarkozy »als würdigen und ernsten Vertreter der Nation«. Die Attentate von Toulouse und Montauban tragen dem bisher glücklosen Wahlkämpfer mit einem Mal »TV-Dauerpräsenz« ein. Die Nation steht plötzlich hinter ihrem Präsidenten, der ja eigentlich vorwiegend eine politische Ware ist, nämlich Bewerber für eine weitere Amtszeit. Aber vor dem Hintergrund der beiden Tragödien wird der Ladenhüter Sarkozy nun (vorübergehend) wieder zum politischen Bestseller.

Nicht der erste faule Trick?

Mit einem Mal holt Sarkozy gegenüber seinem Herausforderer Hollande auf. Zufall? Schließlich wäre François Hollande nicht der erste Sarkozy-Widersacher, der möglicherweise mit faulen

Tricks aus dem Rennen geworfen würde. Immerhin wäre da noch die seltsame Affäre um den ursprünglichen sozialistischen Präsidentschaftskandidaten Dominique Strauss-Kahn (DSK), der im Mai 2011 plötzlich von einem Zimmermädchen in New York der Vergewaltigung beschuldigt wurde. Und zwar in einem französischen Hotel: Das New York Sofitel, in dem der Zwischenfall passierte, gehört dem französischen Hotel-Konzern Accor. Und glaubt man der *Daily Mail,* ist einer von Accors leitenden Direktoren, Sebastien Bazin, Sarkozy verpflichtet, seit dieser seine Tochter aus der Geiselhaft eines Attentäters befreite. Als 1993 ein Amokläufer 21 Kinder in einem Kindergarten in Neuilly-sur-Seine in seine Gewalt brachte und mit Waffen und Sprengstoff bedrohte, gehörte der damalige Vorstadtbürgermeister Sarkozy zum Verhandlungsteam. Der Geiselnehmer ließ schließlich 15 Kinder gehen und wurde später – genau wie 2012 der angebliche Toulouse-Attentäter – von der Polizei erschossen. Seitdem, so die *Daily Mail*, verbinde Accor-Direktor Bazin und Sarkozy eine enge Freundschaft. Außerdem teilten beide eine Leidenschaft für den Fußballclub Paris Saint-Germain.

Es kommt aber noch dicker: Just am Tage des Strauss-Kahn-Zwischenfalls im New Yorker Sofitel habe sich Sarkozy im Stadion von Saint-Denis ein Fußballspiel von Saint Germain angesehen – und zwar gemeinsam mit dem damaligen Accor-Sicherheitschef René-Georges Querry. Also mit jenem Mann, in dessen Zuständigkeitsbereich derartige Vorkommnisse fallen (*Mail Online*, 3.12.2011). Recherchen des amerikanischen Journalisten Jay Epstein zufolge führten Mitarbeiter des Sofitel nach dem Vorfall einen Freudentanz auf und klatschten sich ab. Nun fallen Sicherheitschefs nicht vom Himmel, sondern kommen meistens von der Polizei. So auch *Accor*-Sicherheitschef René-Georges Querry. Der war in seinem früheren Leben rein zufällig Leiter der Koordinationsstelle zur Bekämpfung des Terrorismus (Unité de coordination de la lutte anti-terroriste, UCLAT), also zur Bekämpfung dessen, womit man es bei den Toulouse-Attentaten in Frankreich zu tun bekam. Wobei Bekämpfung des Terrorismus allzu oft identisch mit seiner Förderung ist – wie der Fall NSU in Deutschland einmal mehr beweist. Rein technisch gesehen, sind die sogenannten Terror-Bekämpfer immer noch die fähigsten Terroristen. Sie befehligen Sondereinheiten wie die GSG 9 oder die französische Sondereinheit RAID (Recherche Assistance Intervention Dissuasion), die immer noch die professionellsten Killer und Terroristen stellen – wie gesagt, rein technisch gesehen. Und siehe da: Laut dem Radiosender Europe 1 war es Querry, »der seinen alten Freund Ange Mancini, den ersten RAID-Boss und jetzigen Nationalen Geheimdienst-Koordinator im Elysée-Palast, über die Verhaftung von DSK informierte«, so der französische *L'Express* am 8. Juli 2011. Der Accor-Sicherheitschef hatte also engste Verbindungen zu den »Terrorbekämpfern« der RAID (die später den angeblichen Toulouse-Attentäter Merah zur Strecke brachten) und zum Geheimdienst-Koordinator von Präsident Sarkozy. Na, so ein Zufall. Damit gibt es eine Verbindung zwischen dem DSK-Skandal und den Attentaten von Toulouse (siehe unten). Sofitel und Sarkozy verwiesen Überlegungen über eine Verschwörung gegen DSK allerdings ins Reich der »Phantasie«.

Den Attentäter schickte der Himmel ...

Zwar brachen die Vorwürfe gegen Strauss-Kahn schnell in sich zusammen, aber nicht schnell genug, um seine Kandidatur zu retten. Und nun Hollande? Immerhin geriet Sarkozy schon bald nach der Strauss-Kahn-Affäre auch gegenüber dem neuen sozialistischen Kandidaten ins Hintertreffen. Wurden die Attentate von Mitte März 2012 mit Hilfe der Dienste und der »Anti-Terror-Einheit« RAID zeitlich so gelegt, dass ihre Wirkung vor den Präsidentschaftswahlen Ende April 2012 nicht mehr verpuffen konnte? Nicht doch: reine Verschwörungstheorie. Den Attentäter schickte nicht Sarkozy, sondern der Himmel beziehungsweise der Teufel. Schon zwei Tage nach dem letzten Anschlag wurde der Killer gestellt. Um 3 Uhr am Morgen des 21. März 2012 umzingelten die Polizei und die französische Sondereinheit RAID sein Appartementhaus in der Rue du Sergent Vigné in Toulouse. Bei dem neuesten »Wahlhelfer« Sarkozys handelte sich um den 23-jährigen Kleinkriminellen und Sozialhilfeempfänger Mohamed Merah. Nach 30-stündiger Belagerung und angeblich heftiger Gegenwehr wurde er von dem Sonderkommando erschossen. Mit seinen Attentaten, so die Polizei, habe der französische Moslem und »islamistische Terrorist« Merah palästinensische Kinder rächen wollen.

Dass Merah getötet wurde und deshalb nicht mehr aussagen kann, ist natürlich praktisch. Tote sind bekanntlich die besten Beschuldigten, da es in diesem Fall weder einen Anwalt oder gerichtsfeste Beweise noch einen Schuldspruch braucht. Wie bei vielen früheren »Amokläufen«, bei denen die Täter regelmäßig Selbstmord begingen, findet die Verurteilung durch Polizei und Medien statt – und zwar außergerichtlich. So lässt sich einem Verdächtigen die Schuld an Attentaten anlasten.

»Ich sah die Augen des Mörders«

Das Problem ist nur: Merah kann es zumindest in einem Fall gar nicht gewesen sein. Die Attentate von Toulouse und Montauban tragen vielmehr alle Merkmale des Staatsterrorismus. Die deutsche NSU lässt grüßen. Zunächst einmal gibt es für Merahs Beteiligung an den drei Attentaten überhaupt keine Beweise. An den Tatorten wurde schließlich nicht Merah gesehen, sondern ein behelmter Unbekannter (siehe auch *20. Juli* »Aurora: War der ›Amoklauf‹ ein Staatsverbrechen?«). Die zurückgelassenen Magazine und Patronenhülsen trugen weder DNS noch Fingerabdrücke. Zumindest in einem Fall schließen Zeugenaussagen eine Täterschaft Merahs sogar aus: »Ich bin in den Kiosk gegangen.

Und als ich herauskam und das sah, fing ich an zu laufen. Was ich sah, war so beängstigend«, erzählte eine Zeugin, die von den französischen Medien »Martine« genannt wurde, über das Attentat an den drei Fallschirmjägern am 15. März in Montauban. »Ich habe die Augen des Mörders gesehen«, zitierte die französische Presse Martine in großen Schlagzeilen. Allerdings waren das nicht die Augen von Merah: Sie habe den Mörder als einen »Mann von mittlerer Größe, ziemlich dick«, beschrieben, hieß es im Fernsehen. Ihrer Aussage zufolge trug er auf einer Wange außerdem eine Tätowierung. »Er stand mir gegenüber und machte eine Geste, so dass ich fürchtete, er würde mich erschießen. Er hat kaltblütig gemordet, ging an mir vorbei und drehte sich um – aber sein Blick! Kein Bedauern, keine Reue – nichts! Es wurde kaltblütig erledigt, ohne Schuldgefühl, ohne irgendetwas!«

Merah als Täter ausgeschlossen

Die französische Tageszeitung *La Dépêche du Midi* veröffentlichte daraufhin eine Zeichnung des Gesuchten. Darauf sah man einen gedrungenen und dicklichen Mann ohne Taille auf einem Motorroller sitzen – mit Integralhelm. Die Beschreibung schließt den schlanken und drahtigen Merah als Täter aus – der zudem keine Tätowierung im Gesicht trug. Auch die Videos, die der oder die Täter von den Attentaten gedreht und an die Medien verschickt hatten, konnten laut Poststempel nicht von Merah auf die Post gegeben worden sein – denn der wurde zu diesem Zeitpunkt bereits von der Polizei belagert. Schließlich zeigte Merah nach Aussage von Freunden Mitte März auch mehr Interesse am Ausgehen als an Gewalttaten. »Einer von ihnen, Samir, sagte, Merah sei etwa um die Zeit, als er drei französische Soldaten erschossen haben soll, in einem Toulouser Nachtclub gesehen worden« (*The Globe and Mail*, 21.3.2012). Auch um die Zeit des ersten Attentats (11. März) soll ein Freund in einem Nachtclub über Merah gestolpert sein.

Mittags morden, abends in den Nachtclub?

Zwar fanden die Morde bei Tage statt – aber ist es wirklich wahrscheinlich, dass man sich am selben Abend in einem Nachtclub amüsiert? Wobei ein Nachtclub für einen angeblich fanatischen »Islamisten« überdies ein ungewöhnlicher Aufenthaltsort ist: Kann, wer für den Islam kämpft, seinen Glauben gleichzeitig mit Füßen treten? Merkwürdig auch der Umstand, dass Merah die Videos der Gewalttaten mit Koranversen unterlegt haben soll. Denn schließlich verbietet der Koran derartige Massaker genauso, wie es die Zehn Gebote des Neuen Testaments tun. Stattdessen erkennt man das Bemühen, den Koran mit schrecklichen Massakern in Verbindung zu bringen – seit dem 11.9.2001 Alltagsarbeit für die Geheimdienste. Überdies gehörten eiskalte Hinrichtungen bislang nicht zum Repertoire des Kleinkriminellen Merah. Vielmehr war er eher durch Handtaschendiebstähle und Verkehrsvergehen aufgefallen, wodurch er immer wieder in Polizeigewahrsam geriet. Psychisch labil, wie er war, war er damit der perfekte Rekrut für die Dienste. Die pflegen derartigen »Taugenichtsen« gerne Hafterleichterungen oder Strafserlasse in Aussicht zu stellen – gegen kleine Gegenleistungen, versteht sich. Und tatsächlich stellte sich schnell heraus, dass Merah mit den französischen Geheimdiensten kooperiert hatte. Und deren oberster Chef ist nun mal der Geheimdienst-Koordinator im Elysée-Palast. So sagte der frühere Chef des französischen Geheimdienstes DST, Yves Bonnet, in einem Interview mit *La Dépêche du Midi*, Merah sei ein Informant gewesen und habe im Inlandsgeheimdienst DCRI einen »Führungsoffizier« gehabt. Womit bewiesen wäre, dass Merah von den Diensten geführt wurde.

»Warum tötet ihr mich?«

Na, und? Schließlich warf der Mann während seiner Belagerung doch die Tatwaffe aus dem Fenster, mit der die drei Anschläge verübt worden waren – sagt jedenfalls die Polizei. Aber warum hätte er so etwas tun sollen? Erwiesen ist damit nur, dass sich die Tatwaffe am Ende der Belagerung bei der Polizei befand. Aber hatte Merah die Attentate nicht auch gestanden? In Telefongesprächen mit den Beamten habe er während der Belagerung »zugegeben, einen weiteren Anschlag gegen einen Soldaten geplant zu haben«, berichteten die Medien. Zudem habe er »laut seinem Geständnis zwei weitere Polizisten töten wollen«, hieß es in der Online-Ausgabe der *Financial Times Deutschland* vom 22. März 2012. »Im Gespräch mit Polizisten bedauerte der Mann, nicht noch mehr Menschen getötet zu haben, sagte der zuständige leitende Staatsanwalt François Molins. Er habe sich gerühmt, Frankreich in die Knie gezwungen zu haben.« Genau so stellt man sich einen skrupellosen Terroristen vor.

Schließlich gab es am 8. Juli 2012 in Frankreich einen handfesten Skandal, als der Fernsehsender TF1 Auszüge aus den Tonbandaufnahmen ausstrahlte, auf denen angeblich der belagerte Attentäter zu hören war. Es soll sich dabei um die Gespräche zwischen Merah und der Polizei gehandelt haben. Und siehe da: Merah entpuppte sich darauf als Terrorist erster Güte: »Dass er noch für weitere Morde bereit sei, zählt wohl zu den erschreckendsten Aussagen des Attentäters«, schrieb die österreichische *Presse* in ihrer Online-Ausgabe:

> »Während der 32-stündigen Verschanzung im März dieses Jahres bezeichnet Merah sich in den Verhandlungen mit der Polizei als Mitglied des Terrornetzwerks al-Qaida. Seinen Aussagen zufolge wurden ihm Anschläge in den USA und die Herstellung von Bomben angeboten. Er lehnte jedoch ab, da die dafür benötigten Materialien in Frankreich schwer zugänglich sind. Er fürchtete das Risiko, deswegen schon vor der Tat auffliegen zu können.«

Donnerwetter: Was der Mann der Polizei alles steckte!

Ein praktischer Skandal

»Innenminister Manuel Valls verurteilte am Sonntagabend die Entscheidung des Senders TF1, Auszüge der Aufnahmen auszustrahlen«, hieß es am 9. Juli 2012 auf *FOCUS Online*. »Er warf dem Sender vor, nichts getan zu haben, ›um die Familien der Opfer zu respektieren‹. Es stelle sich die Frage, wie der Sender an die Aufzeichnungen gekommen sei.« Ein guter Witz. Denn sollten die Aufzeichnungen von der Polizei stammen, dann ist dafür zunächst mal der Innenminister verantwortlich. Und der kann in Wirklichkeit nicht besonders traurig gewesen sein. Erstens machte der Skandal die angeblichen Tonbandaufnahmen im ganzen Land bekannt. Und zweitens erscheinen Behörden-Informationen, die angeblich »durchsickern«, als besonders glaubwürdig (siehe auch 22. August). Ein beliebter Trick der Sicherheitsbehörden. Das Publikum glaubt, je mehr die Behörden in einem solchen Fall über »die Panne« schimpfen und einen »Schuldigen« suchen, umso echter müssten die Informationen sein. In Wirklichkeit konnte die Veröffentlichung dem Innenminister nur recht sein. Ja, eigentlich war sie dringend nötig, um die Glaubwürdigkeit des Falls Merah zu retten, denn offenbar existieren noch ganz andere Aufnahmen von der Belagerung.

Schließlich pflegen nicht nur Attentäter, sondern auch polizeiliche Sondereinheiten ihre Taten für ihre Auftraggeber oder Befehlshaber gerne auf Video zu bannen – genau wie jene Sondereinheit RAID, die Merah schließlich umstellte und erschoss. Auf ihren Videos soll allerdings etwas ganz anderes als ein Geständnis des Verdächtigen zu hören gewesen sein. Vielmehr habe Merah da um sein Leben gebettelt und gesagt: »Warum tötet ihr mich?« und »Ich bin unschuldig«. Das behauptete jedenfalls eine Anwältin der Hinterbliebenen des angeblichen Serienmörders bei einer Pressekonferenz in Algier. Es gebe zwei 20-minütige Videos, die während des Einsatzes aufgenommen und ihr von »Personen aus dem Zentrum des Ereignisses« zugespielt worden seien, damit

»die Wahrheit herauskommt«. Laut Zeitungsberichten ist die Anwältin »überzeugt, dass Merah ›von französischen Geheimdiensten manipuliert und benutzt und anschließend liquidiert wurde‹« (www.morgenpost.de, 2.4.2012). Und zwar mit einem Kopfschuss – genau wie viele seiner angeblichen Opfer.

15. März
Gibt es eine Generation 9/11?

Kein Zweifel: Der 15. März 2012 ist ein guter Tag. Vorbei die finsteren Zeiten, da man Diskussionen über die Attentate des 11.9.2001 abwürgen wollte. Vorbei die Tage, da man allzu kritische Journalisten verleumdete und aus den öffentlich-rechtlichen Medien entfernte. Und was soll ich sagen: Die Rettung kommt aus der Wissenschaft, jener unabhängigen Disziplin, wo es nur um die reine Erkenntnis geht. Die Universität Duisburg-Essen (UDE) hat eine Fackel des Wissens entzündet – oder zumindest eine Fackel des Wissenwollens – und hält das Grundgesetz hoch, in dem es heißt: »Kunst und Wissenschaft, Forschung und Lehre sind frei« (Artikel 5, Absatz 3). Hurra! Und so will man sich an der Ruhrpott-Alma-Mater doch tatsächlich der heiklen Frage widmen: »Gibt es eine Generation 9/11?«. Man wolle untersuchen, »wie die Erlebnisse vom 11. September gemeinsam erzählt, gegenseitig ergänzt und beurteilt werden«, so der Projektleiter, Professor Carsten G. Ullrich. Die »zentralen Fragen«: »Kann man von einer ›Generation 9/11‹ in Deutschland sprechen? Hat 9/11 das Weltbild und die politischen Befindlichkeiten verändert? Gestalten wir unter diesen Eindrücken die Zukunft anders?« Ab 15. März 2012 soll sich jedermann in einem eigens eingerichteten Forum zu dem Thema äußern können.

Das »Weltbild 9/11«

Eine Anmerkung vorneweg: Natürlich gibt es eine »Generation 9/11«. Und beurteilt hat sie die Anschläge auch. Ja, mehr noch: Der »Generation 9/11«, von der ich rede, öffneten die Attentate die Augen über die herrschenden Negativ-Eliten des Globus. Anhand der Attentate vollzog die »Generation 9/11« einen Paradigmenwechsel, nach dem nicht länger von einem grundsätzlich guten Willen der Herrschenden, sondern von deren abgrundtief bösen Absichten ausgegangen wird. Nach der jahrelangen intensiven und quälenden Auseinandersetzung mit den Attentaten begründete diese Generation ein revolutionär neues Weltbild, das davon ausgeht, dass unsere Politiker und Militärs zu allem fähig sind – auch zum Mord an den eigenen Bürgern. Und zum Mord an fremden Bürgern sowieso. Der 11.9.2001 war für diese äußerst wache Generation ein Weckruf, der sie die Welt mit anderen Augen sehen ließ. Dazu kam, dass sie sich global über das Internet austauschen konnte und zur größten Ermittlungsgruppe heranwuchs, die der Planet je gesehen hatte. Inzwischen ist daraus eine neue Perspektive erwachsen, die praktisch auf jedes Ereignis auf dem Globus angewendet wird – sozusagen ein »Weltbild 9/11«. Beherrscht wird diese Weltanschauung von einem abgrundtiefen Misstrauen, das bei jeder Gelegenheit die Frage stellt: Ging es hier mit rechten Dingen zu? Wer hat möglicherweise daran gedreht und wenn ja, warum? Und natürlich: Wem nützt es?

Notwehr im Angesicht der Lüge

Der 11.9.2001 war für diese Generation eine Lektion darüber, wie die Welt wirklich tickt. Anhand der globalen Analyse der Ereignisse dieses Tages im Internet schulte sie ihre Denkfähigkeit und Beobachtungsgabe. Das Zweite, was ihr neben der Inszenierung der Anschläge auffiel, war die Reaktion von Politik und Medien. Die Feststellung, dass weder Politik noch Presse den wirklichen Charakter des 11. September sehen wollten, entlarvte sie in den

Augen der »Generation 9/11« überdeutlich als Komplizen der wirklichen Attentäter und führte zur mehr oder weniger offenen Kündigung gegenüber dem System.

Seither klafft zwischen dieser Generation und dem herrschenden politischen und medialen Establishment eine abgrundtiefe Kluft, die zur Gründung bzw. zum Aufstieg eigener Medien führte, egal, ob sie nun *Alex Jones Show, Infokrieg TV, Propagandafront, Alles Schall und Rauch, Compact, hintergrund.de, antikrieg.com* oder auch *Kopp Online* heißen, um nur einige wenige zu nennen. Das Netz der eigenen Medien wurde als Notwehr in einer Landschaft der allgegenwärtigen Lüge begriffen. In diesem Informationskrieg leisten Tausende und Hunderttausende von Bloggern und sich professionalisierenden Laienjournalisten Tag für Tag schweißtreibende Kärrnerarbeit – meistens unentgeltlich oder für ein geringes Taschengeld aus Spenden und kümmerlichen Anzeigeneinnahmen – und kämpfen dabei quasi »um jede Seele« und jeden Mausklick. Ihre unentrinnbare Motivation ist das Entsetzen über die Ereignisse des 11.9.2001 und die sich daraus ergebenden Konsequenzen sowie der tiefe Wunsch, ihre Mitmenschen zu alarmieren und über den wahren Lauf der Welt aufzuklären, bevor es zu spät ist, nach dem Motto: »Man kann die Realität ignorieren, aber man kann nicht die Konsequenzen der ignorierten Realität ignorieren« (Ayn Rand). In den Ereignissen des 11.9.2001 haben sie eindeutig den Startschuss für eine globale Diktatur erkannt, die ihrer Vollendung jeden Tag einen Schritt näher kommt.

Geglaubt wird nichts, geprüft wird alles!

Die Zweifel des einmal gesäten Misstrauens haben inzwischen ein Thema nach dem anderen befallen, egal ob »Klimakatastrophe«, »Rettungspakete« oder Bildungspolitik. Ein heilsamer Prozess, der nach der Maxime funktioniert: Geglaubt wird nichts, geprüft wird alles! Während Staat und Politik früher von einem

Grundvertrauen ihrer Bürger ausgehen durften, wurde daraus inzwischen in weiten Teilen der Bevölkerung ein Grundmisstrauen. Ging der Bürger früher grundsätzlich vom guten Willen der Politik aus, heißt es heute: Alles ist schlecht bis zum Beweis des Gegenteils. Und das ist gut so. Die Beweislast für die eigene Integrität und den eigenen guten Willen trägt in Zukunft der Politiker, der Journalist, aber genauso gut auch der allzu wohlfeile »Gutmensch« oder »Aktivist« einer Menschenrechts- oder Umweltorganisation. Kurz: Der 11.9.2001 war ein Super-GAU für das Establishment, der lediglich noch nicht voll zur Entfaltung gekommen ist. In Wirklichkeit kämpfen Machteliten, Medien und Politik nicht mit »Verschwörungstheorien« oder »9/11-Skeptikern«, sondern mit einem umfassenden Bewusstseinswandel, zu dessen wichtigsten Eigenschaften gehört, dass er irreversibel ist: Wer einmal sein Muggel-Heim verlassen und vom »bitteren Trank der Wahrheit« gekostet hat, kann und will in der Regel nicht mehr zurückkehren. So geriet nach dem 11.9.2001 plötzlich die gesamte, von oben servierte Wirklichkeit auf den Prüfstand. Und siehe da: Es stank an allen Ecken und Enden. Die etablierte Realität, die täglich aus unseren Fernsehern und Radios schwappt, ist nur ein schillerndes und perverses Zerrbild der wirklichen Verhältnisse.

Alle Anzeichen von Panik

Wo stehen in diesem Spiel die Universitäten? Die Frage ist angesichts dieser Entwicklung von hoher Bedeutung. Denn an den Universitäten soll nicht nur Wissen gemehrt und die Wahrheit erforscht werden; hier sollen junge Menschen auch zum Denken und Forschen erzogen werden. Und das Interessante ist: Ohne die Institution des Zweifels ist beides nicht möglich. Nur wer an vorgegebenem Wissen und am Status quo zweifelt, ist in der Lage, Neues herauszufinden. Denn oft genug war das Wissen von heute der Irrtum von morgen. Während sich Richtiges im zersetzenden Prozess des Zweifelns und der Kritik bewähren kann, wird Falsches aussortiert. Das ist der normale Gang der Forschung und der Entwicklung der Menschheit. Der Zweifel und die Frage sind daher genauso wichtige Ressourcen der Wissenschaft wie Ideen, Erfindungen und Erkenntnisse. Wer versucht, Zweifel, Kritik und Fragen abzuwürgen, würgt die Wissenschaft selbst ab und begibt sich auf den Weg zum Dogma, zum Glauben und zurück ins Mittelalter. Daher ist es besonders spannend zu beobachten, was sich in Sachen 9/11 an unseren Universitäten »tut«. Wie positiv mutete da der Ansatz der Universität Duisburg-Essen an. Mit der Untersuchung der »Generation 9/11« widme man sich »einem Sachverhalt, der hierzulande bisher überraschenderweise noch kaum untersucht wurde«, erklärte Projektleiter Ullrich. Der Frage nach einer gesellschaftlichen Zäsur habe man sich »bisher noch nicht angenommen«, so die Wissenschaftler. Unter www.nach911.de könne man ab dem 15. März 2012 »seine ganz persönlichen Gedanken zum ›Tag des Terrors‹ loswerden«. Man hoffe »auf eine rege Beteiligung«.

Ein Stück aus dem Tollhaus

Sollte das ein Hoffnungssignal für die auf diesem Gebiet geradezu stalinistisch agierenden Universitäten werden? Man denke nur an den Fall der Studentinnen Lisa W. und Sirra J. Im Jahr 2011 besuchten die beiden ein Seminar an der FH Düsseldorf über die »Musik des Widerstandes«. Da die Themenwahl innerhalb dieses Rahmens vollkommen freigestellt wurde, hielten sie am 23. November 2011 ein Referat über die »Musik der Wahrheitsbewegung« nach dem 11.9.2001. Nachdem sie ein Interview und Musikvideos der Hip-Hop-Band »Die Bandbreite« gezeigt hatten, welche die offizielle 9/11-Version ablehnt, wurde das Referat von den beiden Seminardozenten Hubert Minkenberg und Frank Henn abgewürgt. Und zwar unter Zuhilfenahme ganz eigener wissenschaftlicher Maßstäbe: »Herr Henn sagte während des Referats nach etwa zehn Minuten: ›Ich hab' kein Bock mehr!‹«, berichtete Lisa W. »Nach Abbruch unseres Vortrages äußerte er Frau J. und mir gegenüber: ›Das, was wir hier heute gesehen haben, erinnert mich an Psychiatrie. Leute, die so etwas denken, sitzen in der geschlossenen Anstalt.‹«

Brief vom professoralen Prekariat

Das Ganze spielte, wie gesagt, ja nicht im Stalinismus oder in der längst untergegangenen DDR, sondern an der noch nicht untergegangenen Fachhochschule Düsseldorf. Quasi, um den Studentinnen »noch eine Chance zu geben«, bekamen sie von den Dozenten nunmehr den Auftrag, das Referat schriftlich auszuarbeiten. Was zu einer regelrechten Fleißarbeit ausartete – mit 50 Seiten und etwa 100 Quellenangaben. Resultat: wieder durchgefallen. Die Begründung des FH-Professors Hubert Minkenberg vom 12. Januar 2012 liest sich wie ein Stück aus dem Tollhaus: Eine E-Mail, gespickt mit Beleidigungen, Rechtschreibfehlern und vor allem Falschbehauptungen. Weil es durchaus im öffentlichen Interesse ist, was das professorale Prekariat heutzutage so absondert, gebe ich diesen Brief hier auszugsweise wieder (Rechtschreibung im Original):

Hallo Frau J.,
Herr Dr. Henn und ich haben jetzt Ihre Hausarbeit sorgfältig gelesen und sind zu folgendem Ergebnis gekommen:
Die Arbeit ist fleißig und umfangreich.
Sie missachten allerdings in sträflicher Weise Grundlagen der Wissenschaftlichkeit weil Sie
• grundsätzlich nur Quellen zitieren, die die Aussagen der »Wahrheitsbewegung« belegen,
• alle Quellen unberücksichtigt lassen, die die Absurdität dieser Aussagen widerlegen.
(Ich habe alleine 150 Quellen gefunden, die die Unsinnigkeit Ihrer Behauptungen belegen)

Von der Fachhochschule zur Flachhochschule ...

»Absurdität«, »Unsinn« sind jedoch Werturteile oder gar Schmähungen, die in einer wissenschaftlichen Bewertung eigentlich nichts zu suchen haben. Aber das Beste ist, dass dem Professor seine eigene doppelte Verneinung gar nicht auffällt: Wenn nämlich die Absurdität der Aussagen über den 11.9.2001 »widerlegt« ist, dann heißt das, dass sie eben nicht absurd sind. Was den Mann allerdings nicht daran hindert, im Folgenden die »wissenschaftliche Lauterkeit« zu beschwören:

Es gehört zur wissenschaftlichen Lauterkeit sich mit kontroversen Aussagen auseinanderzusetzen, diese zu diskutieren und dann eine Entscheidung zu treffen. Anscheinend haben Sie das in Ihrem bisherigen Studium nicht gelernt.

Tja – von wem denn auch, darf man da fragen.

Es wird höchste Zeit, dass Sie das nachholen. Ich will Ihnen ein paar wenige Beispiel nenne, dass selbst die von Ihnen benutzten Quellen unseriös sind.

Und zwar, so der Dozent, behaupte der Bandleader der in dem Referat behandelten Musikgruppe »Bandbreite«,

er hätte die große Ehre gehabt zusammen mit dem Professor Dr. Daniele Ganser eine Veranstaltung besucht zu haben dieser sei Professor an der Uni Basel.
Herr Dr. Ganser ist weder Professor noch an der Uni Basel. Zumindest taucht er auf der offiziellen Website der Uni nicht auf und sein Name ist nirgendwo zu finden. Ich habe dann in der Uni Basel angerufen. Herr Dr. Ganser ist dort als Lehrender unbekannt!!

Nun, schon im Stalinismus verschwanden Menschen auf wundersame Weise, egal ob von Arbeitsstellen oder Fotos – und nun auch aus Universitäten und von Internetseiten? Nicht doch. Vielmehr stellt sich die Frage: Darf ein Professor, der nicht einmal eine primitive Recherche auf einer Webseite durchführen kann, weiter Professor sein? Wer auf der Website der Uni Basel den Namen Ganser eintippt, erhält auf Anhieb jede Menge Fundstellen, zum Beispiel:

> Dr. Daniele Ganser
> Wissenschaftlicher Mitarbeiter Department Geschichte
> Institut für Soziologie
> Petersgraben 27
> CH-4051 Basel

Laut Website des Historischen Seminars der Uni Basel war Ganser dort von 2007 bis 2010 Lehrbeauftragter.
Wenn Studenten die wissenschaftlichen Maßstäbe abhandenkommen, ist das natürlich schlimm. Viel schlimmer aber ist es, wenn dies einem Professor passiert. Da wird die Fachhochschule zur Flachhochschule. Und so schimpft der Mann in bestem Chatroom-Stil immer weiter, schreibt Namen falsch, und auf Rechtschreibung und Zeichensetzung pfeift er sowieso. Die Musiker der Band »Die Bandbreite« beschimpft er im selben Atemzug als »bildungsferne Rapper«:

> *Zum Schluss noch eine persönliche Frage: Glauben Sie wirklich, dass tausende akademisch ausgebildete kritische Wissenschaftler und Journalisten sich an der Nase herumführen lassen und ein paar bildungsferne Rapper im Besitz der Wahreit sind? Ich kann Sie auf der Grundlage dieser Hausarbeit beim besten Willen nicht bestehen lassen.*

P. S. Leiten Sie die mail bitte an Frau W. witer, deren Adresse ich nicht habe!
Mit freundlichen Grüßen Hubert Minkenberg
–

Prof. Dr. Hubert Minkenberg M.A.
Lehrgebiet Kultur-Ästhetik-Medien
Musik

Bildungsfern? Wer im Glashaus sitzt, sollte bekanntlich nicht mit Steinen werfen. Selbst wenn die Arbeit nicht wissenschaftlich ist, sollte es die Bewertung durch die Dozenten in jedem Fall sein.

Dozenten mobben Studenten

Das Ganze ist alles andere als ein Kavaliersdelikt – weder wissenschaftlich noch demokratisch oder rechtlich. Denn zumindest einer der beiden hat als Professor und Beamter einen Eid auf die Verfassung des Landes Nordrhein-Westfalen geleistet:

»Ich schwöre, dass ich das mir übertragene Amt nach bestem Wissen und Können verwalten, Verfassung und Gesetze befolgen und verteidigen, meine Pflichten gewissenhaft erfüllen und Gerechtigkeit gegen jedermann üben werde. So wahr mir Gott helfe. Der Eid kann auch ohne religiöse Beteuerung geleistet werden.«

Außerdem sind laut NRW-Verfassung »die Beamten und sonstigen Verwaltungsangehörigen … Diener des ganzen Volkes, nicht einer Partei oder sonstigen Gruppe«:

»Sie haben ihr Amt und ihre Aufgaben unparteiisch und ohne Rücksicht auf die Person nur nach sachlichen Gesichtspunkten wahrzunehmen« (beide Zitate: Artikel 80 der Verfassung von NRW).

Beim Thema 9/11 liegen die Nerven blank

Doch beim Thema 9/11 liegen bei deutschen Dozenten, Politikern und Journalisten die Nerven blank. Warum? Weil sie genau wissen, dass sie ihre jeweilige Zielgruppe seit mehr als zehn Jahren schamlos belügen und für dumm verkaufen. Daher war die von der Uni Duisburg-Essen im März 2012 angekündigte Untersuchung über die »Generation 9/11« ein reiner Lichtblick: »Es sind alle Bürger eingeladen, die zwischen 30 und 40 Jahre alt sind«, schrieb das *WAZ*-Onlineportal *Der Westen* am 14. März 2012: »Sie können dort offen ihre Gedanken zum Thema formulieren, ›wobei wir keinen rausschmeißen‹, sagt [Forschungsleiter] Ullrich, ›der etwas jünger oder älter ist‹.«

Allerdings traute man nach der Eröffnung des Forums am 15. März seinen Augen nicht. Praktisch auf Anhieb begann eine Löschorgie, die ihresgleichen suchte. Immer wieder wurde das Forum über Nacht abgeschaltet und »gereinigt«. Nachdem ich am 18. März 2012 bei *KOPP Online* über die Studie berichtet hatte, »bei der sich jedermann in einem eigens dafür eingerichteten Forum äußern kann, welchen Einfluss der 11.9.2001 auf ihn hatte und wie er sein Weltbild verändert hat«, erreichte mich postwendend eine E-Mail der Uni Duisburg-Essen. »Sehr geehrter Herr Wisnewski«, schrieb mir eine Sonia Schwanitz vom »Forschungsteam« der Uni Duisburg-Essen, »wir bitten Sie um Verständnis dafür, dass wir unser Forum ausschließlich für den Austausch und die Diskussion der persönlichen Erfahrungen am 11. September 2001 eröffnet haben. Für die Diskussion anderer Themen, wie zum Beispiel die politische Bewertung der Ereignisse, möchten wir hiermit auf andere einschlägige Foren verweisen.«

Über dem Forum selbst wurden nun plötzlich folgende »Forumsregeln« eingefügt: »Wir bitten um Verständnis dafür, dass dieses Forum nur dem Austausch und der Diskussion des persönlichen Erlebens von 9/11 in Deutschland dient. Wir bitten Euch, für andere Interessen (z. B. politische Bewertungen) andere, einschlägige Foren zu verwenden.«

Asche auf mein Haupt: Ich habe mal wieder alles falsch verstanden. Ich dachte, man wollte untersuchen, »wie die Erlebnisse vom 11. September gemeinsam erzählt, gegenseitig ergänzt« und sogar »beurteilt werden« und ob der 11.9.2001 »das Weltbild und die politischen Befindlichkeiten verändert« habe. Des Weiteren war ich der Meinung, es ginge auch um »politische Veränderungen nach 9/11«, die sich »z. B. in der Datenüberwachung oder der Verteidigungspolitik beobachten« lassen. Und ferner dachte ich, dass diese Veränderung des Weltbildes und der »politischen Befindlichkeiten« zu den »zentralen Fragen« der Studie gehören sollen.

Nochmals Asche auf mein Haupt: Wie konnte ich nur auf so dumme Ideen kommen? Antwort: Durch die Pressemitteilung der Uni Duisburg-Essen, in der all dies wortwörtlich stand. Aber plötzlich wollte man bloß noch persönliche Erlebnisse sammeln – mit Forenbeiträgen wie:

♦ »Ich war zu Hause«
♦ »Ich hatte Nachtschicht«
♦ »Ich war bei einem Freund Lego spielen«
♦ »Ich war auf der Arbeit«

Doch angesichts der eindeutigen Aufforderung, frei ihre Meinung kundzutun, wollten die Forenbesucher sich nicht den Mund verbieten lassen. In den folgenden Tagen entspann sich auf der Website der Studie ein erbitterter Kampf um die freie Meinungsäußerung. Entgegen dem ursprünglich lauthals verkündeten Ansatz wollten die »Wissenschaftler« die »Generation 9/11« in Wirklichkeit überhaupt nicht kennenlernen. Dutzende, wenn nicht Hunderte von Beiträgen wurden geschrieben und wieder gelöscht, bis – nach vielen Wochen – nur noch handverlesene Äußerungen übrig blieben, denen man die Einschüchterung ansah. Aus der hoffnungsvollen Untersuchung war eine wissenschaftliche Leiche geworden, die den Titel »Studie« nicht mehr verdiente. Als i-Tüpfelchen bleibt da eigentlich nur noch an das Motto der Universität Duisburg-Essen zu erinnern: »Offen im Denken«.

April 2012

Thema des Monats *14.4.:*
»Titanic-Eisberg« verzweifelt gesucht

3.4. Solarzellenhersteller Q-Cells beantragt Insolvenz **8.4.** Der deutsche Schriftsteller Günter Grass erhält in Israel Einreiseverbot *14.4. Israelischer Vizepremier: »Iran drohte nicht mit Auslöschung Israels«/100 Jahre nach dem Unfall der* **Titanic sucht die Welt noch immer nach dem »schuldigen« Eisberg 16.4.** Prozessbeginn gegen den Attentäter von Oslo und Utoya, Anders Breivik *19.4. Iran: eine Reise von der Demokratie in die Diktatur* 22.4. Bei den französischen Präsidentschaftswahlen liegt Amtsinhaber Sarkozy hinter Konkurrent Hollande

14. April Israelischer Vizepremier: »Iran drohte nicht mit Auslöschung Israels«

Ein TV-Reporter im Gespräch mit einem Interviewpartner. Beide sitzen sich in Anzug und Krawatte gegenüber. Es scheint einer dieser wohlausgewogenen Polit-Talks zu werden, die keine Überraschungen erwarten lassen. Die antiken Sessel, eine Stehlampe und Blumen im Hintergrund verbreiten eine gepflegte Club-Atmosphäre. Der Raum ist sorgfältig ausgeleuchtet. Nichts deutet auf eine Sensation hin. Und ehrlich gesagt: Selbst wenn eine passieren sollte, wird hierzulande niemand darüber berichten, wie wir gleich sehen werden. Am 14. April 2012 nimmt der *Al-Dschasira*-Moderator Teymoor Nabili den israelischen Vizepremier Dan Meridor ins Gebet. Thema: Der Iran und dessen angebliche Absicht, Israel »von der Landkarte zu tilgen«. Die Vorstellung, dass der Iran Israel auslöschen wolle, werde ja von vielen Leuten in Israel und den USA verbreitet, sagt *Al-Dschasira*-Mann Nabili zu Meridor.

Womit der Mann recht hat: Seit Jahren werden unsere Qualitätsmedien nicht müde zu behaupten, der Iran wolle Israel »von der Landkarte tilgen«. Ursprünglich stammt die Formulierung aus einer Rede, die Ahmadinedschad am 26. Oktober 2005 auf einer Konferenz namens »Die Welt ohne Zionismus« hielt. Hinterher behaupteten die großen Nachrichtenagenturen, aus denen sich fast alle Journalisten bedienen, Ahmadinedschad habe gesagt, er wolle

- Israel ausrotten *(DPA),*
- Israel von der Landkarte radieren *(AFP),*
- Israel von der Landkarte tilgen *(Reuters, AP).**

---

* Zit. nach: *Süddeutsche Zeitung* vom 26. März 2008.

Keine Aufforderung zum Vernichtungskrieg

Zwar stellte immerhin die *Süddeutsche Zeitung* den Schwindel 2008 richtig. Demnach habe Ahmadinedschad wörtlich gesagt: »Dieses Besatzerregime muss von den Seiten der Geschichte (wörtlich: Zeiten) verschwinden.« Oder kürzer: »Das Besatzerregime muss Geschichte werden.« Und das sei »keine Aufforderung zum Vernichtungskrieg, sondern die Aufforderung, die Besatzung Jerusalems zu beenden«. Doch dieser bescheidene Versuch der journalistischen Selbstreinigung ging sang- und klanglos in der allgemeinen Kriegspropaganda unter. Die Legende vom »neuen Holocaust«, den der Iran anrichten wolle, ist nicht aus der Welt zu schaffen, was auch gar nicht beabsichtigt ist. Schon bald fand sich die Formulierung in den Schlagzeilen wieder: »Mahmud Ahmadinedschad will Israel ›auslöschen‹«, titelte *Welt Online* groß am 26. August 2011. Der »Iran sei entschlossen, Israel ›auszulöschen‹«, habe er nach Angaben der iranischen Nachrichtenagentur Isna in einem Interview mit dem libanesischen Fernsehsender al-Manar gesagt. Danach belebten auch weitere Springer-Blätter die umstrittene Formulierung wieder: »Irans Machthaber Mahmud Ahmadinedschad hat gedroht, ›Israel von der Landkarte zu tilgen‹«, schrieb *Bild.de* am 4. Februar 2012. Einen besonders unappetitlichen Versuch, diesen Mythos 2012 wieder unters Volk zu bringen, unternahm der deutsch-jüdische Autor Henryk M. Broder. Er bot den Deutschen quasi eine Entlassung aus der quälenden Auschwitz-Erinnerung an, wenn sie fortan den drohenden Holocaust durch den Iran ernst nähmen: »Vergesst Auschwitz!«, forderte er seine Leser in seinem gleichnamigen Buch auf. Untertitel: »Der deutsche Erinnerungswahn und die Endlösung der Israel-Frage«.*

Dass Al-Dschasira-Reporter Nabili an den ganzen »Auslö-

---

*Henryk M. Broder: *Vergesst Auschwitz! Der deutsche Erinnerungswahn und die Endlösung der Israel-Frage*, München 2012.

schungs-Mythos« nicht glaubt, war nicht die Überraschung: »Wie wir wissen«, erklärte er in seinem Gespräch mit dem israelischen Vizepremier, »sagt Ahmadinedschad weder, dass er plane, Israel auszulöschen, noch, dass die Auslöschung Israels iranische Politik sei. Die Position Ahmadinedschads und die Irans war die ganze Zeit, und er hat das wiederholt gesagt, dass der Iran keine Pläne hat, Israel anzugreifen.« Vielmehr, fuhr Nabili fort, wolle Ahmadinedschad die Menschen im Wege einer Volksabstimmung selbst über das Schicksal des israelischen Staates entscheiden lassen. Und den Ausgang dieses Referendums werde er dann akzeptieren.

»Sie haben nicht gesagt: ›Wir werden es auslöschen‹«

Die Überraschung des Interviews war die Reaktion von Nabilis Gesprächspartner. Die iranischen Führer hätten tatsächlich »nicht gesagt: ›wir werden es auslöschen, da haben Sie recht‹«, gab Meridor zu, »aber ›dass es nicht überleben wird, dass es ein Krebsgeschwür ist und entfernt werden sollte‹. Sie haben wiederholt gesagt ›Israel ist nicht legitim, es sollte keinen Bestand haben‹.« Damit räumte Meridor ein, dass es sich um eine politische und nicht um eine militärische Aussage handelte. Die iranische Führung träfe »grundsätzlich die ideologische und religiöse Aussage, dass Israel ein unnatürliches Gebilde ist, das nicht überleben wird«, so Israels Vizepremier weiter. Politisch nicht überleben wird, darf man hinzufügen.

Lügen haben lange Beine

Da haben die Mainstream-Medien so einen schönen Bombenkrieg gegen den Iran herbeigeschrieben, und nun das! Und dabei ist Meridor nicht nur israelischer Vizepremier, sondern auch noch Minister für Geheimdienste und Atomenergie, also genau für jene Ressorts, die am besten über den Iran Bescheid wissen müssten! Aber keine Sorge. Wenn es um Krieg geht, haben

Lügen nun mal lange Beine. Nur vier Tage später, am 18. April 2012, dem Holocaust-Gedenktag, sagte Israels Ministerpräsident Benjamin Netanjahu: »Heute ruft das iranische Regime offen zu unserer Vernichtung auf und arbeitet fieberhaft an der Herstellung atomarer Waffen, um sein Ziel zu erreichen.« Na, bitte – schließlich lässt man sich durch die Wahrheit noch lange nicht aus dem Konzept bringen …

14. April Verzweifelt gesucht: der »*Titanic*-Eisberg«

Schreie, Rufe und Schüsse hallen durch die eiskalte Nacht. Offiziere brüllen Befehle. Verzweifelte Menschen laufen auf dem abschüssigen Deck hin und her. Ein Kapelle spielt »Näher mein Gott, zu dir«. In etwa so haben sich auf den Tag genau vor 100 Jahren die letzten Stunden auf der sinkenden *Titanic* abgespielt, bevor der Ozeandampfer am 15. April 1912 in den kalten Wassern des Nordatlantiks unterging. Und pünktlich zum Jahrestag kocht natürlich auch wieder die Frage hoch: Welcher Eisberg traf die *Titanic* eigentlich? Denn schließlich gibt es ja Fotos des »Schuldigen«. Oder etwa nicht? Und ob. Und zwar nicht nur eins. Man muss nur einen Blick in die Online-Enzyklopädie *Wikipedia* werfen.

Verdächtiger Nr. 1

Da gibt es zum Beispiel ein offenbar altes, etwas unscharfes Foto, das einen Eisberg mit einem großen, weißen Gipfel in der Mitte und zwei kleineren Zacken an den Seiten zeigt. Das Gebilde wirkt sehr symmetrisch und erinnert an einen Kopf mit zwei Schultern. Wer die Enzyklopädie nur oberflächlich liest, könnte meinen, ein Beweisfoto vor sich zu haben. Wie immer kommt es jedoch auch auf das Kleingedruckte an. Laut Bildunterschrift handelt es sich nämlich nur um den Eisberg, mit dem die *Titanic* »mutmaßlich« kollidierte. Das Erste, was an dem Bild auffällt: Der Eisberg wurde nicht etwa »in flagranti« ertappt, sondern auf dem Foto ist es heller Tag, und die *Titanic* ist bereits vor vielen Stunden gesunken. Passagiere und Besatzung der *Titanic* selbst hätten den Eisberg nicht fotografieren können, da es zum Zeitpunkt der angeblichen Kollision Nacht war und damit für damalige Fotoapparate zu dunkel. Ganz davon abgesehen, dass viele gar keinen Eisberg sahen und andere sich nicht auf dessen Aussehen einigen konnten. Das erwähnte Foto wurde angeblich »vom Chefsteward der *Prinz Adalbert* am frühen Morgen des 15. April 1912 aufgenommen, wenige Kilometer südlich der Stelle, an der die *Titanic* sank«, so der erläuternde *Wikipedia*-Text. Die deutsche *Prinz Adalbert* habe zu den Schiffen gehört, die der *Titanic* zu Hilfe eilen wollten. Demnach entdeckte der angebliche Fotograf an dem Eisberg »eine Spur von roter Farbe, ähnlich dem Anstrich der *Titanic*, nahe der Wasserlinie und schloss daraus auf eine nicht lange zurückliegende Kollision mit einem Schiff«. Das ist erstaunlich, denn die *Titanic* war nur unterhalb der Wasserlinie rot gestrichen; oberhalb war sie schwarz. Und auch eine rote Farbspur hätte man auf einem Schwarz-Weiß-Foto noch erkennen müssen, nämlich als dunklen Strich oder Fleck. Allerdings lässt sich an dem gesamten Eisberg keinerlei künstliche Einwirkung erkennen. Damit scheidet dieser Berg aus.

Verdächtiger Nr. 2

Doch interessanterweise gibt es nicht nur einen Kandidaten, sondern gleich mehrere, welche die *Titanic* ganz sicher bzw. »wahrscheinlich« bzw. »mutmaßlich« bzw. »wohl« gerammt hat. Nicht nur der damalige Chefsteward der *Prinz Adalbert*, sondern auch andere glaubten nämlich, den Stein der Weisen bzw. den »Eisberg der *Titanic*« gefunden zu haben. Einer dieser »anderen« ist ein böhmischer Matrose namens Stephan Rehorek an Bord des Dampfschiffes *Bremen*. Auch er wollte den Eisberg, der die *Titanic* versenkte, abgelichtet haben.

Viele Jahrzehnte lang waren seine Aufnahmen verschollen, bis sie vor zwölf Jahren wieder auftauchten. Wie es dazu kam, schildert ein Artikel auf der Website des Bayerischen Rundfunks. Pünktlich zum 100. Jahrestag des *Titanic*-Unterganges wurde er auf den neuesten Stand gebracht. Demnach bekam der BR-Reporter Henning Pfeifer im Jahr 2000 »von einem tschechischen Postkartensammler sieben Karten des Seemanns Rehorek angeboten«. Eine dieser Karten zeigte angeblich ein Foto des Eisberges, den die *Titanic* gerammt haben sollte. Und siehe da: »Die Fachwelt war sich schnell einig: Es ist das einzig authentische Foto des Eisbergs.« Natürlich gilt aber auch hier, dass der Eisberg von Rehorek nicht etwa »in flagranti« fotografiert worden war. Vielmehr war der vermeintliche Übeltäter erst eine knappe Woche später abgelichtet worden, nämlich am 20. April. Die *Titanic* war um diese Zeit längst verschwunden, auf die genaue Unglücksstelle wies nichts mehr hin. Wie will man hier feststellen, ob es sich um den Eisberg handelte, der die *Titanic* getroffen hatte? Ganz einfach: »Überlebende des Unglücks hatten erklärt, er sehe aus wie der Fels von Gibraltar, nur umgedreht« (also spiegelbildlich), so der Artikel. Und genau diese Form habe auch der sechs Tage später von Rehorek fotografierte Eisberg. Was so unmittelbar einleuchtend klingt, ist jedoch alles andere als das. Denn wie sieht der Felsen von Gibraltar eigentlich aus? Von Süden aus gesehen hat er eine völlig andere Form als von Westen oder von Osten aus. Unter Bezug auf »den Felsen von Gibraltar« können also völlig verschiedene Eisberge gemeint sein. Und dasselbe gilt natürlich auch für den Eisberg selbst: Je nach Blickwinkel sieht er ebenfalls völlig anders aus. Der Artikel des Bayerischen Rundfunks vergleicht den Eisberg mit der Westflanke des Gibraltar-Felsens: links ein hoher Höcker, rechts ein niedriger. Der Eisberg dagegen hat rechts einen hohen Höcker, links einen niedrigen. So gesehen erscheint der fotografierte Berg tatsächlich wie ein Spiegelbild, und alles scheint in Ordnung zu sein.

Der Rehorek-Eisberg und der Felsen von Gibraltar von Westen aus gesehen (Skizze)

Also sehen wir uns die Aussagen der beiden angeblichen »Zeugen« von der *Titanic*, die den »verdächtigen« Eisberg Nr. 2 beschreiben, einmal genauer an.

Am 30. April 1912 erwähnte ein Überlebender namens Charles Stengel einen Eisberg in »Gibraltar-Form«. Allerdings stand dieser Eisberg gar nicht im Zusammenhang mit der Kollision. Denn um die Zeit des angeblichen Zusammenstoßes lag Stengel im Bett und schlief. Geweckt wurde er nicht von der Kollision, sondern von seiner Frau – weil er im Schlaf gestöhnt hatte. Erst dann habe er einen »sanften Aufprall« und das Stoppen der Maschinen wahrgenommen, berichtete Stengel der amerikanischen Untersuchungskommission. Eilig zogen Stengel und seine Frau sich an und gingen an Deck, wo sie eine ganze Weile herumliefen und auch den Kapitän sahen. Von einem Eisberg berichtete Stengel in diesem Zusammenhang allerdings nichts – wie übrigens auch viele andere nicht, die ebenfalls an Deck waren. Erst viel später, etwa eineinhalb Stunden nach dem »Aufprall« bzw. dem Stoppen der Maschinen, verließ Stengel die *Titanic* in Rettungsboot Nr. 1. Jetzt erst sah Stengel Eisberge, und zwar nicht nur einen, sondern viele:

»Sie waren überall. Man konnte sie sehen. Sobald wir im Wasser waren, sobald das Boot schwamm, konnte man überall Eisberge sehen – wobei wir zuerst dachten, es wären Segelschiffe, und in ihre Richtung ruderten, bevor wir wieder umdrehten und in die andere Richtung fuhren. Sie waren in Sichtweite am ganzen Horizont.«

Es folgte die Frage, wie weit die Eisberge etwa weg gewesen seien:

> *Mr. Stengel:* »Ziemlich weit weg, aber man konnte die Umrisse in der Dämmerung sehen.«
> *Senator Smith:* »Beschreiben Sie diese Eisberge. Wie groß waren sie?«
> *Mr. Stengel:* »Es gab einen bestimmten, sehr groß, der irgendwie aussah wie der Felsen von Gibraltar. Auf einer Seite war er hoch, und auch am anderen Ende stieg er an – ungefähr dieselbe Form wie der Felsen von Gibraltar.« (United States Senate Inquiry, 11. Tag, Aussage von Charles E. Stengel, 30.4.1912)

Stengel selbst zieht mit keinem Wort in Erwägung, dass die *Titanic* diesen Eisberg gerammt haben könnte. Er hebt den Eisberg vielmehr nur aufgrund seiner Form hervor. Und diese ähnelte »irgendwie« dem Felsen von Gibraltar.
In einem Schriftwechsel korrigierte mich der BR-Journalist Pfeifer jedoch: Mit den Aussagen von überlebenden Zeugen sei nicht die Aussage Stengels gemeint, sondern die eines Seemanns namens Joseph Scarrott. Scarrott sagte am 3. Mai 1912 vor der britischen Untersuchungskommission aus, also einige Tage nach Stengel. Er will den Eisberg in einer völlig anderen Situation gesehen haben als Stengel, nämlich unmittelbar nach dem Zusammenstoß. Demnach befand sich der Eisberg, als er ihn sah, keine Schiffslänge vom Steuerbordheck der *Titanic* entfernt. Nach dem Aussehen des Eisbergs gefragt, sagte er,

> »mir fiel auf, dass er dem Felsen von Gibraltar vom ›Europa-Point‹ aus gesehen ähnelte. Er hatte ziemlich genau dieselbe Form, nur viel kleiner.«

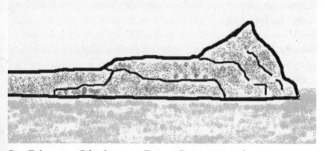

Der Felsen von Gibraltar vom Europa-Point aus gesehen (ohne Moschee)

Der Kommissar: »Wie ein schlafender Löwe?«
Mr. Scarrott: »Wenn man sich Gibraltar nähert – so sah er aus. Es kam mir so vor. Als wäre der höchste Punkt zu meiner Rechten« (British Wreck Commissioner's Inquiry, 2. Tag, Aussage von Joseph Scarrott, 3. 5.1912).

Erstens haben *Titanic*-Experten jedoch Zweifel an dieser Beobachtung: »Scarrott war im Dienst, als das Schiff plötzlich zitterte, als wären die Maschinen auf rückwärts gestellt worden. Er kam erst auf das Welldeck, nachdem er ganz nach unten ins Bad gegangen war, um seinem Kameraden Bescheid zu sagen. Das nächstgelegene Bad war zwei Decks unter ihm«, schrieb der Physiker Dr. Paul Lee, der sich ausführlich mit den ersten Minuten nach der Kollision auseinandergesetzt hat. »Dies erregt Verdacht. Ohne dass ich das Erinnerungsvermögen dieser Herren schlechtmachen will: Können sie das Deck rechtzeitig erreicht haben, um den Eisberg zu sehen?« Zweitens sah Scarrott etwas, das andere, die viel näher dran waren, nicht sahen. Zum Beispiel der Offizier Boxhall, der im Augenblick des angeblichen »Aufpralls« auf dem Steuerbord-Bootsdeck Richtung Brücke ging (siehe auch Gerhard Wisnewski: *Das Titanic-Attentat*, München 2012). Wäre da ein Eisberg an der *Titanic* entlanggeschrammt, hätte er ihn regelrecht mit Händen greifen können. Denn laut Scarrott war der Eisberg tatsächlich »so hoch wie das Bootsdeck«.

Aber das eigentliche Problem ist, dass hier Äpfel mit Birnen verglichen werden. Während der Bericht des Bayerischen Rundfunks den fotografierten Eisberg mit der Westflanke des Gibraltar-Felsens vergleicht, vergleicht Scarrott ihn mit der Südseite (»vom ›Europa-Point‹ aus gesehen«). Damit erübrigt sich jeder Vergleich. Denn von Süden aus gesehen sieht der Gibraltar-Felsen völlig anders aus als von Westen. So hat er beispielsweise nicht mehr zwei Gipfel, sondern nur noch einen, und zwar rechts (Osten). Links besteht er aus einem flachen und niedrigen Plateau. Das heißt, Scarrott redet von einer komplett anderen Form als der, die das Rehorek-Foto von der *Bremen* wiedergibt – und damit von einem anderen Eisberg. Wie man sieht, ist auch hier nichts, wie es scheint. Bei näherer Betrachtung lässt sich der Eisberg, der die *Titanic* angeblich gerammt haben soll, nicht identifizieren. Auch am 100. Jahrestag der Schiffskatastrophe lautet das Fazit also: Viele Eisberge und viele Zweifel …

19. April Iran: eine Reise von der Demokratie in die Diktatur

Flughafen Hamburg, 19. April. Wir stehen beim Check-in der Iran Air für den Flug nach Teheran. »Wir«, das sind 16 Journalisten, Filmemacher, Künstler und Intellektuelle aus Deutschland, darunter Jürgen Elsässer, Herausgeber und Chefredakteur des Monatsmagazins *Compact*, Ralf Flierl, Herausgeber und Chefredakteur des Finanzmagazins *smart investor*, Elias Davidsson, deutsch-jüdischer Komponist und Musiker, sowie Claus Hübscher, FDP-Landtagskandidat aus Delmenhorst. Und natürlich meine Wenigkeit. Und wie ich da so am Check-in stehe, hält mir ein deutscher Polizei- oder Zollbeamter von hinten seinen Ausweis unter die Nase: Ich möge doch bitte mitkommen, fordert er mich zusammen mit seiner Kollegin auf – zur Untersuchung meines Gepäcks. Nun ist es ja nicht so, dass im freien Westen das Gepäck von Fluggästen nicht bereits ausreichend durchwühlt und durchleuchtet würde. Aber das ist eben noch nicht genug. Vor allem, wenn man in den Iran fliegt. Denn schließlich gibt es da noch die EU-Sanktionen gegen den Iran. Statt in einem Konfliktfall auf Völkerverständigung und Entspannung zu setzen, hat die EU eine ganze Reihe kleinlicher Maßnahmen gegen das Land erlassen. So werde ich jetzt nach dem Grund meiner Iran-Reise gefragt. »Tourist« gebe ich wahrheitsgemäß an. Trotzdem wird nun mein Gepäck durchwühlt: Hm, Papiere? Sehr interessant! Es könnten ja Geschäftspapiere sein! Also wird eifrig in meinen Unterlagen geblättert und gelesen. Privatsphäre? Nicht doch. Wer fliegt – und insbesondere in den Iran –, hat nur noch eingeschränkte Menschenrechte. Ob es sich bei meinen Papieren vielleicht um Verträge handele, wollen die Beamten wissen. Denn schließlich gibt es ja ein Verbot, mit 441 iranischen Organisationen und Firmen Geschäfte zu machen. Natürlich habe ich davon keine Ahnung und schon gar nicht die Liste der Firmen im Kopf. Zum Glück taucht keiner dieser Namen auf. Und als der staatliche Schnüffler seine Kollegin fragt: »Konform?«, nickt diese: »Konform.« Das war's. Nach zwanzig Minuten darf ich meinen Koffer und mein Handgepäck wieder schließen und endlich von einer Demokratie in eine Diktatur reisen.

Gedenkminute für die Völkerverständigung

Schon nach etwa drei Stunden setzt der Airbus der Iran Air zur Landung an. Donnerwetter – das ging aber schnell! Dauert der Flug in Wirklichkeit nicht viel länger? Und ob. Denn das hier

ist erst Istanbul. Aber warum legt ein Langstrecken-Flugzeug auf den 3800 Kilometern von Hamburg nach Teheran einen einstündigen Stopp in Istanbul ein? Ganz einfach: zum Auftanken. Denn da der iranischen Fluggesellschaft in Deutschland kein Kerosin verkauft wird, schafft der Jet die Hin- und Rückreise nach Teheran nicht ohne Zwischenlandung. Passagiere und Besatzung dürfen also in Istanbul eine einstündige Gedenkpause im Dienste der Völkerverständigung einlegen – jedenfalls, wie Deutschland und die EU sie verstehen.
Wer in den Iran – und speziell nach Teheran reist –, erlebt als erstes einen Kulturschock. Und zwar nicht, weil der Iran so rückständig, verstaubt und mittelalterlich ist. Sondern weil das Land so urban, modern und zivilisiert erscheint und der Eindruck dem im Westen geläufigen Bild widerspricht. Teheran ist eine riesige Metropole, in der mit knapp neun Millionen Einwohnern mehr als doppelt so viele Menschen leben wie in Berlin. Das Netz aus Straßen und sechs- bis zehnspurigen Stadtautobahnen ist so kompliziert, dass sich selbst Taxifahrer von einem Ende der Stadt zum anderen durchfragen müssen.

Wer in einem der großen Hotels wohnt und aus dem zwanzigsten Stock nach unten blickt, glaubt, sich in irgendeiner südeuropäischen Hauptstadt, wie etwa Athen, zu befinden. Wobei der Vergleich mit dem winzigen Athen (656 000 Einwohner) hinkt. Er bezieht sich lediglich auf das optische Erscheinungsbild aus niedrigen weißen Wohn- und Geschäftsgebäuden, Gebirgszügen und blauem Himmel. In Teheran wechselt sich die flache Wohnbebauung zusätzlich mit einer Skyline aus modernen Hochhäusern ab. Aber auch große »Wohnsilos« gibt es hier, wie beispielsweise in Elahiyeh oder Eskan. Dominiert wird das Ganze vom sechstgrößten Fernsehturm der Welt, dem Milad Tower, und über allem thronen die Gipfel des Elburs-Gebirges. Teheran hat eine große Universität, zahlreiche Museen, ein Stadion für 110 000 Zuschau-

Teheran vom Fernsehturm aus gesehen

er und eine hochmoderne Nationalbibliothek: ein leichttragender und luftiger Betonbau, gespickt mit allen erdenklichen modernen Kommunikationsmitteln. Dazu beherbergt Teheran noch große Teile der iranischen Autoindustrie, von deren bloßer Existenz die meisten hierzulande wohl nicht einmal etwas ahnen.

Autos und Basare

Auf Teherans Straßen stauen sich daher neben lizensierten Renaults, Citroëns und Nissans zu großen Teilen auch Autos aus heimischer Produktion und Entwicklung. Der Saipa Saba etwa, eine etwas biedere, einfache Gebrauchslimousine, oder auch der für westliche Begriffe flotte Saipa Tiba, eine stromlinienförmige Limousine in Keilform mit heruntergezogener Front.

Ganz wie es sich für einen großen Autohersteller gehört, unterhält Saipa auch einen eigenen Fußballclub, Saipa Teheran, der unter anderem bereits von Werner Lorant und Pierre Littbarski trainiert wurde.

Christinnen in apostolischer Kirche

Schließlich wäre da noch im Süden Teherans der weltgrößte Basar, ein etwa zehn Kilometer langer Einkaufsstraßenkomplex mit Tausenden von Geschäften, gegen deren Vielfalt eine westliche Fußgängerzone monoton erscheint: Kleidung, Koffer, Möbel, Schmuck, Parfüme, Gewürze, Lebensmittel, Gemüse, Früchte, Geschirr, Kunsthandwerk, Gemälde, Teppiche, Elektronik, Schuhe, Kaffee- und Teehäuser – hier gibt es alles, was man sich nur vorstellen kann. Im Norden der Stadt existiert ein weiterer, beinahe ebenso großer Basar. Die westliche Embargo-Politik scheint in beiden keinerlei Spuren hinterlassen zu haben.

Von Lust-Ehen und Genuss-Ehen

Gearbeitet wird im Iran sechs Stunden pro Tag, also 30 Stunden pro Woche. Als Ausgleich für den Wegfall von Subventionen wurde ein bedingungsloses Grundeinkommen von etwa 450 000

oben: Saipa-Autofabrik in Teheran
unten: Saipa-Flaggschiff »Tiba«

Iranische Familie: Familienfahrzeug Moped

Rial (etwa 30 Euro, je nach Kurs) pro Person ohne Ansehen von Geschlecht und Alter eingeführt. Etwa 80 Prozent der Iraner beziehen dieses Grundeinkommen. Bei einer fünfköpfigen Familie können so beispielsweise etwa 150 Euro pro Monat zusammenkommen, wobei die Lebenshaltungskosten im Iran allgemein natürlich niedriger sind als in Deutschland. Zwar müssen Ehefrauen ihren Mann fragen, wenn sie arbeiten wollen, andererseits dürfen Frauen ihr verdientes Geld für sich behalten, während Männer mit ihrem Arbeitseinkommen die Familie versorgen müssen.

Interessanterweise ist im Iran bzw. der Islam auch nicht so prüde, wie es im Westen immer dargestellt wird. So können auch Unverheiratete ohne weiteres »miteinander gehen«, wenn sie eine Zeitehe oder auch »Genuss« oder »Lust-Ehe« vereinbaren. Dazu muss man lediglich einen Ehevertrag schließen, in dem die Dauer der Ehe (zwischen einer halben Stunde und 99 Jahren) sowie weitere »Eckpunkte« festgelegt sind, ob man beispielsweise auch sexuell verkehren will und vielleicht auch wie oft. Da Mann und Frau diesen Ehevertrag ohne weitere Formalitäten auch mündlich abschließen können, steht auch einer gewissen Spontaneität nichts im Wege. Anders als im Westen üblich muss dabei eben nur klar ausgemacht werden, was und wie lange man etwas voneinander will – wobei einer Verlängerung oder späteren formalen Heirat natürlich nichts im Wege steht. Da auch »Genuss-Ehen« demnach »geschlossen« werden, gibt es in diesem Sinne keine wirklich »wilden Ehen« nach unserem Verständnis. Wobei es auch im Iran nicht verboten ist, für eine einstündige »Genuss-Ehe« Geld zu nehmen – wenn Sie wissen, was ich meine. Zwar ist offene Prostitution im Iran verboten und wird schwer bestraft. Wenn aber zwei spontan ihre Liebe füreinander entdecken und sich für eine Stunde verheiraten, kann der Staat auch nichts machen. Auf das Einfädeln kommt es eben an.

Frauenunterdrückung Fehlanzeige

Moment: Wie passt das zu unserem Bild vom intoleranten Gottesstaat, in dem sich die Frau den ganzen Tag freudlos im heißen und unbequemen Tschador herumschleppen muss, in dem sie keinerlei Rechte und sexuelle Freiheiten sowieso nicht hat? Den ganzen Tag schuftet sie für Familie, Volk und Vaterland, und abends wird sie zur Belohnung grün und blau geprügelt, zwischendurch auch mal gesteinigt. Und fast sieht es so aus, als müsste man schon allein zur Befreiung der Frau Krieg gegen Iran führen: »Gewaltanwendung, Repression und Terror sind für die Fundamentalisten im Iran unverzichtbare Instrumente, um sich an der Macht halten. Deshalb verneinen sie die Allgemeingütigkeit der Menschenrechte und halten sich nicht an die internationalen Menschenrechtsabkommen«, heißt es beispielsweise auf der Website des deutschen Menschenrechtsvereins für Migranten e.V. Über die Lage der Frau in Iran liest man dort Folgendes: »Die Diskriminierung und

Unterdrückung der Frauen ist für das Teheraner Regime eines der wichtigsten Mittel zur Machterhaltung. Die Frauen gelten im Iran nach dem Gesetz und in der Praxis als Menschen zweiter Klasse. Folglich sind schwerste Menschenrechtsverletzungen an Frauen an der Tagesordnung.« Frauen und Mädchen treffe »die ganze Härte der zutiefst frauenfeindlichen Gesetze der Fundamentalisten«.

Nur knapp über dem Vieh angesiedelt?

Glaubt man dieser und anderen Organisationen und Medien, scheint die Frau im Iran nur knapp über dem Vieh angesiedelt zu sein. Was einen allerdings bereits misstrauisch stimmen müsste. Denn erstens beruht die islamische Religion zu einem großen Teil auf »starken Frauen«, wie etwa der verehrten Mohammed-Tochter Fatima, für die Moscheen gebaut wurden und deren Todestag Jahr für Jahr inbrünstig begangen wird. Und zweitens: Welche (Männer-)Gesellschaft könnte auf Dauer ernsthaft *gegen* die Frau existieren? Nehmen wir zum Beispiel das »Zentrum für Frauen- und Familienfragen des Präsidenten«, wo die Frauenbeauftragte von Mahmud Ahmadinedschad, Maryam Laridschani, ihren Sitz hat. Wobei die meisten von uns bisher nicht einmal wussten, dass der iranische Präsident überhaupt eine Frauenbeauftragte hat, die nun im schwarzen Tschador leibhaftig vor uns sitzt und einen Vortrag hält. Hinter ihr hat eine junge Mitarbeiterin Platz genommen und übersetzt. Neben Laridschani sitzt Sousan Safaverdi, eine bekannte iranische Intellektuelle, die perfekt Deutsch spricht und gelegentlich bei der Übersetzung hilft.

Bei dem, was die Frauenbeauftragte zum Besten gibt, kann es einem als Mann ganz schwindlig werden. Offenbar haben Laridschani und die andere Frauenrechtlerinnen bereits gute Arbeit geleistet. Etwa eine Stunde lang fliegen uns jede Menge Zahlen und Initiativen um die Ohren, so dass man meinen könnte,

Frauen im Zentrum für Frauenfragen: Wie in einem Frauenladen in Kreuzberg

sich in einem Frauenladen in Berlin-Kreuzberg zu befinden. Die hauseigenen Broschüren über Frauenfragen gibt es auf Englisch, damit das Frauenzentrum am internationalen Emanzipations-Diskurs teilnehmen kann. Ahmadinedschads Frauenbeauftragte redet im besten UNO- und Gender-Mainstreaming-Jargon. Das Zentrum für Frauen- und Familienfragen hat offenbar längst die »General Global View« in Frauenfragen übernommen, also jene Einstellung, der zufolge die Frau qua ihres Geschlechts per se qualifiziert, hilfreich und gut ist. Auch in Iran sind Frauen laut Verfassung nicht nur gleichberechtigt, sondern werden vermehrt in gesellschaftliche und politische Positionen gelockt. 30 Prozent der Frauen sind erwerbstätig, ein Viertel des akademischen Personals ist bereits weiblich. Mit dem »Gender Empowerment Measure« (Indikator für das Geschlechterverhältnis in Politik und Wirtschaft) ist man im Frauenzentrum ebenso vertraut wie mit dem »Entwicklungsreport« der Vereinten Nationen. Glaubt man Laridschani, steigt die gesellschaftliche und politische Beteiligung von Frauen im Iran überall steil an. Der Anteil der weiblichen Parlamentskandidaten habe sich seit den Anfängen des islamischen Staates bis heute von drei auf fast zehn Prozent erhöht, die weiblichen Parlamentsabgeordneten machten derzeit etwa acht Prozent aus. Das ist zwar noch weit von einer Parität entfernt – aber der Trend ist unverkennbar. Die Zahl der Frauen in den ländlichen und städtischen Islamischen Räten (also den Kommunalparlamenten) sei, so Laridschani, zwischen 1997 und 2003 um 80 Prozent gestiegen.

Die Frau ist einfach »in«

Kurz: Anders als westliche Medien glauben machen wollen, ist die Frau auch in Iran einfach »in«. Laut iranischer Verfassung genießt »jedes Mitglied des Volkes, ungeachtet ob Frau oder Mann«, ohnehin gleichermaßen den Schutz des Gesetzes: »Der Staat ist verpflichtet, die Rechte der Frauen auf allen Ebenen unter Berücksichtigung der islamischen Prinzipien zu gewährleisten«, kann man da lesen. Zu den »islamischen Prinzipien« gehört beispielsweise die Kleiderordnung. Offenbar hat sich die Gleichberechtigung auch hier längst in einen Trend zur Bevorzugung der Frau verwandelt. Ganz selbstverständlich ist das Geschlechtsmerkmal »weiblich« auch in Iran zum Qualifikationsmerkmal geworden – etwa wie ein zusätzlicher Doktorgrad, von dem Männer ausgeschlossen sind. Während der Iran von außen als stures und abgeschottetes System erscheint, hat die Globalisierung zumindest in Sachen »Frauenemanzipation« einen Fuß in der Tür, und das Land hat sich dem globalen Dogma, dem zufolge die Frau zu verherrlichen und in die Berufswelt zu drängen ist, angeschlossen – was langfristig zur Auflösung der islamischen Gesellschaft und der islamischen Prinzipien führen muss. Der Tschador ist das beste

Berufstätige Frau im Iran

Beispiel. Da diese traditionelle Frauentracht kaum als Berufsbekleidung geeignet ist, tragen beispielsweise Stewardessen oder Hotel-Hostessen nur noch einen Kurzmantel (»Manto«) mit Hosen sowie eine Art Schal (»Hidschab«) und eine Kopfbedeckung.

Störfaktor Familie

Auch hier werden also die zersetzenden Spannungen dieser »Emanzipations«-Politik deutlich, die in Wirklichkeit eine Politik ist, die Männer diskriminiert und die Geschlechter auflöst. Auch im Iran ist die Bevorzugung der Frau bereits in ein Konkurrenzverhältnis zur staatlicherseits geförderten Familie getreten. Schon macht man sich auch hier Gedanken darüber, wie Familie und weibliche Berufstätigkeit »unter einen Hut« zu bringen seien und wie »Erziehungsjahre« auf Studium und Altersversorgung angerechnet werden können, damit Geburt und Erziehung eines

Kindes »keine verlorene Zeit« sind. Mit solchen Formulierungen hat klammheimlich die westliche Ideologie Einzug gehalten, nach der Kind und Familie im Arbeitsprozess nur noch Störfaktoren und lästiger Ballast sind. Tatsächlich führe »das neue Selbstbewusstsein der Frauen, in Verbindung mit ihrer hohen akademischen Ausbildung und einem Geburtenkontrollprogramm des Staates … zu einer massiven Abnahme der Neugeborenen im Iran«, heißt es in dem deutschen Politikmagazin *Iranicum*. Geburtenkontrolle und Frauenpolitik gehen demnach Hand in Hand. Die sogenannte Emanzipation ist nichts weiter als die soziale Sterilisation einer Gesellschaft. Nirgendwo kann man das so gut beobachten wie in Iran, wo analog zur »Emanzipation der Frau« die Geburtenraten zusammenbrachen:

»Während 1979 die Geburtenrate noch bei etwa 7 % lag, nahm sie bis zum Jahr 2006 relativ gleichmäßig auf 1,9 % ab. Damit liegt die Geburtenrate im Iran unter dem Durchschnitt jener der EU. Diese Entwicklung war der bisher größte und schnellste dokumentierte Rückgang einer nationalen Geburtenrate in der Geschichte und zeugt von der neuen Emanzipation der Iranerinnen« (»Die verkannte Rolle der Frau im Iran«, 19.5.2011, *iranicum.com*).

Mit anderen Worten: Wenn die Politik Frauen auch weiterhin auf Händen in Studium und Beruf trägt, wird sich die Familie weiter auflösen und die Bevölkerungszahl im Iran genauso abnehmen wie die der Deutschen oder Italiener in Westeuropa, wo die Zahl der Geburten längst unter der Reproduktionsrate liegt. Das hat man nun wohl auch im Iran verstanden und beginnt die Notbremse zu ziehen. So schaffte der Iran im August 2012 die Geburtenkontrolle ab. Etwa gleichzeitig wurden an einigen Universitäten verschiedene Studiengänge für Frauen plötzlich gesperrt: »Revolutionsführer Chamenei, wie auch Präsident Achmedineschad haben schon öfter die niedrige Geburtenrate beklagt, beziehungs weise als Problem für die Nationale Sicherheit interpretiert«, so der Politologe und Journalist Ramon Schack (»Iran: ›Bevölkerungswachstum und Bildungspolitik‹«, www.ramon-schack.de, 28.8. 2012). Denn während die Geburtenrate der Iraner sinkt, hätten »die unruhigen ethnischen und religiösen Minderheiten eine weit höhere Geburtenrate«, »besonders die Araber in Chuzestan, wie auch die sunnitischen Belutschen, beides Regionen, in denen separatistische Unruhe herrscht. (…) Aus diesem Grunde sollen Frauen weniger studieren, dafür aber mehr und früher Kinder bekommen.« Was rückständig klingt, ist in Wirklichkeit eine Reaktion auf die sozialen Gesetze der Bevölkerungsentwicklung: Je mehr Frauen studieren und arbeiten, desto weniger Kinder werden geboren, weil sie bei diesen Tätigkeiten nun mal stören. Kinder kosten erstens viel Mühe und Zeit und zweitens natürlich auch viel Geld. Wie kürzlich angekündigt, will Revolutionsführer Ayatollah Chamenei den Rückgang der Geburtenraten nicht nur stoppen, sondern die Bevölkerungszahl des Iran sogar von etwa 80 auf 150 Millionen steigern: »Mit gut ausgebildeten Frauen, die sich mit Verhütung auskennen und Karriere machen wollen, kann das Ziel wohl kaum erreicht werden«, bemerkte dazu gehässig *Spiegel Online*. Allerdings ist dies nicht Ausdruck einer rückwärtsgewandten Gesinnung, sondern einfacher sozialer Gesetzmäßigkeiten.

Was ich nicht weiß, macht mich nicht heiß

Aber wie passt der Tschador zu einem angeblich so modernen Staat? Zumal die iranische Gesellschaft offenbar gar nicht so prüde ist, wie es den Anschein hat. Sind wir im iranischen Frauenzentrum möglicherweise doch einer Propagandaveranstaltung aufgesessen? Nun, es wird Zeit, den verteufelten Tschador oder die Verhüllung der Frau einmal in einem etwas anderen Licht zu betrachten. An erster Stelle ist der Tschador nicht heiß und stickig, sondern wiegt fast nichts und ist aus überaus leichtem und luftigem Stoff gewebt. Zweitens hat die Verhüllung der Frau weniger mit Prüderie zu tun als vielmehr mit der Abgrenzung von Frau und Familie gegenüber anderen Männern und Familien: Ist es im Westen nicht manchmal lästig, wenn sexuelle Spannungen zwischen Menschen entstehen, zwischen denen sie nicht entstehen sollten? Wenn jemand plötzlich die Freundin des besten Freundes erotisch anziehend findet? Oder wenn ein Ehemann die Frau eines anderen begehrt? Die Verwicklungen, die daraus entstehen, sind wohl jedermann bekannt: Seitensprünge, Eifersuchtsdramen, Scheidungen, Scheidungskinder, finanzieller Ruin eines der geschiedenen Partner usw. Nach dem Motto »Was ich nicht weiß, macht mich nicht heiß« werden diese Spannungen und Begehrlichkeiten im Islam bekämpft, bevor sie überhaupt entstehen können. Sämtliche weiblichen Reize einschließlich des Haars werden ausgeblendet. In der Regel weiß der muslimische Mann nicht, was ein anderer Mann »da hat«, und der andere weiß nicht, was er »hat«. Die Frau ist sozusagen eine »Black Box«. Daher gibt es auch weniger Unzufriedenheit, und zwar bei Mann wie Frau. Beide haben kaum die Möglichkeit, weibliche Körper zu vergleichen. Beide können daher schlechter rivalisieren, und der Mann hat es schwerer, andere Frauen zu begehren. Obwohl die Scheidungsquote im Iran angeblich »explodiert«, wie sich westliche Medien freuen, reicht sie noch lange nicht an diejenige westlicher Staaten heran. Während im Iran auf eine Scheidung sieben Eheschließungen kommen, liegt das Verhältnis beispielsweise in Deutschland bei etwa eins zu zwei.

Gleichberechtigung, Sozialsystem, Autoindustrie, liberale Ehegesetze – und nun auch noch der Tschador ein sinnvolles Kleidungsstück? Klingt das nicht alles wie eine einzige Verherrlichung des Iran bzw. des Islam? Antwort: Sicher ist das Leben im Iran nicht der Himmel auf Erden. Zweifellos gibt es auch hier alle möglichen Missstände. Aber ist vielleicht das Leben in den USA oder in Deutschland oder in Israel der Himmel auf Erden? Die Antwort auf die Frage muss deshalb lauten: Die Verherrlichung entsteht lediglich vor dem Hintergrund der absoluten Verteufelung des Iran im Westen. Angesichts dieser Verteufelung muss jeder positive Bericht wie die reinste Lobeshymne erscheinen.

Zu Besuch bei »dem Irren von Teheran«

Gleich kommt er, der »Irre von Teheran« *(Bild)*. Ob er wohl Hörner hat wie der Teufel? Oder einen Klumpfuß wie Joseph Goebbels? Oder vielleicht Hufe und einen Schwanz? Wahrscheinlich alles zusammen. Denn schließlich erinnert das Bild, das westliche Medien von dem iranischen Präsidenten Mahmud Ahmadinedschad zeichnen, an alte Teufelsdarstellungen aus dem Mittelalter. Während ich noch überlege, wie er wohl in natura aussieht, wird das Licht in dem stuckverzierten Saal heller gedreht. Und wenn das die Hölle sein sollte, dann ist sie verdammt kühl. Aus dem hinteren linken Eck des Saals bläst mir eine mächtige Klimaanlage Kaltluft ins Gesicht. Wir Besucher aus Deutschland haben links und rechts auf je einer Reihe Barockstühle Platz genommen. Der einzelne Stuhl ganz vorne in der Mitte ist für den Präsidenten reserviert. Auf einer Seite des Raums bauen sich Kamerateams und Fotografen auf. Der Seiteneingang, durch den wir hereingekommen sind, wird geschlossen. Alles starrt jetzt auf die großen Flügeltüren am hinteren Ende des Raumes.

Erst kommt die *Bild*-Zeitung, dann kommt die NATO

Aber darf man den iranischen Präsidenten überhaupt besuchen? Ja, man darf, man muss sogar. Denn in Zeiten der Kriegshetze und Propaganda kommt es umso mehr darauf an, künstlich geschaffene Gräben zu überwinden, um Spannungen abzubauen. Wer das Bild des Iran und seines Präsidenten den etablierten Medien überlässt, steht einem bevorstehenden Massenmord gleichgültig gegenüber. Denn bekanntlich kommt erst die *Bild*-Zeitung, dann kommt die NATO. Das war schon bei Gaddafi so, wo eine NATO-Allianz Zehn- bis Hunderttausende von Menschen tötete und ein entwickeltes Land dem Wüstenboden gleichmachte. Erst, wenn ein Mensch oder ein Land außerhalb der globalen Gesellschaft gestellt wurde, können die militärischen Kommandos anrücken. Denn der Rufmord geht dem Mord voraus.

Entspannt und freundlich

Plötzlich gehen die Türen auf. Herein kommt ein relativ kleiner, in dunklen Zwirn gekleideter Mann mit schwarzen Haaren, Dreitagebart und – wie in der muslimischen Welt üblich – mit offenem Hemdkragen und ohne Krawatte. Mit einem freundlichen Lächeln schüttelt er jedem die Hand. Wie ebenfalls unter Muslimen üblich spart er die Frauen dabei aus. Stattdessen hebt er die Hände zu einer Art Gebetsgebärde und verneigt sich leicht. Für einen Teufel wirkt Ahmadinedschad ziemlich klar und entspannt. Der Präsident scheint in sich zu ruhen und mit sich und der Welt im Reinen zu sein. Dabei empfängt der Mann hier ganz entspannt eine Reisegruppe aus einem Land, in dem er ohne Unterlass verleumdet wird. Noch im Februar 2012 beispielsweise gingen »Die Killer-Ninjas von Ahmadinedschad« *(Bild)* durch die deutschen Medien. »Tausende weiblicher Ninjas lassen sich in Iran zu Killern ausbilden«, hatte zuvor die Nachrichtenagentur Reuters in einem Video berichtet. Dazu sah man schwarz vermummte Frauen beim Kampftraining. Dass diese Frauen lediglich Sport trieben, passte natürlich überhaupt nicht ins Konzept. »Experten« vermuteten, so *Bild.de,* »dass Staatschef Mahmud Ahmadinedschad (55) eine Elite-Kampftruppe ausbildet«. Nun – was wären wir ohne unsere Experten. Unermüdlich öffnen sie uns die Augen für die Realität und nehmen uns bei der Hand, um uns durch die Wirren der Wirklichkeit zu geleiten. Und schwarz gewandete Frauen in Kampfstellung können einfach nichts anderes sein als eine Killer-Truppe. Der Iran machte deshalb die Quelle solcher Erkenntnisse vorübergehend dicht, nämlich das Reuters-Büro in Teheran. Nachdem die Agentur (eine der großen Nachrichtenagenturen, die uns täglich mit »Informationen« versorgen) sich entschuldigt hatte, durfte Reuters die Menschheit auch aus Teheran wieder mit seinen »Recherchen« beglücken.

Rede statt Stichflamme

Nachdem er sich gesetzt hat, öffnet Ahmadinedschad den Mund. Heraus kommt allerdings keine Stichflamme, sondern eine Rede. Der Präsident des 79-Millionen-Volkes spricht frei und ohne Manuskript. Da er Muslim und der Iran ein Gottesstaat ist, handelt es sich gleichzeitig um eine religiöse, philosophische und politische Rede. Aus Sicht des Iran lassen sich diese Bereiche nicht voneinander trennen. Der Stil der Ansprache ist einfach und klar. In einer knappen Stunde breitet Ahmadinedschad sein Weltbild aus. Wer schuld sei an der gegenwärtigen Finanzkrise? Der kleine Mann? Der kleine Arbeiter? Oder vielleicht der kleine Bauer? Natürlich nicht. Sondern Schuld haben aus seiner Sicht das Finanzsystem und die globalen Kapitalisten. »Seit Hunderten von Jahren sieht sich der Mensch als Spielball der Gewalttäter, die bestrebt sind, die Klüfte zwischen den Menschen aufrechtzuerhalten und eine Annäherung zu torpedieren.«

Es sei ersichtlich,

> »dass die Krise das Ergebnis der Handlungen von Gewalttätern und derjenigen ist, die immerwährend Kapital anhäufen und horten. Die einfachen Leute haben keinen Anteil daran. Und nun wollen genau diejenigen, die für die Entstehung der Krise verantwortlich sind, diese meistern. Anstatt den Kapitalisten das gehortete Vermögen, das sie von den einfachen Leuten geplündert haben, zu entziehen und es ihren rechtmäßigen Eigentümern zurückzugeben, greifen sie wieder in die Taschen

der Menschen und versuchen damit Herr der Wirtschaftskrise zu werden. Kein Unrecht ist größer als das. Die Proteste der Leute finden kein Gehör, da sie ihren Protest vor den tyrannischen Herrschern vorbringen müssen, wobei das Ergebnis schon von vornherein feststeht.«

Die Unterdrücker seien die führenden Figuren des internationalen Finanzsystems, die sich an der Spaltung und gegenseitigen Aufhetzung von Nationen bereichern. Die gegenwärtige globale Finanzkrise hätten sie selbst verursacht und wollten das von ihnen verprasste Geld nun den kleinen Leuten aus der Tasche ziehen. Deshalb gebe es Überschuldung, Sparmaßnahmen sowie Armut und Hass zwischen den Menschen.
Nun, das sind Worte, die wohl auch viele Menschen im Westen unterschreiben könnten. Aber was ist mit der iranischen Atombombe? Steht sie nicht im krassen Gegensatz zu solch salbungsvollen Reden? Darauf kommt Ahmadinedschad an diesem Tag nicht zu sprechen. Im Iran ist diese Frage längst geklärt. Spätestens seit 2005 ist der Bau von Atombomben durch ein Rechtsgutachten (»Fatwa«) des Staatsoberhauptes Ayatollah Ali Chamenei offiziell verboten, und das Verbot ist seitdem durch andere Geistliche bekräftigt worden: »Der Bau und der Einsatz von Atomwaffen und Massenvernichtungswaffen sind aus vernunftmäßigen und religionsgesetzlichen Gründen verboten«, erklärte 2009 auch Großayatollah Hossein Ali Montazeri. »Als Grund für das Verbot nennt er die verheerende Wirkung der Waffen und das generelle Tötungsverbot des Islams«, schrieb dazu die *Frankfurter Allgemeine Zeitung* (13.11.2009). »Montazeri nimmt zudem die Muslime in die Pflicht, sich nicht nur für die Abschaffung von Atomwaffen einzusetzen, sondern für das weltweite Verbot aller Waffen.« Den Iran zum Verzicht auf Atomwaffen aufzufordern ist daher so ähnlich, als würde die »internationale Gemeinschaft« Deutschland zur Abschaffung der Todesstrafe drängen und darauf

bestehen, wieder und wieder jedes Gefängnis zu durchkämmen, ob sich nicht doch irgendwo eine Hinrichtungsstätte finden lasse.
Nach etwa 70 Minuten ist der Besuch bei Ahmadinedschad beendet. Für einige von uns wird er drastische Folgen haben.

»Fallschirmspringer bin ich übrigens nicht«

Wie ich schon sagte, war die Reise in den Iran eine Reise von der Demokratie in die Diktatur. Wie würde wohl eine iranische Delegation in der Heimat begrüßt werden, wenn sie beispielsweise aus den USA oder Deutschland zurückkäme und dort sogar im Parlament und beim Präsidenten oder Bundeskanzler zu Gast gewesen wäre? Vermutlich würde man sich freuen, dass Gespräche geführt wurden, und die Reise als Beweis dafür werten, dass noch nicht alle Türen zugeschlagen sind. Wie sollte der Empfang dann erst in einer »lebendigen Demokratie« ausfallen? Natürlich mindestens ebenso freundlich, oder nicht? Und ob. Machen wir den Demokratie-Test.

Die herzlichsten Willkommensgrüße erntete der mitgereiste FDP-Landtagskandidat aus Delmenhorst, Claus Hübscher. Am 3. Mai 2012 wurden sie von *Spiegel Online* überbracht. »Widerlich!«, fand demnach der Grünen-Abgeordnete Sven Christian Kindler Hübschers Besuch bei Ahmadinedschad. »Geht's noch?«, fragte der Linken-Vorstand Bodo Ramelow. Und der Parlamentarische Geschäftsführer der Grünen-Fraktion, Volker Beck, rief gar den FDP-Vorsitzenden zu Hilfe: »Hallo, Herr Rösler!« – »Es ist unsäglich, dass Herr Hübscher diese Reise unternommen hat«, zitierte die *Nordwest-Zeitung* auch die FDP-Bundestagsabgeordnete Angelika Brunkhorst. Im *Weser-Kurier* fügte sie hinzu: »Kooperation zu zeigen mit einem Land, das sich die Zerstörung Israels zum Staatsziel gemacht hat, ist inakzeptabel« (alle Zitate laut *Spiegel Online*, 3.5.2012). Dass Politiker hierzulande weder wissen, welche Gesetze sie verabschieden, noch, wovon sie eigentlich reden, ist ja längst nichts Neues mehr. Tatsächlich hat sogar der israelische Vizepremier Meridor eingeräumt, dass Iran nie mit der Auslöschung Israels gedroht hat (siehe *14. April* »Israelischer Vizepremier: ›Iran drohte nicht mit Auslöschung Israels‹«).

Eine ganz demokratische Treibjagd

Nun begann eine Treibjagd auf den FDP-Landtagskandidaten, die ihresgleichen suchte: »Quer durch alle Parteien schütteln sie den Kopf über Hübschers Visite in Teheran, bis in den Bundestag hinein«, hieß es am 4. Mai 2012 auf *Spiegel Online*. In der FDP (Freie Demokratische Partei!) denke man »ernsthaft über Konsequenzen« für Hübscher nach. Niedersachsens FDP-Chef Stefan Birkner habe die Reise als »in höchstem Maße irritierend« bezeichnet und einen Parteiausschluss nicht ausgeschlossen. Am 14. Mai werde sich der Bezirksverband »mit Hübscher beschäftigen«, so *Spiegel Online*. Dann werde der 65 Jahre alte Delmenhorster (Mitbegründer des »Freundes- und Förderkreises der Jüdischen Gemeinde Delmenhorst«) »nicht nur das Treffen mit Ahmadinedschad und seine anschließenden Äußerungen erklären müssen – sondern wohl auch seine Reisegesellschaft. Denn die Bilder, die bei der Privataudienz entstanden, zeigen Hübscher in Begleitung einiger illustrer Persönlichkeiten, mit denen seine Parteifreunde vielleicht nicht unbedingt eine Bildungsreise unternehmen würden.« Der grüne Bundestagsabgeordnete Sven-Christian Kindler forderte laut *Frankfurter Rundschau:* »Die FDP-Gremien sollten prüfen, ob Hübscher weiterhin als Landtagskandidat für die Wahl in Niedersachsen tragbar sei.« Auch er weiß natürlich ganz sicher: »Ahmadinedschad habe mehrmals öffentlich zur Vernichtung Israels aufgerufen und den Holocaust geleugnet« (*Süddeutsche.de*, 3.5.2012). »Hübscher trank Tee mit Ahmadinedschad, den manche auch einen Diktator nennen«, alarmierte die *Frankfurter Rundschau* weiter die Öffentlichkeit: »Anschließend traf man sich für ein gestelltes Gruppenfoto«. Wobei Gruppenfotos selten Schnappschüsse sind. »Unfassbar«, fasst die Website des *Stern* den Vorgang zusammen: »Claus Hübscher, Landtagskandidat der FDP in Niedersachsen, hat Irans Präsidenten Ahmadinedschad einen Besuch abgestattet – und findet nichts dabei.« – »FDP-Politiker sonnt sich mit Irans Diktator«, petzte die *Hannoversche Allgemeine*. »Herr Hübschers Bildungsreise zum Holocaustleugner«, titelte die *Welt* in schlechtem Deutsch.

Die Kellerkinder des Journalismus

Von den Kellerkindern des Journalismus ganz zu schweigen. »Gewendete Linksextremisten« und »Verschwörungsfanatiker« seien in der Reisegruppe gewesen, schäumte beispielsweise das deutsch-jüdische Internetportal *hagalil*. Den ebenfalls mitgereisten jüdischen Musiker Elias Davidsson bezeichnete die Internetseite als »durchgeknallten Typen«. Für das Internetportal *Politically Incorrect* war die Reisegruppe eine »braune Zirkustruppe in Persien«. Die Website *Jihad Watch* vermutete, die Iran-Besucher hätten in Teheran wohl »feuchte Höschen« bekommen. Die sogenannte »Counterjihad«-Seite *Madrasa of Time* bezeichnete ein Foto der Reisegruppe als »Gruppenbild mit Hexe« (in Anspielung auf Fatima Özoguz, die einzige Muslima unter den Reisenden). Für die phantasievolle Schlagzeile »Iran-Reisende verharmlosen den Holocaust« fing sich die *Nordwest-Zeitung* eine Klage von mir ein. Immerhin können solche Hetztiraden die Existenz der Betroffenen beschädigen.

Dabei geriet eine ganz einfache Tatsache aus dem Tunnelblickfeld: Wer einem Staatspräsidenten einen offiziellen Besuch abstattet, besucht in erster Linie das Volk, das er repräsentiert, und erst in zweiter Linie die Person. Diese diplomatische Binsenweisheit hatten natürlich auch Gerhard Schröder und Bundesaußenminister Westerwelle im Hinterkopf, als sie Ahmadinedschad 2009 bzw. 2011 besuchten. Oder besuchte etwa der *ZDF*-Moderator Claus Kleber Ahmadinedschad im März 2012 aus reiner Freundschaft? Natürlich nicht. Vielmehr wollte er Mahmud Ahmadinedschad als Präsidenten des Iran interviewen. Machen wir die Gegenprobe: Wie wären die Reaktionen ausgefallen, wenn wir Ahmadinedschad auf irgendeine Weise angegriffen oder brüskiert hätten? Antwort: Natürlich hätte es einen Aufschrei im Iran gegeben, und zwar einen Aufschrei der ganz normalen Bürger, von denen viele sich von Ahmadinedschad vertreten fühlen. Daher war diese Reise in allererster Linie eine Reise zu den Menschen Irans.

Eine demokratische Hetzkampagne

Niemand weiß ein besseres Lied von der demokratischen Hetzkampagne zu singen als der weltoffene FDP-Mann Claus Hübscher, der auszog, mit jemandem zu reden, mit dem sonst keiner mehr redet. Positive Berichte über die Iran-Reise gab es hingegen keine – abgesehen von denen, welche die Teilnehmer selbst verfassten, natürlich. Doch deren Verbreitung konnte sich mit den Millionenauflagen der Mainstream-Medien nicht messen. Nicht umsonst hatte der Literaturnobelpreisträger Günter Grass schon nach der Veröffentlichung seines israelkritischen Gedichts etwa einen Monat zuvor »eine fast gleichgeschaltete Presse« beklagt, in der Gegenstimmen nicht vorkämen (*tagesschau.de*, 5.4.2012). Eine Aussage, die durch die Reaktionen auf die geschilderte Iran-Reise eindrucksvoll bestätigt wurde. »Die Empörung über seine Reise« nannte Hübscher schlicht einen »Versuch, meine politische Existenz zu zerstören«, berichtete die *taz* am 3. Mai 2012. Und sein Lebenswerk obendrein, darf man hinzufügen.

Als Erstes kündigte die Volkshochschule Delmenhorst fristlos Hübschers Dozentenjob. Hübscher leitete dort einen Gesprächskreis »Kulturen und Religionen in Delmenhorst«. Laut Eigendarstellung auf ihrer Website will die VHS Delmenhorst Beiträge zur »kulturellen Integration und zu einem toleranten und friedlichen Miteinander leisten«. An Gesprächen mit fremden Kulturen ist man jedoch nur begrenzt interessiert. Die sofortige Trennung von

Claus Hübscher sei »unumgänglich, um die VHS vor einem weiteren Imageschaden zu bewahren«, erklärte VHS-Geschäftsführer Helmut Koletzek laut *Weser Kurier* (7.5.2012).

Strafe: Ausschluss aus der Gesellschaft

Zwei Tage später sprang der »Freundes- und Förderkreis der Jüdischen Gemeinde Delmenhorst« ab. In seiner Sitzung vom 9. Mai 2012 hatte der Vorstand verkündet: »Herr Claus Hübscher, Mitglied im Freundes- und Förderkreis, hat sich nicht wie ein Mitglied unseres Freundeskreises verhalten und nicht wie ein Freund und Förderer der hiesigen jüdischen Gemeinde. Im Gegenteil, er spaltet das Zusammenleben in unserer Stadt und das bisherige gute Miteinander von Christen, Juden und Muslimen.« Nun, in Wirklichkeit diente die Reise genau dem gegenteiligen Zweck. Was man ihm vor allem vorwerfe und was »eine zukünftige Zusammenarbeit mit ihm für uns unmöglich macht«, sei insbesondere seine undifferenzierte Bewertung »des Holocaust-Leugners und Völkermord-Befürworters Ahmadinedschad gegenüber dem Staat Israel, in dem immer noch viele Überlebende des Holocaust leben und auch Angehörige der Mitglieder der hiesigen jüdischen Gemeinde« früher lebten. Völkermord gegenüber Israel? Nun, diese Frage ist spätestens seit den Aussagen des israelischen Vizepremiers (siehe *14. April* »Israelischer Vizepremier: ›Iran drohte nicht mit Auslöschung Israels‹«) wohl geklärt. Was den Holocaust betrifft, so habe ihm Ahmadinedschad versichert, dass er diesen nicht leugne, so Hübscher. Egal: Anders als bei anderen Rausschmissen, Kündigungen oder Rücktritten fehlten sogar der sonst übliche Dank und die Erwähnung der Verdienste des Betreffenden. Stattdessen hatte der »Freundeskreis« nur einen Fußtritt für Hübscher übrig. Aus den Worten von Hübschers alten »Freunden« sprach der blanke Hass: »befremdlich«, »perfide«, »beleidigend« und »verantwortungslos« fanden sie Hübschers Verhalten.

Reisen und Reden verboten?

Doch damit war Hübschers Ausschluss aus der Gesellschaft noch nicht beendet. FDP-Parteikollegen wollten ihn nun, wie gesagt, »dazu bewegen, auf seine Kandidatur für den Landtag zu verzichten« (NDR). Niedersachsens FDP-Landeschef Stefan Birkner habe »ein Parteiausschlussverfahren gegen den FDP-Landtagskandidaten nicht ausgeschlossen«. Dem NDR zufolge wollte nun die Parteispitze Hübscher in Gesprächen davon überzeugen, »auf seine Landtagskandidatur zu verzichten«. »Von sich aus«, sozusagen. Und zwar, »weil die Vorwürfe möglicherweise nicht ausreichen, um ihn aus der Partei auszuschließen«. Was man sich leicht vorstellen kann. Denn noch sind selbst bei der FDP Reisen und Reden nicht verboten. Aber laut Medien war das nicht der einzige Grund, kein Parteiausschlussverfahren einzuleiten. Denn schließlich »müsste ein solches Verfahren die parteiinternen Gremien durchlaufen: Das würde zu viel Zeit kosten, heißt es.« Hübscher musste man dagegen nun ganz schnell loswerden. Und dem blieb gar keine andere Wahl, als dem Druck nachzugeben. Mit so einer Hetzkampagne kann man schließlich keine Landtagswahl absolvieren. Am 14. Juni 2012 zog Claus Hübscher seine Kandidatur zurück.

In all den genannten Organisationen und Parteien war Hübscher bereits seit Jahrzehnten tätig. Das heißt, Hübscher wurde seiner gesamten Identität und seiner Aufgaben beraubt, also großer Teile seines Lebens. Nicht umsonst spricht man bei einer solchen Hetzkampagne auch von Rufmord. Und wie gesagt geht der Rufmord dem Mord oder dem Selbstmord voraus. Man denke nur an die Fälle Barschel, Haider oder Möllemann, der bei einem Fallschirmsprung ums Leben kam. Schon deshalb merkte Claus Hübscher gegen Ende der Treibjagd vorbeugend an: »Fallschirmspringer bin ich übrigens nicht.«

Mai 2012

حکم ارتداد برای هتاکی به امام هادی (ع)

حکم ارتداد برای هتاکی به امام هادی (ع) صادر شد

براین اساس ایشان در پاسخ به این سوال که مدتی است عده ای اجیر شده که عمدتا وبلاگ های خود به راحتی به امام مظلوم شیعیان حضرت امام هادی(ع) اهانت و جسارت

حضرت آیت الله صافی گلپایگانی از مراجع عظام تقلید شیعه در پاسخ به استفتاۀ کنندگان به امام هادی (ع) را اعلام کردند.

براین اساس ایشان در پاسخ به این سوال که مدتی است عده ای اجیر شده که عه ها و وبلاگ های خود به راحتی به امام مظلوم شیعیان حضرت امام هادی(ع) اهانت ...) حکم این افراد چیست؟، فرمودند: چنانچه اهانت و جسارت به حضرت نموده باشد

Thema des Monats *7.5.*:
Der Schwindel mit der »Todesfatwa«

5.5. In Guantánamo wird der Prozess gegen die angeblichen Attentäter des 11.9.2001 wiederaufgenommen **6.5.** In Frankreich gewinnt François Hollande die Präsidentschaftswahlen *7.5. Im Iran wird angeblich eine Todesfatwa gegen einen deutschen Rapper verhängt* **8.5.** Die für den 3. Juni 2012 geplante Eröffnung des neuen Flughafens Berlin Brandenburg wird verschoben **16.5.** Bundeskanzlerin Merkel entlässt Umweltminister Röttgen **17.5.** Bundesfinanzminister Schäuble bekommt den Aachener Karlspreis *20.5. Medien hetzen gegen den toten Gaddafi 25.5. Hula: Was wäre die Welt ohne Massaker?* **26.6.** Die schwedische Sängerin Loreen gewinnt den Eurovision Song Contest

7. *Mai* »Todesfatwa« war gar keine

Wussten Sie schon? Auf den Papst wurde ein Schmählied geschrieben! Am 7. Mai wird es der Öffentlichkeit vorgestellt. Und es geht so:

> *Benedikt, ich flehe, bei deiner Wollust,*
> *bei deinem großen Glied des Lebens,*
> *das uns bedrohlich im Nacken sitzt.*
> *(...)*
> *O Benedikt, ich flehe um Liebe und Viagra,*
> *um breit gemachte Beine und die Untertänigen,*
> *um Brot, Hühnchen, Fleisch und Fisch,*
> *um Silikonbrüste und geflickte Jungfernhäute,*
> *Benedikt, ich flehe um Jenny Elvers' Brüste,*
> *um die nicht vorhandene Ehre, die uns abhandenkam.*
> *(...)*
> *O Benedikt, oh Benedikt, o Benedikt,*
> *O Benedikt, oh Benedikt, o Benedikt,*
> *um den Seelenfurz für die gute Reise der Seele des Propheten*
> *ins Jenseits,*
> *(...)*

Na, ist das nicht ganz große Kunst? Und ob. Zu verdanken haben wir sie dem deutsch-iranischen Rapper Shahin Najafi, dessen »Kunstwerk« auch sogleich PR-Schützenhilfe von berufener Seite erhielt. Und zwar habe ein katholischer Kardinal sein Lied zur Todsünde erklärt, woraufhin der Vatikan ein Todeskommando auf ihn angesetzt habe, hieß es in den Medien. »Todesdekret gegen Rapper«, tönte die *Bild*-Zeitung, und sogar *tagesschau.de* titelte: »Kardinal ruft zum Mord auf. Todesurteil gegen Rapper aus Köln«. Schwupp, schnellte bei *YouTube* die Anzahl der Klicks des obszönen Gestammels in die Höhe.

Provokation auf die dumme Tour

Natürlich haben Sie es längst gemerkt: In Wirklichkeit handelte der Schmuddel-Rap gar nicht von Papst Benedikt, sondern von einem verehrten muslimischen Heiligen namens Imam Naghi. Das angebliche Todesurteil fällte auch kein katholischer Kardinal, sondern ein muslimischer Geistlicher, ein Großayatollah namens Ali Safi-Golpajegani. Und Jenny Elvers kommt in dem Lied auch nicht vor. In Wirklichkeit habe ich den Song nur in christliche Zusammenhänge »übersetzt«. In Wirklichkeit verhöhnte der Rapper Najafi den schiitischen Imam Naghi (exakter Name: ʿAlī al-Hādī an-Naqī) und spickte seinen Text mit pornographischen Begriffen und Anspielungen. Auf dem zugehörigen CD-Cover prangt ein als Moschee gestalteter nackter Busen. Kurz: Eine Provokation auf die ganze dumme Tour.

Und glaubt man unseren »Qualitätsmedien«, folgte die Strafe tatsächlich auf dem Fuße: »Ajatollah ruft zum Mord an Rapper auf«, zeterte *Bild.de* am 9. Mai 2012. »Der 31-jährige Musiker soll in seinem Song ›Imam Naghi‹, den zehnten Propheten der schiitischen Muslime, beleidigt haben.« Mit dem Todesdekret seien nicht nur Schiiten, »sondern auch andere Muslime aufgerufen, den Musiker zu ermorden und ›für immer in die Hölle zu schicken‹«.

Schlimm, das. Und das fand natürlich auch der Rest der deutschen »Qualitätsmedien«. Flugs stilisierten sie den Rapper zum »neuen Salman Rushdie«, in Anspielung auf jenen indisch-britischen Schriftsteller, gegen den Ayatollah Khomeini 1989 eine Todesfatwa verhängt hatte. »Ayatollah setzt Kölner Musiker auf die Todesliste«, schrieb im Jahr 2012 die *Westdeutsche Zeitung* über den Schmuddel-Barden Najafi. Doch keine Sorge: »Kölner Rapper will trotz ›Todesurteil‹ weitersingen«, tröstete uns die Nachrichtenseite *Express.de*. Doch das ist nur halb so mutig, wie es scheint, denn in Wirklichkeit handelte es sich bei der Fatwa des Großayatollah gar nicht um ein »Todesurteil«. Besorgt man sich dieses islamische Rechtsgutachten, erlebt man eine Überraschung. Nämlich die, dass dort weder der Rapper Shahin Najafi noch die Todesstrafe erwähnt wird.

Aus der Praxis eines Ayatollah

Doch der Reihe nach: Im Islam kann jeder Gläubige einem der etwa 5000 Ayatollahs eine Rechtsfrage oder ein Rechtsproblem vorlegen. Das ist so ungefähr, als könnten wir hierzulande irgendeinen beliebigen Rechtsanwalt anschreiben und um eine Stellungnahme zu einem Rechtsproblem bitten. Frage und Stellungnahme publiziert der Ayatollah anschließend für die Allgemeinheit – sozusagen »aus seiner Praxis«. Nur dass der Frager natürlich anonym bleibt. Wobei es sich bei einer Fatwa allerdings um ein Glaubensgutachten bzw. -urteil und nicht um weltliches Urteil handelt. Ein Ayatollah ist also kein Richter und kann es auch gar nicht sein. Da jeder Geistliche das Glaubensrecht in bestimmten Grenzen auf seine Weise auslegen kann, genauso wie jeder Rechtsanwalt das Zivilrecht, gibt es viele einander widersprechende Fatwas. Wie bereits der Großmufti von Ägypten, Ali Gum'a, feststellte, herrscht höchstens in hundert grundlegenden Fragen Einigkeit – gegenüber einer Million Fragen, die unter muslimischen Glaubensjuristen umstritten sind.

Die Antwort eines Ayatollah ist daher in der Regel kein weltliches und verbindliches Urteil mit irgendwelchen weltlichen Konsequenzen. Vielmehr stellt der Geistliche zum Beispiel fest, ob es sich bei dem Gegenstand der Frage um eine »Sünde« handelt oder nicht. So legen Muslime dem Ayatollah ihrer Wahl häufig Probleme des religiösen Alltags vor – vereinfacht etwa: »Darf ich mit einer fremden Frau alleine auf einer Parkbank sitzen?« Auf diese Weise wurde auch der Großayatollah Ali Safi-Golpajegani zu Rate gezogen. In diesem Fall lautete die Frage:

»Einige, die sich größtenteils aus Anti-Revolutionären im Ausland zusammensetzen, wurden beauftragt, im Internet auf ihren Seiten und Blogs den unterdrückten Imam der Schiiten, Imam Hadi [=ʿAlī al-Hādī an-Naqī/Imam Naghi] (a.) [=aleyhi salam/ Friede mit ihm], zu beschimpfen und zu verunglimpfen (Erstellung von Schmähungen, Lügen, Karikaturen, Witzen ...). Wie sieht deren Urteil aus?«

Antwort:
»Falls sie die geehrte Person (a.) (des Imams) verunglimpft und beleidigt haben, so sind sie vom Glauben abgefallen (Mortad) [= Glaubensabtrünniger], wallahu a'lam (und Allah ist Allwissend).
1. Jumada al-Thani 1433 [Datum]«

Unterm Strich mausetot

»Vom Glauben abgefallen« – mehr steht in der Fatwa nicht. Damit fehlen schon zwei wesentliche Kennzeichen eines Urteils: der Name des Verurteilten und die Strafe. Zwar ist Glaubensabfall (Apostasie) im Islam tatsächlich eine »Todsünde« – aber nicht nur da, sondern auch nach dem katholischen Katechismus. Das heißt aber noch lange nicht, dass sich nun in Deutschland ein iranisches Todeskommando an die Fersen eines minderbegabten Rappers heften würde. Wenn dem so wäre, dann wäre die Welt voller gemeuchelter Muslime oder Ex-Muslime, denn natürlich fallen auch im Islam jede Menge Menschen »vom Glauben ab« (während viele andere zum Islam konvertieren). Vielmehr sind diese Glaubensurteile eben nicht einfach mit weltlichen Urteilen gleichzusetzen. Sie können zwar zum selben Schluss kommen (z. B. bei Mord), ziehen aber in der Regel nicht dieselben weltlichen Konsequenzen nach sich.

Ähnlich wie eine »Todsünde« im Katholizismus bezieht sich auch eine solche Fatwa nicht auf den biologischen, sondern auf den spirituellen Tod im Jenseits. Jemand, der eine solche Todsünde begangen hat, kann nicht ins Paradies kommen und das ewige Leben erlangen; vielmehr wird er nach seinem physischen Tod auch den spirituellen Tod erleiden und endgültig sterben (also einen »zweiten« oder »endgültigen« Tod erleiden). Wobei das nur allzu logisch ist. Denn da das ewige Leben ja bekanntlich nur in der Glaubenswelt existiert, kann, wer vom Glauben abfällt, gar nicht anders als endgültig sterben. Mit anderen Worten: Ein Glaubensabtrünniger ist schon per definitionem tot. Er existiert nur noch biologisch, und das ist im Vergleich zum ewigen Leben bekanntlich gar nichts.

Dabei ist das in diesem Fall noch nicht einmal der springende Punkt. Denn erstens bezieht sich die Fatwa ja gar nicht auf eine bestimmte Person, weshalb auch der Name des Rappers Najafi überhaupt nicht vorkommt. Zweitens datiert die Fatwa vom »1. Jumada al-Thani 1433«. Umgerechnet in unseren Kalender ist das der 23. April 2012. Und da war Najafis Schmähsong auf den islamischen Propheten Imam Naghi noch gar nicht erschienen. Die Veröffentlichung erfolgte erst am 7. Mai 2012.

Das heißt also, dass diese Fatwa mit Najafi und seinem Lied nicht das Geringste zu tun hatte. Das Problem ist nur, dass die kapitale Ente nicht nur von der *Bild*-Zeitung verbreitet wurde. Auch *Spiegel, Kölner Stadtanzeiger, Stern Online, Welt Online* und sogar *tagesschau.de* behaupteten diesen Blödsinn. »Großajatollah ruft zum Mord auf: Iranische Todes-Fatwa gegen Rapper aus Köln«, titelte *tagesschau.de* am 10. Mai 2012. Und im *Spiegel* war gar zu lesen, dass Najafi die Antwort des Ayatollah »provoziert« habe – was angesichts der Tatsache, dass Najafis Song erst nach der Fatwa erschien, allerdings schwergefallen sein dürfte. Egal: »Wer will, kann die Worte durchaus als einen Aufruf zum Mord lesen«, schrieb das »Nachrichtenmagazin« (20/2012).

Narrenfreiheit statt Meinungsfreiheit

Und natürlich will man das. Für den Rapper rollte nun eine ungeheure PR-Welle an. Die Mainstream-Medien nahmen ihn unter ihre Fittiche und stilisierten ihn zum Helden im Kampf um die Meinungsfreiheit, bei der es sich in diesem Fall allerdings höchstens um Narrenfreiheit handelte. Aber sei's drum: Auf *YouTube* wurde Najafis Schmähsong binnen weniger Tage mehr als 350 000-mal angeklickt, bis Anfang Juni waren es 634 000 Klicks. Neben den Printmedien griff auch das Fernsehen den Fall auf und präsentierte den talentfreien Dichter als verfolgte Unschuld und zweiten Salman Rushdie. Eine gute Idee. Denn Najafi war offenbar genau die richtige Propaganda-Figur zur richtigen Zeit, um das iranische Regime »bloßzustellen«.

Da die erste Fatwa – wie dargelegt – jedoch alsbald platzen würde wie eine Seifenblase, musste schleunigst ein zweites »Todesurteil« her. Und wie ebenfalls dargelegt, ist nichts einfacher als das: Irgendjemand muss nur einen Ayatollah anschreiben, und fertig ist die »Todesfatwa«. Denn natürlich kann der Geistliche gar nicht anders, als den Schmuddelsong auf den schiitischen Heiligen Imam Naghi als Glaubensabfall und damit als Todsünde zu bewerten. Der Name des Fragestellers würde, wie immer, nie herauskommen.

Eine falsche »Todesfatwa« ...

Diesmal wurde allerdings sichergestellt, dass der Name Shahin Najafi vorkäme. Daher wurde folgende Frage an Großayatollah Makarem Schirasi gestellt:

> »In Anbetracht der Tatsache, dass eine Person namens Shahin Najafi, der ein Sänger im Ausland ist, im Text seines Liedes und in Bildern den Imam Ali al-Naghi al-Hadi beleidigt hat und die Kuppel der heiligen Moschee von Imam Ali ebne Mussa al-Reza geschmäht hat, und in Anbetracht der Tatsache,

dass die betreffenden Personen die Musikfiles und die Bilder auf viel besuchten Websites installiert haben, bitten wir Sie, uns mitzuteilen, was die Antwort auf Grundlage der Sharia der Schiiten und ihrer Freunde in diesem Zusammenhang ist.«

Bereits aus der Frage geht hervor, dass der in Deutschland hochgejubelte Rapper in Iran überhaupt nicht bekannt ist und dort demnach auch nicht Gegenstand eines Skandals sein kann. Vielmehr muss der Frager dem Ayatollah erklären, um wen es sich überhaupt handelt. Auch was Najafi getan hat (Imam beleidigt, Kuppel geschmäht), ist in Iran offenbar kein Thema, sonst müsste es hier nicht erklärt werden. Doch der Ayatollah interessiert sich überhaupt nicht für die Person Najafis, sondern antwortet stattdessen mit einer allgemeinen Regel:

»Jede Schmähung der herausragenden Instanz der makellosen Imame und jede offensichtliche Beleidigung von ihnen macht, wenn diese von einem Muslim begangen wird, diese Person zu einem Apostaten. Wenn diese Tat aber von einem Nicht-Muslim begangen wird, gilt er als ein Sab ul Nabi, ein Beleidiger des Propheten.«

... und eine echte

Das heißt, auch diese Fatwa stellte lediglich fest, was jemand *ist* (nämlich ein Apostat/Glaubensabtrünniger), aber nicht, *wozu er verurteilt ist*.

Das sollte eine »Todesfatwa« sein? Sehen wir uns im Vergleich dazu einmal die Fatwa von Ayatollah Khomeini gegen Salman Rushdie aus dem Jahr 1989 an:

»Wir stammen von Gott, und zu Gott werden wir zurückkehren. Ich setze alle mutigen Muslime in der Welt davon in Kenntnis, dass der Autor der *Satanischen Verse* – ein Text, der gegen den Islam, seinen Propheten und den Koran geschrieben, herausgegeben und publiziert wurde – zusammen mit allen Herausgebern und Verlegern, die sich des Inhalts bewusst waren, zum Tode verurteilt ist. Ich rufe alle tapferen Muslime, wo immer sie sich aufhalten mögen, dazu auf, sie unverzüglich zu töten, damit es in Zukunft niemand wagt, den heiligen Glauben der Muslime zu beleidigen. Wer auch immer in diesem Bemühen stirbt, wird nach dem Willen Gottes ein Märtyrer sein. Sollte jemand Zutritt zu dem Autor haben, ohne dabei die Hinrichtung ausführen zu können, soll er die Menschen informieren, damit er für seine Taten bestraft werden kann. Ruhollah Musawi Khomeini.«

Wie man sieht, ist das wirklich eine Todesfatwa. An Deutlichkeit lässt sie nichts zu wünschen übrig. Im Gegensatz zu den oben zitierten angeblichen »Todesfatwas« benennt sie sowohl die Person des Verurteilten als auch ein konkretes Urteil und enthält den konkreten Aufruf, diesen Menschen zu töten. Damit ist sie eine große Ausnahme unter den Fatwas, in der sich der »Superstar unter den Ayatollahs«, Ayatollah Khomeini, anmaßte, über Leben und Tod eines Menschen zu entscheiden. Die Frage ist, ob er damit nicht die Kompetenzen eines Ayatollah überschritt und die Form eines schiitischen Rechtsgutachtens verletzte. Wo eine Fatwa normalerweise nur eine Expertise in Glaubensrecht ist, verwandelte Khomeini – obschon auch er kein Richteramt innehatte – die Fatwa tatsächlich in ein weltliches Todesurteil. Aufgrund der enormen Autorität und Popularität Khomeinis entwickelte sich daraus eine ganz reale Gefahr für Rushdie. Denn durch Khomeinis Autorität und die weite Verbreitung seines »Richterspruchs« stieg die Wahrscheinlichkeit, dass sich tatsächlich fanatische »Henker« fänden, um das Urteil zu vollstrecken. Tatsächlich wurden mehrere Menschen aufgrund der Fatwa angegriffen oder getötet, vor allem Übersetzer der *Satanischen Verse*. Ein schwerer Fehler Khomeinis, der im Westen zu einem jahrelangen Propagandafeuerwerk gegen den Islam führte. Eine bessere Werbung für das Buch war kaum denkbar: Der zuvor weithin unbekannte Dichter Rushdie mauserte sich zum sagenumwobenen Verfolgten, der nur hin und wieder geisterhaft auftauchte, und wenn, dann in Begleitung schwerbewaffneter Sicherheitskräfte.

Wie wir gesehen haben, lässt sich dieses »Urteil« mit »normalen« Fatwas »normaler« Geistlicher jedoch nicht vergleichen. Während aus Khomeinis Worten tatsächlich blanker Hass sprach, wirken alltägliche Fatwas in der Regel nüchtern, unbeteiligt und formulieren keine Verfolgungsabsicht. Zudem fehlt derartigen Fatwas, wie gesagt, die Grundvoraussetzung für jedes Urteil – nämlich der Name des Verurteilten und die Strafe. So gesehen war vor allem die zweite angebliche Todesfatwa gegen den Rapper Najafi wohl der gescheiterte Versuch, eine Todesfatwa à la Khomeini zu provozieren – worauf Ayatollah Schirasi jedoch nicht hereinfiel.

20. Mai Libyen:
Gaddafi und die Menschenrechte

»Wir reden von der Gaddafi-Familie, für die es keine Gesetze gibt«, tönt es am 20. Mai 2012 aus meinem Radio. *HR2 Kultur* sendet das Radio-Feature »Geschäftsadresse: Gaddafi-Clan«. »Das war ein Tollhaus, die konnten ja machen und walten, wie sie wollten, auch in Deutschland. (…) Da gab's keine Gesetze, da gab's kein Menschenrecht, da war ein Menschenleben nichts wert.« Junge, junge – haben wir es nicht schon immer gewusst? Gut, dass der Menschenrechtsrat der Vereinten Nationen im Februar 2011 den Weg in einen Krieg gegen Libyen ebnete. Und wer das für einen Widerspruch hält, hat die Feinheiten der UN-Politik nur noch nicht verstanden. In einem Dokument vom 25. Februar 2011 drückte der UN-Menschenrechtsrat seine »tiefe Besorgnis« über die Situation in Libyen aus und verurteilte »die jüngsten groben und systematischen Menschenrechtsverletzungen in Libyen« scharf. Gut auch, dass die NATO Libyen daraufhin (ab 19. März 2011) bombardiert und Zehntausende von Menschen vom Leben zum Tode befördert hat. Gut auch, dass der »Diktator« Muammar al-Gaddafi am 20. Oktober 2011 von »Rebellen« gestellt und an Ort und Stelle auf grausame Weise gelyncht wurde – und zwar, indem man ihm eine Eisenstange in den After rammte. Die *HR2*-Radiosendung wirkt nun wie eine nachträgliche Rechtfertigung der NATO-Greuel.

Gaddafis Kampf für die Menschenrechte

Was kein Mensch weiß: Gaddafi kämpfte selber für die Menschenrechte, jedenfalls wie er sie verstand. So hatte er 1989 einen eigenen Menschenrechtspreis ins Leben gerufen, der 21 Jahre lang verliehen wurde: den mit 250 000 US-Dollar dotierten »Internationalen Al-Gaddafi-Preis für Menschenrechte«. Der bekannte Schweizer Politiker und Globalisierungskritiker Jean Ziegler bezeichnete den Preis laut *Welt Online* (10.11.2011) als »Anti-Nobel-Preis der Dritten Welt«. Nie gehört? Nun ja – die im Westen bekannten »Menschenrechtler« sucht man unter den Preisträgern auch vergebens. Vielmehr war Gaddafi bestrebt, für die Stiefkinder des Westens eine ganz eigene Menschenrechtspolitik aufzubauen und dem globalen Menschenrechtsapparat, der seine Arbeit hauptsächlich in den Dienst der Kriegspropaganda stellt, Konkurrenz zu machen. So verlieh Gaddafis Jury den Preis 1990 an die »Kinder Palästinas«, 1991 an die »Ureinwohner Amerikas«, 1993 an die »Kinder Bosnien und Herzegowinas«, 1995 an den ersten Staatspräsidenten des freien Algerien und Präsidenten der »Internationalen Kampagne gegen die Aggression gegen den Irak«, Ahmed

Ben Bella, 1996 an den afroamerikanischen Führer der Nation of Islam, Louis Farrakhan, 1998 an Fidel Castro, 2009 an den nicaraguanischen Präsidenten Daniel Ortega und 2010 an den türkischen Ministerpräsidenten Recep Tayyip Erdoğan. Der einzige global als Menschenrechtler anerkannte Preisträger war Nelson Mandela im Stiftungsjahr des Preises 1989.

In Wirklichkeit war der Gaddafi-Menschenrechtspreis daher wohl einer der Sargnägel für den »Revolutionsführer«. Denn beliebt machte er sich damit im Westen wohl kaum. Ausgewählt wurden nicht nur im Westen vergessene Stiefkinder der Globalisierung, sondern auch als »Antisemiten« verschriene Personen, wie etwa der ehemalige Premierminister von Malaysia, Tun Mahathir bin Mohamad, den eine zionistische Website wie folgt zitierte:

> »Die Europäer töteten 6 von 12 Millionen Juden, aber heute beherrschen die Juden die Welt durch Stellvertreter. (…) Sie lassen andere für sich kämpfen und für sie sterben. (…) Sie überlebten 2000 Jahre Pogrome, nicht durch Zurückschlagen, sondern durch Denken … sie erfanden und förderten erfolgreich den Sozialismus, Kommunismus, die Menschenrechte und die Demokratie, sodass ihre Verfolgung falsch zu sein scheint – so können sie die gleichen Rechte wie andere genießen. Und damit haben sie jetzt die Kontrolle über die mächtigsten Länder gewonnen und sind – diese kleine Gruppe – zu Weltmacht geworden« (Rede des Premierministers von Malaysia, Mahathir Mohamad, vor der 10. Islamischen Gipfelkonferenz in Putrayaja am 16.10.2003, http://www.adl.org Anti_semitism/malaysian_1asp).

Menschenrechte – selbst gemacht?

Neben Leuten wie Fidel Castro und Hugo Chávez im Westen ebenfalls unbeliebt war der bedeutende französische Philosoph und Schriftsteller Roger Garaudy, Gaddafi-Preisträger des Jahres

2002. Garaudy hatte eine heute längst vergessene UN-Resolution verteidigt, in welcher der Zionismus (also die jüdische Nationalbewegung zur Gründung des Staates Israel) als Form des Rassismus bezeichnet wurde (UN-Resolution 3379 vom 10. November 1975). Die Aufhebung der Resolution im Jahr 1991 war seiner Meinung nach nur auf Druck der Amerikaner zustande gekommen. Außerdem behauptete Garaudy in seinem 1996 erschienenen Buch *Les mythes fondateurs de la politique israélienne* (»Die Gründungsmythen der israelischen Politik«), ein gewisser Fred Leuchter habe die »physikalische und chemische Unmöglichkeit« der Gaskammern im Dritten Reich nachgewiesen. 1998 wurde Garaudy von einem französischen Gericht wegen Leugnung nationalsozialistischer Verbrechen, rassistischer Verleumdung und Anstachelung zum Rassenhass verurteilt (siehe den Artikel über Garaudys Buch auf der Website »Holocaust-Referenz, Argumente gegen Auschwitz-Leugner«, www.h-ref.de). Der Europäische Gerichtshof für Menschenrechte wies seine Beschwerde im Jahr 2003 ab (Jörg Menzel/Tobias Pierlings/Jeannine Hoffmann: *Völkerrechtsprechung*, Tübingen 2005, S. 238).

Nun ja – da bastelte sich eben einer seine eigenen Menschenrechte zurecht. Allerdings ist Gaddafi da nicht der Einzige, denn eine objektive Menschenrechtspolitik gibt es überhaupt nicht. In der Welt von heute haben Menschenrechte keinen Wert an sich. Vielmehr werden sie von den konkurrierenden Mächten lediglich als Propagandawaffen benutzt (siehe auch *14. Juni* »An den Händen von ›Menschenrechtlern‹ klebt Blut«). Gerne wird übersehen, dass mit Menschenrechten immer nur die Rechte bestimmter Menschen gemeint sind. Die Rechte anderer Menschen werden dabei immer nur aus opportunen Gründen in den Mittelpunkt gerückt – um sie gleich darauf mit Füßen zu treten (zum Beispiel, indem das betreffende Land mit einem Bombenkrieg »befreit« wird). Die Vereinten Nationen hängen dabei ihr Fähnlein in den jeweils vorherrschenden Wind. Dass Libyen noch im Januar 2011 – also kurz bevor Gaddafi von den Vereinten Nationen zum Diktator und Menschenfeind erklärt, von der NATO aus dem Amt gebombt und schließlich massakriert wurde – im Menschenrechtsrat der Vereinten Nationen ausdrücklich für seine Kooperationsbereitschaft gelobt wurde, ist natürlich längst vergessen. In einem UN-Dokument vom Januar 2011 heißt es:

>»Eine Reihe von Delegationen würdigte Libyen für die Vorbereitung und Präsentation seines nationalen Berichts, in Anbetracht der breit angelegten Konsultationen mit den Beteiligten in der Vorbereitungsphase. Mehrere Delegationen würdigten auch das Engagement des Landes für die Wahrung der Menschenrechte vor Ort« (United Nations, Human Rights Council, A/HRC/16/15, 4.1.2011).

Man mag es kaum glauben, aber Libyen hat noch 2010 und 2011 einvernehmlich und kooperativ mit dem Menschenrechtsrat der Vereinten Nationen zusammengearbeitet. Was man von anderen Staaten nicht (mehr) behaupten kann. So brach beispielsweise Israel im Jahr 2012 den Kontakt zum UN-Menschenrechtsrat ab. Begründung: die einseitige Kritik an Israel.

25. Mai Hula: Was wäre die Welt ohne Massaker?

Syrien, Ende Mai 2012: In weißes Leinen gewickelt liegen in einer Halle in langen Reihen Hunderte von Leichen. Über eine der Reihen hüpft ein Kind: schreckliche Wirklichkeit der Gewaltherrschaft des syrischen Despoten Baschar al-Assad. Am 25. Mai 2012 sollen seine Truppen und Milizen 108 Zivilisten umgebracht haben, darunter viele Frauen und Kinder. »Syrisches Massaker in Hula verurteilt, während die Empörung wächst«, titelte am 27. Mai die Website der BBC zu dem Foto. Das Problem: Das Bild zeigte gar nicht die Toten des angeblichen Regierungsmassakers in Hula, sondern Opfer der NATO-Bombardements in Irak. Das Foto war stolze neun Jahre alt. Das enthüllte kurz darauf der Fotograf des Bildes, Marco di Lauro, auf seiner Facebook-Seite: »Was mich wirklich überrascht, ist, dass ein Nachrichtenunternehmen wie die BBC die Quellen nicht überprüft und bereit ist, irgendein Bild, das ihm von irgendjemandem geschickt wurde, zu veröffentlichen. (…) Jemand nutzt illegal eines meiner Bilder für antisyrische Propaganda auf der Frontseite der BBC-Website.«

Na ja – kann doch mal vorkommen. Schließlich haben Massaker die Weltgeschichte schon immer bestimmt. Was wäre die Welt ohne sie! Und falls Ihnen das zynisch vorkommt: Massaker sind selbst ein zynisches Spiel. Zumindest wird ein zynisches Spiel mit ihnen getrieben. »Massaker« sind laut *Wikipedia*

> »Massenmorde, die von bewaffneten Einheiten ohne militärische Notwendigkeit außerhalb der eigentlichen Kriegshandlungen verübt werden. Sie dienen der Verbreitung von Terror oder der Abschreckung, oder sie sind als systematische Rache- und Strafaktion organisiert. Bei Massakern größeren Ausmaßes oder solchen, die in einem Gesamtzusammenhang stehen und sich gegen die Bevölkerung ganzer Gebiete richten, spricht man auch von Genozid.«

Echte und falsche Massaker

Aber sind denn wirklich alle Massaker auch wahr? Oder anders gefragt: Sind sie nicht einfach zu nützlich, um immer wahr zu sein?

Und ob. Bei genauerem Hinsehen kommt man auf drei Arten von Massakern:

♦ Echte Massaker, die wirklich von der beschuldigten Seite begangen wurden

- »False-flag«-Massaker, die in Wirklichkeit von der anderen Seite begangen wurden, um sie der beschuldigten Seite in die Schuhe zu schieben
- Fiktive Massaker, die einer Seite in die Schuhe geschoben werden, aber nie wirklich stattgefunden haben

Bei der Eskalation eines Krieges spielen Massaker eine wichtige Rolle, egal, ob es sich nun um Jugoslawien, Libyen oder Syrien handelt. Nehmen wir zum Beispiel den Kosovo-Krieg 1998/99. Dieser lief im Prinzip nach demselben Drehbuch ab wie andere NATO-Kriege später auch:

- Unruhen und Demonstrationen gegen die Staatsführung
- Zusammenarbeit von »Revolutionären« und »Rebellen«
- »Revolutionäre« oder »Aktivisten« demonstrieren, bewaffnete »Rebellen« (z. B. die »Kosovarische Befreiungsarmee« UÇK) führen einen Stellvertreterkrieg für die NATO
- Behauptung einer »humanitären Katastrophe« aus Vertreibung, »Massakern« und »Angriffen auf Zivilisten« durch die Regierungstruppen, in Wirklichkeit durch NATO-»Rebellen«
- Sanktionen durch die UNO, EU, USA u. a.
- Einrichtung einer »Flugverbotszone« durch den UN-Sicherheitsrat (Bosnien, Irak, Libyen) zur ungestörten Bombardierung des Landes durch die NATO
- nach dem militärischen Sieg Festnahme bzw. Ermordung des Staatschefs

Ein praktischer Herzinfarkt

Der Tod des Staatschefs erspart, wenn schon nicht unbedingt einen Prozess, so doch dem Gericht die Beweislast und ein Urteil, wie beispielsweise im Fall des jugoslawischen Staatschefs Slobodan Milošević, der als Angeklagter vor dem UN-Kriegsverbrechertribunal am 11. März 2006 tot in seiner Zelle aufgefunden wurde – Todesursache: »Herzinfarkt«. In einem Brief an das russische Außenministerium hatte Milošević kurz zuvor den Verdacht geäußert, »einige der ihm von den Ärzten des Tribunals verordneten Medikamente seien ›für seine Gesundheit verhängnisvoll‹«, wie der russische Außenminister Lawrow berichtete. Tatsächlich hatte Milošević in der Haft ein Antibiotikum gegen Krankheiten bekommen, die er gar nicht hatte, nämlich Lepra und Tuberkulose. Dafür hob das Antibiotikum die Wirkung seiner Herzmedikamente auf, was vermutlich zu seinem Tod beitrug.

Das Massaker und die Eskalation

Doch zurück zum Thema Massaker. Wie man an dem groben Ablauf sieht, spielen »Massaker« und »Angriffe auf Zivilisten« eine zentrale Rolle bei der Eskalation. Chronologisch steht das Massaker zwischen dem inneren Bürgerkrieg und dem offenen Krieg von außen. Das Massaker beschwört eine Notwehr- oder Nothilfesituation herauf, in der sich Außenstehende berechtigt sehen, dem bedrängten Volk »zu Hilfe zu kommen«. Das Massaker verwandelt also die innere Angelegenheit eines Staates in eine auswärtige Angelegenheit – genau das ist sein Zweck. Dabei wird versucht, die »Nothilfe« durch den UN-Sicherheitsrat »zur Bekämpfung der humanitären Katastrophe« völkerrechtlich zu legitimieren. Gelingt das nicht, versucht man, mit Hilfe des Massakers eine Art übergesetzlichen Notstand zu begründen, um auch ohne UN-Mandat gegen das jeweilige Land vorgehen zu können. Nehmen wir nur das längst vergessene »Massaker von Rugovo« vom 29. Januar 1999, das zur Legitimation des NATO-Luftkrieges gegen Jugoslawien am 24. März 1999 beitrug.

Zwei Dutzend blutüberströmte Leichen

Ende Januar 1999 gehen Bilder von zwei Dutzend blutüberströmten Leichen um die Welt. Sie liegen in dem kleinen Bauerndorf

Rugovo im südlichen Kosovo. Für den deutschen Verteidigungsminister Rudolf Scharping besteht kein Zweifel, dass es sich um ein serbisches Massaker an Zivilisten handelt. »Seine Behauptung vor Kriegsbeginn: das ›Massaker‹ von Rugovo. (...) 23 Tote Albaner, nebeneinander. Für Scharping ist damit klar: ein Massaker der Serben«, berichtete das Fernsehmagazin »Panorama« (18.5.2000).

Um gegen die rapide schwindende Unterstützung für den Kosovo-Krieg der NATO anzugehen, präsentiert Scharping einen Monat nach Kriegsbeginn bei einer Pressekonferenz am 27. April 1999 Fotos von dem vermeintlichen Massaker:

> »Was wir Ihnen hier zeigen – ich hatte ja schon gesagt, man braucht starke Nerven, um solche grauenhaften Bilder überhaupt ertragen zu können; sie machen aber deutlich, mit welcher Brutalität das damals begonnen wurde und seitdem weitergegangen ist – wenn Sie sich mal solche Fotos anschauen, dann werden Sie auch sehr, sehr unschwer erkennen können, dass es in einem gewissen Umfang auch beweissichernd sein kann. (...) Es sind erschütternde Bilder, und ich muss mir große Mühe geben, das in einer Tonlage zu schildern, die nicht gewissermaßen zur Explosion führt« (»Eine Regierung von Lügnern und Gesetzesbrechern«, www.netzwerk-regenbogen.de, 10.2.2001).

Zivilisten, die keine waren

In Wirklichkeit ist die Tonlage des Ministers arrogant, desinteressiert und gelangweilt – ohne jede emotionale Beteiligung. Kein Wunder, denn der Mann sagt nicht die Wahrheit. Das enthüllte am 8. Februar 2001 die *ARD*-Dokumentation »Es begann mit einer Lüge«: »Seine eigenen Experten wussten es schon damals besser: Dies war kein Massaker an Zivilisten!«, heißt es in der Dokumentation, die aus einem geheimen Lagebericht des Verteidigungsministeriums zitiert: »Am 29. Januar 99 wurden in Rugovo bei einem Gefecht 24 Kosovo-Albaner und ein serbischer Polizist getötet.« »Also ein Gefecht unter Soldaten – kein Massaker an Zivilisten, wie der Verteidigungsminister behauptet?«, fragt der Film. Und gibt die Antwort selbst: Fernsehbilder, aufgenommen von einem westlichen Kamerateam, zeigen Gewehre neben den toten Albanern, »die angeblich Zivilisten waren. Die Toten tragen Militärstiefel. Sie haben Mitgliedsausweise der UÇK und tragen deren Rangabzeichen.« Henning Hensch, ein Beobachter der OSZE, der vor Ort war, spricht in dem Film von getöteten UÇK-Kämpfern »in den typischen Uniformen, den dunkelblauen mit Dunkelgrün oder Grün eingefärbten Uniformen, die dort im zehn Zentimeter hohen Wasser lagen«. Die Leichen lagen auch nicht deshalb auf einem Haufen, weil es sich um Opfer einer Hinrichtung durch Serben handelte, sondern weil die Toten »dort von den serbischen Sicherheitsbehörden und von mir und meinen beiden russischen Kollegen abgelegt worden« waren, so OSZE-Beobachter Hensch, »weil wir sie von den verschiedenen Fundorten oder Tatorten zusammengesammelt hatten«. Auch Heinz Loquai, ein General a. D. und damaliger OSZE-Beobachter sagt, es sei ganz klar gewesen, »dass das kein Massaker an der Zivilbevölkerung war, denn nach den OSZE-Berichten haben Kommandeure der UÇK ja selbst gesagt, es seien Kämpfer für die große Sache der Albaner dort gestorben«. Zu einem Massaker habe es »der deutsche Verteidigungsminister dann interpretiert«.

Und zwar wider besseres Wissen. Jedenfalls, wenn man OSZE-Beobachter Hensch glaubt: »In jedem Fall ist es richtig, dass der Verteidigungsminister noch am Tage der ersten Veröffentlichung, die ich selber auch gesehen habe in der Deutschen Welle, von mir darüber in Kenntnis gesetzt worden ist, dass die Darstellung, die da abgelaufen ist, so nicht gewesen ist.«

Egal – die »Patienten« waren zwar tot, aber die Operation gelückt: Das Massaker war »der berühmte Tropfen, der das Fass zum Überlaufen gebracht hat«, sagte Professor Dieter Lutz vom Institut für Friedensforschung und Sicherheitspolitik in der Sendung »Panorama« vom 18. Mai 2000. Besser hätte man die Funktion eine solchen Massakers kaum beschreiben können. Die eigentlichen Massaker lieferte dann die NATO nach: Bei den Angriffen des Bündnisses auf den Kosovo wurden auch Streu- und Splitterbomben eingesetzt und rund 35 000 Geschosse mit abgereichertem Uran verschossen. Bei den Bombardements – unter anderem auch von Flüchtlingstrecks – wurden zahlreiche Zivilisten getötet und viele zivile Gebäude beschädigt: »Eine der dicht besiedeltsten Regionen Europas wurde mit deutscher Beteiligung einem erbarmungslosen Flächenbombardement unterzogen. Alibi dafür waren Gräueltaten, die es nie gegeben hatte«, schrieb ein Rezensent über das von Scharping noch in selben Jahr veröffentlichte »Kriegstagebuch«, in dem dieser versuchte, sich auf ekelerregende Weise zu rechtfertigen. Titel: *Wir dürfen nicht wegsehen. Der Kosovo-Krieg und Europa* (Berlin 1999).

In jedem Fall hatte das angebliche »Massaker an Zivilisten« seinen Zweck erfüllt. Es begründete eine Art übergesetzlichen Notstand und legitimierte das Eingreifen der NATO ohne UN-Mandat. Allerdings werden auch Kriege mit UN-Mandat »herbei getrickst«: Das UN-Mandat ist lediglich die Schminke für einen ordinären Überfall, wie am Beispiel Libyens zu sehen ist. Ohne UN-Mandat handelt es sich aber um einen völlig ungeschminkten und völkerrechtswidrigen Angriffskrieg.

Das vergessene Massaker

Im Jahr 2008 warf Carla Del Ponte, früher Chefanklägerin am Strafgerichtshof für das ehemalige Jugoslawien, der mit der NATO verbündeten Terrortruppe UÇK dagegen ein Massaker vor, von dem kein Mensch etwas wissen wollte. In ihrer Autobiografie *Im Namen der Anklage. Meine Jagd auf Kriegsverbrecher und d*

Suche nach Gerechtigkeit (Frankfurt am Main 2009) schrieb Del Ponte, nach Berichten von glaubwürdigen Journalisten »hatten Kosovo-Albaner in den Sommermonaten des Jahres 1999 100 bis 300 entführte Personen, die zunächst in Lagerhäusern und anderen Gebäuden, unter anderem in den Städten Kukës und Tropoja, gefangen gehalten worden waren, in Lkw über die Grenze in den Norden Albaniens gebracht«. Demnach

> »transportierte man einige der jüngeren, gesunden Gefangenen weiter in andere Gefängnisse in und um Burrel, unter anderem in eine Baracke hinter einem gelben Haus, etwa zwanzig Kilometer südlich der Stadt. Sie sollen ausreichend ernährt, ärztlich versorgt und nie geschlagen worden sein. In diesem gelben Haus, so die Journalisten, sei ein Raum in einen provisorischen Operationssaal verwandelt worden, wo die Ärzte den Gefangenen Organe entnommen hätten. Dann seien die Organe über den Flughafen Rinas bei Tirana ins Ausland geschmuggelt worden, um sie an vermögende Patienten zu verkaufen. (…) Opfer, denen man eine Niere entnommen hatte, seien zugenäht und wieder in die Baracke gesperrt worden, bis man ihnen schließlich auch die anderen lebenswichtigen Organe entnommen habe. Als die anderen Gefangenen so von ihrem bevorstehenden Schicksal erfuhren, sollen sie ihre Peiniger angefleht haben, sie gleich zu töten.«

Die Fahnder des Tribunals seien zu dem Schluss gekommen, dass die Informationen zwar lückenhaft, »die Einzelheiten in sich jedoch schlüssig waren und mit den intern zusammengestellten Informationen des Tribunals übereinstimmten«.

Organraub im »gelben Haus«

Monate später seien Ermittler nach Zentralalbanien gereist, um das erwähnte gelbe Haus aufzusuchen. Inzwischen sei das Haus weiß gewesen. Der Besitzer habe bestritten, dass es neu gestrichen wurde,

> »obwohl im unteren Teil der Mauern die gelbe Farbe noch durchschien. Auf dem Gelände wurden Gazestücke gefunden, in der Nähe lag eine gebrauchte Spritze, zwei leere mit Schmutz überzogene Infusionsflaschen aus Plastik und leere Medikamentenfläschchen, darunter auch von einem Muskelrelaxans, das gewöhnlich bei Operationen verwendet wird.«

Mit Hilfe eines speziellen Sprays habe man in einem Raum überall Blutspritzer an den Wänden und auf dem Boden entdeckt, »mit Ausnahme eines Bereichs von etwa zwei Meter Länge und neunzig Zentimeter Breite« – in etwa die Abmessungen einer Operationsliege. Der Hausbesitzer habe verschiedene Erklärungen dafür geliefert: »Anfangs behauptete er, seine Frau habe vor Jahren in diesem Raum ihre Kinder zur Welt gebracht.« Später gab er an, »die Familie habe in dem Raum Tiere für ein muslimisches Fest geschlachtet« (Del Ponte, a. a. O., S. 359 f. und 368 f.).

Auf die Enthüllungen Del Pontes hin wurde der ehemalige Staatsanwalt und Schweizer Europaratsabgeordnete Dick Marty mit Nachforschungen beauftragt. Während seiner zweijährigen Untersuchung beschuldigte er im Jahr 2010 den Ministerpräsidenten des Kosovo und früheren UÇK-Boss Hashim Thaçi der Verstrickung in den illegalen Organhandel. In seinem Abschlussbericht spricht Marty »von erheblichen Beweisen, dass die UÇK im Norden Albaniens Serben sowie einige Kosovo-Albaner in geheimen Gefängnissen ›unmenschlicher und erniedrigender Behandlung ausgesetzt habe, bevor sie schließlich verschwanden‹« (*Spiegel Online*, 15.12.2010). »In einem Krankenhaus seien Gefangenen Organe entnommen worden, die anschließend auf dem internationalen Schwarzmarkt an ausländische Kliniken verkauft worden seien«, zitierte *Spiegel Online* aus dem Untersuchungsbericht

Laut aktuellen Medieninformationen spielt der Kosovo noch heute eine zentrale Rolle bei illegalen Organgeschäften.

Das Massaker und seine Verwalter

Wie man sieht, sind nicht alle Massaker gleich. Während man die einen unter den Tisch fallen lässt, sind die anderen wertvolles politisches und propagandistisches Kapital auf dem Weg zu einer Eskalation. Massaker machen aus einem internen einen externen Konflikt. Und wie jedes andere Kapital auch hat das Massaker-Kapital seine Verwalter. Diese Verwalter »dokumentieren« die Massaker, erzählen sie, bereiten sie auf, machen Öffentlichkeitsarbeit und schieben die Greuel dabei auch gleich jemandem in die Schuhe. Kurz: Sie rühren das Futter für die Medien an, würzen es möglichst scharf und kauen es vor, damit die Journalisten es leicht verdauen können, ohne selbst groß nachzudenken. Die Rede ist von Menschenrechtsorganisationen wie Amnesty International und Human Rights Watch. Denn das wichtigste Kapital neben dem Massaker selbst sind die moralische Autorität und die Glaubwürdigkeit – und genau dafür braucht man Menschenrechtler. Diese beziehen aus ihrer Glaubwürdigkeit die Deutungshoheit über bestimmte Geschehnisse und können Greuel auf diese Weise viel besser und glaubwürdiger verbreiten als beispielsweise die US-Regierung, der ohnehin kaum noch jemand etwas abnimmt. Organisationen wie Amnesty International oder Human Rights Watch gaukeln dagegen eine Neutralität und moralische Integrität vor, die es in Wirklichkeit nicht gibt, und betreiben Propaganda, auf deren Grundlage andere später Krieg führen werden, um dabei noch viel mehr Menschen umzubringen.

Die Agenda ist der Status quo

So wissen wir zum Beispiel ganz bestimmt, dass syrische Truppen und Milizen am 25. Mai 2012 in Hula 108 Männer, Frauen und Kinder umgebracht haben – richtig? Klar, schließlich stand es in der Zeitung:

- »Armee-Angriff: Opposition berichtet von neuem Massaker in Syrien« (*handelsblatt.com*, 25.5.2012)
- »Mehr als 100 Tote bei Massaker in Syrien« (*Nachrichten.ch*, 25.5.2012)
- »Massaker in Syrien: Hier begraben die Männer von Hula ihre Frauen und Kinder« (*Bild.de*, 28.5.2012)

Und wo haben die Zeitungen das her? Unter anderem von Menschenrechtsorganisationen wie Amnesty International: In einem AI-Bericht vom 14. Juni 2012 konnte man nachlesen, dass der Angriff auf Hula am 25. Mai 2012 »durch syrische Streitkräfte« erfolgte: »Laut UN wurden 108 Individuen getötet, darunter 49 Kinder und 34 Frauen.« Die meisten seien kaltblütig in Gruppen hingerichtet worden. Aber fragen wir doch mal die UN selbst. Am 26. Mai 2012 traf die UN-Beobachtermission für Syrien am Ort des Geschehens ein. Am selben Tag veröffentlichte der Leiter der Mission, General Robert Mood, eine kurze Erklärung »zur Tragödie in Hula«:

> »Heute Morgen begaben sich UN-Kräfte und zivile Beobachter nach Hula und zählten mehr als 32 tote Kinder unter zehn Jahren und über 60 tote Erwachsene. Die Beobachter bestätigten anhand der Analyse von Munitionsteilen den Gebrauch von Panzer-Artilleriegranaten. Die Kämpfe in einem der Wohngebiete von Hula begannen während der Nacht.«

Aber: »Die Umstände, die zu diesen tragischen Todesfällen führten, sind immer noch ungeklärt.« Wer für das Massaker verantwortlich ist, wissen die UN-Leute in Wirklichkeit nicht: »Wer auch immer anfing, wer auch immer zurückschoss und wer auch immer diesen beklagenswerten Gewaltakt beging, sollte zur Verantwortung gezogen werden.« In dem Originaldokument der UN-Beobachter gibt es also gar keine Beschuldigung Syriens. Im Gegenteil, man kann sogar eine verklausulierte Anklage der »oppositionellen Kräfte« herauslesen – oder anderer, an einer Destabilisierung Syriens interessierter Parteien. Der Leiter der UN-Mission betonte nämlich, »dass jene, die Gewalt für ihre eigene Agenda benutzen, mehr Instabilität, mehr Ungewissheit erzeugen werden und Syrien in einen Bürgerkrieg führen werden« (»Statement by the Head of UNSMIS on the tragedy in Houla«, Damaskus, 26.5.2012). Und damit dürfte kaum die syrische Regierung gemeint sein, die keine andere Agenda als den Status quo besitzt und definitiv nicht an Instabilität interessiert sein kann. Erst recht nicht, wenn es sich, wie westliche Medien betonen, um eine Diktatur handeln sollte. Denn eine Diktatur ist in allererster Linie an Ruhe interessiert. Instabilität schadet stets der Regierung, weil sie deren Macht bedroht, und nützt den »Unruhestiftern« und oppositionellen Kräften.

Ein ahnungsloser Außenminister

Solche Überlegungen sind allerdings nicht der Stoff, aus dem unsere Zeitungsberichte und politischen Entscheidungen gemacht sind. Vielmehr wurde das Massaker weiter allein Syrien in die Schuhe geschoben und für eine weitere Eskalation genutzt: »Ich habe entschieden, den syrischen Botschafter in Berlin des Landes zu verweisen«, erklärte beispielsweise Ende Mai 2012 Bundesaußenminister Guido Westerwelle. Der syrische Botschafter Radwan Lutfi musste Deutschland innerhalb von 72 Stunden verlassen. Als Grund nannte Westerwelle das Massaker in Hula und erklärte: »Das syrische Regime trägt für die schrecklichen Vorkommnisse in Hula Verantwortung.« In Wirklichkeit hat der Mann keine Ahnung. Oder noch schlimmer: Er will gar keine Ahnung haben. Denn in Wirklichkeit hatte sich an der Ungewissheit, wer denn nun die Morde begangen hat, seit der ersten Erklärung General Moods überhaupt nichts geändert. Noch drei Wochen nach dem Massaker, am 15. Juni 2012, gab Mood eine Pressekonferenz in Damaskus. Dort sagte er, die nach dem Massaker veröffentlichte Erklärung sei nach wie vor gültig. Nach drei Wochen, während deren Syrien von Medien und Politikern auf der ganzen Welt des Massakers bezichtigt wurde, sagte der UN-General: »Die Umstände, die zu Al Houla geführt haben, sowie die detaillierten Umstände und Tatsachen des Zwischenfalls selbst sind nach wie vor ungeklärt.« Man habe das gesamte Material in einem Bericht zusammengefasst und zur UNO nach New York geschickt.

Die Untersuchungskommission des UN-Menschenrechtsrats veröffentlichte ihren Bericht am 26. Juni 2012. Über die Ergebnisse der Untersuchungen heißt es dort: »Die Untersuchungskommission betrachtete die verfügbaren Informationen unparteiisch, analysierte sorgfältig die verschiedenen Ansichten über die Täterschaft und kam zu dem Schluss, dass im Lichte der vorliegenden Beweise höchstwahrscheinlich drei Parteien in Frage kommen.«

Nämlich erstens sogenannte regierungsnahe Schabiha-Milizen, die möglicherweise zusammen mit Regierungstruppen oder mit deren Billigung handelten; zweitens regierungsfeindliche Kräfte auf der Suche nach einer Eskalation, wobei alle bestraft wurden, die sie dabei nicht unterstützten oder sich auflehnten; drittens ausländische Gruppen unbekannter Zugehörigkeit. Ergebnis: »Anhand der verfügbaren Beweise konnte die Untersuchungskommission keine dieser Möglichkeiten ausschließen. Die Untersuchungskommission ist zurzeit nicht in der Lage, die Identität der Täter festzustellen« (Human Rights Council, A/HRC/20/CRP.1, 26.6.2012). Erstaunlicherweise liefert die Kommission der vorherrschenden Propaganda aber trotzdem noch einen brauchbaren Satz. Und zwar nimmt sie »nichtsdestoweniger« an, dass regierungsnahe Kräfte für »viele der Tötungen« verantwortlich »sein könnten«. Sehen wir uns diesen Satz genauer an: Ohne zu begründen, wie sie – nachdem sie ja nicht in der Lage war, die Täter zu identifizieren – darauf kommt,

- »nimmt« die Kommission also »an«,
- dass »regierungsnahe Kräfte« für »viele« der Tötungen
- verantwortlich »sein könnten«.

Zunächst fällt auf, dass diese Aussage eine doppelte Relativierung bzw. Distanzierung enthält, nämlich eine Annahme (»nimmt an«) und einen Konjunktiv (»könnten«). Des Weiteren fällt auf, dass man sich auch auf eine Zahl nicht festlegen will – denn die Kommission hat nicht definiert, was sie mit »viele« meint: 10, 20 oder 100? Und die Annahme bzw. der Konjunktiv bezieht sich ja schließlich auf beides: dass »regierungsnahe Kräfte« überhaupt für Tötungen verantwortlich gewesen sein könnten und dass es möglicherweise viele waren. Genauso gut könnten es demnach auch nur wenige gewesen sein. Und genau dasselbe könnte man natürlich auch von den Rebellen behaupten, nämlich dass anzunehmen sei, dass sie für »viele« der Tötungen verantwortlich sein »könnten«. Unter dem Strich weiß man also nicht, was dieser Satz überhaupt soll, außer der internationalen Presse Futter für ihren Propagandafeldzug zu liefern. Die einzige Gewissheit lautet nach wie vor: Die Kommission hat keinerlei Beweise gegen die Regierung gefunden und weiß nicht, wer das Massaker begangen hat.

Oder will es nicht wissen. Denn in Wirklichkeit deuten die Beweise auf die Rebellen selbst hin: »Syrische Oppositionelle, die aus der Region kommen, konnten in den vergangenen Tagen aufgrund glaubwürdiger Zeugenaussagen den wahrscheinlichen Tathergang in Hula rekonstruieren«, hieß es am 7. Juni 2012 in einem Artikel auf *FAZ.NET*, der im allgemeinen Propagandarummel allerdings unterging. »Ihr Ergebnis widerspricht den Behauptungen der Rebellen, die die regimenahen Milizen Schabiha der

Tat beschuldigt hatten. Sie sollen unter dem Schutz der syrischen Armee gehandelt haben.« Demnach wurde die Assad-Regierung also selbst von »Oppositionellen« entlastet. Ihnen zufolge setzten die Kämpfe ein, »als sunnitische Rebellen die drei Straßenkontrollen der syrischen Armee um Hula herum angriffen. Die Kontrollpunkte haben die Aufgabe, die alawitischen Dörfer um das überwiegend sunnitische Hula vor Anschlägen zu schützen.« Getötet worden seien aber »nahezu ausschließlich Familien der alawitischen und schiitischen Minderheit Hulas.« Also Angehörige jener Minderheit, zu deren Schutz die syrische Armee da war. Was auch von herkömmlichen Berichten bestätigt wird. Ergibt das einen Sinn? Natürlich nicht. Es sei denn, man geht davon aus, dass diese Menschen eben nicht von der syrischen Armee, sondern von ihren Feinden getötet wurden. Und von den Feinden Baschar al-Assads. Denn der gehört selbst zur Minderheit der Alawiten …

Juni 2012

Thema des Monats *14.6.:*
*Menschenrechtler: die erstaunliche Geschichte
von Amnesty International*

8.6. Beginn der Fußball-Europameisterschaft in Polen und der Ukraine **9.6.** Eröffnung der Documenta in Kassel *12.6. Europa erwartet »quasi-absolutistische Herrschaft« 14.6. An den Händen von »Menschenrechtlern« klebt Blut* **17.6.** Parlamentswahlen in Griechenland *19.6. Dritter Weltkrieg: Ist Syrien die »Rote Linie«?* / Wikileaks-Gründer Assange flieht in die ecuadorianische Botschaft in London **21.6.** Der chinesische Regimekritiker Liao Yiwu erhält den Friedenspreis des Deutschen Buchhandels **22.6.** Syrien schießt türkisches Kampfflugzeug ab *26.6. Bushido: Arabischer Clan greift nach der Macht in der Republik* **29.6.** Bundestag und Bundesrat verabschieden europäischen Fiskalpakt und Rettungsschirm ESM mit Zweidrittelmehrheit

12. Juni Europa erwartet »quasi-absolutistische Herrschaft«

Die junge Frau strahlt, als hätte sie soeben ein neues *Persil*, *Meister Proper* oder ein Sonderangebot Damen-Binden ergattert. Sie hat beide Arme erhoben und die Finger zum Victory-Zeichen gespreizt. Aber es geht nicht um irgendein x-beliebiges Produkt. Die Ekstase gilt nicht einem Waschmittel, einem Deo oder einem neuen Schlankheitsjoghurt. Kaufen sollen wir diesmal gleich einen ganzen Staat: Um die Frau herum flattern blaue europäische Fahnen, auch sie selbst ist in Blau gekleidet. Die Botschaft: Nur ein neues Europa macht uns alle glücklich. Dieses Bild prangt am 12. Juni 2012 über einem Artikel von *Spiegel Online* über den »Traum vom neuen Europa«.

Eine Telefonnummer für Europa

Doch der Reihe nach. Es war einmal ein Mann, der, immer wenn er »Europa anrufen« wollte, nicht wusste, welche Nummer er wählen sollte – so zersplittert war der Alte Kontinent. Das war insoweit besonders misslich, als das Adressbuch des Mannes vor lauter Telefonnummern aus allen Nähten platzte. Wie viel bequemer wäre da eine einheitliche Telefonnummer gewesen. Als führender Globalist konnte man das schließlich erwarten. Die Rede ist von dem führenden Bilderberger Henry Kissinger, dessen Gesellschaft kürzlich ja sogar führende Grüne wie Jürgen Trittin genießen durften (bei der Bilderberger-Konferenz 2012). Womit die künftige rot-grüne Koalition bereits geschmiedet ist – jedenfalls bei den Bilderbergern. Denn ein Jahr zuvor war dort Peer Steinbrück von der SPD zu Gast. Mitunter ist das ein ziemlich sicheres Indiz für die Zusammensetzung einer kommenden Bundesregierung.

Aber wir waren bei Kissinger und Europa. Wie hieß es im letzten Jahrbuch 2012 (S. 283ff.): »Unsere Geostrategen, die hinter den Kulissen die Strippen ziehen, wollen die Krise.« Dabei hatte ich auf verschiedene Äußerungen der beiden Bilderberger-Bosse Henry Kissinger und David Rockefeller hingewiesen, die sich nach einer großen Krise regelrecht verzehrten, um endlich eine »neue Weltordnung« etablieren zu können. Auf ihren jährlich stattfindenden Bilderberger-Konferenzen basteln die Eliten des Erdballs seit 1954 an dieser neuen Weltordnung, deren erster Schritt die Gründung der EU und die politische Union Europas sein soll, sprich: eine Art neuer (E)UdSSR. Tatsächlich gelten die von Rockefeller und Kissinger geleiteten Bilderberger-Konferenzen als Wiege der EU. Als die Römischen Verträge zur Gründung der Europäischen Wirtschaftsgemeinschaft (EWG) und der Europäischen Atomgemeinschaft (EURATOM) 1957 unterzeichnet wurden, waren die Bilderberger-Konferenzen, auf denen sich europäische und amerikanische Eliten trafen, bereits drei Jahre alt. Dort sollen die Römischen Verträge, diese Meilensteine auf dem Weg zum europäischen Superstaat, denn auch entstanden sein. So wird jedenfalls eines der zentralen Mitglieder der frühen Bilderberger-Jahre, der US-Botschafter in der Türkei und in Deutschland, George McGhee, zitiert: »Ich glaube, Sie können sagen, dass die Römischen Verträge, welche den Gemeinsamen Markt einleiteten, auf diesen Tagungen geboren wurden.«

Zeit für einen Superstaat

Daher ist es nur logisch, dass Kissinger nun die Zeit für die Vollendung eines europäischen Superstaats gekommen sieht. Im letzten Jahrbuch wurde ein Aufsatz Kissingers aus der *New York Times* vom 12. Januar 2009 zitiert. Darin hatte Kissinger die »Chance für eine neue Weltordnung« (so der Titel) bejubelt. Demnach ist der »instabile Zustand des internationalen Systems« nicht etwa beklagenswert, sondern »eine einzigartige Gelegenheit« – nämlich für eine »kreative Diplomatie«. »Die ökonomische Krise absorbiert die Energien sämtlicher großer Mächte«, hatte Kissinger auch in der *Washington Post* vom 22. April 2009 (»Obamas außenpolitische Herausforderungen«) gejubelt. Eine solche Gelegenheit »zu umfassenden Lösungen« sei noch nie da gewesen, frohlockte der führende Geostratege. »Die gegenwärtige internationale Wirtschaftspolitik scheint auf der Illusion gegründet zu sein, dass, sobald die gegenwärtige Krise abklingt, das alte globalisierte System wiederhergestellt werden kann«, meint Kissinger. Allerdings sei ja gerade das Ungleichgewicht zwischen der wirtschaftlichen und der politischen Organisation der Welt ein Hauptgrund für die Krise gewesen. Übersetzt heißt das: Während die Wirtschaft global organisiert ist, ist die Politik national organisiert. Aus Kissingers Beschreibung der in der Falle sitzenden Nationalstaaten klingt fast so etwas wie Zufriedenheit. Erst der finanzielle Kollaps habe die Überzeugung, sich von den finanziellen Bedingungen, die den Kollaps herbeigeführt haben, unabhängig machen zu können, als Illusion entlarvt. Gleichzeitig müsse jedes Land der Realität ins Auge sehen, dass seine Schwierigkeiten nur mit gemeinsamen Maßnahmen gemeistert werden können, so Kissinger.

Nur eine totale Krise bietet die einmalige Gelegenheit zur umfassenden Umgestaltung der politischen Verhältnisse: »Das schrecklichste Beispiel auf diesem Gebiet ist unser eigenes«, sagte 2009 der Wirtschaftsprofessor Wilhelm Hankel: »Ohne den Schwarzen Freitag kein Hitler. Denn die Folge des Schwarzen Freitags war nicht nur ein Zusammenbruch der Kreditwirtschaft, sondern ein Zusammenbruch der Realwirtschaft.« Und dieses Modell hätte man nun gern wiederholt, und zwar global. Wenn man Kissingers *New York Times*-Artikel allerdings genau liest, fällt auf, dass der Autor es tunlichst vermeidet, auch nur ansatzweise zu erwähnen, welche globale politische Ordnung oder welches globale politische System er sich eigentlich vorstellt.

Die Krise als letzte Chance

Genauso weit waren wir bereits vor einem Jahr. Doch nach Redaktionsschluss des letzten Jahrbuchs (2012) gab es Neuigkeiten zu dem Thema. Plötzlich stieß jemand, den viele Bürger hierzulande für ein vertrauenswürdiges Regierungsmitglied und seriösen Verwalter der deutschen Staatsfinanzen gehalten hatten, in dasselbe Horn: Bundesfinanzminister Wolfgang Schäuble. Seine Äußerungen ähneln denen Kissingers derart, dass sie hier unbedingt wiedergegeben werden müssen. Am 18. November 2011 erschien in der *New York Times* ein Artikel mit dem Titel »Wenn in der Krise die letzte Chance zur Einigung Europas gesehen wird«: »Während die Welt in der europäischen Schuldenkrise nur Chaos und Desaster erkennt, sieht Wolfgang Schäuble den langersehnten Druck, die halb erledigte Aufgabe der Vereinigung Europas zu vollenden.« In dem Artikel wird Schäuble mit der Äußerung zitiert, es gebe eine begrenzte Übergangszeit, in der die Nervosität an den Märkten bewältigt werden müsse: »Wenn sich abzeichnet, dass wir Ende 2012 oder Mitte 2013 alle Zutaten für neue, gestärkte und tiefer gehende politische Strukturen [also eine politische Union] zusammenhaben, glaube ich, dass das helfen wird.« Schäuble empfinde die Turbulenzen nicht als Hindernis, sondern als Notwendigkeit, so die *New York Times* und zitiert den deutschen Finanzminister mit folgenden Worten: »Wir können eine politische Union nur erreichen, wenn wir eine Krise haben.«

Nun wissen wir, warum unsere Politiker sich in der Krise »sauwohl« fühlen: Weil die Bevölkerung in der Krise etwas schluckt, was sie sonst nie schlucken würde. Schon am 28. August 2011 hatte Schäuble in einer Gesprächsrunde des TV-Senders *Phoenix* gesagt: »Wir brauchen andere Formen internationaler Governance als den Nationalstaat. (…) Und heute schaffen wir etwas Neues. (…) Ich bin bei aller krisenhaften Zuspitzung im Grunde entspannt, weil, wenn die Krise größer wird, werden die Fähigkeiten, Veränderungen durchzusetzen, größer.«

Die Frage bleibt, welche »Veränderungen« damit gemeint sind und was »politische Union« genau bedeutet. Mit dem *Spiegel Online*-Bericht vom 12. Juni 2012 kamen wir in dieser Sache einen großen Schritt weiter. Käme es »zur echten Fiskalunion [gemeinsame Haushaltspolitik]«, hieß es dort, »würden die Machtverhältnisse in Europa verschoben – weg von den nationalen Parlamenten und hin zu den Euro-Finanzministern. Das käme einer Revolution gleich«. Allerdings nicht einer Revolution im herkömmlichen Sinne, sprich: »von unten«. Es wäre eher eine Revolution von oben, die man auch einen Staatsstreich nennen kann. »Aus den Parlamenten dürfte massive Gegenwehr zu erwarten sein«, glaubt denn auch *Spiegel Online*, »schließlich geht es dabei um einen tiefen Eingriff in ihr höchstes Gut: das Budgetrecht.« Und: »Mit dem mächtigen Finanzgremium könnte drohen, was vielen Parlamentariern ein Graus ist – die Rückkehr zur quasi-absolutistischen Herrschaft. Diesmal in Gestalt der Euro-Finanzminister in Brüssel.«

Ein »Graus«? Das klingt ein wenig verharmlosend. Als ginge es nur um eine Geschmacksfrage oder eine Art emotionaler Aversion. Auf diese Weise jubelt man dem Publikum eine neue Herrschaftsform unter, bei der es in Wirklichkeit um Hochverrat und Diktatur geht. Denn das Haushaltsrecht ist von jeher »Königsrecht« des Parlaments. Wer, wenn nicht das Parlament, sollte sonst die Staatsfinanzen kontrollieren? Oder anders gesagt: Wenn man dem Parlament die Hoheit über die Staatsfinanzen wegnimmt, was bleibt dann von ihm übrig? Nichts natürlich. Denn wer zahlt, schafft bekanntlich an. Und wer nicht mehr zahlen, das heißt über die Finanzen verfügen kann, hat auch nichts mehr zu sagen. Die Regierung ist demnach dabei, den Souverän, also das Volk, widerrechtlich zu entmachten. Rein verfassungsrechtlich rückt mit der nicht legitimierten Abtretung der Haushaltshoheit an europäische Institutionen der Casus Belli zwischen Regierung und Volk immer näher. So soll nach dem Rücktritt von Bundespräsident Christian Wulff nun beispielsweise auch der ebenfalls im letzten Jahr beschriebene Europäische Stabilitätsmechanismus (ESM) verabschiedet und anschließend von Bundespräsident Joachim Gauck unterzeichnet werden. In Europa übernähme dann eine unangreifbare Finanzjunta die Macht. Eine so weitreichende Änderung des staatlichen Systems würde praktisch das Grundgesetz aufheben und eine neue Verfassung etablieren. Eine neue Verfassung bedarf laut Artikel 146 jedoch eines Volksentscheids, worauf der Verfassungsrechtler Hans-Herbert von Arnim hingewiesen hat: »Gelangt man zu dem Ergebnis, dass die Bundesrepublik durch Zustimmung zum Europäischen Stabilitätsmechanismus und zur Fiskalpolitik ihre, wie es so schön heißt, integrationsfeste Verfassungsidentität aufgibt, bräuchte es gemäß Art. 146 GG eine Volksentscheidung« (zit. aus: *blu-NEWS*, 7.5.2012). »So hat das Bundesverfassungsgericht in mehreren Urteilen ja auch entschieden.«

»Noch sitzt ihr da oben, ihr feigen Gestalten ...«

Wenn die Bundesregierung allerdings ihrer bisherigen Politik treu bliebe und das Volk außen vor ließe, müssten die Bürger zunächst vor das Bundesverfassungsgericht (BVG) ziehen, das die Verfassung bisher – mehr schlecht als recht – geschützt hat. Und tatsächlich taten das auch mehrere Bürger und Institutionen nach der Verabschiedung des ESM durch den Bundestag am 29. Juni 2012. Würde das BVG die Abtretung der deutschen Fiskal- und Haushaltshoheit ohne Volksentscheid jedoch ebenfalls absegnen, würde es langsam eng:

> »Wie aber«, so von Arnim, »wenn das Gericht selbst einknicken würde und seine bisherige Rechtsprechung verleugnete? Müsste man dann nicht zu dem Schluss kommen, dass hier eine Beseitigung der verfassungsmäßigen Ordnung droht – und nach Grundgesetz, Art. 20 Abs. 4, wo das Widerstands-

recht für einen solchen Fall verankert ist, jedermann dieses Recht hat?«

Tja, eine gute Frage – vielleicht zu gut. Denn während sich Politiker zu immer neuen Krisengipfeln treffen und staatstragende Reden halten, wird von Politik und Medien sorgsam verschwiegen, dass sich hinter den Kulissen in Wirklichkeit die Machtfrage stellt – und zwar zwischen Volk und Regierung. Oder um es mit dem Dichter Carl Theodor Körner (1791–1813) zu sagen, der in einer Zeit lebte, da Interessenkonflikte noch sehr viel direkter formuliert wurden: »Noch sitzt ihr da oben, ihr feigen Gestalten, vom Feinde bezahlt und dem Volke zum Spott. Doch einst wird wieder Gerechtigkeit walten, dann richtet das Volk, und es gnade euch Gott.«

14. Juni An den Händen von »Menschenrechtlern« klebt Blut

Da hat die US-Armee ja mal wieder eine schöne Propagandameldung herausgegeben. Am 14. Juni 2012 heißt es da:

> »Truppen der syrischen Regierung und Milizen randalieren in Städten und Dörfern, verschleppen systematisch Männer aus ihren Häusern, um sie gemeinsam zu exekutieren. Haus und Eigentum werden verbrannt und manchmal auch die Leichen derjenigen, die sie kaltblütig getötet haben. Sie schießen rücksichtslos in Wohngebiete und töten und verletzen Männer, Frauen und Kinder. Gefangene werden routinemäßig gefoltert, manchmal bis zum Tode.«

Der Text weist die typischen Merkmale von Propaganda auf:

- zahlreiche auf die Spitze getriebene Greuel
- auf engstem Raum (fünf Zeilen) zusammengedrängt
- Zivilisten, insbesondere Frauen und Kinder, als Opfer
- totale »Überdrehung« (unnatürliche Anhäufung und Verdichtung von Greueln)
- Darstellung des Feindes als »tollwütig« und »außer Rand und Band«
- extrem aufstachelnde Wirkung

Ergebnis: Hetzpropaganda

Das Ergebnis nennt man »Hetzpropaganda«. Wobei die emotionale Wirkung solcher Hetze den Denkprozess unterbindet. Da die geschilderten Greuel starke Emotionen auslösen, wird das Denken ausgeschaltet und schließt sich das Handeln direkt an die Emotionen an. Erinnern wir uns nur an den 11.9.2001 oder die 1990 und 1991 verbreiteten Horrormeldungen über irakische Soldaten, die angeblich Babys in kuwaitischen Krankenhäusern aus den Brutkästen rissen und auf den Boden warfen. War das nicht so schrecklich, dass man meinte, sofort handeln zu müssen – und zwar ohne weitere Fragen zu stellen? Und so kam es dann ja auch. Die erlogene Propagandageschichte ermöglichte den USA den Eintritt in den Krieg gegen Irak.

Auch in Sachen Syrien tritt die Propaganda nun in eine Phase ein, in der niemand mehr nachdenken kann und will. Je schlimmer die beschriebenen Greuel, umso mehr setzt das Denken aus. Dabei hat Denken noch keinem geschadet. Werfen wir daher nochmals einen Blick auf den oben zitierten Text: Welchen Sinn ergäbe es, wenn die syrische Armee die eigenen Dörfer verwüsten, Männer, Frauen und Kinder umbringen und Häuser abfackeln würde? Natürlich gar keinen. Vielmehr würden solche Taten die Zivilbevölkerung schnurstracks in die Arme der Rebellen treiben, die plötzlich als Schutzmacht gegenüber der offenbar völlig außer Rand und Band geratenen Regierung erschienen. Darüber hinaus würden solche Greuel Syrien international weiter isolieren und noch etwas viel Schlimmeres heraufbeschwören, nämlich einen Krieg der USA gegen das Land. Kurz: Syrien würde seinen Feinden mit solchen Massakern den größten Gefallen tun. Wie schon gesagt, markieren gerade Massaker in einem Bürgerkrieg jenen Wendepunkt, der es ausländischen Mächten ermöglicht, sich einzumischen. Ist es wahrscheinlich, dass Staatschef Assad und seine Militärs eine solche Einmischung heraufbeschwören wollen? Eigentlich nicht. Daher erscheinen diese Berichte schon ohne weitere Betrachtung von Beweisen oder Nicht-Beweisen als in sich unlogisch und unwahrscheinlich.

»Knaller« am Anfang

Nun ja – das US-Militär. Wen wundert's. Natürlich möchte man nach der Umgestaltung Nordafrikas (Krieg gegen Libyen u. a.) die Speisekarte nun weiter abarbeiten und den großen Plan eines »Greater Middle East« umsetzen, der bis zum Iran und weiter reichen soll. Und auf dem Weg nach Osten in Richtung Iran liegt nun mal Syrien. Wie sagte doch der frühere NATO-Oberbefehlshaber Wesley Clark:

> »[Im November 2001] hatte eines der hochrangigen Stabsmitglieder im Pentagon Zeit für ein kurzes Gespräch. Ja, wir bereiten immer noch ein Vorgehen gegen den Irak vor, sagte er. Aber da war noch mehr. Das [Vorgehen gegen den Irak] wurde als Teil eines Fünf-Jahres-Kriegsplans diskutiert, sagte er, insgesamt gehe es um sieben Länder. Angefangen mit Irak, dann Syrien, Libanon, Libyen, Iran, Somalia und Sudan« (Wesley Clark: *Winning Modern Wars*, New York 2003, S. 130).

Das heißt Moment: Sagte ich eingangs »US Militär«? Kleiner Irrtum: Die Hetzpropaganda stammt gar nicht von den US-Streitkräften, sondern von der »Menschenrechtsorganisation«

Amnesty International. Es handelt sich um die ersten Zeilen aus dem schon erwähnten »Bericht« vom 14. Juni 2012 über die Lage in Syrien.

Vielleicht stimmen die »Fakten«, wahrscheinlich aber nicht. Aber auch Amnesty International kann es kaum entgangen sein, was die reißerische und hetzerische Präsentation solcher angeblicher Fakten anrichtet. Und tatsächlich wurde die Amnesty-Sensation in der Folge von unseren »Qualitätsmedien« begeistert »abgefeiert«, wie es im Journalistenjargon heißt:

- »Verbrechen gegen die Menschlichkeit: Amnesty-Bericht dokumentiert Gräueltaten in Syrien« (*stern.de*, 14.6.2012)
- »Kriegsverbrechen in Syrien« (*Zeit Online*, 14.6.2012)
- »Amnesty wirft Syrien Verbrechen gegen Menschlichkeit vor« (*Welt Online*, 14.6.2012)
- »Gewalt gegen Zivilisten: Amnesty dokumentiert syrische Kriegsverbrechen« (*Spiegel Online*, 14.6.2012)
- »Neuer Amnesty-Bericht zu Syrien: Dramatische Eskalation der Gewalt« (*Bild.de,* 14.6.2012)

Spenden für den Tod

Wie gesagt, kommt schon bald nach der *Bild*-Zeitung die NATO. Denn Aufgabe der Medien ist es, die Öffentlichkeit der Angreiferstaaten psychologisch auf einen Krieg vorzubereiten. Der Spruch passt aber auch auf Menschenrechtsorganisationen. Denn genau dafür liefern Amnesty und andere die psychologische Munition. Wie auch immer die jeweiligen Fakten aussehen: An den Händen von »Menschenrechtlern«, die auf diese Weise Öl ins Feuer gießen, klebt Blut. Denn wer Propaganda sät, wird Krieg ernten. Aber muss man Syrien denn nicht befreien? Und wenn wirklich so viele Menschen von den Syrern ermordet werden – müssen wir dann nicht eingreifen? Gegenfrage: Wenn die Syrer tatsächlich 10 000 Zivilisten umbringen, müssen wir dann mit Hilfe der

NATO 100 000 oder 200 000 Zivilisten umbringen? Müssen wir die angeblichen Massaker der Syrer durch 7600 Massaker der NATO ersetzen (Zahl der Luftangriffe auf Libyen)?
Eine gute Frage. Wie auch diese: Was ist eigentlich Amnesty International?
Die Frage scheint überflüssig, denn Amnesty International kennt doch jeder – eine eingeführte Marke wie Tempo-Taschentücher, Mercedes-Benz oder Osram-Glühbirnen. Eine Marke, die so vertraut ist, dass niemand mehr über sie nachdenkt. Wer an Amnesty spendet, kann nichts falsch machen, so die allgemeine Wahrnehmung. Und so fallen der Organisation jedes Jahr viele Millionen zu. Wo immer Geld einem guten Zweck zugeführt werden soll – bei Erbschaften, Gerichtsverfahren oder Vereinsauflösungen –, ist Amnesty ganz vorn dabei, gleich neben dem Tierschutzverein und dem Roten Kreuz. Im Jahr 2011 nahm allein Amnesty Deutschland insgesamt 14,5 Millionen Euro aus Spenden, Mitgliedsbeiträgen, Geldbußen und anderen Zuwendungen ein. Ganze 1,4 Millionen Euro davon wurden Amnesty vererbt. Und das Beste ist: Spenden an Amnesty International sind steuerlich absetzbar, denn die Organisation ist ein sogenannter Gemeinnütziger Verein. Nach Paragraph 52 der Steuer- und Abgabenverordnung verfolgt ein solcher Verein gemeinnützige Zwecke, wenn seine Tätigkeit »darauf gerichtet ist, die Allgemeinheit auf materiellem, geistigem oder sittlichem Gebiet selbstlos zu fördern«. Dazu zählt beispielsweise die »Förderung internationaler Gesinnung, der Toleranz auf allen Gebieten der Kultur und des Völkerverständigungsgedankens« oder die »Förderung der Hilfe für politisch, rassisch und religiös Verfolgte«.
Dagegen stellt Amnesty aus meiner Sicht in Wirklichkeit einen der spektakulärsten Missbrauchsfälle der Gemeinnützigkeit dar, den es hierzulande bislang gegeben hat. Denn Amnesty ist alles andere als »gemeinnützig« oder »selbstlos«, sondern eine Propaganda-Abteilung der USA und Großbritanniens, die indirekt

viele Millionen Menschen auf dem Gewissen hat. Während sie politisch genehmen Kräften hilft, stürzt sie andere Menschen ins Unglück.

Amnesty und die Brutkastenlüge

Niemand erinnert sich daran, dass es schon einmal einen Amnesty-Bericht wie den oben zitierten gab. Nur stand damals nicht Syrien auf der US-Speisekarte, sondern Irak. Am 2. August 1990 hatten Truppen Saddam Husseins Kuwait besetzt. Kurz darauf verbreitete die US-PR-Agentur Hill & Knowlton eine frei erfundene Lügengeschichte. Danach hätten irakische Soldaten in kuwaitischen Krankenhäusern angeblich Babys aus den Brutkästen gerissen und auf den Boden geworfen. Die Mär führte direkt zum Eintritt der USA in den Krieg gegen Irak – zur »Befreiung« Kuwaits. Was keiner mehr weiß: Amnesty International war von Anfang an mit von der Lügen-Partie. Am 19. Dezember 1990 veröffentlichte die Organisation einen Bericht über Menschenrechtsverletzungen in Kuwait, in dem auch die Brutkastenlüge vorkam. Prompt wedelte im Fernsehen ausgerechnet einer der schlimmsten Kriegstreiber aller Zeiten mit dem Amnesty-Bericht herum: US-Präsident George Bush senior. Eine denkwürdige Allianz. Wenig später, am 12. Januar 1991, stimmte der US-Kongress für den Krieg gegen Irak.

Mit Amnesty auf den »Highway of Death«

Während des so auch von Amnesty geförderten Irakkriegs von 1991 begingen die USA und ihre Verbündeten zahlreiche Greueltaten, beispielsweise die Bombardierung fliehender irakischer Truppen auf der Straße von Kuwait-Stadt nach Basra. »US-Flugzeuge stoppten den Konvoi, indem sie die Fahrzeuge vorne und am Ende zerstörten«, heißt es in einem Bericht des früheren US-Justizministers Ramsey Clark. »Anschließend zerbombten und beschossen sie das Verkehrschaos stundenlang« (Ramsey

Clark u. a.: »War Crimes – A Report on United States War Crimes Against Iraq to the Commission of Inquiry for the International War Crimes Tribunal«, Washington/New York 1992, Internetausgabe).
Im Gegensatz zu vielen anderen Massakern ist dieses zweifelsfrei dokumentiert. Es war einfach zu groß, um es zu vertuschen. Die Überreste der Bombardierung wurden in Film und Bild festgehalten: »Über 60 Meilen waren mehr als 2000 Fahrzeuge und Zehntausende von verbrannten und verstümmelten Leichen verstreut«, so der Clark-Report. Zwischen den Militärfahrzeugen sah man zahlreiche Busse und Personenkraftwagen. Die »offenbar schnelle Einäscherung« von menschlichen Körpern spreche für den Einsatz von Napalm, Phosphor und anderen Brandbomben, die durch die Genfer Konvention von 1977 verboten seien.

> »Dieser massive Angriff wurde durchgeführt, *nachdem* Saddam Hussein im Einklang mit der UN-Resolution 660 einen vollständigen Truppenabzug aus Kuwait angekündigt hatte. Ein derartiges Massaker an fliehenden irakischen Soldaten verstößt gegen Artikel 3 der Genfer Konvention von 1949, die das Töten von Soldaten verbietet, die ›nicht mehr am Kampf teilnehmen‹« (Clark-Report, a. a. O.).

Es gebe »deutliche Anzeichen, dass viele der Getöteten palästinensische und kuwaitische Zivilisten waren, die vor den zurückkehrenden kuwaitischen Truppen fliehen wollten.« Insgesamt sollen durch den Beschuss mit Uran-Munition während des ersten Irakkrieges außerdem etwa 300 Tonnen abgereichertes Uran in den Boden gelangt sein, die für zahlreiche Missbildungen bei Neugeborenen verantwortlich gemacht werden. Auch über eine halbe Million US-Soldaten sollen an den Folgen des Uran-Einsatzes erkrankt und 11 000 daran gestorben sein (»Golfkriegs-Syndrom«). Möglich werden derartige Greuel bzw. Kriege nur durch die totale »Entmenschlichung« des Gegners, die durch »Menschenrechtsorganisationen« wie Amnesty International oder Human Rights Watch besorgt wird.

Amnesty-Bericht: »Schlampig und ungenau«

Wie konnte es so weit kommen? Ein ehemaliges Vorstandsmitglied von Amnesty USA, der Rechtsprofessor Francis Boyle, sagte in einem Interview, dass Menschenrechtsprobleme in einem Land, »das mit den USA oder Großbritannien im Streit liegt«, bei Amnesty eine Menge Aufmerksamkeit bekämen.

> »Aber wenn man es mit Menschenrechtsverletzungen durch die USA, Großbritannien oder Israel zu tun hat, dann ist es so mühsam, als ob man einen Zahn ziehen müsste. Vielleicht tun sie etwas – aber nur sehr zögerlich und nach enormem innerem Druck, Kämpfen, Schlachten, was auch immer. Aber es ist nicht gerade die offizielle Feindesliste.«

Boyle erinnert sich an die Entstehung des Amnesty-Berichts mit der Brutkastenlüge: »Ich bekam damals einen Vorabdruck des Berichts über die irakische Invasion Kuwaits. Ich las ihn mir sofort durch. Er war schlampig und ungenau, selbst wenn es um das anwendbare Recht ging. Ich hatte den Eindruck, dass er nicht durch die normalen Qualitätskontrollen gegangen war.«

> »Ich stellte mich auf den Standpunkt, dass die Geschichte mit den Babys absolut sensationsheischend war, in den USA ganz sicher für Kriegstreiberei genutzt werden würde und die Weichen für einen Krieg stellen könnte. Und deshalb hätten wir die Sache wirklich zwecks Überprüfung zurückziehen sollen. Aber sie taten es nicht. (...) Und sie drückten es durch. Es war ihnen egal. Schließlich bat ich darum, wenigstens ein Erratum der offensichtlichen Fehler zu veröffentlichen. Auch das lehn-

ten sie ab. Schließlich veröffentlichten sie den Report, und Sie wissen, welche schrecklichen Auswirkungen das im Hinblick auf die Kriegspropaganda hatte. Mehrere der US-Senatoren, die für einen Krieg stimmten, sagten, dass der Amnesty-Report sie beeinflusst habe.«

»Führendes Amnesty-Mitglied beim Geheimdienst«

Zwischenzeitlich sei herausgekommen, dass es sich bei der ganzen Geschichte um ein Erfindung der PR-Agentur Hill & Knowlton handelte. Bei der nächsten Zusammenkunft des US-Vorstands von Amnesty habe er eine Untersuchung verlangt. Aber:

> »Absolut nichts passierte. Es gab nie eine Untersuchung. In London wurde total gemauert. Sie gaben niemals zu, dass sie irgendetwas falsch gemacht hatten. Es gab nie eine Erklärung, es gab nie eine Entschuldigung. Es verschwand im Loch des Vergessens wie in George Orwells *1984*. Ich kam zu dem Schluss, dass ein seinerzeit führendes Mitglied von Amnesty International, dessen Namen ich nicht nennen will, ein Agent des britischen Geheimdienstes war. Mein Vorstandskollege, der sich ebenfalls mit der Angelegenheit befasste, kam zu demselben Schluss. Wenn ich mit Leuten zu tun habe, die mit Amnesty in London zusammenarbeiten wollen, sage ich zu ihnen: ,Schauen Sie, sie sind vom Geheimdienst infiltriert. Britisch, vielleicht amerikanisch, ich weiß es nicht. Aber Sie können ihnen keinesfalls trauen« (sämtliche Interview-Äußerungen aus: *CovertAction Quarterly*, Sommer 2002, Ausgabe 73, S. 9–12).

Amnesty International vom Geheimdienst unterwandert? Fangen wir ganz vorne an. Die Menschenrechtsorganisation wurde 1961 von einem gewissen Peter Benenson gegründet, der laut *Wikipedia* ursprünglich Peter James Henry Solomon hieß und 1921 als

Spross einer jüdischen Familie geboren wurde. Sein Vater Harold Solomon war demzufolge Offizier der britischen Armee, seine Mutter Flora Benenson die Tochter eines »jüdisch-russischen Goldmagnaten mit Beziehungen zur Familie Rothschild«. Flora Solomon galt überdies als »einflussreiche Zionistin« und »langjährige Freundin« des britischen Meisterspions und Doppelagenten Kim Philby. Während seiner Zeit als Korrespondent der *Times* in Spanien habe der Doppelagent Philby versucht, sie als Sowjetagentin anzuwerben. Als Philby später als Korrespondent des *Observer* in Beirut israelkritische Artikel schrieb, verpfiff Solomon ihn beim britischen Geheimdienstler (Lord) Victor Rothschild. Philby floh in die Sowjetunion.

Eine Gründung aus dem Geheimdienst-Sumpf

Auch Amnesty-Gründer Benenson diente während des Zweiten Weltkriegs beim britischen (Militär-)Geheimdienst. 1957 gründete der nach dem Krieg als Anwalt praktizierende Benenson zusammen mit einem gewissen Hartley Shawcross zunächst die »Menschenrechtsorganisation« Justice, als britische Sektion der International Commission of Jurists. Sein Partner Shawcross war nicht nur ein braver, sondern auch ein hochrangiger Soldat des britischen Empire: Chefankläger der Nürnberger Kriegsverbrecherprozesse, Träger des Ordens des britischen Empire, Kronanwalt und Geheimer Kronrat des Königs. Später teilten sich Amnesty und die Benenson-Gründung Justice in London die Büros. Die US-Mutterorganisation von Justice, die International Commission of Jurists, war von einer Tarnfirma der CIA gegründet worden, dem American Fund for Free Jurists Inc. (AFFJ). Der Generalsekretär dieser CIA-Schöpfung, Seán MacBride, fungierte auch als Leiter des internationalen Sekretariats von Amnesty, hatte aber angeblich keine Ahnung, dass seine Organisation, der AFFJ, von der CIA gegründet und finanziert worden war (Kirsten Sellars: »Peter Benenson, August 8, 2011«, in: David P. Forsythe (Hg.): *The Encyclopedia of Human Rights*, New York 2009, Bd. 1, S. 162–165).

Auf die Idee, Amnesty International zu gründen, kam Benenson seiner eigenen Erzählung nach wie die berühmte Jungfrau zum Kinde. Demzufolge las er am 19. November des Jahres 1960 in der Londoner U-Bahn einen Zeitungsartikel, in dem das Schicksal zweier portugiesischer Studenten beschrieben wurde. Angeblich landeten die beiden für sieben Jahre hinter Gittern, weil sie in einem Lokal in Lissabon auf die Freiheit angestoßen hatten. Auch auf der Website von Amnesty International kann man lesen:

»Am Anfang von Amnesty International steht ein Trinkspruch: Zwei portugiesische Studenten stoßen in einem Café in Lissabon auf die Freiheit an. Doch in den Sechzigerjahren herrscht in Portugal eine Diktatur, die keine Kritik duldet – die Erwähnung des Wortes ›Freiheit‹ ist verboten. Die zwei Studenten werden festgenommen und später zu sieben Jahren Haft verurteilt.«

Noch viele Jahre später, 1983, erinnerte sich Benenson genau daran:

»Es war am 19. November 1960, als ich in der U-Bahn eher untypisch den *Daily Telegraph* las und dabei auf einen kurzen Absatz stieß, wonach zwei portugiesische Studenten zu Haftstrafen verurteilt worden waren, weil sie kein anderes Verbrechen begangen hatten, als in einem Lissaboner Restaurant auf die Freiheit anzustoßen. Vielleicht, weil ich ein besonderes Verhältnis zur Freiheit habe, vielleicht auch, weil ich nun mal Weinliebhaber bin, erzeugte dieser Bericht rechtschaffene Empörung in mir, die über das normale Maß hinausging. An der Trafalgar Square Station stieg ich aus und ging schnurstracks in die Kirche St. Martin's-in-the-Fields. Da saß ich nun und dachte über die Situation nach. Mir war danach, sofort in die portugiesische Botschaft zu marschieren und zu protestieren, aber was würde das bringen? Während ich den Strand in Richtung Temple hinaufging, fiel mir das Weltflüchtlingsjahr ein, das erste seiner Art, das internationaler Aktion gewidmet war. Was war das für ein Erfolg! (…) Wie wäre es mit einem Weltjahr gegen politische Gefangenschaft?« (Tom Buchanan: »›The Truth Will Set You Free‹: The Making of Amnesty International«, *Journal of Contemporary History,* Bd. 37[4], S. 575–597).

Auf dem Weg zur »Nelkenrevolution«

Die Sache mit den verhafteten Portugiesen regte Benenson dermaßen auf, dass er sogleich überlegte, wie derartigen Opfern von Diktaturen geholfen werden könnte. Zufällig war Portugal damals die letzte verbliebene Kolonialmacht in Afrika und damit ein natürlicher Widersacher des britischen Empire. Wenn schon die Briten ihre Kolonien in Afrika aufgaben, sollte natürlich auch sonst niemand seine Kolonien behalten. Und während ab 1961 ein Kolonialkrieg um den portugiesischen Besitz in Afrika tobte, wurde das portugiesische Regime gleichzeitig der »Menschenrechtsverletzungen« angeklagt und auf diese Weise zu Hause in Schwierigkeiten gebracht. Vielleicht waren diese Anklagen zumindest teilweise berechtigt. Aber darum geht es gar nicht. Entscheidend ist vielmehr das dahinter stehende Interesse. Das Muster war dabei genau das gleiche wie heute in Libyen, Syrien oder anderen Staaten: auf der einen Seite die »böse Diktatur«, auf der anderen die brutal unterdrückten edlen »Rebellen«, »Freiheitskämpfer« und natürlich die »Menschenrechtler« – also die propagandistischen Brüder aller Revolutionäre oder auch Terroristen, je nach Sichtweise. In Portugal entstand daraus die »Nelkenrevolution«, die 1974 zum Sturz der Regierung führte – ein Vorläufer der

»Rosenrevolution« (Georgien 2003), »Tulpenrevolution« (Kirgisien 2005), »Jasminrevolution« (Tunesien 2010/11) u. a.

Doch zurück zu Benenson: Der kam durch den Zeitungsartikel über die armen portugiesischen Studenten, die ein Trinkspruch auf die Freiheit ins Gefängnis gebracht hatte, auf die Idee, eine Aktion ins Leben zu rufen. Am 28. Mai 1961 veröffentlichte er einen Artikel im englischen *Observer,* dessen Verleger David Astor er gut kannte. Zum Stab des *Observer* gehörten so illustre Figuren wie George Orwell, der Visionär der totalitären Herrschaft, und natürlich Kim Philby, der Meisterspion und enge Freund von Benensons Mutter. In seinem Beitrag mit dem Titel »Die vergessenen Gefangenen« rief Benenson zur Hilfe für die Opfer der Unterdrückung in Portugal und anderswo auf. Die Zeitungsleser sollten sich in Briefen an die jeweilige Regierung für die Freilassung der Gefangenen einsetzen. Die Aktion gilt heute als der Anfang von Amnesty International. Und noch heute beschließt Amnesty International seine jährlichen Generalversammlungen angeblich mit einem »Toast auf die Freiheit«.

Wo ist der wahre Kern?

Interessant war nur: Die beiden Studenten, die angeblich der Anlass für Benensons Aktion gewesen waren, kamen in seinem Hilfsaufruf überhaupt nicht vor. Ja, bis heute ist es niemandem gelungen, den Artikel über die beiden Studenten aufzutreiben, den Benenson gelesen haben wollte. Dieser selbst gab als Datum seines »Erweckungserlebnisses« bei der Lektüre des Artikels in der U-Bahn einmal den 19. November 1960, ein anderes Mal den 19. Dezember 1960 an. Woran er sich merkwürdigerweise genau erinnerte, war, dass er an jenem Tag, »eher untypisch«, den *Daily Telegraph* las. Aber: »Ich konnte den Artikel über die portugiesischen Studenten im *Daily Telegraph* vom 19. November 1960 nicht finden«, schrieb der Historiker Tom Buchanan in seinem Aufsatz über die Entstehung von Amnesty International, »und auch nicht im gesamten November und Dezember.« Als Benenson die Episode mit den beiden Studenten 1962 erstmals in einem Radio-Interview erwähnte, war von einem »Trinkspruch auf die Freiheit« noch keine Rede. »Interessant ist auch, dass weder die Namen der Studenten noch ihr endgültiges Schicksal jemals von Amnesty erwähnt wurden«, schrieb Buchanan. »Und sie waren nicht unter den Gefangenen, die zur Veröffentlichung in dem ersten Aufruf ausgewählt wurden.«

Seltsam – da echauffiert sich der Gründer von Amnesty International derart über das Schicksal zweier politischer Häftlinge, dass er höchst erregt die U-Bahn verlässt, in eine Kirche geht und anschließend beschließt, einen Hilfsaufruf zu starten – und dann kommen diese Gefangenen in seinem Hilfsaufruf gar nicht vor? Gab es sie überhaupt? Eine gute Frage: Zwar fand der Historiker Buchanan für den fraglichen Zeitraum mehrere Artikel über politische Gefangene in Portugal – allerdings nicht im *Daily Telegraph*, an den sich Benenson so ausdrücklich erinnerte, sondern in der *Times*. Des Weiteren handelten die Artikel auch nicht von zwei Studenten, die wegen eines Trinkspruchs zu sieben Jahren Haft verurteilt worden waren, sondern von Druckern und Handwerkern, denen subversive Aktivitäten vorgeworfen wurden. Natürlich »funktioniert« das Bild von zwei Studenten, die friedlich an einem Tisch auf die Freiheit anstoßen, propagandistisch viel besser. Die Anthropologin Linda Rabben bezeichnet die Episode denn auch als den »Schöpfungsmythos« von Amnesty International »mit einem wahren Kern«. In einem Aufsatz über Amnesty unterscheidet sie fein zwischen »Mythos und Realität«. Aber warum nur ein »wahrer Kern«? Reicht das wirklich, um sich global als hochmoralische »Menschenrechtsorganisation« aufzuspielen? Oder um den Friedensnobelpreis zu erhalten (1977)? Und wie viele andere Geschichten von Amnesty bestehen lediglich aus einem »wahren Kern«? Oder wurde schon in der Gründungsphase der Organisation mehr Wert auf Propaganda als auf Wahrheit gelegt?

Nicht doch. Das sind natürlich reine Verschwörungstheorien. Wirklich? »Trotz seines Versprechens der organisatorischen Unabhängigkeit und ohne Wissen der Mitglieder« von Amnesty habe Benenson der britischen Regierung Rat und Hilfe angeboten, schreibt Kirsten Sellars in ihrem Artikel über Benenson:

> »Während der sechziger Jahre zog sich das Vereinigte Königreich immer noch aus seinen Kolonien zurück, und Teile des öffentlichen Dienstes, wie etwa das Amt für Kolonialangelegenheiten und das Außenministerium, begrüßten Informationen von Menschenrechtlern. Die Beziehung zwischen Amnesty und dem Regierungsviertel wurde 1963 auf ein solideres Fundament gestellt, als das Außenministerium seine Übersee-Dependancen aufforderte, Amnesty ›diskret zu unterstützen‹. Diskret deshalb, weil jede öffentliche Unterstützung die Glaubwürdigkeit der Kampagne untergraben hätte.«

Wie wahr: Wer hätte Amnesty wohl noch getraut, wenn bekanntgeworden wäre, dass die Organisation von der britischen Regierung unterstützt wird? Für das britische Außenministerium war Amnesty nur in dem Sinne »unabhängig«, als der Beamtenapparat nicht direkt für Amnesty-Aktivitäten verantwortlich zeichnen wollte, »die von Zeit zu Zeit peinlich für uns sein könnten«. Dass Amnesty hin und wieder auch den eigenen Gönnern auf die Zehen treten würde, wurde also von Anfang an in Kauf genommen. Ja, für eine Menschenrechtsorganisation, die unabhängig erscheinen will, ist das sogar zwingend geboten.

Amnesty und die »Kumpels«

»Amnesty wurde ursprünglich verdeckt von der britischen Regierung finanziert«, heißt es auch auf dem Internetportal sourcewatch. org. »Während Benenson Amnesty International zu einer Menschenrechtsorganisation aufbaute, traf er sich oft mit Beamten der britischen Regierung, um festzulegen, wie über Menschenrechtsverletzungen berichtet wird.« Ab Mitte der sechziger Jahre wurde es jedoch anscheinend selbst Benenson zu bunt. Zwar hatte er 1965 mit einem gewissen Robert Swann noch selbst einen ehemaligen Geheimdienstler in das Amt des Generalsekretärs gehievt, 1967 jedoch beschuldigte Benenson Swann, Amnesty zu unterwandern. Benenson prüfte die von Swann eingestellten Mitarbeiter und stellte fest, dass eine Angestellte seltsamerweise ein deutlich niedrigeres Gehalt als in ihrer vorherigen Stelle akzeptiert hatte. Darauf angesprochen, habe Swann ihm erklärt, dass ›die Kumpels‹ schon für sie sorgen würden – eine umgangssprachliche Chiffre für den Geheimdienst. »Obwohl Swann bestritt, den Ausdruck ›Kumpels‹ benutzt oder in irgendeiner Form unterstellt zu haben, der britische Geheimdienst finanziere Amnesty-Mitarbeiter, verstärkte sich Benensons Verdacht gegenüber Swann weiter«, so Wendy H. Wong in ihrer Dissertation über Amnesty International (*Centralizing Principles: How Amnesty International Shaped Human Rights,* University of Colorado, San Diego 2008, S. 123). Demnach stellte Benenson eine Liste von nicht weniger als 18 Amnesty-Mitarbeitern zusammen, die er verdächtigte, für den Geheimdienst zu arbeiten. Aus Benensons Sicht war die Lage so ernst, dass er versuchte, Amnestys Hauptsitz von Großbritannien in ein »neutrales Land« wie die Schweiz oder Schweden zu verlegen. Um dieselbe Zeit kam heraus, dass die International Commission of Jurists, also die Dachorganisation von Benensons erster Menschenrechtsorganisation Justice, über eine Zwischenstation von der CIA finanziert wurde. Der Geschäftsführer dieser Zwischenstation, Seán MacBride, war auch in leitender Position bei Amnesty tätig: »Benenson war überzeugt, dass MacBride in ein CIA-Netzwerk eingebunden war«, so Jonathan Power in einem Buch über Amnesty (*Like Water on Stone: The Story of Amnesty International*, London 2001, S. 128). Als 1967 herauskam, dass Benenson – wie oben erwähnt – selbst geheime Zuwendungen von der britischen Regierung für Amnesty International angenommen hatte, zerstritt sich die Führung der Organisation endgültig. Das Verhältnis war fortan geprägt von gegenseitigem Misstrauen, und Benenson schied aus.

Ein Sommerfest für Journalisten

Eine skurrile Episode. Denn dass Amnesty in Wirklichkeit eine Schöpfung der Geheimdienste ist, konnte dem (ehemaligen) Geheimdienstler Benenson wohl kaum entgangen sein. Sinn ergibt die Geschichte nur, wenn man davon ausgeht, dass es sich um einen Machtkampf verschiedener Dienste handelte, wie zum Beispiel CIA (amerikanisch) und MI6 oder MI5 (britisch). Einen geheimdienstlichen Hintergrund hat aber nicht nur das Londoner »Mutterhaus« von Amnesty. Vielmehr ging es im selben Stil weiter. Die erste Dependance wurde noch im selben Jahr wie die »Mutter«, 1961, gegründet – in Deutschland: »Köln ist sozusagen die Geburtsstadt von Amnesty Deutschland«, erinnerte sich die Journalistin Carola Stern, Mitbegründerin der »Sektion Deutschland«. Und in einem Porträt von Carola Stern auf der Website von Amnesty heißt es: »Begonnen hatte alles 1961 auf einem Sommerfest für Journalisten in Köln. Hier lernte sie Eric Baker kennen, einen Freund des Londoner Amnesty-Gründers Peter Benenson, kurz darauf gründete sie gemeinsam mit dem Journalisten Gerd Ruge die deutsche Amnesty-Sektion.«

Wer dieses harmlose »Sommerfest für Journalisten« veranstaltete, steht natürlich nicht auf der Amnesty-Website: der »Kongress für kulturelle Freiheit«, eine Organisation des amerikanischen Auslandsgeheimdienstes CIA. Der investierte nach dem Zweiten Weltkrieg mehrere hundert Millionen Dollar, »um in einer der größten Nachkriegsoperationen ein weltweites Kulturnetz zu knüpfen« (siehe »Benutzt und gesteuert – Künstler im Netz der CIA«, *arte*-Website, 27.11.2006). »Zentrum der CIA-Aktivitäten war der ›Kongress für kulturelle Freiheit‹ – eine Organisaton mit Sitz in Paris unter vollständiger Kontrolle der dort tätigen US-Agenten. Nationale Zweigorganisationen unterhielt der ›Kongress‹ in sämtlichen Staaten Westeuropas.« Der Zweck des »Kongresses« bestand darin, nach dem Krieg eine völlig neue und politisch genehme Kulturszene »anzusetzen«. Eine *arte*-Dokumentation wies 2006 nach, »dass die Einflussnahme der CIA bis in die Redaktionen westdeutscher Verlage und Sendeanstalten reichte und dass prominente Künstler wie der spätere Nobelpreisträger Heinrich Böll unwissentlich für den amerikanischen Geheimdienst tätig waren«. Da der »Kongress« europaweit tätig war, beruht ein großer Teil unseres heutigen Journalismus, der Literatur und des Filmschaffens auf Aktivitäten der CIA.

Ein Doppelleben für die Dienste

In diese fröhliche Party des »Kongresses« schneite also der Engländer Eric Baker, woraufhin Carola Stern und andere offenbar sofort bereit waren, eine deutsche Sektion von Amnesty International ins Leben zu rufen. Denn »wir beschlossen noch in der Nacht, die deutsche Sektion zu gründen«, so Stern. Aber wer war eigentlich Carola Stern? »Hart, aber herzlich«, sei sie gewesen, beschreibt das Porträt auf der Website von Amnesty die Mitbegründerin. Zu ihrer Vita finden sich dort nur dürre Informationen: »Carola Stern wurde am 14. November 1925 als Erika Asmuss auf der Insel Usedom geboren. Nach dem Krieg lebte sie in Ost-Deutschland, 1951 flüchtete sie nach West-Berlin.« Was das Amnesty-Porträt verschweigt: Auch die Journalistin Carola Stern war eine Agentin, und zwar des amerikanischen Counter Intelligence Corps (CIC, später DIA). Ihr Geburtsname war, wie dargestellt, Erika Assmuss. Nach dem Krieg spionierte sie für die Amerikaner in der Sowjetischen Besatzungszone die Freie Deutsche Jugend (FDJ) und die SED, die Sozialistische Einheitspartei Deutschlands, aus. Als sie aufzufliegen drohte, floh sie 1951 in den Westen, wo sie unter dem Pseudonym Carola Stern in zentralen Positionen bei dem Verlag

Kiepenheuer & Witsch und beim WDR Karriere machte (Leiterin der Programmgruppe Kommentare und Feature). Neben Menschenrechten engagierte sie sich für Frauenfragen, Abtreibung und Zahlungen an ehemalige Zwangsarbeiter. Was davon ihrem eigenen Engagement oder aber den Einflüsterungen der Dienste entsprang, wird man wohl nie erfahren. Im Jahr 2001 machte sie reinen Tisch und gab sich in ihrer Autobiografie (*Doppelleben,* Köln 2001) öffentlich als Agentin zu erkennen.

Ein lustiges Personalkarussell

Der Kampf um oder gegen die Geheimdienste bei Amnesty ist heute Geschichte. Wer ihn gewonnen hat, steht wohl außer Frage. Heute arbeiten die »Menschenrechtler« sehr eng mit der US-Regierung zusammen. Darüber hinaus dreht sich zwischen der US-Regierung und den Menschenrechtsorganisationen ein munteres Personalkarussell. Wirft man beispielsweise auf der Website von Amnesty USA einen Blick auf den Lebenslauf der Geschäftsführerin Suzanne Nossel, geht einem ein Licht auf. Die hübsche rothaarige Frau mit dem etwas flippigen »Greenpeace-Charme« »bringt reiche Erfahrungen aus dem Regierungs-, NRO*- und privaten Bereich für ihre Position als Geschäftsführerin von Amnesty International USA mit, die sie 2012 antrat«, steht da zu lesen. Und das ist nicht übertrieben. Demnach arbeitete Nossel »bis vor kurzem« als Ministerialrätin für Internationale Organisationen im US-Außenministerium,

> »wo sie für Menschenrechte, humanitäre Angelegenheiten, Frauenfragen, öffentliche Diplomatie sowie Öffentlichkeitsarbeit und Kongressbeziehungen zuständig war. Im Außenministerium prägte Nossel in leitender Stellung das US-Engagement im Menschenrechtsrat der Vereinten Nationen, einschließlich

---

*Nichtregierungsorganisationen.

bahnbrechender Menschenrechtsresolutionen zum Iran, zu Syrien, Libyen und zur Elfenbeinküste.«

Kurz: Die Dame wirkte für die USA an UN-Resolutionen mit, die den Weg für einen Krieg ebneten. Zuvor wirkte sie als Geschäftsführerin bei der »Menschenrechtsorganisation« Human Rights Watch, und davor war sie in der US-Vertretung bei den Vereinten Nationen tätig. Daher zeigen viele Bilder die Amnesty-Chefin Nossel vor dem Objekt ihrer eigentlichen Loyalität – einer amerikanischen Flagge.

Die Erklärung: Nossel ist eigentlich keine »Menschenrechtsaktivistin«, sondern eine US-Strategin, die Menschenrechte für die US-Agenda benutzt. Wie wichtig sie ist, das zeigt ihre kreative Tätigkeit im Dienste der US-Kriegsstrategie. Im Jahr 2004 prägte sie in einem Artikel für *Foreign Affairs,* das Hausblatt der imperialen Denkfabrik Council on Foreign Relations (CFR, »Rat für auswärtige Beziehungen«), den Ausdruck »smart power« und damit »den Begriff, den Hillary Clinton zum zentralen Charakteristikum der US-Politik machte«, so Amnesty stolz. Das Center for Strategic and International Studies definiert »smart power« was man mit »clevere Macht« übersetzen könnte, als »einen Ansatz, der die Notwendigkeit eines starken Militärs ebenso betont wie Investitionen in Allianzen, Partnerschaften und Institutionen auf allen Ebenen, um den amerikanischen Einfluss auszuweiten und die Legitimation für amerikanische Maßnahmen zu schaffen«. Also auch die Legitimation für Kriege. »Im Rahmen ihrer Pflichten im Außenministerium beutete sie emsig die Menschenrechte zum Nutzen imperialer Ambitionen aus«, schrieb *Voltairenet.org* über Nossel:

> »Das Direktorium von Amnesty USA war der Meinung, dass Nossels Engagement für die Clinton- und Obama-Regierungen einen ausreichenden Beweis für ihre Kompetenz darstellt,

und beschloss, ihr nicht wegen der Verbrechen in Jugoslawien, Afghanistan, Irak, Libanon u. a. zu grollen. Frau Nossel startete mehrere Kampagnen gegen den Iran, Libyen und Syrien. In den letzten Monaten machte sie sich einen Namen, indem sie den Rat für Menschenrechte in Genf im Hinblick darauf falsch informierte, eine Resolution zur Autorisierung des Krieges in Libyen zu bekommen. Nossels Behauptungen wurden seitdem widerlegt.«

»Wer jetzt noch spendet, spendet TOD!«

Glaubt man Amnesty International, ist auch die NATO nichts weiter als eine Menschenrechtsorganisation, zum Beispiel, wenn es um Frauenrechte in Afghanistan geht. So veröffentliche Amnesty ein Plakat mit der Schlagzeile: »NATO: Halte den Fortschritt in Gang!«. Gemeint war die »Befreiung« der Frauen in Afghanistan. Von den Medien werden die »Menschenrechtsorganisationen« als über jeden Zweifel erhabene Quellen akzeptiert. In Nossels Fall sind dabei auch ihre vielfältigen Verbindungen in die Medienszene nützlich, nicht nur ihre Ehe mit dem preisgekrönten Autor und Journalismus-Professor David Greenberg. Darüber hinaus arbeitete sie auch in strategischen Positionen für Bertelsmann, den größten Medienkonzern der Welt, und für das *Wall Street Journal*. Außerdem wirkte sie in imperialen Denkfabriken wie dem Center for American Progress und dem Council on Foreign Relations mit. Nichtsdestoweniger geht Amnesty mit der Behauptung auf Spendenfang, »politisch unabhängig« zu sein: »Spenden Sie für Amnesty«, kann man beispielsweise auf der deutschen Website lesen: »Amnesty International ist politisch unabhängig. Regierungsgelder lehnen wir ab und finanzieren uns über Spenden, Vermächtnisse und Beiträge. Für unsere Menschenrechtsarbeit benötigen wir deshalb Ihre Unterstützung!« Nicht ohne den Hinweis, dass man hier »direkt online spenden« könne. Auch an Richter und Staatsanwälte wendet sich der Menschenrechtskonzern, um an Geldauflagen und Bußgelder zu kommen: »Geldauflagen und Bußgelder helfen nachhaltig im Kampf gegen die Folter und Todesstrafe, für die Freilassung von gewaltlosen politischen Gefangenen, für die Rechte von Frauen und Kindern und vielem mehr. Bitte unterstützen Sie als Richter oder Staatsanwalt die Menschenrechte mit Ihrer Zuweisung. Vielen Dank!« Auch Vermächtnisse akzeptiere man natürlich gerne, kann man einer Broschüre entnehmen: »Vermächtnisse, Erbschaften oder Schenkungen an Amnesty International sind steuerbefreit, da Amnesty International als gemeinnützige Organisation anerkannt ist. So kann das Erbe in vollem Umfang der Menschenrechtsarbeit zugutekommen.« Titel des Merkblatts: »Ihr Testament für die Menschenrechte«. Gerade diese Gemeinnützigkeit bedürfte einer dringenden Revision. Denn auf diese Weise Spenden und Erbschaften von gutgläubigen Menschen abzugreifen, die sich eigentlich mit einer guten Tat vom Leben verabschieden wollen, hat wohl nichts mit den hohen moralischen Ansprüchen der Abgabenordnung zu tun. In Wirklichkeit betreiben diese Menschenrechtsorganisationen nichts weiter als Propaganda für die angloamerikanische Kriegsmaschine. Oder wie ein Blogger es formulierte: »Wer jetzt noch spendet, spendet TOD!«

19. Juni Dritter Weltkrieg: Ist Syrien die »rote Linie«?

Der Bericht der iranischen Nachrichtenagentur Fars vom 19. Juni 2012 sorgt für beträchtliche Aufregung. Ein arabischer Fernsehsender und israelische Zeitungen greifen ihn auf. Demnach wollen Russland, China und der Iran zusammen mit Assad-Truppen in Syrien die größten Manöver abhalten, die der Nahe Osten je gesehen hat. Ägypten habe bereits die Durchfahrt von zwölf chinesischen Kriegsschiffen durch den Suezkanal genehmigt. Neben iranischen Schlachtschiffen und U-Booten sollen sich auch russische Kriegsschiffe und Atom-U-Boote, Flugzeugträger und Minenräumer beteiligen. Alles in allem sollen 90 000 Soldaten, 1000 Panzer und 400 Flugzeuge bei den »Übungen« in Syrien dabei sein. Zwar dementiert die syrische Präsidenten-Beraterin Bouthaina Shaaban die Meldung: »Diese Informationen entsprechen nicht der Wirklichkeit. Es gibt nichts Derartiges und kann es auch nicht geben.«

Aber dennoch kommt dieses Szenario nicht von ungefähr. Denn wäre nicht genau jetzt damit zu rechnen, dass Moskau und Peking gegenüber den USA und dem Westen eine Linie in den Sand ziehen? Und ist Syrien nicht der letzte Ort, an dem man diese Linie ziehen könnte?

Stand es bereits »Spitz auf Knopf«?

Nicht eine Eskalation an sich wäre schließlich die Überraschung, sondern der späte Zeitpunkt. Seit zwanzig Jahren darf sich das US-Imperium herausnehmen, was es will. Ob das nun die »bunten Revolutionen« in den ehemaligen Sowjetstaaten sind, die immer neuen Lügen und Kriege um Afghanistan und den Irak (»Massenvernichtungswaffen«) oder der (mit der UN-Resolution 1973) herbeigetrickste Krieg gegen Libyen: Um welches Land auch immer es sich handelte, die verdeckten und offenen Kriege bewegten sich immer nach Osten, einschließlich der künstlichen »Revolutionen«, die sich von Tunesien aus über Libyen nach Syrien fortpflanzten. Schließlich durften die USA und Israel auch den Iran bedrohen und mit immer neuen Schikanen überziehen.

Wo ist die »rote Linie«?

Die ganze Zeit fragte man sich: Wo ist eigentlich die rote Linie? Dürfen die USA den halben Globus umkrempeln, ohne dass die anderen Großmächte dem Treiben Einhalt gebieten? Wie lange würden Russland und China dem noch tatenlos zusehen? Denn schließlich ist es ja wie mit einem unerzogenen Kind: Zeigt man ihm keine Grenzen auf, wird es erstens immer aggressiver und zweitens immer weitermachen. Und am Ende stehen natürlich Russland und China selbst auf der Speisekarte. In den vergangenen Monaten war anhand verschiedener Reden zu beobachten, dass Russland und China ihr Verhalten im Fall Libyen (nämlich die Zustimmung zur Einrichtung einer »Flugverbotszone«, UN-Resolution 1973) als schweren Fehler betrachteten und daher neue UN-Resolutionen gegen Syrien, die eine Legitimation für ein neues Eingreifen von außen werden könnten, konsequent ablockten. Und da Russland und China sicher kein Interesse daran haben, die rote Linie erst auf dem eigenen Territorium zu ziehen, führt an Gegenmaßnahmen eigentlich kein Weg vorbei. Schließlich wäre da auch noch der angeblich gegen iranische Angriffe gerichtete »Raketenschild« in Polen zu nennen, der jedoch nur einen wirklichen Sinn haben kann, nämlich Russland bei einem westlichen Angriff seiner Verteidigungsfähigkeit zu berauben. Daher gibt es vielleicht auch nur noch ein kleines Zeitfenster, um eine rote Linie zu ziehen, und zwar ein für alle Mal.

Behandelt wie die Indianer?

»Präsident Wladimir Putin ist sich der Tatsache bewusst, dass die USA weiterhin darauf bestehen werden, Raketen auf Russland zu richten und es mit Militärbasen einzukreisen«, so der US-kritische Journalist Xavier Lerma in der *English Pravda* (20.6.2012). Und nun kommt ein bedeutender Satz, der die Perspektive der Russen auf die Amerikaner deutlich macht: »Er [Putin] hat nie erwartet, besser behandelt zu werden als die nordamerikanischen Indianer.« Putin sehe die dunklen Wolken und habe bereits im Mai letzten Jahres gewarnt, dass die »Achtung der staatlichen Souveränität und das Recht jeder Nation, ihre Wahl zu treffen, ein Teil jener Garantien sind, dass sich die Tragödie des vergangenen Krieges (WW2) nicht wiederholen wird.« Umgekehrt könnte man das so verstehen, dass Angriffe auf die nationale Souveränität, wie beispielsweise in Libyen oder Syrien, zu einem Dritten Weltkrieg führen könnten.

Und tatsächlich zeigte der weitere Verlauf des Jahres, dass die Fars-Berichte vom 19. Juni über das angebliche Großmanöver in der Nähe Syriens keineswegs aus der Luft gegriffen waren. Spätestens ab Juli/August braute sich dort etwas zusammen. Am 11. Juli meldete das Onlineportal *Turkishpress:* »Schwarzmeerflotte durchquert Bosporus«. Russische Zerstörer, Lenkwaffenzerstörer und Landungsboote seien auf dem Weg nach Syrien. »Nach dem Scheitern des UN-Friedensplans haben die westlichen Verbündeten ihre Präsenz vor Ort in Syrien – darunter Geheimdienstmitarbeiter und Spezialeinheiten – verstärkt«, schrieb der kanadische Wirtschaftsprofessor Michel Chossudovsky am 2. August 2012 bei *Kopp Online*. »Parallel zu der festgefahrenen Situation bei den Vereinten Nationen entsandte Moskau einen aus zehn Kriegsschiffen und ihren Begleitfahrzeugen bestehenden Flottenverband unter Führung des U-Boot-Abwehr-Zerstörers *Admiral Tschabanenko* in das Mittelmeer. Der russische Flottenverband kreuzt derzeit vor der Südküste Syriens.« Und zwar wegen eines »seit langem geplanten Manövers«. Nun ja – geschenkt. Die Landungsboote werden im Zweifelsfall Truppen absetzen, um dem syrischen Präsidenten Assad zu Hilfe zu kommen. Das heißt, hier spielen sich Dinge ab, die von den westlichen Massenmedien komplett ausgeblendet werden. Tatsächlich spricht das russische Verhalten dafür, dass Moskau in Syrien die rote Linie sieht und bei einem Fall der Assad-Regierung eine Dominoreaktion fürchtet. Schon 2011, so Chossudovsky, habe der stellvertretende russische Ministerpräsident Dmitri Rogosin gewarnt, die NATO bereite »ein militärisches Eingreifen in Syrien vor, um den Sturz des Präsidenten Baschar al-Assad zu unterstützen. Dahinter steht das langfristige Ziel, einen Brückenkopf für einen Angriff auf den Iran aufzubauen ...«

Die Allianz aus USA und NATO habe auf die russische Präsenz

mit einer massiven »Aufstockung ihrer Marinepräsenz« geantwortet, so Chossudovsky, und lasse »eine beeindruckende westliche Armada aufmarschieren, die aus britischen, französischen und amerikanischen Kriegsschiffen besteht und im Spätsommer im östlichen Mittelmeerraum einsatzbereit sein soll. Dies könnte zu einer Konfrontation zwischen russischen und westlichen Marineeinheiten wie zu Zeiten des Kalten Krieges führen.« Das heißt, die Situation erinnert an die Kuba-Krise 1962, wo sich ebenfalls Schiffs- und Flottenverbände der UdSSR und der USA auf Konfrontationskurs befanden. Aber wie weit ist es von da bis zum heißen Krieg?

Ist, wo »keine Regierung« draufsteht, wirklich keine Regierung drin?

Die rote Linie wurde jedoch nicht nur außen gezogen. Vielmehr zeigte Putins Innenpolitik im Sommer 2012, dass in Russland grundsätzliche strategische Entscheidungen getroffen wurden, um der ständigen westlichen Expansion zu begegnen. Denn etwa zur gleichen Zeit traf Moskau auch Maßnahmen im Innern. So hat Russland das Versammlungsrecht verschärft, von außen finanzierte »Nichtregierungsorganisationen« (NRO) als »ausländische Agenten« eingestuft und die Strafen für Verleumdung und üble Nachrede drastisch verschärft. Schließlich sieht Russland, wie gesagt, seit nunmehr zwei Jahrzehnten relativ tatenlos zu, wie die Weltordnung mit »künstlichen Revolutionen« umgestaltet wird. Und immer vorne mit dabei: sogenannte Nichtregierungsorganisationen, die das jeweilige »Zielland« der Wahlfälschung, der Menschenrechtsverletzungen und der Unterdrückung anklagen. NRO wie Amnesty International, Human Rights Watch oder sogenannte unabhängige Wahlbeobachter bereiten propagandistisch den Boden vor, um den Zielstaat auszugrenzen und in die Ecke zu drängen. Anschließend folgt entweder eine innere »Revolution«, ein Bürgerkrieg oder ein UN-Sicherheitsratsbeschluss zur direkten Intervention von außen. Oder alles zusammen. Dabei lautet eine Frage, die leider viel zu selten gestellt wird: Ist denn in sogenannten Nichtregierungsorganisationen auch wirklich keine Regierung drin? Oder vielleicht doch? Während die westlichen Medien die NRO ständig als unabhängige und unbestechliche Wächter von Umweltschutz, Demokratie und Freiheit vorstellen, wird es doch mal Zeit, die Frage nach dem »cui bono« zu stellen.

Follow the money

Ja, aber bekommen denn NRO in Russland überhaupt Geld von außen? Und ob. Sogar in *Spiegel Online* vom 4. Juli 2012 konnte man lesen, dass Washington kurz nach Putins Wiederwahl »zusätzliche 50 Millionen Dollar zur Förderung von ›Rechtsstaatlichkeit und zur Stärkung der Zivilgesellschaft‹ in Russland bereitgestellt« habe. Follow the money, kann man da nur sagen. Am 13. Juli 2012 sagte der »Tagesschau«-Korrespondent Olaf Bock ganz offen, die neue Regelung sei ein »politischer Schlag gegen die NGOs, die aus dem Ausland finanziert werden«. Das treffe zum Beispiel die Wahlbeobachter-Organisation »Golos«, die »aus Amerika finanziert« werde: »Die haben während der Duma-Wahlen und der Präsidentschaftswahlen massive Wahlverstöße aufgedeckt.« Anderswo tauchte »Golos« gar als »einzige Quelle in Berichten über Wahlmanipulationen in den deutschsprachigen Medien auf« (*Wikipedia*: »Golos«, abgerufen am 10.8.2012). Ist das nicht grotesk? Von den USA bezahlte Wahlbeobachter »entlarven« in Russland Wahlfälschungen? In Wirklichkeit ruiniert daher nicht Russland mit seinen neuesten Maßnahmen den Ruf der NRO, sondern diese haben ihren Ruf längst selbst ruiniert.

Strategische Waffen im Kampf um den Globus

Tatsache ist: Die meisten NRO sind nichts weiter als strategische Waffen im Kampf um die Weltherrschaft – finanziert und getragen von westlichen Staaten und leider auch von gutgläubigen Mitgliedern und Spendern. Aus Sicht der USA geht es dabei nicht um Menschenrechte, sondern um »soft power« – den »smarten Zwilling« der militärischen Intervention. Und momentan deutet vieles darauf hin, dass Russland nun ebenfalls eine strategische Entscheidung getroffen hat – nämlich genau dieses Spielchen zu stoppen. Erstens in der inneren »Schlacht um Russland« (Putin), zweitens auch anderswo auf dem Globus. Das Vorgehen gegen die NRO in Russland und die Weigerung, Sicherheitsratsbeschlüsse gegen Syrien mitzutragen, gehören zusammen wie zwei Seiten ein und derselben Medaille. Offenbar ist Moskau entschlossen, dem aggressiven angloamerikanischen Imperialismus Einhalt zu gebieten. Da neben Russland auch China nunmehr an allen Fronten Widerstand leistet, steht notwendigerweise eine Verhärtung dieser Fronten bevor. Dabei geht es nicht in erster Linie um Syrien oder irgendein anderes Land, sondern um eine Konfrontation zwischen den Supermächten oder besser gesagt: zwischen den großen Machtzentren des Globus.

Wie man sieht, waren die Berichte vom 19. Juni 2012 über große russisch-syrische Manöver in der Region, möglicherweise auch zusammen mit China, keineswegs substanzlos. Pro-russische Beobachter und Journalisten wie der oben erwähnte Xavier Lerma sehen in Putin den Führer einer russisch-chinesischen und auch iranischen Allianz gegen den aggressiven westlichen Imperialismus: »Ob Sie ihn nun lieben oder hassen: Der Welt-Frieden liegt in seinen Händen. Die USA werden der Gewalt nicht abschwören, daher ist es nun an Wladimir und Co. Präsident Putin wird Russland und andere Länder vereinen, um die US-Aggression zu stoppen. Er könnte sogar den Dritten Weltkrieg verhindern.« Na, dann drücken wir mal die Daumen.

26. Juni Bushido im Bundestag: der »Prototyp vom neuen Deutschen«

Die Szene ist an Symbolik kaum zu überbieten. Beim Sommerfest des Wirtschaftsflügels der Unionsfraktion sitzen sie an diesem 26. Juni eng aneinandergeschmiegt da: Der eine, Bundesinnenminister Hans-Peter Friedrich, oberster Gesetzeshüter und Dienstherr von Bundeskriminalamt und Verfassungsschutz, hat den Arm um die Schulter des anderen gelegt: Bushido, »Rüpel-Rapper« und mehrfach vorbestrafter und offenbar schwer resozialisierbarer Outlaw. Da weiß man gar nicht, wer hier in die schlechtere Gesellschaft geraten ist: Bundesinnenminister Friedrich bei dem kriminellen Rapper oder der Rapper bei dem Guttenberg-Spezi Friedrich. Vor den Augen der Öffentlichkeit entfaltet sich eine gespenstische Karriere: Outlaw Bushido, notorisch mit dem Gesetz und dem Urheberrecht in Konflikt, wird mit einem Mal wie von Geisterhand von einem Polit-Promi zum anderen weitergereicht. Der CDU-Bundestagsabgeordnete Christian von Stetten hatte Bushido für ein einwöchiges Praktikum in den Deutschen Bundestag geholt. Ob von Stetten, Bundesinnenminister Friedrich oder der bayerische Ministerpräsident Horst Seehofer: Jeder lässt sich plötzlich mit Bushido ablichten. Biedert sich der Rapper bei jedem Polit-Promi an? Oder ist es etwa umgekehrt? Was wird da gespielt? Und warum?

Bushido und ein Schädelbruch

Bushidos *Wikipedia*-Eintrag liest sich wie ein Strafregister: Körperverletzung, Beleidigungen, Urheberrechtsverletzungen. Als Jugendlicher wurde Bushido demnach »wegen diverser Verstöße gegen das Betäubungsmittelgesetz und Sachbeschädigung … von einem Gericht vor die Wahl gestellt, eine staatlich geförderte Ausbildung zum Maler und Lackierer zu machen oder ins Jugendgefängnis zu gehen«. Im Jahr 2005 endete die Begegnung eines 19-Jährigen mit Bushido in Linz mit einem Schädelbruch. Anlass waren offenbar zerstochene Reifen an Bushidos BMW. Der Verletzte »gab vor Gericht an«, schrieb die österreichische Zeitung *Die Krone* in ihrer Online-Ausgabe vom 4. November 2005, »dass er vermutlich mit einer Flasche von hinten niedergeschlagen worden sei. In der Folge hätten ihn drei Männer mit Fußtritten traktiert.« Einer der drei: der Rapper und spätere Bundestagspraktikant Bushido. »Er habe nach eigener Aussage nicht gesehen, wer ihn verletzte, sei sich aber sicher, dass es sich dabei um Bushido und seine zwei Begleiter gehandelt habe«, so das Opfer laut *Krone*. Ob die Verletzung nun von einer Flasche oder einem Sturz herrührte, blieb strittig. Sicher war nur, dass sie im Zusammenhang mit der Rauferei mit Bushido und seinen Begleitern entstanden war. Doch im Gegensatz zu dem Opfer kam der Rapper mit einem blauen Auge davon. Gegen Zahlung von 20 000 Euro wurde das Verfahren eingestellt. Bushido zeigte sich denn auch als »Fan des Landes«: »Er komme trotzdem auch weiterhin gerne nach Österreich«, berichtete die *Krone*.

Carlos, Cokxxx und Nutten

Im Jahr 2010 zahlte Bushido 10 500 Euro Strafe, weil er zwei Polizisten als »Hampelmann« und »Affe« bezeichnet hatte. 2011 wurde der Rapper zu 19 500 Euro Geldstrafe verurteilt (*Spiegel Online*, 20.12.2011), weil er einen Beamten als »Vollidioten« tituliert hatte. Für Bushido sind das praktisch Marketing-Aufwendungen. Die Verfahren bringen Schlagzeilen und pflegen sein »Gangsta«-Image. Kriminalität wird umgehend in Musik umgemünzt. So bereicherte Bushido die Musikwelt um die Band *Berlins Most Wanted*, musizierte zusammen mit einem Rapper namens *King Orgasmus One*, besang in einem Lied den »Mittelfingah« und veröffentlichte Alben mit Titeln wie »Carlos, Cokxxx und Nutten«.

Musik fördere das Beste im Menschen zutage, sagt man. Bushido fördert lieber das Beste in anderen Menschen zutage – deren Musik nämlich – und macht es sich zu eigen. Seine Songs klaute er sich standesgemäß aus dem musikalischen Rinnstein zusammen, etwa bei der norwegischen »Satanisten-Band« *Dimmu Borgir*. 2007 stellte sich heraus, dass Bushido sein Kunstwerk »Mittelfingah«, ohne zu fragen, mit Tonfolgen der norwegischen Dark-Metal-Band aufgehübscht hatte. 2008 klagte die US-amerikanische Band *Nox Arcana* auf ihrer Website, Bushido habe ihre Musik »gestohlen«, und man werde »rechtliche Schritte gegen den Rapper und sein Label« einleiten. Gleich drei Songs soll Bushido demnach »direkt kopiert« und auf dem Album »Von der Skyline Zum Bordstein Zurück« veröffentlicht haben – später auch auf einer »Platin Edition«. Auf demselben Album erkannte sich auch die französische Gruppe *Dark Sanctuary* wieder. 2010 wurde Bushido vom Landgericht Hamburg deswegen zu einem »immateriellen Schadensersatz« von 63 000 Euro verurteilt – als Schmerzensgeld für die beklauten Künstler, die ihre Musik nun als Vertonung von Bushidos Texten ertragen mussten.

Es sieht ganz so aus, als würde sich Bushido vorzugsweise bei hierzulande unbekannten ausländischen Bands bedienen, um aus den fremden Tonfolgen eigene Werke zu stricken. Baute Bushido gar seine ganze Karriere zum großen Teil auf fremden Leistungen auf? Denn offenbar haben die »Ausrutscher« System: Im Fall *Dark Sanctuary* ging es um nicht weniger als »28 Tonfolgen aus 4 Alben der Kläger aus den Jahren 1999 bis 2004 …, die leicht verändert in 16 Bushido-Titeln als sich ständig wiederholende Tonschleifen (›Loops‹) eingearbeitet worden sein sollen«, hieß es beim Landgericht Hamburg. Was sich ganz so anhört, als habe Bushido das Werk der Gruppe systematisch durchgehört und ausgeschlachtet. Verurteilt wurde er in diesem Fall wegen »rechtswidriger Übernahmen von urheberrechtlich geschützten Tonfolgen in 13 Bushido-Titeln«.

Einer der größten Plagiatsfälle im deutschen Musikgeschäft

Inzwischen stelle sich die Frage: »Wars wirklich von Bushido oder von Dimmu Borgir, Dark Sanctuary oder Nox Arcana?«, so ein verunsicherter Blogger im Internet. Auf der Website *zeitzeuge* steht seit 2008 offenbar unangefochten eine ganze Liste von angeblich geklauten bzw. abgekupferten Bushido-Songs mit insgesamt 62 Einträgen.

Kurz: Bushido steht im Zentrum eines der größten Plagiatsfälle im deutschen Musikgeschäft. So gesehen ist Bushido für Bundesinnenminister Friedrich genau der richtige Kumpel. Denn mit großen Plagiatsfällen kennt der sich bestens aus. Zum Beispiel mit der Plagiatsaffäre Guttenberg. Im März 2011 legte sich Friedrich vehement für Plagiator Freiherr zu Guttenberg ins Zeug. Wie sich Friedrich als Bundestagsabgeordneter für Guttenberg starkmachte, als dieser vom Dr. jur. zum Dr. plag. mutierte, ist bezeichnend. Die Angriffe der Opposition auf Guttenberg, der seine Doktorarbeit in weiten Teilen abgeschrieben hatte, fand er »unglaublich«. »Das ist sehr unwürdig gewesen, und das wirft auch ein schlechtes Licht auf die Politik insgesamt«, sagte Friedrich am 2. März 2011 im Deutschlandfunk. Womit er nicht etwa den Zitate-Klau von Ex-Doktor Guttenberg meinte, sondern die Angriffe seiner Kritiker. Als am 23. Februar 2011 SPD-Mann Thomas Oppermann Plagiator Guttenberg im Bundestag frontal anging, bolzte Friedrich: »Das, was Sie hier vorgeführt haben, ist keine ordnungsgemäße parlamentarische Opposition, das ist eine Unverschämtheit.« Der spätere Innenminister Friedrich wollte Guttenbergs Raubkopiererei am liebsten ignorieren. Der Deutsche Bundestag entscheide nicht darüber, »ob und in welchem Umfang die Arbeit, die er eingereicht hat, wissenschaftlichen Wert hat und einen Erkenntnisgewinn bringt«. Der Bundestag sei schließlich »kein Promotionsausschuss«. Über den wissenschaftlichen Wert »entscheide« einzig und allein die Universität Bayreuth. Dabei ging es überhaupt nicht um den wissenschaftlichen Wert, sondern um dreiste Verletzungen des Urheberrechts.

Von Stetten und die schweren Jungs

Mit so einem Mann ist für Bushido freilich gut kuscheln. Und mit so einem auch: »Sein adliger Mentor [von Stetten, der ihn zum Praktikum im Bundestag einlud] führt Bushido an die wichtigsten Menschen an diesem Land heran«, berichtete *Spiegel TV* am 22. Juli 2012. Aber warum? Was soll das alles? Warum nimmt unsere Politprominenz plötzlich einen offensichtlich unbelehrbaren Intensivtäter als Lehrling unter ihre Fittiche? »Denn Bushido besingt nicht nur ein kriminelles Umfeld, er bewegt sich auch in einem«, so der TV-Beitrag. Auf einem behördlichen Schema eines kriminellen arabischen Klans in Berlin sei auch ein Foto von Bushido zu finden. Eines der Klanmitglieder sei Drahtzieher des »spektakulären Überfalls auf das Berliner Pokerturnier im März 2010« gewesen. Der älteste Bruder der Familie sei ein berüchtigter Zuhälter. Richtig schwere Jungs also. Bleibt nur noch die Frage: Wo passt da der ehrenwerte CDU-Freiherr von Stetten hinein? Ganz einfach: »Nach Recherchen von *Spiegel TV* macht er mit diesem kriminellen Milieu Geschäfte.« So habe von Stetten vor drei Jahren (2009) knapp 40 000 Euro an eines der Klanmitglieder gezahlt, gegen das bereits wegen Betrugs, Geldwäsche und Falschaussage ermittelt worden sei. Vor der Kamera ignorierte von Stetten Nachfragen nach dem Hintergrund des Geschäfts. Schriftlich ließ er erklären, es habe sich um das Honorar für eine Getränkelieferung gehandelt. Wobei sich die Firmen des Geldempfängers jedoch weniger mit Getränken als mit Immobilien beschäftigten, so der Fernsehbeitrag. »Offensichtlich hat der arabische Klan jetzt einen direkten Draht in den Bundestag« konstatiert *Spiegel TV*. Und das ist wohl auch der Grund, warum von Stetten schon mal erklärte, er würde Bushido wieder in den Bundestag einladen.

So weit, so schlecht. Aber wo genau soll das hinführen? Nun, die Antwort hat Bushido schließlich selbst gegeben: Er will Regierender Bürgermeister von Berlin werden. Das heißt: Der Klan will offenbar die Führung der Hauptstadt und später des ganzen Landes übernehmen. Und wer das für einen Witz hält, sollte mal kurz innehalten. Denn schließlich ist Berlin die Stadt mit dem höchsten »Ausländeranteil«. Genauer: Laut dem Amt für Statistik Berlin-Brandenburg sind knapp 25 Prozent der Berliner Ausländer oder »Deutsche mit Migrationshintergrund«. Kurz: Berlin ist Schmelztiegel und zugleich Experimentierfeld der politisch Korrekten. Man fragt sich unwillkürlich: Ist eine Randgruppen-Karriere neuerdings etwa die zentrale Qualifikation für höchste deutsche Ämter?

Der »Prototyp vom neuen Deutschen«

Blödsinn! Schließlich dürfte ein einwöchiges Praktikum im Deutschen Bundestag ja wohl kaum ausreichen, um die Mechanismen der Politik zu verstehen. Von wegen. Wenn Sie mich fragen, ist der Mann als Bundestagsabgeordneter damit eindeutig überqualifiziert. Denn Gesetzesvorlagen abnicken, Wochenendflüge buchen und Diäten erhöhen kann man auch an einem einzigen Tag lernen. Den zweiten braucht man dann nur noch für den Crashkurs als Bundeskanzler: Und zwar im Telefonieren mit Washington und Brüssel. So schwer kann das also nicht sein. Trotzdem: Bushido – Bundeskanzler? Nicht doch: Sie haben wohl schon vergessen, dass Bushido das alles selbst gesagt hat. Aber es ist ja auch schon wieder über drei Jahre her: 2009 überfiel den Rapper neben seiner notorischen Hybris plötzlich die unheimliche Zuversicht, er könne doch Bundeskanzler der Bundesrepublik Deutschland werden. Demnach sah Bushidos Karriereplanung so aus: »Noch ein paar Jahre Halli-galli machen« und dann »Ende Gelände«:

> »Dann mach' ich Familie mit hoffentlich vielen Kindern.« Und wenn er das geschafft hätte, dann hätte er sich »eh überlegt ..., ob ich erst mal Bürgermeister von Berlin werde, und wenn ich das geschafft habe, dann – keine Ahnung – dann müssen wir

mal gucken, was ich alles machen muss: entweder Bundespräsident oder Bundeskanzler oder so. (...) Ich denke, ich bin eh so ein Prototyp vom neuen Deutschen oder auch vom neuen Politiker. Deutschland sieht halt anders aus als vor 50 Jahren« (www.clixoom.de, 25.9.2009).

Wie wahr. Und sage niemand, Bushido würde sich als neuer Staatschef mit Gesetzen nicht auskennen. Was er einst vor der Kamera äußerte, ist natürlich ebenfalls längst vergessen: »Für mich zählt nur die Moral, die ich in meinem Herzen habe, das ist mein Gesetz. (...) Wenn ich der Meinung bin, ich habe kein Geld, ich muss jetzt eine Uhr klauen, dann brauche ich das so. Für das Gesetz ist das natürlich illegal. Für mich ist das Pulver – ich brauch 'ne Uhr.« (*Spiegel TV*, 16.12.2008)

Juli 2012

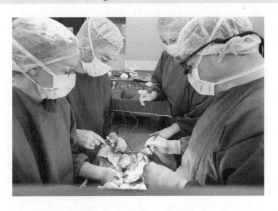

Thema des Monats *20.7.:*
Organentnahme ist gleich Mord

2.7. NSU-Skandal: Der Präsident der Bundesamtes für Verfassungsschutz, Fromm, bittet um Versetzung in den vorzeitigen Ruhestand **3.7.** Der thüringische Innenminister kündigt an, Verfassungsschutz-Präsident Sippel in den einstweiligen Ruhestand zu versetzen **4.7.** *Migranten provozieren »rassistische Zwischenfälle«* **6.7.** Das OLG Stuttgart verurteilt Verena Becker wegen Beihilfe zum Mord an Generalbundesanwalt Siegfried Buback (1977) **11.7.** Russische Schwarzmeerflotte durchquert Bosporus **18.7.** Bombenanschlag auf israelische Touristen am bulgarischen Flughafen Burgas/Neckermann meldet Insolvenz an **19.7.** Der Deutsche Bundestag bewilligt 100 Milliarden Euro für spanische Banken **20.7.** *Amoklauf von Aurora: Der Täter kam nicht alleine/Organentnahme ist gleich Mord* **27.7.** Eröffnung der Olympischen Sommerspiele in London

4. *Juli* Rassismus-Paranoia:
Warum »Schwarzfahren« wirklich verboten ist

München, Anfang Juli 2012. Auf einem Bürgersteig fährt eine junge farbige Mutter mit ihrem etwa sechsjährigen Kind Fahrrad und klingelt Passanten beiseite, bis es einer Frau zu bunt wird: »Sie fuhr ganz dicht auf, schimpfte in einer fremden Sprache und klingelte total aggressiv«, erzählte sie hinterher. »Auf dem Gehsteig Fahrrad fahren ist für Erwachsene verboten«, wehrt sich die bedrängte Passantin. Daraufhin fängt die Migrantin an zu schreien, es sei das gute Recht des Kindes, auf dem Gehsteig zu fahren. Und außerdem sei die Passantin eine Rassistin. »Wir sind hier in Deutschland, nicht in Afrika!«, habe sie gesagt. Woraufhin die Farbige schreit: »Rassismus! Rassismus! Jetzt gibt es eine Anzeige!«, und die Fußgängerin in einen nahe gelegenen Supermarkt verfolgt. Sie spricht andere Passanten an und versucht einen Auflauf zu verursachen. Nebenbei ruft sie die Polizei an, um Anzeige »wegen Diskriminierung« zu erstatten. Dazu schreit sie die Fußgängerin mit einer Geste in Richtung ihrer ebenfalls farbigen Tochter an: »Das ist Deutschland! Das ist Deutschland!«

Migranten spielen die Rassismuskarte

Solche Fälle gibt es plötzlich zuhauf. Den verstörten Betroffenen erscheint das Ganze hinterher wie eine geplante Provokation, das Verhalten der Migranten wie »geschult«. »Sie wollte mich einschüchtern. Ich glaube, sie wollte mich so weit kriegen, dass ich irgendwas Rassistisches sage. Sie warf mit Gesetzen und Paragraphen um sich«, erinnerte sich hinterher die Fußgängerin. Und eine andere Betroffene berichtete von einem ähnlichen Vorfall: »Was an der Sache auffällig war, dass das Mädchen alles perfekt organisiert hat. (...) Sie hat alles auffällig routiniert abgespult wie schon tausend Mal. Ja, ich hatte das Gefühl, dass sie es genau so erwartet hatte und genau so darauf geschult worden war.« In einer

E-Mail habe die Migrantin eine Geldforderung anklingen lassen, und später »wollte sie in der Tat von mir 2000 Euro Schmerzensgeld haben« (was allerdings nicht »geklappt« habe).

Im Hamburg gab es am 18. Mai 2012 eine Autorenlesung, in der die Moderatorin und Schriftstellerin Sarah Kuttner von einer »Negerpuppe« aus ihrer Kindheit erzählte. Nach der Lesung zeigte ein farbiger Zuhörer die Autorin wegen Beleidigung an: »Sie zog über diese ›Negerpuppe‹ her, ließ sich über deren 30 Zentimeter große ›Schlauchbootlippen‹ aus und wiederholte, wie ekelhaft und widerlich sie diese großen Lippen fand. Sie habe die Puppe wegschmeißen müssen, weil es keinen Sinn gehabt habe, sie zu behalten«, so der Anzeigeerstatter laut *Welt Online* vom 24. Mai 2012. »Das war einfach nur rassistisch.« Wenn man sich die fragliche Textstelle in dem Buch ansieht, ergibt sich allerdings ein ganz anderes Bild. Dort heißt es nämlich:

> »Nichts zu sagen ist allerdings gegen meine Negerpuppe. Ein riesiges Stoffungetüm, ganze achtzig Zentimeter purer, aber unschuldiger Rassismus mit einem obszön großen Kopf, der so schwer ist, dass er der Puppe immer wieder auf die schmalen Schultern fällt und ihr so permanent einen ergreifend niedergeschlagenen Eindruck verleiht. Als wäre das nicht schon entsetzlich genug, wird das Ganze noch von einem furchterregenden Paar praller, aufgenähter Wurstlippen getoppt. Vollkommen undenkbar, dass so etwas heute noch verkauft würde, soweit ich weiß, hat mein Vater sie vor über zwanzig Jahren von irgendeiner Reise mitgebracht.«

In Wirklichkeit findet die Autorin die Negerpuppe also »entsetzlich«, und zwar nicht, weil sie Schwarze entsetzlich findet, sondern diese Puppe in ihrer besonderen Ausgestaltung ihr missfällt. Das geht aus dem Zusammenhang klar hervor. Das misszuverstehen ist schon ein besonders bösartiges Manöver.

Oder nehmen wir den Fall einer Münchner Apothekerin. Eines Nachmittags tritt die Frau aus ihrem Laden, um einen Werbeaufsteller aus der Sonne zu holen. Dabei begegnet sie im Eingang einer farbigen Kundin, die – während die Geschäftsfrau den Aufsteller hereinholt – fragt, ob die Apotheke schon schließe. Die Apothekerin verneint und geht daraufhin in den Laden zurück, um einen anderen Kunden zu bedienen, der inzwischen das Geschäft betreten hat: »Ich dachte, vielleicht hat es sich die Kundin anders überlegt«, erzählt sie später. Die jedoch fühlte sich deshalb diskriminiert und fing an, Krach zu schlagen. Daraufhin warf die Apothekerin sie nun tatsächlich aus dem Laden. Den Vorwurf der Diskriminierung nimmt die Pharmazeutin nicht ernst, da sie selbst gebürtige Ungarin ist und der andere Kunde ein Asiate war. Überdies befindet sich die Apotheke in einer Wohngegend mit hohem Migranten- und Behindertenanteil. Ein Geschäft, das »diskriminiert«, wäre hier wohl schnell »weg vom Fenster«. Aber auch diese Migrantin war offenbar auf Krawall aus: »Danach hat sie sich aber nicht entfernt, sondern die Apotheke belagert«, berichtet die Apothekerin, »andere Passanten angesprochen und ›Beweismaterial‹ gegen mich gesammelt«. Was man – je nach Perspektive – ja auch als Ruf- und Geschäftsschädigung ansehen könnte. Erst jetzt rutschen der in die Enge getriebenen Apothekerin die Worte heraus: »Hier ist Deutschland, nicht Afrika!«

Umkehr der Beweislast

Offenbar spielen immer mehr »Menschen mit Migrationshintergrund« plötzlich die Rassismuskarte. Dabei lebt die Mehrzahl der Migranten, Farbigen oder Ausländer friedlich mit den »eingeborenen« Deutschen zusammen. Und umgekehrt. Denn mit Rassismus würde heutzutage niemand mehr weit kommen – nicht mal mehr bis zur Dönerbude um die Ecke, pardon: »bis zum nächsten Imbissunternehmen ausländischer Gewerbetreibender«. Umso erstaunlicher, dass ein Teil der Migranten plötzlich auf Krawall gebürstet ist. In München kümmert sich eine Beratungsstelle mit dem sinnigen Namen AMIGRA (Antidiskriminierungsstelle für Menschen mit Migrationshintergrund) um die mutmaßlichen Rassismusopfer. Beschuldigte Mitbürger schreibt sie an und klärt sie darüber auf, »dass nicht das vermeintliche Opfer«, sondern der Beschuldigte »darzulegen hat, dass nicht diskriminiert beziehungsweise benachteiligt wurde«. Tatsächlich hat also nicht das angebliche Opfer, sondern der Verdächtige die Beweislast. So heißt es in Paragraph 22 AGG (Allgemeines Gleichbehandlungsgesetz): Wenn im Streitfall eine Partei Indizien habe, die eine Benachteiligung »vermuten lassen«, trägt »die andere Partei die Beweislast dafür, dass kein Verstoß gegen die Bestimmungen zum Schutz vor Benachteiligung vorgelegen hat«.

Barrierefreie Denunziation

Ob das verfassungskonform ist, sei einmal dahingestellt. Genau genommen können sich also Migranten (aber auch Frauen, Behinderte, Homosexuelle und andere »Randgruppen«) irgendeinen Menschen heraussuchen, dessen Nase ihnen nicht passt, und ihn der Diskriminierung beschuldigen. Beweisen müssen sie das nicht, sondern der Beschuldigte muss seine Unschuld beweisen. Gelingt ihm das nicht, steht dem wirklichen oder vermeintlichen Opfer der Geldbeutel des Verdächtigen offen: »Wegen eines Schadens, der nicht Vermögensschaden ist, kann der Benachteiligte eine angemessene Entschädigung in Geld verlangen«, heißt es in Paragraph 21 AGG. Die Wirkung dieser Bestimmungen ist klar: eine wundersame Vermehrung von Rassismusfällen. Nach dem Inkrafttreten dieses Gesetzes im Jahr 2006 verzeichnete die Münchner AMIGRA in den Jahren 2007 und 2008 denn auch »eine Steigerung der ›reinen Fallzahlen‹ bei den persönlich geführten Beratungsgesprächen von 38,5 Prozent«. Und zwar genüber den letzten *vier* Jahren. Und das, obwohl es für die städischen Bediensteten inzwischen eine eigene Beschwerdestelle für Diskriminierungsfälle gibt. Haben wir es also mit einer neuen »Rassismuswelle« zu tun? Oder wurde hier die Denunziation nur barrierefrei gemacht?

Verzeichnet wurden auch Fälle wie dieser:

> »Ein Franzose suchte die Beschwerdestelle [für Diskriminierungsfälle, BfD; jetzt AMIGRA] auf und bat, ihn vor einer Staatsanwältin, die ihn aufgrund seiner Herkunft diskriminieren würde, zu schützen. Als Beweise für seine Diskriminierung gab er an, dass die Staatsanwältin beispielsweise völlig ohne Grund seine Vorführung bei einem Psychiater durch die Polizei anordne. Sie wollte eine Betreuungsverfügung erwirken. Ein Telefonat mit dem zuständigen Arzt bestätigte die Annahme, dass eine schwere psychische Störung vorlag und die Betreuung auch bereits veranlasst wurde. Um seine Diskriminierung zu untermauern, »überflutete« er dennoch die BfD täglich mit Faxen oder anderen schriftlichen Unterlagen. Klärende Gespräche führten nur dazu, dass auch die Mitarbeiterinnen der Diskriminierung bezichtigt wurden« (Beschwerdestelle für Diskriminierungsfälle: Bericht für den Zeitraum 2005 bis 2007, S. 14, www.muenchen.de/rathaus/dms/Home/Stadtverwaltung/Direktorium/Amigra/PDF/bericht2005_07.pdf).

Tja, so schnell kann's gehen. Der Beschwerdestelle wurde damit vor Augen geführt, wie schnell man selbst Opfer von Rassismus-Vorwürfen werden kann. Hätte sich der Beschwerdeführer zufällig nicht mit der Staatsmacht selbst angelegt, wäre er mit seinen Behauptungen vielleicht durchgekommen.

»Handlungsstrategien« gegen »Rassisten«

Um das Geld für einen Anwalt muss sich der mutmaßlich Benachteiligte übrigens keine Sorgen machen, denn zunächst mal braucht er gar keinen. Um seine Belange kümmert sich anfangs AMIGRA: Die Berater erstellen »eine Situationsanalyse«, »holen gegebenenfalls Stellungnahmen von der Gegenseite ein«, »hören Zeugen« und entwickeln gemeinsam mit dem mutmaßlich Betroffenen sogar regelrechte »Handlungsstrategien«. Dass der Beschuldigte (oder vielleicht Verleumdete?) ebenfalls ein Mensch mit bestimmten Rechten ist, gerät dabei vielleicht aus dem Blickfeld. Eine von der Mobilen Beratung für Opfer rechter Gewalt herausgegebene Broschüre mit dem Titel »Was tun nach einem rassistischen Angriff?« beruhigt die vermeintlichen Objekte rassistischer Anfeindungen: »Klar ist, dass Sie als Opfer rassistischer Gewalt nicht einen Cent bezahlen sollten, um Ihre Rechte in Anspruch zu nehmen«, heißt es dort – womit der Opferstatus nicht etwa offengelassen, sondern gleich mal vorausgesetzt wird. Und: »Es gibt unterschiedliche Möglichkeiten, das Honorar für den Anwalt oder die Anwältin zu beantragen.«

Freiwild für Denunzianten?

Zwischen mutmaßlichen Opfern, Beratungsstellen und Rechtsanwälten drohen so Interessengemeinschaften zu entstehen, in denen es für das angebliche Opfer (das die Tat nach AGG ja nicht einmal beweisen muss) um Entschädigung, für die Beratungsstellen um Etats und für die Rechtsanwälte um Honorare geht. Der Gesetzgeber und politisch korrekte Vereine machen's möglich. Aber mit dem Rassismus- oder Diskriminierungsvorwurf lassen sich auch Rache- oder andere Bedürfnisse befriedigen. Denn der Vorwurf des »Rassismus« ist inzwischen zu einer derart scharfen Waffe geworden, dass sich Beschuldigte kaum wehren können – auch wegen der Umkehr der Beweislast. Die gesetzliche und organisatorische »antirassistische« Infrastruktur und der beständige Rassismus-Generalverdacht gegen die einheimische Bevölkerung könnten zur Folge haben, dass diese zum Freiwild für Denunzianten wird. Kurz: dass sich der Rassismus »umdreht«.

Der Weg ins politisch korrekte Irrenhaus

Nachdem ich einen Artikel über das Thema im Internet veröffentlicht hatte, erreichten mich erschütternde E-Mails von Betroffenen. »Vielen Dank für diesen außerordentlich treffenden Artikel!«, schrieb zum Beispiel ein Leser aus Österreich: »Auch hier in Österreich ist diese Entwicklung zu beobachten.« Gemeint ist der geschilderte Fall der Münchner Fußgängerin, die als Rassistin beschimpft wurde, weil sie sich gegen eine rücksichtslose Radfahrerin wehrte. »Mir selbst vor Wochen so ähnlich passiert mit einer Zigeunerin in der Salzburger Altstadt!« »Die Leute müssen darüber aufgeklärt werden, dass die Entwicklung immer mehr in Richtung politisch korrektes Irrenhaus geht; vielleicht hilft das – ich habe aber wenig Hoffnung …« Statt »verhasster Zustimmung« zu dem Artikel, wie es von »den Deutschen« natürlich zu erwarten gewesen wäre, enthielten die Nachrichten eher regelrechte Hilferufe: »In unserem Unternehmen arbeiten viele Nationalitäten aus allen Erdteilen gut miteinander zusammen« schrieb beispielsweise ein Leser: Ein türkischer Arbeitnehmer falle jedoch »dauernd damit auf, sich ständig von seinem Arbeitsplatz zu entfernen oder mit seinem privaten Mobiltelefon während der Arbeit zu hantieren«. Als sein Vorarbeiter ihn deshalb ermahnte, »antwortete dieser frech: ›Du machst mich ja nur an weil ich Türke bin.‹ Ich finde, eine solche Reaktion muss genauso sanktioniert werden, wie ein wirklich rassistischer Übergriff. Mit solchem Verhalten wird Rassismus geschürt.« Die Angst, offen über derartige Vorfälle zu sprechen, ist groß: »Sollten Sie diesen Leserbrief veröffentlichen, ausschließlich anonym: Wer in Deutschland die Wahrheit sagt, wird oft als Nazi diffamiert.«

Unappetitliche Unterwerfung

Eine Leserin berichtet, wie sie in einer Disco einmal mit einem Schwarzen ein paar Blicke und ein Lächeln wechselte. Die Folge: »Avancen inklusive Heiratsantrag seinerseits«. Als sie abblockte, beschuldigte sie der schwarze Mitbürger: »Du willst nicht mit mir ins Bett, weil ich schwarz bin. Wäre ich ein Weißer, wäre das kein Thema.« Was erstens impliziert, dass die Frau ansonsten natürlich mit jedem ins Bett gehe, solange er nur weiß ist. Und zweitens einen Versuch der sexuellen Erpressung beinhaltet: Schlaf mit mir, sonst bist du eine Rassistin. Ein anderer Leser fand es abstoßend, »wie manche Deutsche sich selbst freiwillig unterwerfen«: Das habe er »auf geradezu unappetitliche Weise an einer Supermarktkasse erleben müssen, wo ich wagte, einen aggressiven schwarzen Vordrängler zurechtzuweisen. Eine Deutsche, die daneben stand, keifte mich hysterisch an: ›Entschuldigen Sie sich bei dem Herrn! Entschuldigen Sie sich bei dem Herrn!‹ Manchmal wird mir vor Wut rot vor den Augen.« Denn »schwarz« dürfe es ihm ja nicht werden.

»Zigeuner«, »Schwarzer«, »Türke«: In den Mails kommt der Wunsch zum Ausdruck, endlich wieder unbefangen reden zu dürfen, ohne gleich als Rassist oder Schwerverbrecher dazustehen. Was ganz so aussieht, als stünden die Deutschen, aber auch die integrierten Migranten, psychologisch mit dem Rücken zur Wand und mauserten sich inzwischen von vermeintlichen Unterdrückern zu echten Unterdrückten. Offenbar scheuen sich Deutsche oder »Einheimische« inzwischen, unbefangen mit Ausländern, Farbigen oder anderen »Menschen mit Migrationshintergrund« umzugehen. Wie weit das geht, schildert ein Leser in einem anderen Fall: In der Münchner U-Bahn habe kürzlich eine junge farbige Mutter mit ihrem kleinen Kind gesessen. Während ältere Leute stehen mussten, turnte das Kind mit den Schuhen auf dem Sitz herum. Die Mutter habe keinerlei Anstalten gemacht, ihren Sprössling zurechtzuweisen oder ihn auf den Schoß zu nehmen, um den Platz für ältere Menschen frei zu machen. Zwar sei die Spannung in dem Waggon spürbar gewesen, aber gesagt habe niemand etwas.

Rassismus gegen Deutschland

Aus den Mails sprach teilweise pure Verzweiflung. Ganz offenbar haben die Bürger das Gefühl, von ihren Politikern aufgegeben, ja verraten worden zu sein. Ein Schreiber bemängelt

»die Erzwingung der Zuwanderung in Deutschland mit allen Mitteln. Mit Sozialdumping, mit Strafvereitelung, der Verfolgung Unschuldiger, der üblen Nachrede, alles bis hin zur Terrorisierung der Einheimischen zum Brechen jeglichen Widerstands. Verleumdung und Verdummung, alles zum Erreichen des einen Ziels, der Errichtung der EU, ohne Wiederkehr der Nationalstaaten.«

Zurzeit nehme man den Bürgern »endgültig die Verfügungsgewalt über das selbst erarbeitete Geld, damit es direkt in die Taschen der Machthaber fließt«. Und natürlich in die Taschen des verschuldeten Auslands, darf man hinzufügen. »Wir geraten immer mehr in den Strudel, der uns endgültig ins Nirgendwo führt, aus dem es dann kein Entrinnen mehr gibt ...«

20. Juli Aurora:
War der »Amoklauf« ein Staatsverbrechen?

Wer bisher gedacht hatte, die »Operation Schützenhilfe« für den französischen Präsidenten und Präsidentschaftsbewerber Nicolas Sarkozy sei ein einmalig dreister Fall von Staatsterrorismus gewesen (siehe *11. März* »Schützenhilfe für Sarkozy«), sieht sich an diesem 20. Juli eines Besseren belehrt. Schon wieder schießt da ein »Lone Gunman« mitten im Wahlkampf des Präsidenten ein Dutzend Menschen über den Haufen. Tja – Zufälle gibt's! Diesmal heißt das Land allerdings nicht Frankreich, sondern USA. Und der Wahlkämpfer heißt nicht Sarkozy, sondern Barack Obama.

Doch von Anfang an: Kurz nach Mitternacht am 20. Juli 2012 kaufte sich ein junger Mann im *Century-16*-Kino von Aurora bei Denver eine Karte für die Premiere des neuen Batman-Films mit dem unheilvollen Titel *The Dark Knight Rises* (»Das Erscheinen des Schwarzen Ritters«). Er setzte sich in die erste Reihe, doch nach etwa 20 Minuten stand er auf, verließ das Kino durch einen Notausgang und kam gegen 0.38 Uhr als komplett ausgerüsteter SWAT-Kämpfer* zurück: Neben einer Gasmaske und einem schusssicheren Helm trug er kugelsichere Leggins und eine kugelsichere Weste, einen Hals- und Leistenschutz sowie schwarze Einsatz-Handschuhe. Bewaffnet war er mit einer Maschinenpistole Smith & Wesson M & P 15 (AR-15) samt Hundertermagazin, einer Repetierflinte Remington 870 Express, einer Glock-22-Pistole sowie zwei nicht näher beschriebenen Gasgranaten oder -behältern. Letztere zündete er, nachdem er das Kino wieder betreten hatte, und behinderte so die Sicht der Opfer. Anschließend schoss er mit der Flinte und der Maschinenpistole zuerst in die Decke und dann in das Publikum. Zum Schluss feuerte er mit der 22er Glock. Insgesamt erledigte der Attentäter ein enormes »Pensum« und traf 70 Menschen, zwölf davon tödlich. Nachdem um 0.39 Uhr die ersten Notrufe bei den Behörden eingegangen seien, sei nach nur einer bis eineinhalb Minuten die Polizei eingetroffen. Nur vier oder fünf Minuten später (0.45 Uhr) sei der Verdächtige neben seinem Auto auf dem Kinoparkplatz festgenommen worden. Es handelte sich um den 24-jährigen James Eagan Holmes. Das Appartement des Killers sei mit zahlreichen Sprengfallen und Sprengstoff präpariert gewesen, so dass es erst nach umfangrei-

---

*SWAT; *Special Weapons and Tactics*, Antiterror-Einheit der USA.

chen Sicherheitsvorkehrungen habe betreten werden können. So weit die offizielle Version, wie sie von allen Medien heruntergebetet wurde.

Der »Lone Gunman«

Doch wie wir wissen, sind offizielle Versionen und die Wahrheit häufig zwei Paar Schuhe. Und da ist es völlig egal, ob es um Amokläufe, Euro-Rettungspakete, Krisenherde oder Organspenden geht: Die Wahrheit erzählt man uns so gut wie nie. Beginnen wir mit der Pressekonferenz von Aurora-Polizeichef Dan Oates an demselben 20. Juli. Nur wenige Stunden nach dem Attentat weiß er natürlich noch nicht viel. Schließlich handelt es sich um mindestens drei verschiedene Tatorte (Kino, Auto und Appartement), insgesamt 70 Tote und Verletzte, mindestens 100 zu sichernde Projektile (im Kino und in den Opfern), vier Waffen, ein Fahrzeug und etwa 200 Zeugen. Bei seiner Zehn-Minuten-Pressekonferenz gibt sich Oates auf Fragen äußerst kurz angebunden. Motiv? Darüber spekuliere man nicht. Wie der Täter in das Kino kam? Das sei Gegenstand der Untersuchung. Eine Chronologie? Man sei etwa eine bis eineinhalb Minuten nach dem ersten Notruf vor Ort gewesen; der Verdächtige sei unverzüglich festgenommen worden. Wie viele Magazine er dabeigehabt habe? Man sei noch nicht so weit, diese Frage zu beantworten; es gebe eine enorme Menge ballistischer und forensischer Spuren. Man werde noch sehr viel Zeit in dem Kino verbringen, deshalb könne man dazu noch nichts sagen. Ob der Täter die Waffen legal erworben habe? Das wisse man noch nicht. Nur eines weiß der Polizeichef wenige Stunden nach dem komplexen Geschehen merkwürdigerweise schon ganz genau: »Wir suchen nach keinem weiteren Verdächtigen. Wir sind sicher, dass er alleine handelte. Nichtsdestoweniger werden wir eine gründliche Untersuchung durchführen, um ganz sicher zu sein. Aber zurzeit sind wir sicher, dass er allein handelte.« Lee Harvey Oswald lässt grüßen: der berühmte »Lone Gunman« also.

Das magische Wissen der Polizei

Hoppla! Wie kann der Mann das wissen? Der Täter lief in einer schwarzen Anti-Terror-Ausrüstung herum. Im Kino war es dunkel, sein Gesicht verdeckte eine Gasmaske, die Opfer konnten durch den Rauch und das Chaos nichts sehen, und seine Stimme benutzte er kein einziges Mal. Daher gibt es keinen einzigen Zeugen, der den Verdächtigen James Eagan Holmes schießen sah. Dafür, dass der vermummte Schütze derselbe Kinobesucher war, der den Saal zuvor durch den Notausgang verlassen hatte, gibt es – zumindest zu diesem Zeitpunkt – ebenfalls keinen einzigen Beweis. Aber selbst wenn (wodurch auch immer) schon wenige Stunden nach der Tat feststünde, dass sich am Tatort keine anderen oder weiteren Täter befanden: Was ist dann mit dem Hintergrund der Tat? Den kann die Polizei zu diesem Zeitpunkt überhaupt nicht kennen: Hat dem Täter jemand bei der Vorbereitung geholfen? Hat ihn jemand trainiert? Hat ihm jemand Waffen überlassen? Hat ihn jemand angestiftet und/oder bezahlt? Schon aus dieser Behauptung des Polizeichefs lässt sich also erkennen, dass die Polizei unseriös arbeitet. Und da hilft auch der Hinweis auf die »gründliche Untersuchung« nichts. Denn normalerweise kann man sich so kurze Zeit nach einer solchen Tat zur Zahl der Täter überhaupt nicht mit derartiger Bestimmtheit äußern. Wie sich mancher Leser bereits denken kann, fällt diese Aussage denn auch in die Kategorie »magisches Polizeiwissen«: Das sind Informationen, welche die Polizei zu einem gegebenen Zeitpunkt noch gar nicht haben kann. Nehmen wir beispielsweise den Fall der in Deutschland am 28. Juni 2010 verschwundenen Richterin Kirsten Heisig. Vier Tage nach ihrem Verschwinden und einen Tag vor dem Auffinden der Leiche berichtete der *Berliner Kurier:* »Eine Entführung, überhaupt eine Straftat schließt die Polizei aus.« Ohne Leiche und Obduktion! Wenn das keine hellseherischen Fähigkeiten sind!

Aber auch die Polizei von Aurora ist schlauer, als die Polizei erlaubt. Ganz offensichtlich geht es darum, Spekulationen über weitere Täter im Keim zu ersticken. Dabei spricht die Tat prima facie eigentlich sehr wohl für mehrere Täter:

- die Zahl der Waffen
- die Zahl der Schüsse
- die Gesamtzahl der in kurzer Zeit vorgenommenen Handlungen:
  a) die Verwandlung des zivilen Kinobesuchers in den voll ausgerüsteten Attentäter
  b) der Einsatz von Gasgranaten
  c) mindestens 100 Schüsse
- und natürlich die beiden gefundenen Gasmasken

Dass sich ein Einzeltäter mit mehreren Waffen behängt, kann ja sein – aber wozu braucht er zwei Gasmasken? Hat er etwa nicht nur zwei Hände, sondern auch zwei Gesichter? Die eine Gasmaske wurde angeblich bei dem an seinem Fahrzeug festgenommenen Holmes gefunden, die andere hingegen etwa 30 Meter von seinem Auto entfernt am anderen Ende des Kinokomplexes. Wie kam sie dorthin? Und wer hat sie dort fallen lassen? Die Antwort gibt eine Blutspur. Sie führt vom Notausgang des Kinos an Holmes' Auto vorbei direkt zu dieser Gasmaske – aber nicht zurück zu Holmes' Auto. Wobei diese Blutspur durchaus schwierig zu interpretieren ist. Sollte sie aber von einem Täter stammen, so kann dieser Täter wohl kaum James Eagan Holmes gewesen sein.

»Brutalstmöglicher Gewaltakt«

Werfen wir also einen Blick auf den Verdächtigen James Eagan Holmes. Gemäß der offiziellen Version hat er am 20. Juli 2012 im *Century 16* Kino von Aurora den »brutalstmöglichen« Gewaltakt verübt, nämlich zwölf Menschen erschossen und 58 verletzt. Also ziemlich genau das »Pensum« des norwegischen Utøya-

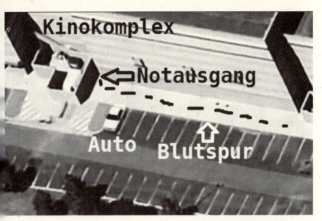

Eine Blutspur führt an Holmes' Wagen vorbei zum anderen Ende des Gebäudes. Dort liegt auch die zweite Gasmaske.

Attentäters vom 22. Juli 2011. Und wenn es Gesetzmäßigkeiten hinsichtlich solcher Gewaltexzesse gibt, dann die, dass sie nicht aus heiterem Himmel entstehen. Bis es zu einem derartigen Gewaltausbruch kommt, hat der Täter normalerweise bereits viele andere Gewalttaten begangen: Schlägereien, Körperverletzungen, Vergewaltigungen und Ähnliches. Eine solche Gewaltbereitschaft entsteht nicht von heute auf morgen, sondern ist das Ergebnis einer kriminellen und soziopathischen Karriere. Neben dieser psychologischen Komponente gibt es hier aber auch noch einen militärischen Aspekt. Denn dass es sich bei dem Attentat um eine militär- oder polizeiähnliche Aktion handelte, ist offensichtlich. Auf den ersten Blick haben wir hier die Tat eines Mitglieds eines – polizeilichen oder militärischen – Spezialkommandos vor uns. Betrachten wir die Sache einmal mit den Augen eines »Profilers«: Was würde ein solcher »Fallanalytiker« zu Ausrüstung, Verhalten und Modus Operandi des Täters sagen? Darauf gibt es wohl nur eine Antwort: Militär oder Polizei. Zumindest »Ex«: Also ein ehemaliger Angehöriger von polizeilichen oder militärischen Sonderkommandos. Das ist eindeutig die naheliegendste Möglichkeit. Denn das Problem ist ja nicht nur, sich diese »Fertigkeiten« anzueignen. Das Problem ist auch, sie dann anzuwenden und den Anblick schwerverletzter und sterbender Menschen auszuhalten, ohne mit der Wimper zu zucken. Und daher spricht das reibungslos abgewickelte Massaker dafür, dass der oder die Täter so etwas nicht zum ersten Mal gemacht haben. Kommt dieses Merkmal der Erfahrung oder Abgebrühtheit noch zum Merkmal der bloßen Fähigkeiten hinzu, scheidet ein Laie oder Autodidakt als Täter im Grunde endgültig aus, und übrig bleibt nur ein polizeilicher und militärischer Profi.

Vielleicht gibt es auch noch die vage Möglichkeit, dass ein Mensch ohne soziopathische Anamnese und militärische oder polizeiliche Vorgeschichte sich solche technischen und psychologischen Fähigkeiten aneignen kann. Aber erstens ist das eindeutig die unwahrscheinlichere Möglichkeit. Und zweitens müsste man das nachvollziehen können. Und da stoßen wir bereits auf das erste Problem: Denn »unserem« Verdächtigen James Eagan Holmes fehlt sowohl die kriminelle und soziopathische als auch die militärische oder polizeiliche Karriere, die Voraussetzung für eine derartige Operation wäre. Kurz: Es fehlen sowohl die psychologischen als auch die technischen Voraussetzungen für ein solches Attentat. Denn in Wirklichkeit war James Eagan Holmes ein regelrechter Musterknabe.

Ein Musterknabe namens Holmes

Seine durch zahlreiche Quellen belegte Biografie hat die amerikanische Journalistin Grace Powers zusammengetragen: »James Holmes wuchs in einem sauberen Kleinstadtmilieu in einer Familie auf, die sonntags in die Kirche ging. Nachbarn beschreiben ›Jimmy‹ Holmes als still, schüchtern, bescheiden, intelligent, ordentlich frisiert und ›ungefährlich‹.« Also nicht ganz das Täterprofil. Denn gesucht wird eher ein gefühlskaltes, brutales, skrupelloses, rücksichtsloses, anmaßendes und dominantes »Monster« von einem Menschen, das über ausgiebiges militärisches Training und entsprechende Erfahrung verfügt. Holmes' Mutter ist ausgebildete Krankenschwester, der Vater leitender Wissenschaftler bei einem großen Finanzdienstleister (FICO). Holmes selbst »lief in der Oberschule Marathon, spielte Fußball und fuhr Snowboard. Nach dem Abschluss absolvierte er ein Praktikum am Salk Institute [für Biotechnologische Studien] und einen Intensivkurs am Miramar-Kollegium für Biotechnologie.« Also auch nicht ganz die Kurse, die man für ein Massaker braucht. James Eagan Holmes erhielt begehrte Stipendien »für die Ausbildung in dem höchst anspruchsvollen Neurologie-Studium«. Ein Kommilitone namens Billy Kromka, der im voraufgegangenen Sommer drei Monate lang mit Holmes in einem medizinischen Labor arbeitete, sagte laut Powers: »›Er hat unter keinen Umständen die Fähigkeit, ein grauenhaftes Verbrechen wie dieses zu begehen‹« (Grace Powers: »Batman Massacre: WHY and HOW and WHO«, 28.7.2012, www.helpfreetheearth.com). Das mag man gern glauben. Denn dazu kommt ja noch: Der Mann war Mediziner! Zwar nicht unbedingt ein Ausschlusskriterium, aber auch nicht gerade ein naheliegendes Merkmal für einen Massenmörder. Und: Es gibt weit und breit keine kriminelle oder militärische Vorgeschichte. Im Gegenteil haben wir hier einen angepassten Menschen vor uns, der konsequent und sehr erfolgreich eine offenbar klar definierte Laufbahn verfolgte. Bis zum Frühjahr bzw. Frühsommer 2012. Da baute der Musterknabe auf einmal auf unerklärliche Weise ab. Im Frühjahr patzte er plötzlich bei einer Prüfung und war drauf und dran, sein Studium abzubrechen. Nachdem Holmes auch noch bei einem mündlichen Examen am 7. Juni 2012 versagt hatte, verschwand er ohne weitere Erklärungen aus seinem Studium. Was war da passiert?

James Eagan Holmes verfügt nicht über das gesuchte Täterprofil und scheidet damit als Täter aus. Schön – aber warum befand er sich dann nach Angaben des Aurora-Polizeichefs Dan Oates in voller Anti-Terror-Montur nach dem Massaker im *Century 16*-Kino auf dem Parkplatz des Filmtheaters? Eine gute Frage. Dazu später mehr.

Wer hat Angst vorm schwarzen Mann?

Wie ich schon sagte, kann Holmes die Tat unmöglich verübt haben, und wie ich ebenfalls schon sagte, kann der Täter – wer auch immer es sein mag – die Tat kaum allein ausgeführt haben. Und tatsächlich gibt es Zeugenaussagen, in denen von zwei Tätern die Rede ist; diese Zeugenaussagen wurden uns von den Medien jedoch vorenthalten. So sagte ein junger Farbiger in die Kamera eines TV-Senders: »Nach dem, was wir sahen, war er nicht alleine. Er hatte jemanden dabei, denn die zweite Tränengasgranate kam nicht aus seiner Richtung« (siehe YouTube: »Possible Second Shooter in tragic Batman Denver Shooting Eyewitness Account«, 20.7.2012). Und dann wären da noch die Aussagen von Corbin Dates. Bei *Google News,* einem Dienst, der praktisch sämtliche Medienbeiträge auffindbar macht, gibt es kaum Fundstellen über den Mann und in deutschsprachigen Medien schon gar nicht. Bis auf eine: einen Artikel in der österreichischen Zeitung *Die Presse,* wo ein Corbin Dates erwähnt wird, allerdings nur in Englisch, und in einem Leserkommentar zu dem Artikel. In den USA erzählte der Farbige Dates dem Sender KCNC/CNN am 20. Juli 2012 in einem Telefoninterview:

»Ich ging in den Kinosaal und schnappte mir schließlich einen Sitz in der zweiten Reihe, vielleicht vier Plätze vom rechten Gang entfernt, durch den die Leute hereinkamen. Nach mir kam noch ein anderer Mann, der sich vor mir in der ersten Reihe hinsetzte, wahrscheinlich auf den äußersten rechten Platz, und der einen Anruf erhielt, als ob er Anweisungen bekäme, etwas Bestimmtes zu tun. Normalerweise geht man dann in das Foyer, aber diese Person ging direkt zum Notausgang. Während des Gesprächs hielt er die Tür mit einem Fuß auf, und es sah so aus, als würde er jemanden dirigieren, in seine Richtung zu kommen« (CNN auf *YouTube:* »Colorado Theater Eyewitness Describes Gunman and Possible Accomplice«, 20.7.2012).

In anderen Interviews sagte Dates, der in den Tagen nach dem Attentat von einem Sender zum anderen gereicht wurde,

»die Person schien jemandem Zeichen zu geben« oder »nach jemandem zu sehen, der zu ihm kommen sollte. (…) Etwa 15 bis 20 Minuten nach Beginn des Films schwangen die Türen des Notausgangs auf, ein Mann kam herein, etwa fünf Fuß acht bis neun Zoll groß [1,73–1,75 m], ganz in Schwarz, mit einem Helm, einer Gasmaske und einer schwarzen Rüstung. Er sah aus, als hätte er ein Gewehr um den Hals hängen, und er warf etwas ins Publikum. Keine Ahnung, was es war, aber als es losging, war es eine Art Gasgranate. (…) Etwa zwei Sekunden nach der Explosion fingen die Gewehrschüsse an« (MSNBC in *YouTube:* »Corbin Dates Discusses TWO Participants in US Government-Authorized Murders«, 28.7.12).

Dates, der offenbar in unmittelbarer Nähe des zuerst beschriebenen Mannes saß, erzählt nichts von den grell orangefarbenen Haaren, mit denen James Eagan Holmes schließlich der Öffentlichkeit präsentiert wurde. Wären sie da gewesen, hätte er sicher nicht vergessen, sie zu erwähnen. Aus seiner Schilderung geht außerdem hervor, dass es sich bei dem Kinobesucher mit dem Handy und dem Täter um zwei verschiedene Personen handelte.

Der Vorgang spricht eine ziemlich deutliche Sprache: Der Unbekannte, den Dates beschreibt, setzt sich auf den äußerst rechten vorderen Sitz in der ersten Reihe, damit er jederzeit ungehindert aufstehen kann. Und tatsächlich erhält er einen Telefonanruf, woraufhin er sich zum Notausgang begibt und die Tür aufhält, bis der Täter hereinkommt. So wie Dates den Vorgang schildert, bestand zwischen dem Anruf und dem Öffnen der Tür ein ursächlicher Zusammenhang. Mit anderen Worten, der Gewährsmann im Inneren des Kinos erhielt von außen telefonisch die Anweisung, den Notausgang zu öffnen, was er dann auch tat. Anschließend kam nach Dates' Schilderung nicht dieser Gewährsmann »wieder« herein, sondern »ein Mann«, der ganz in Schwarz gekleidet war. Für Dates waren die beiden Personen also nicht identisch. In Anbetracht der vielen klaren und inhaltlich übereinstimmenden Schilderungen von Dates kann es an seiner Beschreibung keinen Zweifel geben.

Ein Killer ohne Gedächtnis

Kommen wir nun zu dem bizarren Auftritt des verdächtigten James Eagan Holmes bei Gericht am 23. Juli 2012. Selbst die *Bild*-Zeitung wunderte sich über das »Häufchen Elend«, das da »mit hängenden Schultern« vor Gericht auftauchte: »Ein klappriges Männchen, ein Milchgesicht.« »DAS soll der ›Batman‹-Killer sein?«, wunderte sich das Blatt: »Das Monster, das in einem Kino wahllos um sich schoss, zwölf Menschen tötete, 58 verwundete?« Kaum zu glauben! Was *Bild* natürlich nicht daran hinderte, den Mann fortgesetzt als »Killer« und »Amokläufer« zu titulieren. Abgesehen von seinem schmächtigen und kraftlosen Äußeren fiel *Bild* aber noch etwas auf: Der Mann war überhaupt nicht bei sich. »Immer wieder schließt er seine Augen, reißt sie kurz darauf weit auf. Sein Blick wirkt leer – wie todmüde, gar weggetreten. Er starrt nur vor sich hin« (*Bild.de*, 23.7.2012). Und wenige Stunden später stellte sogar *Bild* die einzig logische Frage: »Stand der Batman-Killer unter Drogen?« Denn: »Sein Blick geht ins Leere. Während Richter William Sylvester spricht, runzelt Holmes die Stirn. Er rollt mit den glasigen Augen, einen Moment lang wirkt es, als schliefe er ein. Ist der Killer müde? Oder ist er auf Drogen, hat man ihm Medikamente verpasst?« (*Bild.de*, 24.7.2012). Tatsächlich ist das Verhalten des Mannes, den sie den »Batman-Killer« nennen, auch in der Untersuchungshaft äußerst bizarr. »Angeblich kann sich James Holmes an nichts mehr erinnern. Einen Knastwärter im Arapahoe County Detention Center, wo Holmes in U-Haft sitzt, fragte er laut *New York Daily News*: ›Warum bin ich hier?‹ Zuvor soll er einen Wärter gefragt haben, wie denn der Film überhaupt ausgegangen sei.« Wenn das stimmt, kann sich Holmes an die Tat also nicht erinnern. Warum er im Gefängnis sitzt, weiß er nicht. Wozu auch passt, dass er »noch kein bisschen Reue gezeigt« habe. Seine Lage scheint er gänzlich misszuverstehen. »Er spuckt gegen die Tür und die Wärter an.« Und: »›Er glaubt, er würde in einem Film schauspielern‹, sagte ein Gefängniswärter« (*Bild.de*, 27.7.2012).

Die Frage, die sich aufdrängt, lautet natürlich: Kann ein derartig desorientierter Mensch ein solches Attentat überhaupt durchführen – präzise wie ein Uhrwerk? Oder hat er es tatsächlich getan und schauspielert jetzt nur?

Ein Freak auf dem Anrufbeantworter

Doch erstens müsste er dafür plötzlich eine enorme Begabung mitbringen. Und zweitens ist der Mann offenbar schon seit Monaten derart durcheinander. So beantragte er laut *Daily Mail Online* weniger als einen Monat vor dem Massaker, am 25. Juni 2012, eine Mitgliedschaft im Lead-Valley-Schießklub. Bizarr genug: Was wollte Holmes in einem Schießklub? Etwa ausgebildet werden? Wohl kaum. Denn erstens lernt man die bei dem Attentat gezeigten Fähigkeiten nicht an einem Schießstand. Und zweitens nicht innerhalb eines Monats. Auf den Mitgliedsantrag hin rief

Schießstand-Inhaber Glenn Rotkovich die auf dem Dokument angegebene Nummer an: »Ich rief ihn an, um ihn zu fragen, ob er für eine Einweisung herüberkommen könnte, aber die Ansage auf dem Anrufbeantworter war einfach bizarr, völlig daneben«, sagte Rotkovich der *Daily Mail*.

> »Es war unheimlich und seltsam. Ich versuchte es noch mehrere Male und beschloss dann, wegen der Ansage nicht mehr anzurufen. Ich gab meinen Leuten seinen Namen – James Holmes – und sagte allen, sie sollen mich informieren, wenn er auftauchen sollte. Ich wollte wissen, wer er war, bevor wir irgendetwas mit ihm anfingen, geschweige denn ihn zum Mitglied machten. Wir hatten ihn auf dem Kieker« (*Daily Mail Online*, 22.7.2012).

Ursprünglich habe Rotkovich geglaubt, Holmes sei betrunken gewesen, weil er undeutlich sprach. Dann sei er aber zu dem Schluss gekommen, dass seine unheimliche Stimme Absicht war.
Ich ziehe allerdings die naheliegendere Möglichkeit vor, dass Holmes seit einigen Monaten unter Drogen stand. Und zwar, weil gleichzeitig seine Leistungen im Studium nachließen und er offenbar eine komplette Persönlichkeitsveränderung durchmachte – vom höchst ehrgeizigen und strebsamen Studenten zum gleichgültigen Uni-Schwänzer. In den Monaten vor dem Attentat sei auch den Eltern aufgefallen, »dass sein Leben aus den Fugen geriet und dass er aus noch immer unbekannten Gründen das Leben eines Einsiedlers begann«, stand in der *Daily Mail Online*, die Holmes' Geschichte am besten recherchiert hat. »Er benahm sich seltsam, besuchte Sexseiten, nahm Drogen und hinterließ bei Nachbarn in Aurora den Eindruck, er sei in ernsten Schwierigkeiten.« Wobei er übrigens einen seltsamen Fehler beging. Auf der Website »AdultFriendFinder« gab er seine Körpergröße falsch an. Statt »6′ 3″« (6 Fuß 3 Zoll = 1,90 m) trug er »6′ 0′″« (6 Fuß =

1,83 m) in die Eingabemaske ein. Wollte er damit kleiner erscheinen, um Frauen nicht abzuschrecken? Oder war er einfach zu sehr mit Drogen vollgepumpt? Unbestätigten Berichten zufolge sei er von dem Schmerzmittel Vicodin abhängig geworden, so die *Daily Mail* (20.7.2012). Und siehe da: Ebenfalls gleichzeitig – nur zwei Monate vor dem Massaker – wurde er zum »Waffennarren« und erwarb seine Waffen. Was erstens darauf hinweist, dass er gleichzeitig mit seiner Drogen- auch seine »Killerkarriere« begann, und zweitens die Frage aufwirft, wie und wo er in so kurzer Zeit zum perfekten Attentäter ausgebildet worden sein soll. Im Lead-Valley-Schießklub jedenfalls nicht. Viel naheliegender ist daher, dass Holmes in Wirklichkeit nie den Umgang mit den benutzten Waffen und Gasgranaten erlernte. Dafür wurden diese viel zu kurzfristig erworben. Und eine »Ausbildungsstätte« ist auch nicht überliefert. Dort hätte er nicht nur schießen lernen müssen, sondern auch, wie man eine Wohnung mit 30 selbstgebastelten Sprengkörpern spickt. Und schon gar nicht konnte er die für einen solchen Angriff auf eine Menschenmenge erforderliche »Erfahrung« sammeln.

Was passierte wirklich?

Was aber passierte dann in jener Nacht im *Century 16*-Kino von Aurora? Wer drang in das Kino ein? Wer schoss wirklich auf die Besucher des Batman-Films und tötete dabei zwölf Besucher? Aufgrund der überdeutlichen Ungereimtheiten ist es nicht so schwierig, ein realistisches Szenario des Geschehens zu entwickeln. Und das haben denn auch mehrere Beobachter getan. Das realistischste stammt von der kanadischen Journalistin Grace Powers (Ergänzungen des Autors in eckigen Klammern):

> ***Juni 2011:*** *James Holmes schreibt sich in das Doktoranden-Programm für Neurologie an der Universität von Colorado in Denver ein.*

21. Mai 2012: *Zwei Monate vor dem Massaker freundet sich Attentäter Nr. 1 mit Holmes an und setzt ihn unter Drogen.* [Ins Spiel gebracht wurde bereits Vicodin, ein starkes Opioid; Powers vermutet Scopolamin, dessen Wirkung recht gut zu Holmes' beschriebenen Symptomen passt: »Bei höherer Dosierung wirkt es dämpfend und sorgt für einen Zustand der Apathie. Da es in diesem Fall auch für einen Zustand der Willenlosigkeit sorgen kann, wurde es in den 1950er Jahren bis zum Aufkommen von Natrium-Pentothal als Wahrheitsserum eingesetzt« *(Wikipedia)*. Eine interessante Idee: Sollte Holmes bei seiner Festnahme unter einem »Wahrheitsserum« gestanden haben, entsprächen seine Angaben, denen zufolge er von dem Attentat keine Ahnung hatte, also den Tatsachen. Es sei denn, er litt auch unter Gedächtnisstörungen (siehe unten) und hatte das Attentat daher vergessen. Berichten zufolge »wurde in Ländern Lateinamerikas Scopolamin – dort auch »Burundanga« genannt – von Kriminellen benutzt, um Opfer in Trance zu versetzen und willenlos zu machen. Verabreicht wird das geruchs- und geschmacklose Mittel mit Speisen und Getränken, oder es wird über präparierte Zigaretten inhaliert.« Typische »K.o.-Tropfen« also. Die Nebenwirkungen von Scopolamin entsprechen ziemlich genau Holmes' Verhalten vor Gericht und im Gefängnis: Halluzinationen, Koordinationsstörungen, delirante Zustände und Gedächtnisstörungen *(Wikipedia)*. Allerdings würde das voraussetzen, dass Holmes die Drogen auch im Gefängnis weiterhin bekam. Was indes keine Überraschung wäre. Schon immer wurden Delinquenten im Gefängnis unter Drogen gesetzt. Begründet wird es stets mit ihren körperlichen und vor allem seelischen Beschwerden.] *Der Attentäter kehrt mit dem betäubten Holmes zu dessen Appartement in Aurora, Paris Street 1690, zurück. Attentäter Nr. 1 zieht mit Holmes in dessen Wohnung ein und bleibt dort unerkannt für acht Wochen. Dabei setzt er Holmes fortdauernd*

unter Drogen und greift auf seine E-Mail- und Bankkonten zu.
[Mit K.-o.-Tropfen sicher kein Problem.]

22. Mai 2012: Attentäter Nr. 1 kauft mit Holmes' Ausweis eine Glock-Pistole. Eine Woche später ein Gewehr. In der Woche darauf kauft er eine Maschinenpistole. Außerdem besorgt er sich Sprengstoff und anderes Material, um Holmes' Appartement mit Sprengfallen zu präparieren.

7. Juni 2012: In der Universität erscheint der benebelte Holmes zu einer mündlichen Prüfung und fällt durch.

7. Juni bis 2. Juli 2012: Mit Hilfe von Holmes' E-Mail-Konto bestellt Attentäter Nr. 1 Waffen, Munition, Magazine, eine kugelsichere Weste, ein Messer, eine Gasmaske und anderes mehr. Holmes bestätigt den Empfang unter Drogen.

[**25. Juni 2012**: Attentäter Nr. 1 legt eine falsche Spur und beantragt im Namen von James Holmes die Aufnahme in den Lead-Valley-Schießklub. Der Antrag enthält keinerlei Handschrift von Holmes. Das Formular wird mit Schreibmaschine/Computer ausgefüllt, die auffallend gleichmäßige Unterschrift ähnelt einer Computerschrifttype. Mit dem Schießklub-Antrag sollte Holmes' Werdegang zum Attentäter später plausibel gemacht werden.]

5. Juli 2012: Attentäter Nr. 1 färbt Holmes' Haare rotorange und macht ein Foto von ihm. Anschließend erstellt er ein Profil auf der »AdultFriendFinder«-Website. Dabei verschätzt er sich in Holmes' Körpergröße und gibt 6 Fuß statt 6 Fuß 3 Zoll ein. Der Attentäter lädt das Foto hoch. Nur wenige Tage vor dem Massaker nimmt der Attentäter einen Eintrag auf »AdultFriendFinder« vor. Während er sich als Holmes ausgibt, gibt er die Größe seines Penis mit »kurz/durchschnittlich« an. Er benutzt das Pseudonym »classicjimbo« und schreibt über sein Profil: »Besuchst du mich im Knast?«

18. Juli 2012: *Attentäter Nr. 1 verschickt ein kompromittierendes Notizbuch voller grauenhafter Skizzen und Einzelheiten des Massaker-Plans in dem Kino. Das Notizbuch wird in einem Paket an eine Lehrkraft an der Universität von Colorado geschickt, wo Holmes bis zu seinem Ausscheiden kurz vor dem Attentat Doktorand war. Das Paket wurde von der Post am Montag nach dem Attentat zugestellt, woraufhin das Universitätsgebäude für zweieinhalb Stunden evakuiert wurde.*

19./20. Juli 2012 [nachts]: *Attentäter Nr. 1 fährt einen Fluchtwagen zum Filmtheater und parkt ihn an der Seite des Multiplex-Kinos. Er kauft eine Karte für den Batman-Film* The Dark Knight Rises *und betritt Kino Nr. 9. Er setzt sich auf den äußersten rechten Platz in der ersten Reihe, gleich neben dem Notausgang. Er bekommt einen Anruf von Attentäter Nr. 2, steht auf und begibt sich zum Notausgang. Ein Zeuge namens Corbin Dates sieht ihn telefonieren und die Tür mit seinem Fuß aufhalten. Attentäter Nr. 1 schwingt die Tür für Attentäter Nr. 2 auf. Attentäter Nr. 2 hat Holmes' Hyundai Coupé am Notausgang auf der Rückseite des Kinos geparkt. James Eagan Holmes sitzt betäubt* [in voller Kampfausrüstung] *und halb bewusstlos auf dem Beifahrersitz.*
Attentäter Nr. 2 trägt volle Kampfmontur. Waffen, Munition, Gasgranaten und Gasmasken sind im Fond verstaut. Er ruft Attentäter Nr. 1 auf dem Handy an und erhält das Startsignal. Attentäter Nr. 2 steigt aus dem weißen Hyundai, lässt den halb bewusstlosen James Eagan Holmes in dem (verschlossenen?) Wagen, öffnet die Heckklappe und bewaffnet sich mit Gewehren und Munition. Er legt seine Gasmaske an und trägt seine

Waffen und Gasgranaten 20 Minuten nach dem Beginn des Films durch den Notausgang in das Kino. [Der Zeuge Corbin Dates schätzt die Größe des Eindringlings auf 1,73 bis 1,75 Meter, während James Eagan Holmes 1,90 Meter groß ist]. *Nach Art eines ausgebildeten Sonderkommandos wirft er eine Gasgranate in die Menge* [die zweite Gasgranate gibt er seinem Komplizen, der sie von einer anderen Position aus wirft] *und feuert einen Schuss in die Decke. Der Schuss lässt die Leute aufspringen und macht sie zu leichten Zielscheiben. Attentäter Nr. 1 verlässt das Kino durch den Notausgang und kehrt zu dem Fluchtwagen an der Seite des Filmtheaters zurück. Innerhalb von 90 Sekunden gibt Attentäter Nr. 2 Hunderte von Schüssen in die Menge ab, wobei er zwölf Menschen tötet und 58 weitere verletzt. Anschließend dreht er sich um und rennt durch den Notausgang ins Freie, streift seine Panzerung ab und hinterlässt eine Spur aus Blut, Waffen und Schutzkleidung, die zu dem weißen Hyundai führt, in dem James Eagan Holmes in Drogenstarre sitzt.* [Die Blutspur führt genau genommen an dem Hyundai vorbei.] *Die Gasmaske behält der Schütze noch auf, um seine Identität vor einer Überwachungskamera* [in seiner Laufrichtung zum Fluchtwagen] *an der Ecke des Komplexes zu verbergen. Nachdem er unter der Kamera hindurchgelaufen ist, lässt er die Maske fallen, läuft um die Ecke und steigt in den Fluchtwagen mit Attentäter Nr. 1 am Steuer. Die Untergrund-Killer rasen davon* (Grace Powers: »Batman Massacre: WHY and HOW and WHO«, 28.7.2012, www.helpfreetheearth.com).

Ein plausibles und äußerst elegantes Szenario, wie ich finde – ebenso »elegant« wie die Operation selbst. Vermutlich trifft diese Rekonstruktion die Wahrheit zu etwa 80 Prozent: Mit minimalem Aufwand wird ein Sündenbock geschaffen. Mehr als ein paar K.-o.-Tropfen, etwas Zeit und zwei professionelle Experten braucht es für die Kernoperation nicht. Im Rahmen eines Bäumchen-wechsel-dich-Spiels wird der Sündenbock auf die Bühne dieses Theaterstücks geschubst und hat aufgrund seiner Medikamentierung keine Ahnung, wie ihm geschieht.

Polizeichef oder Bandleader?

Die »Sicherheitsbehörden« spreizten sich nach dem Attentat in professionellen Posen. An erster Stelle wäre da der Polizeichef Dan Oates zu nennen, der bereits durch seine voreiligen Aussagen über die Einzeltäterschaft Holmes' aufgefallen war. Noch am Tag des Massakers gab er eine Pressekonferenz und inszenierte sich dabei wie ein Bandleader, der seine Gruppenmitglieder vorstellt (Bürgermeister, FBI-Agenten etc.). Auf Fragen gab er den harten Burschen und fertigte die Journalisten mit knappen Antworten ab. Dem Mann war keinerlei Betroffenheit anzumerken – oder ist das bei einem erfahrenen Polizeichef normal? 12 Tote und 58 Verletzte, darunter mehrere Kinder, dürften jedoch auch für den abgebrühtesten »Cop« nicht alltäglich sein. Oder war das Massaker für die Behörden etwa gar keine Überraschung?

Genau wie bei 9/11, den Bombenattentaten von Madrid und London (11. März 2004 bzw. 7. Juli 2005) oder dem Massaker von Anders Breivik am 22. Juli 2011 fanden nämlich auch am 20. Juli 2012 in der Nähe von Denver zeitnah Katastrophenübungen statt. Wie so häufig war auch die Übung an der Parker Medical School bei Denver dem realen Massaker zum Verwechseln ähnlich: Ein Attentäter feuert in die Zuschauermenge in einem Kino und setzt dabei auch eine Bombe ein. Das Massaker im *Century 16*-Kino »ahmte eine Übung an der Parker Medical School nach«, schrieb die *Denver Post* am 21. Juli 2012 in ihrer Online-Ausgabe. »Die Tragödie, die sich im Aurora-Filmtheater entfaltete, entsprach ironischerweise einer Lernübung an einer medizinischen Hochschule in Parker vom selben Tag.«

Die Hochschule sei gerade dabei, für 150 Medizinstudenten

spezielle Kurse in Katastrophenhilfe abzuhalten, hieß es in der Zeitung. Neben dem Umgang mit Naturkatastrophen wie Hurrikanen und Überschwemmungen werde auch die Reaktion auf Terroranschläge durchgespielt. »Eines der Szenarien besteht im Angriff eines Amokschützen auf Menschen in einem Kino, wobei auch eine Bombe eingesetzt wird.« Diese Übung sei exakt am 20. Juli 2012 abgehalten worden, dem Tag des Massakers im *Century 16*-Kino in Aurora. Das heißt: Am selben Tag, an dem an der Medizinischen Hochschule die Reaktion auf ein Massaker in einem Filmtheater geprobt wird, treffen plötzlich echte Verletzte aus einem Kino ein. Gespenstisch, nicht?

Eine erstaunliche Ironie

»Die Ironie ist erstaunlich, einfach erstaunlich«, zitiert das Blatt den Dekan der Rocky-Vista-Universität in Parker, einem Vorort von Denver. Für das Katastrophentraining seien Notfallspezialisten des Parkland-Krankenhauses aus Dallas und andere Experten aus dem ganzen Land angereist. Tatsächlich ist die Ironie noch erstaunlicher, als der Dekan meint. Denn im Parkland-Krankenhaus hat man schließlich einschlägige Erfahrungen mit Heckenschützen. Dort wurde am 22. November 1963 Präsident John F. Kennedy eingeliefert, nachdem er in den Straßen von Dallas von Scharfschützen hingerichtet worden war. Auch damals gab es einen äußerst verstörten »Attentäter«, der von nichts eine Ahnung hatte – oder dies zumindest vorgab: Lee Harvey Oswald.

Die Parallelität von Attentaten und inhaltsgleichen Katastrophenübungen weist auf Staatsterrorismus hin. Die Attentate können so ganz legal unter dem Deckmantel der Katastrophenübung geplant werden. Nach dem Motto: »Nehmen wir an, ein bis an die Zähne bewaffneter Attentäter schleicht sich in ein Kino und beginnt zu schießen. Es gibt zwölf Tote und mehrere Dutzend Verletzte.« Ab einem bestimmten Punkt wird die Katastrophenübung in den Ernstfall umfunktioniert, ohne dass Teilnehmer oder Veranstalter der Übung dies ahnen müssen. Auf diese Weise kann man jedoch das gesamte Szenario planen – bis hin zu einem »Attentäter« beziehungsweise Sündenbock, denn die Übung soll schließlich »realistisch« sein. Im »Ernstfall« bekommt der Sündenbock (»Patsy«) nur noch einen Profikiller zur Seite gestellt, der aufgrund der Maskierung schwer von ihm zu unterscheiden ist, und schon wird aus der Übung blutiger Ernst. Wie wir wissen, waren auch der oder die Täter von Aurora mit Gasmasken und schusssicheren Westen maskiert. Der »Darsteller« schießt möglicherweise überhaupt nicht. Vor allem aber wird durch die Katastrophenübung dafür gesorgt, dass sich Behörden und Rettungskräfte nicht blamieren. Durch die Übungen sind sie nicht nur vorbereitet, sondern beim Eintreten des Vorfalls auch schon in Alarmbereitschaft, und alles läuft ab wie am Schnürchen.

Operation »Patsy«

Nach dem »Patsy«-Schema funktionierte das Kennedy-Attentat genauso wie der Amoklauf von Erfurt 2002, bei dem etwa 40 Zeugen einen zweiten Täter gesehen hatten. Auch nach dem Massaker von Utøya am 22. Juli 2011 sprachen Zeugen von mehreren Angreifern, genauso wie jetzt beim Amoklauf von Aurora. Der professionelle Angriff mit Gasmaske, schusssicherer Weste und Tränengas erinnert eher an den Einsatz eines Sonderkommandos als an die Tat eines verwirrten Einzeltäters. Für weitere Täter wäre es kein Problem, unauffällig aus dem Chaos zu verschwinden, um stattdessen nur den »Darsteller« zurückzulassen. Dafür spricht auch, dass der Täter während des Angriffs »kein Wort« sagte, wie Zeugen berichteten. Ein ebenfalls von inszenierten »Amokläufen« bekanntes Phänomen. Die Stimme ist nämlich so ziemlich das Einzige, was man trotz Maskerade noch erkennen könnte. Die Schweigsamkeit des Täters deutet deshalb darauf hin, dass man Unstimmigkeiten mit der Stimme des späteren Sündenbocks vermeiden wollte.

Von Beweisen keine Rede

Der als Schütze vorgestellte James Eagan Holmes kann aufgrund der benutzten Gasmaske und des Tränengasnebels bei der Tat kaum identifizierbar gewesen sein. Tatsächlich wurde Holmes auch nicht »bei der Arbeit« identifiziert beziehungsweise auf frischer Tat im Kino ertappt, sondern auf dem Parkplatz beziehungsweise in seinem Auto gestellt. »Er trug eine schusssichere Weste, bei ihm fanden Ermittler eine Handfeuerwaffe und ein Gewehr«, so die *Hamburger Morgenpost* in ihrer Online-Ausgabe vom 20. Juli 2012. Natürlich müsste sich eindeutig feststellen lassen, mit welchen Waffen Holmes wie oft geschossen hat und aus welchen Waffen die Opfer getroffen wurden. Doch von forensischen Beweisen für den behaupteten Tatablauf war bisher nicht die Rede.

Allzu nützliche Attentäter

Daher nimmt die Wahrscheinlichkeit zu, dass es sich um nichts weiter als inszenierten Staatsterrorismus gehandelt hat, geplant und abgewickelt unter dem Deckmantel einer Katastrophenübung. Fragt sich nur: Was sollen überhaupt die Motive für eine solche Inszenierung gewesen sein? Antwort: Die Schießerei kam gerade recht. Ja, der Zeitpunkt war geradezu optimal gewählt. Denn rein zufällig begann gerade die heiße Phase des US-Präsidentschaftswahlkampfs. Und wie immer profitieren von offiziellen Anlässen wie Trauerfeiern hauptsächlich die Amtsinhaber, weil sie dazu eingeladen werden und die Rivalen nicht. Genau wie früher sein französischer Amtskollege Sarkozy konnte sich auch Präsident Barack Obama telegen an Krankenbetten von Opfern als betroffener Landesvater präsentieren. Aber das war noch nicht der eigentliche Punkt – zumal man Obama selbst keine Mitwisserschaft unterstellen oder beweisen kann. Viel eher sieht es so aus, als sollte der Präsident selbst unter Druck gesetzt werden. Denn rein zufällig geschah das Massaker von Aurora genau sieben Tage vor dem Ende der vierwöchigen UN-Konferenz über Waffenhandel, bei der ein globales Abkommen über Handel und Kontrolle von konventionellen Waffen erzielt werden sollte. Dabei ging es unter anderem auch um solche »small firearms«, wie sie in Aurora benutzt wurden. Kurz vor dem Ende der Konferenz setzte das Massaker die Regierung enorm unter Druck, das Abkommen über verbesserte Waffenkontrollen abzuschließen. Zwar scheiterte der Vertrag trotzdem, aber Kritiker sind davon überzeugt, dass er nach den Präsidentschaftswahlen vom November 2012 wieder auf der Tagesordnung stehen wird.

Ein Attentat ging nach hinten los

Wie bereits in früheren Büchern anhand anderer »Amokläufe« dargestellt, geschehen diese häufig im zeitlichen Umfeld von Gesetzesinitiativen zur besseren Kontrolle oder gar Einziehung von Waffen in Privathand. Man kann eindeutig feststellen, dass seit etwa 13 Jahren (also etwa seit dem »Columbine-Massaker« von 1999, das ganz in der Nähe stattfand) eine globale Kampagne zur Entwaffnung der Bevölkerung läuft, bei der die jeweiligen Attentäter willig sekundieren. Der Grund für diese verstärkten Anstrengungen zur Waffenkontrolle liegt nicht etwa in den Amokläufen, sondern erstens in der globalen Krise und zweitens in der Errichtung einer globalen Tyrannei. Einerseits wird befürchtet, dass Bürger in der sich verschärfenden Krise die Waffen gegen ihre Regierungen erheben könnten, andererseits, dass die bewaffnete Bevölkerung ein Hindernis für die Errichtung einer geplanten Tyrannei darstellt. In Wirklichkeit haben die Regierungen weltweit nicht Angst vor Attentätern, sondern vor ihren Bürgern. Erst recht, wenn diese mit Maschinenpistolen oder Sturmgewehren bewaffnet sind. In der Tat dürfte die schwer bewaffnete amerikanische Bevölkerung schon bisher ein totales Umkippen der USA in die Diktatur verhindert haben – allein durch das Drohpotenzial der vorhandenen Waffen. Diese Waffen müssen daher weg, was in den USA jedoch besonders schwierig ist, da der private Waffenbesitz dort Verfassungsrang hat. Das Recht auf Waffenbesitz ist quasi im »Grundgesetz« der Vereinigten Staaten verankert, und zwar erstens, damit dieses Recht niemand aushebeln kann, und zweitens, damit sich die Bevölkerung gegebenenfalls gegen eine diktatorische Zentralregierung zur Wehr setzen kann. Dieser Hintergrund wird hierzulande natürlich gern verschwiegen, stattdessen wird dieses Waffenrecht als antiquiertes Überbleibsel aus der Zeit des Wilden Westens verkauft. Wörtlich heißt es aber im Zweiten Zusatzartikel zur US-Verfassung von 1791: »Da eine wohl geregelte Miliz für die Sicherheit eines freien Staates notwendig ist, darf das Recht des Volkes, Waffen zu besitzen und zu tragen, nicht beeinträchtigt werden.« Ein Gedanke, der wohl noch nie so wichtig war wie heute und der überhaupt nichts mit »Waffen-Narretei« zu tun hat.

Das Motiv für das professionell ausgeführte Massaker von Aurora ist also eine Verschärfung der Waffengesetze und der Waffenkontrolle, um die Bevölkerung angesichts der bevorstehenden Zuspitzung der globalen Krise zu entwaffnen – Verfassung hin oder her. Was Waffenverbote gegen Attentate helfen, konnte man ironischerweise just am Beispiel des *Century 16*-Kinos in Aurora beobachten. Dort sind Waffen nämlich bereits verboten – weshalb sich auch niemand gegen den oder die Attentäter wehren konnte. Interessanterweise wählen Amokläufer gezielt solche Bereiche oder Anwesen aus, beispielsweise 2007 das Gelände der Virginia-Tech-Universität in Blacksburg, Virginia, wo das Tragen von Waffen ebenfalls verboten war oder ist. So können die Killer relativ sicher sein, selbst keine Kugel abzubekommen. Ironischerweise zog die Bevölkerung nach dem Aurora-Massaker genau die richtigen Schlüsse aus diesem Umstand und stürmte die Waffenläden, um sich mit Schießeisen einzudecken. Diese Aktion ging demnach wohl »nach hinten los«.

20. Juli Organspende: Vorsicht, Mord!

Wie war das noch mit der »Anschub-Skandalisierung« und der »Aufregungs-Eskalation« (siehe *17. Januar* »»Döner-Morde‹ wird zum Unwort des Jahres gewählt«)? Ab dem 20. Juli 2012 können wir diese Mechanismen live beobachten. Die *Süddeutsche Zeitung* deckt an diesem Tag einen »Organspendeskandal« auf. Ärzte sollen bestimmte Organ-Anwärter auf den Wartelisten nach oben manipuliert haben, während andere weiter warten mussten. Die Anschub-Skandalisierung erfolgt mit zwei Artikeln und einem Kommentar zum Thema, die Aufregungs-Eskalation folgt auf dem Fuße. Wochenlang beherrscht der Organspendeskandal Schlagzeilen und Talkshows; ein Medizinkrimi auf Leben und Tod. Alles in Ordnung mit unseren Medien, könnte man meinen: Der Skandal wird ausführlich aufgearbeitet. Alle Aspekte des Themas werden wieder und wieder durchgekaut – bis hin zu der Frage, ob durch die Manipulationen an der Warteliste möglicherweise todkranke Menschen sterben mussten, weil sie vergeblich auf ein Organ warteten. Zufrieden lehnt sich der Muggel zurück und macht sich noch ein Bier auf: Dass die Medizin Fehler macht, kann ja sein, aber dafür funktioniert die Mediendemokratie doch umso besser. Was der Zuschauer bei all dem Rummel natürlich nicht ahnen kann: In Wirklichkeit wird ihm das Wichtigste verheimlicht. Nämlich dass der weit größere Skandal nicht auf Seiten der Organempfänger, sondern der Organspender liegt.

Organpäpste und -verteiler

Die Spenderseite wird jedoch peinlich genau ausgeklammert. Denn der Skandal kommt zur Unzeit. Nur wenige Tage (am 12. Juli) vor der Enthüllung der *Süddeutschen Zeitung* haben Bundeskanzlerin und Bundespräsident das Gesetz über die sogenannte Entscheidungslösung ausgefertigt. In Zukunft sollen alle Bürger über 16 Jahre von ihren Krankenkassen schriftlich auf tods abgenommen und herangezogen werden. Zwar sei in einem Bericht der Klinik auch von einem Null-Linien-EEG die Rede gewesen, »das angeblich bei meinem Sohn vorgenommen wurde«, so Focke in einer Abhandlung mit dem Titel »Organspende – die verschwiegene Seite«. »Im entscheidenden Dokument, dem Hirntodprotokoll, ist jedoch kein Null-Linien-EEG aufgeführt. Auch in den Akten fanden sich keine EEG-Aufzeichnungen.« Die Organentnahme hätte nach dem Hirntodprotokoll demnach »gar nicht durchgeführt werden dürfen«!

Das heißt aber: Ohne ordentlichen Nachweis des »Hirntods« ist der Mensch nicht einmal nach der umstrittenen Definition des »Hirntods« tot. Einem lebenden Menschen Organe zu entnehmen kann man aber wohl kaum anders denn als Mord bezeichnen.

Potenzielles Schlachtvieh

Aber Focke entdeckte noch weitere Unregelmäßigkeiten. So hatte ihr Sohn einem Gutachten zufolge nach einer ersten (kurativen) Operation noch zu viel Narkosemittel im Blut. Da das Narkosemittel die Gehirnfunktionen verändert, ist eine Feststellung des Hirntods so noch nicht möglich. Die Organentnahme wurde aber dennoch ohne weitere Beurteilung vorgenommen. Dem sogenannten Narkoseprotokoll von der »Explantation« durfte die schockierte Mutter schließlich entnehmen, dass ihr Sohn zwar Mittel zur »Muskellähmung« bekam, aber keine Betäubung und keine Schmerzmittel – und das, obwohl der »Hirntod« offenbar nicht ausreichend dokumentiert worden war. Wobei selbst dann niemand wüsste, ob das Gehirn nicht noch schwerste Schmerzen empfinden kann. »Bei Organentnahmen wurden immer wieder Hautrötungen, Schwitzen, Blutdruckanstieg und Abwehrbewegungen beim Einschnitt in den Körper festgestellt«, berichtet Frau Focke. »Das sind bei anderen Operationen Anzeichen für Schmerz, nur bei ›hirntoten‹ Organspendern werden sie als bedeutungslose Reaktionen angesehen. Die Vorstellung, dass mein

Sohn bei lebendigem Leib ohne Rücksicht auf noch mögliche Schmerzempfindungen ohne Vollnarkose explantiert wurde, ist unerträglich.« Die Muskelrelaxanzien bewirken lediglich eine Art »Locked-in«-Syndrom und dass sich der Patient bei Schmerzen nicht mehr bewegen kann – denn das stört schließlich beim »Schnippeln«.

Tauchgang in der Intensivstation

Das ist aber noch immer nicht alles. Unglaublich, aber wahr: Die sogenannte Hirntoddiagnostik beinhaltet Tests, die den Patienten umbringen können. »Bei meinem Sohn wurde dreimal die klinische Hirntoddiagnostik vorgenommen«, berichtet Renate Focke. »Zu einer klinischen Untersuchung gehören Reize mit Instrumenten, das Setzen von Schmerzreizen, indem der Untersuchende mit einer Nadel in die Nasenscheidewand sticht und indem 4 Grad kaltes Wasser in die Ohren gespült wird.« Es leuchtet wohl ein, dass solche »Reize« einem Intensivpatienten kaum guttun und ihn weiter destabilisieren können – erst recht, wenn die Prozeduren zwei- bis dreimal durchgeführt werden. Aber das ist nicht der Punkt: Eiskaltes Wasser im Gehörgang ist nicht irgendein Test. Für das Gehirn ist dies das Signal, dass der Mensch in eiskaltes Wasser gefallen ist – denn sonst würde ja nicht der Gehörgang volllaufen. Eiskaltes Wasser im Gehörgang ist daher auch eine Ursache für jenen Schock, den Menschen erleben, wenn sie in eiskaltes Wasser fallen. Dabei können Menschen mit Vorerkrankungen »bösartige Herzrhythmusstörungen« erleiden, so der Notfallmediziner Professor Manfred Blobner über die Gefahren von Eisunfällen (»Welt der Wunder«, 27.5.2012). Und um einen vorgeschädigten Menschen handelt es sich ja bei einem Verunglückten. Da ein eiswassergefüllter Gehörgang dem Gehirn das Untertauchen anzeigt, kann durch das Wasser im Gehörgang auch der sogenannte Tauchreflex ausgelöst werden. Beim Tauchreflex wird »durch eine Stimulation des

Parasympathikus ... die Atmung zum Stillstand gebracht (›sistiert‹), der Herzschlag verlangsamt und der Blutkreislauf zentralisiert (›Bloodshift‹)« *(Wikipedia).*

»Waterboarding« für Schwerverletzte

Aber das ist noch gar nichts. Das eigentlich Interessante ist der »Apnoe-Test«, der im Zusammenhang mit dem »Waterboarding« das Erlebnis des Ertrinkens perfekt macht – sozusagen das »Waterboarding« für Schwerverletzte. Kurz: Man »testet« eben mal, ob der Patient auch ohne künstliche Beatmung weiteratmet. Deshalb könnte man den »Apnoe-Test« auch weniger fein »Erstickungstest« nennen. »Dabei wird dem hirnverletzten Patienten die künstliche Beatmung für bis zu zehn Minuten entzogen, um feststellen zu können, ob er selbständig zu atmen beginnt«, berichtet die hinterbliebene Mutter Renate Focke. »Diese Untersuchung beeinträchtigt nach Aussage von Ärzten eindeutig die mögliche Erholung eines hirnverletzten Patienten und kann sogar den Tod des Patienten hervorrufen.« Nun – das ist ja noch sehr vornehm formuliert. Je nachdem, wie diese »Untersuchungen« durchgeführt und konfiguriert werden, bewegen wir uns hier nämlich ganz nahe an Mord, fahrlässiger Tötung oder unterlassener Hilfeleistung. Denn bekanntlich erleidet das Gehirn schon nach wenigen Minuten ohne Sauerstoff irreparable Schäden. Wenn man bis zu zehn Minuten wartet, ob nach dem Aussetzen der künstlichen Beatmung eine Spontanatmung einsetzt, heißt das, dass man das Gehirn absterben lässt. Bei einem Patienten, dem man dreimal hintereinander bis zu zehn Minuten die Luft entzogen hat, kann man natürlich leicht einen »Hirntod« diagnostizieren. Ein Hirntod könne »durch Behandlungsfehler entstehen« oder bei »Schwellenpatienten« gar »bewusst herbeigeführt werden«, warnte denn auch Dr. Achim Jaeckel vom Deutschen Medizin Forum.

Die Lizenz zum Ausschlachten

Können die Ärzte im Rahmen der oben dargestellten Torturen den »Hirntod« dokumentieren, müssen sie im Wesentlichen nur noch die Angehörigen überreden, der Organentnahme zuzustimmen. Meistens ist es ziemlich leicht, die unter Schock stehenden Hinterbliebenen zu »bequatschen« und mit moralischen Argumenten unter Druck zu setzen. Wobei es natürlich heißen muss: die Hinterbliebenen in spe. Denn noch ist der Mensch ja nicht tot. Getötet wird er erst durch die Organentnahme: »Der Organismus stirbt während der Operation (Explantation) im Rahmen der Kochsalzdurchspülung des Kreislaufsystems ab«, sagte einst der Hirnforscher Prof. Dr. Detlef Linke aus Bonn. »Es gibt Philosophen, die dies als Mord bezeichnet haben.« Nicht nur Philosophen. Auch namhafte Ärzte wie der britische Kardiologe und Dozent Dr. David Evans sagen klipp und klar: »Organentnahme ist Mord.« Und zwar, weil 60 Prozent der angeblich Hirntoten wieder zu Bewusstsein kommen könnten.

»Die Ärzte wollten nur ihre Organe ...«

Fazit: Ein Medizinbetrieb, der auf der Empfängerseite manipuliert, manipuliert natürlich auch auf der Spenderseite. Und das ist häufig gleichbedeutend mit glattem Mord. Denn entweder wird beim »Hirntod« ein wenig nachgeholfen. Oder ein Mensch, der in Wirklichkeit gar nicht »hirntot« ist, wird zur Tötung durch Organentnahme freigegeben. Und tatsächlich tauchte Ende August 2012 in Dänemark ein Fall auf, der meine Recherchen bestätigte. Am 28. August berichtete die dänische Zeitung *Ekstra Bladet* von der 19-jährigen Dänin Carina, die nach einem schweren Autounfall in der Universitätsklinik Aarhus operiert und in ein künstliches Koma versetzt wurde. In Deutschland griffen exakt zwei Medien die Geschichte auf. *Bild.de* und das Nachrichtenportal *RP Online*. Ansonsten herrschte Schweigen im (Blätter-)Walde. Dabei hatte es der Skandal wirklich in sich und war geeignet, das gesamte Organspende-System zu sprengen. Einige Tage nach dem Unfall und der Operation nahm demnach Oberärztin Dr. Benedicte Dahlerup Carinas Eltern in die Mangel: »Sie hat eine sehr schwere Hirnverletzung. Falls sie überlebt, dann mit so schweren Behinderungen, dass sie für immer ein schwerer Pflegefall sein wird«, sagte sie laut *Bild*. Eine Hirnaktivität gebe es nicht: »Es schaut schlimm aus, und für Ihre Tochter kann ich nur hoffen, dass sie nicht überlebt.« Die Mutter erklärte später: »Die Ärzte wollten nur ihre Organe, und zwar so schnell wie möglich.« Der Ärztin zufolge gab es nun nur noch zwei Möglichkeiten: »Man könne Carina an der Herz-Lungen-Maschine behalten, damit ihr Hirn ganz stirbt, aber ihre Organe weiterleben. Dann könnten ihre Organe gespendet werden. Oder man könnte auch die Herz-Lungen-Maschine ausschalten – dann wäre sie sofort ganz tot.« »An der Herz-Lungen-Maschine behalten, *damit* ihr Hirn ganz stirbt«? Eine seltsame Erklärung. Irgendwie scheint da etwas durcheinandergeraten zu sein. Denn schließlich ist es genau umgekehrt: Solange der Patient an der Herz-Lungen-Maschine hängt, bleiben Herz-, Lungen- und auch Hirnfunktion erhalten. Und wenn der Patient von der Maschine getrennt wird, stirbt er in der Regel. Und so kam es, wie es kommen musste. Plötzlich hängten die Ärzte Carina von der Herz-Lungen-Maschine ab – »gegen den Wunsch der Eltern«. Wie wir wissen, geschieht das normalerweise, um zu »zu testen«, ob der Patient weiteratmet. In Wirklichkeit wird dabei häufig in Kauf genommen, dass der Kranke irreparable Hirnschäden erleidet und als Organspender benutzt werden kann. Aber siehe da: Der Test ging »schief«. »Carina atmete selbständig weiter«, so *Bild. de*. Wenig später begann sie sogar »vor Schmerzen zu jammern«. Für die »Hirntote« hatte man nämlich keine Schmerzbehandlung vorgesehen. Erst ein anderer Arzt entdeckte, »dass ein ungewöhnlicher Bruch im Schädelboden dafür gesorgt hatte, dass der Druck im Hirn ausgeglichen wurde und kein Hirntod eintreten konnte. Carina wurde sofort wieder operiert. Wenig später konnte sie das Krankenhaus verlassen!« Heute sei sie wohlauf und genieße das Leben. Während die Oberärztin nichts zu Carinas Fall sagen wollte, erklärte Chefarzt Dr. Carsten Kock-Jensen gegenüber *Ekstra Bladet*, die Eltern seien an allem schuld. Sie hätten wohl nicht richtig zugehört, »sonst hätten sie verstanden, dass sie noch nicht ganz hirntot war«. Vielmehr sei man nur davon ausgegangen, dass sie es bald wäre. Und auch das ergibt Sinn. Denn wenn man das Mädchen von der Herz-Lungen-Maschine abhängen würde, wie im Rahmen der Hirntoddiagnostik vorgesehen, würde ihr Gehirn schwer geschädigt werden. »Ich habe noch nie von einem solchen Fall gehört«, sagte der Chefarzt *Ekstra Bladet/Bild* zufolge: »Es braucht deshalb niemand Angst zu haben, dass das Gleiche auch in seiner Familie passieren könnte.«

»Es wird nicht lockergelassen«

Davon, dass es sich hier möglicherweise um den missglückten Versuch einer bewussten Tötung handelte, redete natürlich auch in diesen Artikeln kein Mensch. Eine Tötung, die in den sogenannten Tests bereits angelegt ist. Welchen Sinn aber ergibt es, einen Patienten sterben zu lassen oder zu töten, um einen anderen zu retten? Medizinisch natürlich gar keinen. Auch dann nicht, wenn durch die Tötung mehreren anderen geholfen wird. Denn einen Menschen zu opfern, um andere zu retten, hat mit Moral nichts zu tun, aber sehr viel aber mit Mord oder mit fressen und gefressen werden. Den Unterschied macht daher allein das Geld, denn für Transplantationen fließen horrende Summen: »Der Markt der Transplantations- und Pharmaindustrie ist Milliarden Euro schwer«, schreibt der Sachbuchautor Richard Fuchs in einem Artikel (»Die Wertschöpfung einer ›Organspende‹. Wirtschaftsfaktor Organtransplantation«, ohne Datum, Stand 2011). Allein der Markt für sogenannte Immunsuppressiva, welche die Abstoßung des fremden Organs beim Empfänger unterdrücken, umfasse jährlich 1,6 Milliarden Euro. Die Fallpauschalen für Transplantationen hätten 2011 je nach Organ und Aufwand zwischen 18 000 und 215 000 Euro gelegen. »Nicht selten kommt es wegen Abstoßung zu weiteren Transplantationen.« Kurz und gut: Für die Spender und ihre Angehörigen ist die Organspende nichts weiter als ein Alptraum. Für den medizinisch-industriellen Komplex hingegen ein Traum. Das ist die Realität der Organspende, zu der neuerdings immer mehr Bundesbürger gedrängt werden sollen. Bundestag und Politiker wollen die Bürger zur Schlachtbank führen: »Wir wollen penetranter dafür werben, dass sich Menschen für Organspende entscheiden«, sagt der CDU-Gesundheitspolitiker Jens Spahn. »Wir wollen den Menschen tatsächlich etwas mehr auf die Pelle rücken, indem wir fragen und nachfragen«, so SPD-Fraktionschef Frank-Walter Steinmeier. Deshalb ist es nach der neuen Entscheidungslösung zwar möglich, dass »Menschen sich zu einem bestimmten Zeitpunkt nicht entscheiden wollen« (indem sie zum Beispiel auf die Frage der Krankenkasse gar nicht antworten), meint Gesundheitsminister Daniel Bahr von der FDP. »Aber es wird nicht lockergelassen.«

August 2012

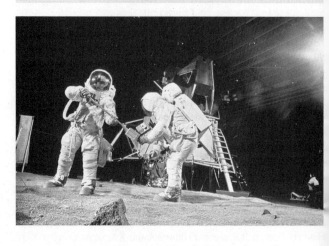

Thema des Monats *25.7.:*
Armstrong: A fucking big lie for mankind

5.8. *Medienbericht über Enteignungen in Italien* 6.8. NASA-Sonde »Curiosity« landet angeblich auf dem Mars ***12.8. Bei der Bundeswehr wird eine Soldatin vergewaltigt 22.8. US-Verlag kündigt Buch über Bin-Laden-Tötung an 24.8.*** Apple gewinnt Patentstreit gegen Samsung ***25.8. In den USA stirbt Neil Armstrong, der »erste Mensch auf dem Mond« 29.8.*** Mit einer Ablöse von 40 Millionen Euro wird der Wechsel von Javi Martinez von Athletic Bilbao zum FC Bayern München zum teuersten Transfer der Bundesliga-Geschichte

5. *August* Equitalia: Finanzamt brutal

Stellen Sie sich vor, Sie sind Immobilienbesitzer. Stellen Sie sich ferner vor, Sie verhandeln eines Tages mit Ihrer Bank über einen Kredit. Plötzlich ruft die Bank Sie an und teilt Ihnen mit, es gebe da »Schwierigkeiten«: Auf Ihr Haus sei eine Hypothek eingetragen worden. Doch davon haben Sie gar nichts mitbekommen. Unmöglich? Utopie? Nicht doch – die Finanzkrise macht's möglich. In Italien ist das bereits heute Realität. Italien? Na und? Nichts »Na und«. Denn viele Deutsche besitzen dort schließlich Eigentum in Form eines Ferienhäuschens oder einer Ferienwohnung. Im Zentrum des Geschehens steht die 2006 gegründete staatliche Inkassogesellschaft Equitalia – eine Art »Finanzamt brutal«. »Equitalia hat mir eine Hypothek auf mein Haus eingetragen. Über ein Jahr lang wusste ich davon gar nichts«, erzählte am 5. August 2012 fassungslos der bekannte Staatsrechtler und Publizist Professor Michele Ainis in der Sendung »Funkstreifzug« des Bayerischen Rundfunks. »Erfahren habe ich es dann nur durch Zufall, weil ich wegen einer anderen Sache mit meiner Bank verhandelt habe. Eines Tages ruft mich eine Angestellte der Bank an und sagt mir: ›Herr Professor, wir haben da gerade Schwierigkeiten, weil auf Ihr Haus eine Hypothek eingetragen ist. Eine Hypothek zugunsten von Equitalia.‹« Der Mann sei »aus allen Wolken« gefallen, hieß es in der Sendung. Erst in den folgenden Wochen und Monaten habe er das »Schattenreich von Equitalia« kennengelernt: »Stundenlange Warteschlangen in völlig überfüllten Wartesälen. Schalter, die um elf Uhr morgens schon wieder schließen. In den Korridoren Wachpersonal und Polizisten. Vor dem Gebäude Militär.«

Die Finanzkrise macht's möglich

Kafkaeske Verhältnisse. Na wenn schon: Noch wiegen wir uns in Deutschland ja in Sicherheit. Von den 2,1 Billionen Euro Staatsschulden spüren wir noch relativ wenig. Von den weiteren 400 Milliarden Euro Garantien und Bürgschaften gegenüber anderen Euro-Staaten ebenfalls. Und zwar, weil alle diese Verbindlichkeiten in Höhe von mindestens 2,5 Billionen Euro noch nicht fällig geworden sind. Noch finanziert sich der deutsche Staat nach Art der berühmten Tellernummer im Zirkus: Auf einem halben Dutzend elastischer Stäbe hat der Artist Teller zum Rotieren gebracht. Je langsamer sich die Teller drehen, desto mehr beginnen sie zu wackeln und drohen herunterzufallen. Vermeiden lässt sich das nur, wenn der Künstler von einem Teller zum anderen springt, um an dem Stab zu rütteln und den Teller wieder zum Rotieren zu bringen. Je mehr Teller es werden, desto schwieriger wird das allerdings – bis irgendwann die ersten Teller aus dem Gleichgewicht geraten und abstürzen.

Im wirklichen Leben sind die Teller die deutschen Staatsanleihen. Noch kann man sie durch ständiges Umschulden und Herausgabe neuer Staatsanleihen und anderer Schuldenpapiere in der Schwebe halten. Aber wehe, wenn dieses Spiel nicht mehr funktioniert. Und wehe, wenn die Garantien und Bürgschaften für die anderen Euro-Staaten fällig werden. Dann ist Zahltag, und dann wird sich der Staat das Geld irgendwo holen. Und wo? Bei den Bürgern natürlich. Wie das funktioniert, zeigt das Beispiel Italien.

Krieg gegen die Bürger

In dem Krisenstaat, der von dem Bilderberger und Goldman-Sachs-Berater Mario Monti regiert wird, hat der Krieg gegen die Bürger schon längst begonnen. Und dieser Krieg betrifft nicht nur Italiener. Erstens, weil er irgendwann auch zu uns kommen wird. Zweitens, weil schon jetzt natürlich viele tausend Deutsche in Italien Immobilien besitzen, auf die möglicherweise bereits Hypotheken eingetragen wurden. Und drittens, weil viele Deutsche in Italien als Touristen und Autofahrer unterwegs sind. Eine Geschwindigkeitsübertretung um elf Stundenkilometer auf der Au tobahn kostet da schnell mal 160 Euro. Wer innerhalb von 60 Tagen nicht zahlt, berappt das Doppelte: 320 Euro. Wer ohne Freisprecheinrichtung am Steuer telefoniert: 155 Euro. Wer im Stand den Motor laufen lässt: 200 bis 400 Euro. Wer eine Prostituierte einsteigen lässt: 40 Tage Fahrzeugentzug und bis zu 2000 Euro (siehe: www.autogenau.de: Bußgeldkatalog Italien). Es kann aber noch viel dicker kommen. Ein anderes Beispiel aus dem erhellenden Rundfunkbeitrag: Bei mehr als 1,5 Promille Alkohol im Blut kann der Staat den Fahrzeughalter sogar enteignen. Zwar ist Alkohol am Steuer eine tödliche Gefahr. Aber erstens werden damit Willkürverbot und Gleichbehandlungsgrundsatz mit Füßen getreten, da ein und dasselbe Vergehen je nach Fahrzeugwert fast nichts oder aber Zehntausende von Euros kosten kann. Und zweitens wird hier das Prinzip der Verhältnismäßigkeit verletzt, da eine Alkoholfahrt je nach Wert des Autos bis zu 100 000 Euro oder mehr kosten kann.

Staatlich sanktionierter Diebstahl

Ob Italiener oder Ausländer, ist dem italienischen Staat dabei völlig egal. Auch beim deutschen Automobilclub ADAC kennt man »einige Fälle aus Kreisen unserer Mitglieder, denen das widerfahren ist. Da wird das Fahrzeug beschlagnahmt, es wird dann zwangsversteigert, und man hat als Eigentümer nicht die Möglichkeit, das Fahrzeug zurückzusteigern.« Tatsächlich ist das nichts weiter als staatlich sanktionierter Diebstahl: »Man wird den Verdacht nicht los, dass die italienischen Behörden es auf die Autos abgesehen haben«, so der Rundfunkbeitrag.

Enteignungen und Zwangshypotheken drohen aber nicht nur bei den genannten Verstößen, sondern immer dann, wenn der italienische Staat behauptet, offene Forderungen gegen jemanden zu haben. Und offene Forderungen entstehen in Italien schnell. Und zwar schon wegen des miserablen Postsystems. Nach endlosen Behördengängen erfuhr der eingangs erwähnte Professor Michele

Ainis, dass der Staat 3000 Euro von ihm forderte, die sich aus etwa zehn Forderungen wegen Falschparkens oder anderer nicht bezahlter Rechnungen zusammensetzten. »In Wirklichkeit hatten mich einige der Zahlungsbescheide aber nicht erreicht«, versichert der Professor in dem Beitrag. Und wenn doch – selbst pünktliches Zahlen hilft oft nicht, wenn die Zahlung von den Behörden ignoriert wird. Denn andere Forderungen hatte der Professor längst beglichen. Aber offene Forderungen sind Equitalia nun mal lieber als beglichene Forderungen. Denn damit hat der Staat den Daumen auf dem Eigentum des Bürgers. Und so kommen Zahlungen mal nicht an oder werden einfach ignoriert. »Hätte Michele Ainis sich nicht einen Anwalt genommen und gegen Equitalia geklagt, wäre sein Haus früher oder später der Inkassogesellschaft überschrieben worden und unter den Hammer gekommen«, hieß es in der Radiosendung über »den Kampf des Staates gegen die eigene Bevölkerung«. In den letzten Jahren habe Equitalia etwa eine halbe Million Hypotheken auf Immobilien eintragen lassen.

Droht Ihnen bereits die Enteignung?

Gerade für viele Deutsche ticke aufgrund der kürzlich wieder eingeführten Immobiliensteuer in Italien eine »Zeitbombe«, so der Beitrag. Ohne es zu wissen, könnten sie zu Steuerschuldnern geworden sein. Es könnte sein, »dass sich bei Equitalia schon der eine oder andere höhere Funktionär die Hände reibt«. Denn schließlich stünden die Ferienhäuser der Deutschen oft in besten Lagen, etwa in der Toskana oder am Gardasee. Oder haben Sie vielleicht mal einen Strafzettel nicht bezahlt? Vorsicht: Möglicherweise droht Ihnen bereits die Enteignung.

Dass es bei diesem Spiel nicht um »die solidarische Begleichung von Staatsschulden« geht, sondern um die Umverteilung in Richtung krimineller Eliten, lässt sich leicht nachweisen. So habe es bei Equitalia eine interne Anweisung gegeben, ausgerechnet gegen die drei größten politischen Parteien in Rom »nicht vorzugehen, obwohl sie dem Fiskus große Summen schuldig sind«. Während also Normalbürgern wegen weniger hundert oder tausend Euro Haus und Hof genommen werden können, haben die politischen Negativ-Eliten nichts zu befürchten. Der Fall Italien zeigt auch, dass krisenbewusste Bürger, die sich in Immobilien flüchten, damit dem Staat und der Finanzindustrie erst recht in die Falle gehen. Denn nichts kann man so schlecht verstecken wie eine Immobilie. Sie ist weithin sichtbar, man kann sie nicht mitnehmen, und außerdem ist sie im Grundbuch eingetragen. Anders als bei Geld besteht bei Immobilien keine Fluchtgefahr. Den gegenwärtigen »krisengeheizten« Immobilienboom werden unsere Politiker daher mit Wohlgefallen sehen, fließen ihnen doch dabei jede Menge horrende Gebühren in die Kassen. Und statt auf Konten zu bleiben oder in Bargeld, Edelmetalle, Antiquitäten oder Ähnliches zu fließen, gerinnen die Vermögen der Bürger plötzlich zu weithin sichtbaren und leicht erfassbaren Werten.

Und was haben wir aus unseren Medien davon erfahren? Eine kurze Suche unter dem Stichwort »Equitalia« bei *Google News* ergibt: Fehlanzeige. Dort taucht nicht einmal der BR-Bericht im »Funkstreifzug« auf. Erst am 9. August zog die *Frankfurter Allgemeine Zeitung* nach. Ansonsten tauchte Equitalia nur noch bei *Zeit Online* auf, und das, obwohl man zu wichtigen Themen sonst Hunderte oder gar Tausende von Beiträgen findet. Allerdings ging es in der *Zeit* weniger um die ausgeraubten Bürger als vielmehr um die armen Equitalia-Mitarbeiter, die »einen lebensgefährlichen Job« hätten:

> »Unbekannte warfen Brandflaschen auf eine Equitalia-Filiale in der Toskana. In Rom verletzte eine Briefbombe einen Mitarbeiter. Eier, Flaschen und Steine flogen gegen die Eingangstür eines weiteren Büros. Eine Gruppe linksextremistischer Anarchisten hat zur Gewalt aufgerufen, aber auch ganz normale Bürger protestieren zu Hunderten.«

Fazit der *Zeit:* »Am Pranger stehen ausgerechnet diejenigen, die die Haushalte zu sanieren versuchen – die kürzen, einsparen oder wie Equitalia höhere Steuern eintreiben wollen.« Da kann man sich ungefähr ausmalen, was unsere Medien hierzulande für eine Haltung einnehmen werden, wenn es bei uns so weit ist.

12. August Vergewaltigung bei der Bundeswehr: Wer ist schuld?

Lust auf ein Gedankenexperiment? Stellen wir uns 500 Männer vor, auf engstem Raum zusammengepfercht in wenigen Gebäuden. Viele davon sind einsam, weit weg von zu Hause und – ohne Frau oder Freundin – unter ständigem Triebstau. Von dem Aggressionsstau ganz zu schweigen. Stellen wir uns weiter vor, diese Männer beschäftigen sich tagaus, tagein mit nichts anderem als mit Waffen und Gewalt. Stellen wir uns drittens vor, diese Männer lebten ihren Frust bereits untereinander aus – durch Mobbing, Schikane und auch körperliche Übergriffe. Und stellen wir uns viertens vor, ein gewisser Teil von ihnen würde Alkohol trinken, vielleicht auch andere Drogen wie Cannabis konsumieren. Und nun die Gretchenfrage: Würden Sie in dieses Umfeld sechs junge Frauen setzen?

Sechs Frauen unter 500 Männern

Natürlich nicht – so blöd kann doch niemand sein. Und ob – so blöd kann sehr wohl jemand sein, nämlich unsere »Emanzipations«-Politiker. Denn genau das ist die Situation bei der Bundeswehr, seitdem dort Frauen »Dienst an der Waffe« tun dürfen und damit häufig im ganz normalen Kasernenumfeld leben. So war es zum Beispiel auch in der Jägerkaserne in Bückeburg, wo laut Medienberichten am 12. August 2012 eine junge Soldatin vergewaltigt wurde. Das Opfer ist 25 Jahre alt. Unter etwa 450 Soldaten und 50 Zivilangestellten lebten dort sechs Frauen. Nicht dass die Tat irgendwie zu entschuldigen wäre. Aber Lebenserfahrung und Statistik besagen eben, dass es unter 500 tadellosen Männern vielleicht auch einen oder zwei geben könnte, die sich – vor allem unter den gegebenen Umständen – weniger gut im Griff haben als andere. Schließlich gibt es bereits jede Menge Übergriffe unter männlichen Kameraden: »Wenn ich an meine Bundeswehrzeit zurückdenke, fallen mir viele Situationen ein, wo Übergriffe stattfanden«, schrieb ein ehemaliger »W-15er«* in seinem Blog. »Es gab die so genannte ›Koffertaufe‹, es gab ›Spindkegeln‹ und mehr. Opfer gab es schon immer und wird es wohl auch immer geben. Wer glaubt, dass es in der Bundeswehr gesittet und geordnet zugeht, der ist auf dem Irrweg.«

Im Fokus der Männer

Man muss daher kein Hellseher sein, um vorherzusagen, dass es solche Übergriffe auch gegenüber Frauen geben wird und dass sie dann häufig sexuellen Charakter haben werden. »Eine Frau in einer Kompanie dürfte reichen, um die Soldaten einer moralischen Prüfung zu unterziehen!«, meint der W-15er. Und fährt fort:

> »Wenn eine Frau diesen Weg einschlägt, sollte ihr klar sein, dass sie sofort im Fokus ihrer männlichen Kameraden steht. Es sei denn, sie ist superhässlich. (…) Wenn sich nun wenige Frauen in einer Kaserne befinden, werden sie zwangsläufig zum Objekt der Begierde, das ist leider ›menschlich‹.«

Kein Wunder, dass laut einer Studie fast 20 Prozent der Soldatinnen von »unerwünschten sexuellen Berührungen« berichten, wobei die wenigsten Fälle bekannt werden. Laut *taz* gaben drei Viertel der sexuell belästigten Soldatinnen an, dies aus Angst nicht gemeldet zu haben (*taz*, 16.8.2012).

---

* Wehrpflichtiger mit 15 Monaten Dienstzeit.

Ein Biotop für sexuelle Übergriffe

Die eigentliche Ursache für sexuelle Übergriffe gegen Frauen bei der Bundeswehr ist also nicht allein der jeweilige Täter, sondern sind diejenigen, die diese Situation herbeigeführt haben. Wie sagt man so schön in den USA: Zu jedem Verbrechen braucht es »motive, means and opportunity«, also ein Motiv, die Mittel und die Gelegenheit. So gesehen sind unsere Kasernen das ideale Umfeld für sexuelle Übergriffe gegen Frauen: Die Motive liegen auf der Hand, die Mittel bestehen in der körperlichen Überlegenheit der Männer (vielleicht sogar im Vorhandensein von Waffen), und auch an Gelegenheiten dürfte es auf einem Kasernengelände kaum fehlen. Wenn man also einer großen Zahl von Menschen solche »motives, means and opportunities« bietet, kann man sich ausmalen, was passiert. Das heißt, Kasernen sind das ideale Biotop für sexuelle Gewalt vor allem (aber nicht nur) gegen Frauen – geschaffen von Politikern und Richtern, die Frauen einst aus emanzipatorischen Motiven zum Dienst an der Waffe zuließen.

Das heißt, zugelassen zum Dienst an der Waffe wurden Frauen erst durch die Klage einer Frau – und zwar einer jungen Energieelektronikerin namens Tanja Kreil. Allerdings musste diese Klage ja auch jemand durchwinken, in diesem Fall der Europäische Gerichtshof (EuGH). Der gab der Klage im Januar 2000 statt und der Bundesrepublik damit den Auftrag, das Grundgesetz zu ändern, um Frauen den Dienst mit der Waffe zu ermöglichen (Artikel 12a). Und außerdem muss auch jemand die Klägerin auf die Idee gebracht haben, dass Frauen selbst die typischsten Männerberufe ausüben könnten. Fortan jedenfalls wurden mehr Frauen in der Bundeswehr oder »an der Waffe« zum ersehnten Ziel aller politisch Korrekten. Politisch gesehen war die Elektronikerin daher auch nichts weiter als ein Werkzeug im Feldzug für die Gleichmacherei von Mann und Frau.

Eine Niederlage für die Frau

In Wirklichkeit handelte es sich jedoch um eine Niederlage für die Frau, die fortan in ein für sie gefährliches Umfeld gelockt wurde. Gefährlich nicht nur wegen sexueller Begierden, sondern auch wegen körperlicher Überforderung. In Wirklichkeit – und das ist das eigentliche Geheimnis – brachte die Aufnahme von Frauen in die Streitkräfte hauptsächlich Schwierigkeiten und Ärger. Davon zeugen nicht nur Vergewaltigungen, sondern auch Unfälle wie jene auf dem Segelschulschiff *Gorch Fock,* bei denen 2008 und 2010 zwei Frauen ums Leben kamen. Weitere Beispiele für die vielfältigen Probleme durch und für Frauen beim Militär finden sich im Jahrbuch 2012. Übrigens: Ausgerechnet die Klägerin, die im Jahr 2000 die Öffnung der Bundeswehr für Frauen vor dem Europäischen Gerichtshof erstritten hatte, trat ihren Dienst nie an …

22. August Propaganda: Navy Seal schreibt Buch über Bin-Laden-»Festnahme«

Dieser Tag bringt eine gute Nachricht: Endlich, endlich werden wir die Wahrheit erfahren! Und zwar über die Festnahme bzw. Tötung des »Terrorfürsten« Osama bin Laden am 2. Mai 2011. Wer erinnert sich nicht an diesen dubiosen Vorfall im pakistanischen Abbottabad, bei dem Bin Laden angeblich gestellt und erschossen wurde und der US-Präsident Barack Obama von diversen innenpolitischen Problemen befreite. Unter anderem von der Frage, ob seine Geburtsurkunde nun gefälscht sei oder nicht. Und wer schon immer wissen wollte, ob Bin Laden bei der »Operation Geronimo« nun in Notwehr erschossen, ermordet, gevierteilt oder aber geteert und gefedert und anschließend gehängt wurde, der kann endlich auf ein Ende des Rätselratens hoffen. Denn am 22. August 2012 verspricht der US-Verlag Dutton die Erlösung aus aller Ungewissheit: Ein Veteran der US-Eliteeinheit Navy

Seals schreibe ein Buch über die Tötung Osama bin Ladens und werde darin die Wahrheit sagen, die Wahrheit und nichts als die Wahrheit. Auf den Seiten dieses Buches sollen wir endlich erfahren, wie der Terrorfürst Nr. 1 durch die heldenhafte Hand der Schattenkrieger ums Leben kam. Und als Vorgeschmack auf die angekündigte Publikation wird schon mal enthüllt, dass Bin Laden keineswegs (wie vom Pentagon behauptet) in einem Feuergefecht gestorben, sondern unbewaffnet gewesen und regelrecht hingerichtet worden sei.

Ein böser Brief vom Pentagon

Da war das US-Verteidigungsministerium natürlich richtig sauer. Und was tut das Pentagon in so einem Fall? Richtig: Es schreibt zunächst mal einen bösen Brief an Autor und Verlag: Die Veröffentlichung verstoße gegen Vorschriften des Militärs und gegen Geheimhaltungserklärungen, die der Autor unterschrieben habe. Umgehend kündigte das Pentagon rechtliche Schritte gegen das Buch an – und lieferte damit nur den Startschuss zu einer beispiellosen PR-Kampagne für den geplanten Buchstart am 11. September 2012. Denn was kann neugieriger machen als ein Buch, dessen Erscheinen die Behörden verhindern wollen? Eben. Denken wir doch mal einen Moment nach: Ein ehemaliger Navy Seal, also ein Angehöriger der geheimsten Eliteeinheit der Vereinigten Staaten, veröffentlicht ohne Genehmigung seines obersten Dienstherrn ein Buch über die »Festnahme« von Osama bin Laden. Ein guter Witz. Denn schließlich ist bereits der Name der Kommandoeinheit Programm. SEAL ist nicht nur eine Abkürzung für die Einsatzräume *SE*a, *A*ir, *L*and, sondern bedeutet auch »versiegeln« oder »Siegel« – das Siegel der Verschwiegenheit nämlich. Dass sich einer dieser Geheimnisträger ohne Erlaubnis ein ganzes Jahr hinsetzt und mit der Arbeit an einem Buch offenen Geheimnisverrat begeht: diese Vorstellung ist natürlich absurd. In Wirklichkeit würde ihn dafür kein böser Brief erwarten, sondern das Kriegsge-

richt. Da ihm das offenbar nicht droht, kann das nur heißen, dass der Mann einen Auftrag erfüllt und er das Buch auf Geheiß und Billigung seiner Vorgesetzten schreibt.
Das klingt übertrieben? Nicht unbedingt. Blicken wir einen Moment zurück. Seit jenem denkwürdigen 2. Mai 2011, da die USA angeblich Osama bin Laden in Pakistan aufspürten und töteten, befindet sich das US-Verteidigungsministerium in Sachen Bin Laden in Erklärungsnöten. Schnell kam nämlich heraus, dass an der Sache überhaupt nichts dran war. So sollte sich Bin Laden ausgerechnet in einem militärischen Sperrgebiet versteckt haben, bei dessen Betreten selbst Anwohner ihre Ausweise vorzeigen müssen. Nachbarn schlossen die Anwesenheit des weltweit meistgesuchten Terroristen denn auch kategorisch aus.

Osama ist schließlich kein Vogel ...

Er sei noch auf gewesen nachts um eins und habe über Skype mit einem Freund in England gesprochen, als er plötzlich dieses Helikoptergeräusch gehört habe, erzählte ein Nachbar namens Jehangir Khan aus dem pakistanischen Abbottabad dem arabischen TV-Sender *Al-Dschasira*. Er sei auf das Dach seines Hauses gegangen und habe den Helikopter gesehen. Natürlich sei es bis auf all die Scheinwerfer stockdunkel gewesen. Er glaube, es könnte ein Apache-Helikopter gewesen sein. Der habe zu schießen begonnen, sei verschwunden, zurückgekommen und habe nochmals einige Minuten geschossen. Schließlich, etwa um 1.15 Uhr, habe es eine große Explosion gegeben. Leute in der Nachbarschaft hätten das Haus verdächtig gefunden, sagte der *Al-Dschasira*-Korrespondent und fragte: »Ist Ihnen irgendetwas an dem Haus verdächtig vorgekommen?«
»Um ehrlich zu sein, ich gehe jeden Abend von meinem Haus an dem Haus von Osama bin Laden vorbei zu meinem anderen Haus, das ich vermietet habe«, antwortete Khan.

»Jeden Abend gehe ich da mit meiner Frau vorbei. Ich habe nie etwas dergleichen bemerkt, und deshalb glaube ich das auch nicht. Und um ehrlich zu sein: Es ist nicht wahr. Osama? Vielleicht irgendwelche anderen Leute, aber Osama ist schließlich kein Vogel, der von oben kommt und sich dort niederlässt. Denn dies ist ein Sperrgebiet. Wenn wir hier reinkommen, fragt uns das Militär jedes Mal nach unserem Ausweis. Also, das kann man nicht glauben.«

Was er am Morgen gedacht habe, als er hörte, dass hier Osama bin Laden getötet worden sei, wollte der *Al-Dschasira*-Reporter wissen. »Nun«, erwiderte Khan, »ich guckte die Nachrichten, und sie sprachen von Osama bin Laden. Ich war schockiert. Und um ehrlich zu sein: Ich wohne hier schon mein ganzes Leben. Und Sie wissen ja: Wenn jemand Neues in Ihre Straße kommt, wissen Sie Bescheid. (…) Sie bekommen das mit. Ich habe gar nichts dergleichen gesehen. Ich kann das nicht glauben.«

Der Mann, der seine eigene Schwester war

Fazit: Niemand in dem Sperrgebiet hatte Bin Laden gesehen, weder tot noch lebendig. Denn nach der »Operation Geronimo« wurde der Tote sofort im Meer »entsorgt«. Zwar gingen blitzschnell nach der Aktion Fotos von der Leiche Bin Ladens um die Welt. Auch deutsche Medien druckten sie ab. Sie erwiesen sich jedoch sehr schnell als plumpe Fälschung: Ein Bild des lebendigen Bin Laden war mit dem Bild einer fremden Leiche kombiniert worden. So erwies sich die »Operation Geronimo« als einzige Propaganda-Baustelle. Später behaupteten die USA, Bin Ladens Identität mit einem »DNA-Schnelltest« festgestellt zu haben. Nur überprüfbar war das nicht, denn die Leiche war ja weg – oder war sie etwa niemals da gewesen? Schließlich meldete sich auch noch ein DNA-Experte aus Fort Worth, Texas, zu Wort und stellte fest, dass die US-Regierung keine glaubwürdigen DNA-Proben von Osama bin Ladens Leiche vorgelegt habe und dass deshalb sämtliche Medienberichte über die angeblich bei der »Festnahme« gesammelte Osama-DNA fragwürdig seien. Das schrieb die Website der *Fort Worth Business Press* am 6. Mai 2011.

Die veröffentlichten Resultate enthielten inkonsistente Werte, so der Forensik-Professor Bruce Budowle von der University of North Texas. Einmal sollte die DNA-Vergleichsprobe (mit der Bin Ladens Leichenmaterial angeblich verglichen worden war) von einer Schwester Bin Ladens stammen, dann wieder nur von einer Halbschwester: »Dennoch habe es eine 99,99-prozentige Übereinstimmung gegeben«, so Budowle: »Das allein zeigt, dass an den Berechnungen herumgedoktert wurde.« Denn eine 99,99-prozentige Übereinstimmung von DNA-Material erhalte man nur, wenn die Vergleichsprobe von dem Betreffenden selbst stamme (also zum Beispiel, wenn Sperma an einem Tatort mit dem Speichel eines Beschuldigten verglichen wird). Es sei denn, man besitze eine ganze Reihe von Vergleichsproben von Verwandten, was hier aber nicht der Fall war. Kurz: Mit einer Schwester eine 99,99-prozentige Übereinstimmung zu erzielen ist unmöglich, es sei denn, Osama bin Laden wäre gleichzeitig seine eigene Schwester.

Eine windelweiche Geschichte

Da ist Not am Mann. Und deshalb machen die US-Militärs nun eine Propaganda-Operation nach der anderen auf. Die erste war die angebliche Bin-Laden-Festnahme mit ihren Unter-Baustellen (Notwehr/DNA-Story/Leiche ins Meer geworfen). Die zweite ist die Reparatur dieser windelweichen Geschichte, indem nun ein Navy Seal ein Buch über diesen Coup veröffentlicht. Der Mann aus der Bruderschaft pfeift also plötzlich auf seine Brüder und packt aus. Das ist aber noch nicht das eigentlich Interessante. Das ist vielmehr, dass der Mann sein Buch nicht alleine schreibt, sondern dafür einen Co-Autor braucht. Na und – schließlich sind

Schießen und Schreiben immer noch verschiedene Dinge. Das Problem ist nur, dass der Co-Autor dieses Buches, dessen Erscheinen das Pentagon angeblich verhindern will, seit vielen Jahren erfolgreich mit ebendieser Behörde zusammenarbeitet – und zwar als »embedded journalist«, als ziviler Berichterstatter innerhalb einer militärischen Kampfeinheit: »Kevin Maurer ist ein preisgekrönter Reporter, der seit acht Jahren über Spezialoperationen berichtet«, heißt es in der Biografie auf seiner Website. »In den letzten fünf Jahren war er sechsmal als ziviler Berichterstatter bei den US Special Forces in Afghanistan, 2006 verbrachte er einen Monat mit Spezialeinheiten in Afrika. Maurer berichtete über die Invasion in Irak und die erste Parlamentswahl in Afghanistan.«

Das heißt, das angekündigte Buch ist gar nichts Besonderes, sondern gehört zum täglichen Brot dieses Journalisten. Er hat schon immer über Spezialoperationen berichtet und gibt den US-Operationen mit seinen Büchern psychologischen und propagandistischen Feuerschutz. Bevor sie zur Truppe kommen, haben »embedded journalists« »einen Vertrag zu unterzeichnen, der regelt, was sie wann berichten dürfen«, so der amerikanische Sender PBS (»Pros and Cons of Embedded Journalism«, pbs.org, 27.3.2003). Und wie sagte doch der frühere Chef der Marine-Öffentlichkeitsarbeit, Generaloberst Rick Long, der Journalisten auf ihren Fronteinsatz vorbereitete: »Um ehrlich zu sein: Unser Job besteht darin, den Krieg zu gewinnen. Ein Teil davon ist Informationskrieg. Also versuchen wir, die Informationswelt zu dominieren« (Jeffrey Kahn: »Postmortem: Iraq war media coverage dazzled but it also obscured«, *UC Berkeley News,* 18.3.2004). Genau darum geht es also auch bei dem neuen Buch über die »Festnahme« Bin Ladens. Die angebliche Skandalbeichte ist nur ein verwinkelter Trick, um dem Publikum die Story von der Festnahme Bin Ladens zu verkaufen. Indem sich das Pentagon scheinbar mit Händen und Füßen gegen die Veröffentlichung sträubt, meint der Leser, in dem Werk die Wahrheit und nichts als die Wahrhei zu finden. Vor lauter Aufregung und Rätselei, wie Bin Laden denn nun ums Leben kam, stellt niemand mehr den Vorgang an sich in Frage. Und mit diesem Co-Autor fliegt der Schwindel vom »Enthüllungsbuch« und vom angeblich empörten Pentagon denn auch auf. Denn Maurers jahrelange Zusammenarbeit mit dem Verteidigungsministerium lässt vermuten, dass auch dieses Werk dieser vertrauensvollen Zusammenarbeit entsprungen ist. Und bestimmt will Maurer es sich mit dem Pentagon nicht verscherzen, sondern auch in Zukunft noch über US-Militär-Operationen schreiben dürfen ...

25. August Neil Armstrong: »A little lie for a man but fucking big lie for mankind«

De mortuis nihil nisi bene – über die Toten nur Gutes: Nach einer Herzoperation stirbt an diesem 25. August 2012 in den USA Neil Armstrong, »der erste Mann auf dem Mond«. Möge er in Frieden ruhen. Was uns dagegen nicht ruhen lässt, ist die Frage: Warum wurde der Mann überhaupt 82 Jahre alt? Zwar waren die Astronauten stets kerngesund, deshalb wurden sie ja für die Raumflüge ausgewählt. Aber nach ihren Flügen hätten sie das nicht mehr sein dürfen. Und zwar wegen der starken radioaktiven Strahlung im Weltraum. Extrem böse Zungen behaupten sogar, dass sie die Reise durchs All und durch die Strahlungsgürtel der Erde überhaupt nicht hätten überleben dürfen. Und zwar genauso wenig wie die bedauernswerte Hündin Laika, die von den Sowjets 1957 durch die Strahlungsgürtel geschickt wurde. Mit dem bekannten Ergebnis: Nach fünf bis sieben Stunden war der Hund mausetot (siehe auch Gerhard Wisnewski: *Lügen im Weltraum. Von der Mondlandung zur Weltherrschaft*, München 2005). Ist die Strahlenbelastung bereits in einem hoch fliegenden Flugzeug erhöht, sammelt sich die Partikelstrahlung in den Ausläufern des irdischen Magnetfeldes wie Schnee in einer

Schneeschaufel. Das ergibt die sogenannten Strahlungsgürtel. Die Mondfahrer allerdings flogen nicht nur 1660 Kilometer ins All hinaus wie Laika, sondern (angeblich) etwa 365 000 Kilometer, und zwar für mehrere Tage. Genau wie der Hund (aber anders als die Astronauten des Shuttle oder der Raumstation) verließen die Apollo-Mondfahrer den sogenannten »Low Earth Orbit« in etwa 400 Kilometer Höhe und flogen durch die Van-Allen-Strahlungsgürtel hinaus in den offenen Weltraum. Und bekanntlich hängt der Himmel nicht etwa voller Geigen, sondern voller gewaltiger Fusionskraftwerke in Form von Sternen, die ihre Radioaktivität in den Raum hinausschleudern. Eins von diesen »Monstern« haben wir direkt vor der Nase: die Sonne. Während Menschen im niedrigen Erdorbit in Raumfahrzeugen überleben können, ist in den Strahlungsgürteln und oberhalb des irdischen Magnetfeldes »Schluss mit lustig«. Hier herrscht ein rauhes Strahlungsklima, das jedes höhere Lebewesen tötet, das sich nicht mit einer dicken Bleischicht schützt. Die aber hatten die Astronauten natürlich nicht dabei.

Kurz und gut, man hätte den Lebensläufen der Mondfahrer diese Strapazen zumindest ansehen müssen. Die wesentlich höhere Strahlenbelastung hätte Auswirkungen auf die Lebenserwartung der Astronauten haben müssen, zumal einige von ihnen die Reise angeblich mehrfach absolvierten. Es sei denn, alles, was man uns über die gesundheitsschädlichen Wirkungen von gefährlicher radioaktiver Strahlung erzählt hat, wäre falsch. Viele Mondfahrer sind heute (August 2012) in ihren Achtzigern. Im Schnitt sind sie bis heute 75,5 Jahre alt geworden. Damit haben sie die durchschnittliche Lebenserwartung eines männlichen Weißen in den USA von gut 75 Jahren genau erreicht und werden sie in den nächsten Jahren – da viele von ihnen noch leben – sogar übertroffen. Das heißt, die Mondunternehmen und die Reisen durch die Van-Allen-Gürtel hatten überhaupt keinen Einfluss auf ihre Lebenserwartung. Selbst dann nicht, wenn sie die Reise zum Mond und zurück zweimal machten, wie Eugene A. Cernan (heute 78), John W. Young (heute 81) und James A. Lovell (heute 84). Angesichts des unglaublichen Risikos ist es zudem erstaunlich, dass keiner der Mondfahrer irgendeinen sonstigen Schaden nahm. Weder gab es einen tödlichen Unfall, noch wurde jemand ernsthaft verletzt. Die bisher verstorbenen Mondfahrer erlagen ganz »gewöhnlichen« Todesursachen, wie alle anderen »Erdlinge« auch. Die besonderen Belastungen der Mondmissionen finden sich in der Lebenserwartung der Mondfahrer nicht wieder. Entweder sind diese Leute nie zum Mond geflogen – oder die Reise zum Erdtrabanten ist der reinste Kuraufenthalt.

Die Mondfahrer

Mission, Geburtsdatum, erreichtes Alter bis zum August 2012, ggf. Todesursache

Apollo 8, 11.–22.10.1968, Mondumkreisung
Frank F. Borman, 14. März 1928, 84
James A. Lovell, erste Mondreise, 25. März 1928, 84
William A. Anders, 17. Oktober 1933, 78

Apollo 10, 18.–26. 5.1969, Mondumkreisung
Thomas P. Stafford, 17. September 1930, 81
John W. Young, erste Mondreise, 24. September 1930, 81
Eugene A. Cernan, erste Mondreise, 14. März 1934, 78

Apollo 11, 16.–24.7.1969, 1. Mondlandung
Neil A. Armstrong, 5. August 1930, 82,
† 2012, Herzversagen nach OP
Edwin E. »Buzz« Aldrin, 20. Januar 1930, 82
Michael A. Collins, 31. Oktober 1930, 81

Apollo 12, 14.–24.11.1969, 2. Mondlandung
Charles P. »Pete« Conrad, 2. Juni 1930, 69,
† 1999, Motorradunfall
Richard F. Gordon, 5. Oktober 1929, 82
Alan L. Bean, 15. März 1932, 80

Apollo 13, 11.–17. 4.1970, Mondumkreisung, abgebrochene Mission
John L. Swigert, 30. August 1931, 51, † 1982, Knochenkrebs
Fred W. Haise, 14. November 1933, 78
James A. Lovell, zweite Mondreise, 25. März 1928, 84

Apollo 14, 31.1.–9. 2.1971, 3. Mondlandung
Alan B. Shepard, 18. November 1923, 74, † 1998, Leukämie
Stuart A. Roosa, 16. August 1933, 61,
† 1994, Bauchspeicheldrüsenentzündung
Edgar D. Mitchell, 17. September 1930, 81

Apollo 15, 26.7.–7. 8.1971, 4. Mondlandung
David R. Scott, 6. Juni 1932, 80
Alfred M. Worden, 7. Februar 1932, 80
James B. Irwin, 17. März 1930, 61, † 1991, Herzanfall

Apollo 16, 16.–27. 4.1972, 5. Mondlandung
Thomas K. Mattingly, 17. März 1936, 76
Charles M. Duke, 3. Oktober 1935, 76
John W. Young, zweite Mondreise, 24. September 1930, 81

Apollo 17, 7.–19.12.1972, 6. und letzte Mondlandung
Eugene A. Cernan, zweite Mondreise, 14. März 1934, 78
Ronald E. Evans, 10. November 1933, 56, † 1990, Herzanfall
Harrison H. Schmitt, 3. Juli 1935, 77

Warum schwieg Neil A.?

Was ist nun mit dem am 25. August 2012 verstorbenen Armstrong? War er nun auf dem Mond oder nicht? Und was hat er selbst dazu gesagt? Eigentlich sollte man nach einer Mondreise übersprudeln vor Beredsamkeit. Nicht so Neil Armstrong – der erste Mensch, der am 21. Juli 1969 angeblich den Mond betrat. Er war sein Leben lang vor der Öffentlichkeit auf der Flucht. Und wenn er sich äußerte, legte er Wert auf ein sehr überschaubares Publikum. Kaum sah er einen Journalisten, machte er sich dünn:

> »Der Astronaut Neil Armstrong scheut die Medien wie kaum ein anderer. … Sein größter Spaß ist es, Journalisten, die ihn interviewen wollen, ein Schnippchen zu schlagen, sich bei Kontaktversuchen in Luft aufzulösen oder, wenn man ihn doch mal stellen konnte, den Sinn eines Gesprächs mit Freundlichkeit und Witz auszureden« (*Die Welt*, 24.5.2012).

Neil Armstrong setzte 1969 als erster Mensch seinen Fuß auf den Mond? Na und – das ist noch gar nichts. Laut *Bild* setzte er erst vor zwei Jahren zum ersten Mal in seinem Leben einen Fuß in ein TV-Studio, nämlich für eine Talkshow des österreichischen Minisenders *Servus TV* am 5. August 2010. »Jetzt betrat Neil Armstrong (80) zum ersten Mal in seinem Leben ein Fernsehstudio«, schrieb damals *Bild.de*. Da hatte er bereits seit langer Zeit geschwiegen beziehungsweise »nicht mehr öffentlich über seine Landung auf dem Erdtrabanten gesprochen« – so medienscheu war der Mann. Damit dürfte er wohl der erste große Entdecker des 20. Jahrhunderts sein, der im Fernsehen 40 Jahre lang kaum ein Wort über die Lippen brachte.

Licht aus, Spot an!

Erstens wäre das erstaunlich: Der größte Entdecker und Abenteurer der Menschheit betritt erst mehr als 40 Jahre später ein TV-Studio, und dann noch das eines winzigen österreichischen Privatsenders? Zweitens ist das falsch. Denn natürlich betrat Armstrong anlässlich der »Produktion« der Mondlandung bereits mehrmals TV-Studios, nur redet niemand darüber. Es waren jene Hallen, die man auch heute noch auf NASA-Fotos sieht und die angeblich dem »Training« der Astronauten dienten. Dort waren realistische Szenerien mit Landefähren und Mondautos aufgebaut, und kaum machte man das Licht aus und den Spot an (nämlich einen Flakscheinwerfer als »Sonne«), befand man sich auch schon auf dem »Mond« (siehe Themenbild dieses Monats).

Anlässlich von Armstrongs TV-Auftritt im Jahr 2010 präsentierte *Bild.de* einen kleinen Zusammenschnitt von Armstrongs erstem Schritt auf dem Mond und auch von seinem ersten Schritt in ein TV-Studio: »Vor über 40 Jahren betrat der amerikanische Astronaut als erster Mensch den Erdtrabanten«, heißt es in dem Video. »Über 600 Millionen Menschen verfolgten das historische Ereignis im Fernsehen.« Natürlich glaubt jeder, dass der Astronaut, den man zu diesem Text aus einiger Entfernung die Leiter der Mondlandefähre hinabsteigen sieht, Armstrong sei. Tatsächlich kann das aber nicht sein. Denn wenn Armstrong der erste Mensch auf dem Mond war – wer hatte dann vorher die Kamera in so großer Entfernung von der Landefähre aufgestellt?

Astronauten oder Staatsschauspieler?

Die tatsächlich damals von der ersten Mondlandung gesendeten Bilder sahen anders aus. Sie waren erstens in Schwarz-Weiß, und zweitens war der Astronaut aus solcher Nähe aufgenommen worden, dass man behaupten konnte, die Kamera sei an der Landefähre selbst montiert gewesen. Ob da wirklich Armstrong an der Seite der Mondfähre herabstieg, weiß allerdings niemand. Denn bis auf eine einzige Ausnahme bei einer späteren Mondmission waren die angeblichen Mondbesucher immer so dick vermummt, dass man nie ein Gesicht erkennen konnte. Es hätten auch bloß Statisten bzw. Staatsschauspieler sein können.

Jetzt, zum 80. Geburtstag, breche Armstrong sein Schweigen, behauptet das *Bild*-Video von dem TV-Auftritt im Jahr 2010: »Im österreichischen Fernsehen bei Servus TV stellte er sich den kritischen Fragen der Journalisten.« Da staunt der Fachmann, und der Laie wundert sich: Sollte Armstrong jetzt endlich einmal von ausgewiesenen Fachleuten »gegrillt« werden? Nicht doch. Von »grillen« konnte keine Rede sein. Die Fragen an den öffentlichkeitsscheuen Astronauten stellte *FAZ*-Herausgeber Frank Schirrmacher. Und wenn der Neil Armstrong fragt, ob er wirklich auf dem Mond gewesen sei, dann ist das so, als würde in Vatikan TV ein Kardinal den Papst fragen, ob es Gott gebe. In Wirklichkeit war die Sendung denn auch ein Heimspiel. Zu den weiteren Gästen gehörten der deutsche Astronaut Thomas Reiter, der Astrophysiker Harald Lesch sowie der russische Kosmonaut Alexej Leonow. Die »kritischen Fragen der Journalisten« entpuppten sich in dem Zusammenschnitt der TV-Sendung lediglich als *eine* Frage *eines* Journalisten. Die Frage stellte nämlich Schirrmacher selbst: »Es kursieren seit der Mondlandung die Verschwörungstheorien, ob es sie gegeben hat oder nicht«, sagt Schirrmacher zu Armstrong, begleitet von geflissentlichem Lachen im Publikum. »Neil, dazu müssen Sie etwas sagen, waren Sie wirklich auf dem Mond?«

Er sagte nur ein einziges Wort

Wieder lacht das Publikum verkrampft, um die Spannung zu überspielen. Aber Armstrong sagt nichts, blickt sich nur hilflos um, dann greift er das Gelächter der Zuschauer dankbar mit einem Grinsen auf. Gesagt hat er aber noch immer nichts. Gerade, als im Saal ein gefährliches Schweigen zu entstehen droht, springt ihm der russische Kosmonaut Leonow bei. Dazu muss man wissen, dass amerikanische und russische Raumfahrer sehr eng befreundet sind. In ihrem Verein, der Association of Space Explorers, bilden sie eine verschworene Gemeinschaft und benennen sogar ihre Kinder nach ihren Kollegen.

Gerade als das Schweigen also gefährlich zu werden droht, weckt Leonow Armstrong mit einem lachenden »Neil!«, was eine neue Welle der gespannten Heiterkeit auslöst. Doch bevor nun endlich Armstrong antwortet, quakt erst noch irgendein Souffleur dazwischen: »Jawoll, er war's!« – auf dem Mond nämlich. Andere hatten nicht »Neil«, sondern das russische Wort »был« (ausgesprochen: »byl«) verstanden. Zu Deutsch etwa: »Er war«. »Für mich war der eigentliche Souffleur Leonow«, schrieb mir dazu ein Leser. Der darauf folgende Satz »Jawoll, er war's!« sei nur die korrekte Übersetzung von Leonows russischem Ausruf gewesen – was durchaus plausibel klingt. Jedenfalls fühlt sich Armstrong erst nach dieser »Geburtshilfe« sicher genug, um die Frage, ob er wirklich auf dem Mond landete, zu beantworten. Er sagt nur ein Wort, das dafür aber zweimal: »Definitiv, definitiv«. Erleichterter Applaus brandet auf. Wenigstens diese »klaren Worte« hatte Armstrong gesagt. Argumente hatte er auf dem Video nicht zu bieten, nicht ein einziges. Aber das machte nichts, denn das war's dann auch schon mit den »kritischen Fragen« in dem Zusammenschnitt. Armstrong kam ungeschoren davon. Aber trotzdem kam nicht einmal *Bild* darum herum, das »lange Zögern« des »ersten Mannes auf dem Mond« zur Kenntnis zu nehmen …

September 2012

Thema des Monats *10.9.:*
Inklusion – Angriff auf das Schulsystem

5.9. **World-Trade-Center-Pächter prozessiert um Milliarden**
6.9. EZB kündigt unbegrenzten Kauf von Staatsanleihen aus Krisenländern an **9.9.** In London gehen die Behindertenspiele »Paralympics« zu Ende *10.9. Inklusion: Immer mehr Schulen unterrichten Behinderte und Nicht-Behinderte gemeinsam* **11.9.** Bei Ausschreitungen in Libyen stirbt der US-Botschafter Chris Stevens **12.9.** Bundesverfassungsgericht winkt »Rettungsschirm« ESM durch *19.9. Geheimnis um den Tod eines Schauspielers aus dem Umfeld von Kirsten Heisig* **24.9.** Nach Medienberichten will Frankreich die Wörter »Mutter« und »Vater« aus dem bürgerlichen Gesetzbuch streichen *26.9. Magen-Darm-Epidemie in ostdeutschen Schulen* **30.9.** Im syrischen Aleppo wird der weltberühmte Basar zerstört

5. *September* Wer hat Angst vor Larry S.: Das Milliardenspiel um 9/11

Junge, junge: 8,4 Milliarden Dollar! Als ich an diesem Tag einen Blick in die Zeitungen und Magazine werfe, gehen mir die Augen über: So viel wollte der Pächter der am 11.9.2001 zerstörten Zwillingstürme in New York von den Airlines der entführten Flugzeuge haben! Und zwar, weil sie die 19 Kidnapper und Terroristen an Bord der Flugzeuge gelassen hätten. Was einigermaßen verwundert, weil die Sicherheitskontrollen normalerweise nicht von den Airlines, sondern von anderen Firmen durchgeführt werden. Egal: Jedenfalls wurde die Klage jetzt von einem Gericht in Manhattan zugelassen – wenn auch mit einer reduzierten Schadenssumme von 2,8 Milliarden Dollar. Da die 8,4 Milliarden ohnehin überzogen schienen, ist das immer noch ein ganz schöner Batzen. Mit anderen Worten: Das Milliardenspiel um 9/11 geht weiter. Nachdem bereits die Versicherungen vier Milliarden an den Pächter ausschütten mussten, will dieser nun ein zweites Mal die Hand aufhalten.

Eins nach dem anderen. Stellen Sie sich folgenden Fall vor: In der Mitte einer Großstadt stehen zwei riesenhafte und nicht mehr ganz neue Bürotürme. In den sechziger Jahren geplant und Anfang der siebziger Jahre des letzten Jahrhunderts gebaut, stellen die beiden Büromonster nicht gerade den neuesten Stand der Technik dar. In Wirklichkeit ist der Komplex sogar ein Sanierungsfall: Der Feuerschutz der Gebäude enthält jede Menge Asbest, ein gefährliches Karzinogen. Eine Asbestsanierung kostet aufgrund der nötigen Sicherheitsvorkehrungen jedoch enorme Beträge und verursacht jahrelangen Leerstand. In anderen Fällen verschlang die Asbestsanierung von Hochhäusern das Fünffache der Baukosten. Ein Abriss und ein Neubau kommen ebenfalls nicht in Frage, weil noch viel teurer. Die Rede ist natürlich von den Zwillingstürmen des World Trade Center. In Wirklichkeit waren sie bereits 2001 womöglich ein wirtschaftlicher Totalschaden. Just in dieser Situation wurde der Gebäudekomplex plötzlich auf sagenhafte 99 Jahre gepachtet. Erstaunlich. Wusste der Pächter nichts von dem Asbestproblem? Am 24. Juli 2001 waren die Pachtverträge für den WTC-Komplex unter Dach und Fach. Am 11. September 2001 wurden die beiden Türme bei einem Terroranschlag gesprengt – von wem, ist noch Gegenstand der Diskussion.

Das Milliardenspiel um 9/11

Der Pächter kassierte wie gesagt über vier Milliarden Dollar von den Versicherungen und kündigte an, die Gebäude durch neue Bürotürme zu ersetzen. Dabei wollte er ursprünglich das Doppelte aus der Versicherungssumme von 3,5 Milliarden Dollar herausschlagen, nämlich sieben Milliarden. Und zwar mit dem Argument, dass die Anschläge auf die beiden Türme schließlich zwei Terroranschläge gewesen seien. Zwischenergebnis: Die Türme weg, keine Sanierungskosten, keine Abrisskosten, dafür mehr als vier Milliarden »auf die Kralle« – und damit Geld für neue Türme! Ein gutes Geschäft! Wenn es nur nicht so »fishy« riechen würde, wie man in den USA sagt. Denn fast erscheinen die Terroranschläge als der einzige Ausweg aus einer verfahrenen Situation. Durch die Terroranschläge wurden die maroden Türme in neue moderne Gebäude transformiert, der gesamte WTC-Komplex saniert.

Klingt bekannt, nicht? Denn dieser geschäftstüchtige Pächter kann natürlich nur Larry Silverstein sein, der berühmt-berüchtigte Immobilienhai, der die Türme nicht nur kurz vor dem 11.9. pachtete, sondern am 11.9. in einem Fall sogar nachweislich sein Plazet für die Sprengung eines der Hochhäuser gab (Gebäude Nr. 7). Womit feststeht, dass zumindest ein Gebäude des Areals für eine Sprengung vorbereitet war und schließlich auch in die Luft gejagt wurde – und zwar mit Billigung jenes Pächters, der später die Versicherungssumme kassierte. Und so ist es kein Wunder, dass es bei jedem, der diesen Namen hört, sofort klingelt. Nur bei unseren »Qualitätsmedien« nicht.

Totaler Medien-Blackout

Denn dort konnte man in diesem Zusammenhang überhaupt nichts von dieser global bekannten Figur lesen. Dabei wäre es ja durchaus interessant gewesen zu wissen, wer hier eigentlich schon wieder die Hand aufhält, nämlich der clevere Herr Silverstein. Stattdessen war in den Zeitungen immer nur von einer World Trade Center Properties LLC die Rede. *Süddeutsche Zeitung* (Online) erwähnte den Namen Silverstein dabei ebenso wenig wie *tagesschau.de*, *Spiegel Online* genauso wenig wie die Website des *Stern*. Hat überhaupt ein deutsches Medium in diesem Zusammenhang den Namen Silverstein genannt? Eine Suche bei *Google News* mit den Begriffen »World Trade Center Properties LLC« und »Silverstein« fördert keine einzige deutsche Fundstelle zutage. Das heißt, dass demnach kein einziges deutsches Medium, das von *Google News* erfasst wird, World Trade Center Properties LLC mit Larry Silverstein in Zusammenhang gebracht hat. Wer auf diese Hintergründe stoßen wollte, musste schon ausländische Medien bemühen. So fand die Nachrichtensuchmaschine zwei Fundstellen in Österreich, und zwar bei *Krone.at* und *ORF.at*. Beide erwähnten, dass es sich bei der World Trade Center Properties LLC um eine Firma des »Immobilien-Tycoons Larry Silverstein« handelt.

Eine scharfe Linie der Zensur

Wie es aussieht, gibt es also zwischen Deutschland und Österreich eine scharfe Zensurlinie, durch die der inzwischen fast berüchtigte Name Silverstein hierzulande ausgeblendet wurde. Zwar ist das inhaltlich kein besonders spektakulärer Fall, sondern nur etwas »mediale Kosmetik«. Spektakulär ist allein der Mechanismus. Denn wie kann denn so etwas funktionieren? Wie kann man aus den deutschen Medien trennscharf den Namen Silverstein heraushalten?

Trotzdem könnte der anstehende Prozess natürlich sein Gutes haben. Und zwar deshalb, weil dabei eigentlich höchst interessante Details zur Sprache kommen müssten. Zum Beispiel

1. ob und wie die angeblichen Attentäter an Bord welcher Maschinen gelangten,
2. welche Maschinen wirklich an den Flughäfen Boston, Newark und Washington abhoben
3. und welche Maschinen am 11.9.2001 überhaupt in die WTC-Türme einschlugen.

Denn diese Beweisführung wäre schließlich die Voraussetzung für eine Verurteilung der Airlines. Man darf gespannt sein, wie der ganze 9/11-Schwindel diese Hürde nehmen wird ...

10. September Schulsystem: Angriff mit der Inklusionskeule

Eines Tages in der Schule: »Ein gewöhnlicher Morgen ist das nicht. Alex macht keine Geräusche. Er schreit nicht, singt nicht, schnalzt nicht mit der Zunge.« Na und – das wäre ja auch noch schöner! Da hat der Lehrer sicher mal ordentlich auf den Tisch gehauen! Nichts da. Vielmehr gab es Tage, da dachte der Lehrer, »er würde durchdrehen«. Und: Ist er dann durchgedreht? Hat er dann auf den Tisch gehauen? Mitnichten. Stattdessen trifft er eine ganz seltsame pädagogische Maßnahme. Er hofft auf ein anderes Schulkind, nämlich auf Alex' Banknachbarn Eric, der »dreißigmal am Tag zu seinem Banknachbarn Alex sagt: ›Sei still, Alex, hör auf, Geräusche zu machen, schreib die Aufgaben in dein Heft.‹« Der Lehrer erklärte seinen Schülern: »Wir können das nicht ändern. Wir halten das jetzt aus.« Was soll das heißen: »nicht ändern«? Warum konnte er denn gegen den geheimnisvollen Alex nichts unternehmen, ihn zurechtweisen, ihm eine Strafarbeit aufbrummen oder die Eltern informieren? Warum konnte er rein gar nichts tun, bis er plötzlich vor 21 Kindern stand, »die Geräusche machten wie Alex. Sie ertrugen ihn, indem sie einfach so laut wurden wie er.«

Schöne neue Schulwelt! In Bundesländern wie Bremen, aus dem das oben zitierte Beispiel (*Zeit Online*, 16.7.12) stammt, ist sie schon Realität. Aber am 10. September 2012 sollte sie einen ganz großen Sprung nach vorne machen. Da wurden nämlich in einem großen Bundesland (Baden-Württemberg) gleich 40 sogenannte »Gemeinschaftsschulen« an den Start geschickt, in denen normalbegabte Kinder zusammen mit Sprachbehinderten, Lernbehinderten und Verhaltensauffälligen wie Alex unterrichtet werden sollen. Kaum zu glauben, nicht wahr? Und dennoch ist es wahr. Während die meisten Eltern und Schüler noch keine Ahnung haben, was auf sie zukommt, wird landauf, landab eifrig die sogenannte Inklusion eingeleitet, nämlich der gemeinsame Unterricht für alle, und zwar einschließlich geistig behinderter Kinder. Puh – geht es hier etwa gegen Behinderte? Keineswegs: Denn dass dieser gemeinsame Unterricht beiden schadet – Behinderten und »Normalen« – liegt wohl auf der Hand. Den behinderten Kindern soll ihre bedarfsgerechte Förderung genauso weggenommen werden wie den normalbegabten.

Nehmen wir den Fall einer lernbehinderten Erstklässlerin aus Bayern, die aus einem schwierigen Elternhaus kam. »Sie hatte einen IQ von 80«, erzählte mir ihr Grundschullehrer. »Mitte der ersten Klasse habe ich ganz vorsichtig vorgefühlt, ob da nicht eine Förderschule besser wäre. Daraufhin ist die Mutter Amok gelaufen.« Schon die erste Klasse habe das Mädchen wiederholen müssen. Obwohl sie die Buchstaben auch dann nicht beherrscht habe, habe man sie anschließend »in die Zweite geschleift«. »Erst nach drei Jahren ist sie endlich in die Förderschule gekommen, und jetzt blüht sie auf, und es geht ihr gut. Man hätte ihr zweieinhalb Jahre Quälerei ersparen können.«

Optimale Bildung durch ungleiche Behandlung

Schließlich, so stellte vor einigen Jahren der Präsident des Deutschen Lehrerverbandes, Josef Kraus, fest, »hat Deutschland das höchstdifferenzierte Förderschulwesen der Welt: mit eigenen Schulzweigen für die unterschiedlichsten Benachteiligungen, mit eigens dafür ausgebildeten Lehrern, mit kleinsten Lern- und Betreuungsgruppen.« Tatsächlich ist in Deutschland über Jahrzehnte ein vergleichsweise ausgeklügeltes Förderschulsystem entstanden, das davon ausgeht, dass jedes Kind – wie gehandicapt es auch sein mag – eine angemessene Förderung erhalten soll. So gibt es in Deutschland rund ein Dutzend Förderschultypen für Blinde, Sehbehinderte, Taubblinde, Lernbehinderte, Sprachbehinderte, Gehörlose, Kinder mit emotionalen, sozialen oder geistigen Defiziten und sogar für Kinder, die länger im Krankenhaus bleiben müssen. Und das aus gutem Grund. Es leuchtet wohl ein, dass ein Taubstummer einen ganz anderen Unterricht benötigt als ein Lernbehinderter oder ein normales Kind und dass es dafür besonderer Lernmittel, Schulen und Lehrer bedarf. Denn das Interessante ist ja gerade, dass eine optimale Bildung und möglichst weitgehende Chancengleichheit hier nicht durch eine gleiche, sondern nur durch eine ungleiche Behandlung entstehen kann. Man würde ja auch nicht behaupten, dass allen Patienten in einem Krankenhaus mit derselben Operation geholfen werden kann.

Eine »Schule für alle«

Nichts da, meinte vor einigen Jahren die UNO und wischte das hochorganisierte deutsche Schulsystem vom Tisch. Denn man höre und staune: Die spezifische Förderung von geistig und körperlich behinderten Kindern ist nicht etwa positiv, sondern eine Diskriminierung. Schon 1994 trafen sich die Vertreter von 92 Regierungen und 25 internationalen Organisationen im spanischen Salamanca zu einer UNESCO-Tagung, um das Ziel »Bildung für alle« zu unterstützen, wie es im Vorwort der Konferenz-Erklärung heißt. So weit, so gut – denn wer wollte dieses Ziel nicht unterstützen? War dies nicht genau das Ziel des deutschen Förderschulsystems? Natürlich. Aber nun sollte nicht nur das Bildungssystem, sondern die einzelnen Schulen dazu gebracht werden, »allen Kindern gerecht zu werden, vor allem jenen mit besonderen pädagogischen Bedürfnissen«, so der damalige Generaldirektor der UNESCO, Federico Mayor aus Spanien, in einem Vorwort zu der Salamanca-Erklärung.

Ein fauler Kompromiss auf Kosten der Kinder

Ein weitreichender Satz. Denn welche Schule könnte schon allen Kindern gerecht werden? Und nun auch noch jenen »mit besonderen pädagogischen Bedürfnissen«? Doch mit rationalen Überlegungen zum Wohl der Kinder hatte diese UNESCO-Konferenz rein gar nichts zu tun. Jeder pädagogischen Erfahrung und Einsicht zum Trotz stellte man dort fest, dass es notwendig sei, »auf eine ›Schule für alle‹ hinzuarbeiten – also auf Einrichtungen, die alle aufnehmen, die Unterschiede schätzen, das Lernen unterstützen und auf individuelle Bedürfnisse eingehen«. Also genau das, was bisher mit differenzierten Förderschulsystemen erreicht worden war – nur dass diese eben nicht »alle aufnehmen«, sondern nur Förderschüler, auf deren Bedarf sie zugeschnitten sind. Die geplanten »All-inclusive-Schulen« würden laut dem UNESCO-Papier von 1994 »einen wichtigen Beitrag im Erreichen des Ziels

›Bildung für alle‹ und in der Steigerung der Effektivität von Schulen« darstellen. Interessant. Denn von Effektivität kann in Wirklichkeit überhaupt keine Rede sein. Vielmehr leuchtet jedem ein, dass eine »Schule für alle« nur ein äußerst fauler Kompromiss zwischen den unterschiedlichen Bedürfnissen äußerst unterschiedlich begabter bzw. behinderter Schüler sein kann. »Bildung für alle« wurde bisher schließlich gerade nicht durch Gleichheit, sondern durch Ungleichheit erreicht, und zwar dadurch, dass jeder Begabungs- bzw. Behinderungsgrad seine »eigene« Schule bekam. Während dies eigentlich jedem klar sein muss, diffamierte das UNESCO-Papier die differenzierten Bildungseinrichtungen als »Isolation«: »Die Pädagogik für besondere Bedürfnisse« könne »sich nicht in Isolation weiterentwickeln. Sie muss Teil einer allgemeinen pädagogischen Strategie sein und wohl auch einer neuen sozialen und wirtschaftlichen Politik. Sie fordert nach großen Reformen in der herkömmlichen Schule.«

Die Heuchelei der UNO

Das war der Anfang vom Ende vieler in Jahrzehnten aufgebauter differenzierter Bildungssysteme, unter anderem des deutschen. Und der Anfang vom Ende einer bedarfsgerechten Bildung für alle. Die UNESCO sei »stolz darauf«, mit dieser Konferenz in Verbindung zu stehen, schrieb der damalige UNESCO-Generaldirektor Mayor (Mitglied des Club of Rome) in dem Papier. Alle müssten »sich der Herausforderung stellen« und dafür arbeiten, um zu gewährleisten, »dass Bildung für alle wirklich FÜR ALLE bedeutet. Vor allem für jene, die besonders verletzbar und bedürftig sind«. Was natürlich reine Heuchelei ist. Denn schließlich dienten die Förderschulsysteme ja genau der Förderung der »besonders Verletzbaren und Bedürftigen«. Und zwar, indem sie nicht der Umgebung einer normalen Schule ausgesetzt wurden, bei der weder die Architektur und die Lernmittel noch die Lehrer und Mitschüler auf die Unterrichtung und Aufnahme von Behinderten eingestellt sind.

Ein UNO-Sheriff aus Costa Rica

Im Februar 2006 schickte die UNO einen Aufseher nach Deutschland, um das deutsche Schulsystem zu begutachten: Professor Vernor Muñoz Villalobos aus Costa Rica, wo die Schulpflicht nur für Sechs- bis Zwölfjährige gilt und das deshalb nicht einmal an den PISA-Studien teilnehmen konnte (bei denen Fünfzehnjährige getestet wurden). Nach der einwöchigen Stippvisite in das deutsche Schulsystem las der des Deutschen nicht mächtige UNO-Sheriff den Deutschen die Leviten. So bemängelte der »Sonderberichterstatter«, dass bei der Einteilung der Schüler in Haupt-, Realschule oder Gymnasium der Sprachkompetenz »eine übermäßige und vorrangige Bedeutung« eingeräumt werde. Na, so was: Da wurde in deutschen Schulen doch tatsächlich fehlerfreies Deutsch verlangt. Das geht aber gar nicht, denn »dadurch entsteht ein Selektionseffekt für Schüler ausländischer Herkunft, deren Muttersprache nicht Deutsch ist.« Dies werde »durch die unwiderlegbare Tatsache untermauert, dass arme und Migrantenkinder in der Hauptschule überrepräsentiert und am Gymnasium unterrepräsentiert sind.« Was natürlich umgehend geändert werden muss.

Die Paradoxien des Herrn M.

Ein weiteres Anliegen des UNO-Sheriffs war die sogenannte Inklusion, die Unterrichtung aller Schüler in einer Schule. In kompletter Verdrehung der Tatsachen behauptete Muñoz, die Inklusion entspreche den Bedürfnissen und Rechten der Individuen und verpflichte den Staat, »dass alle Kinder zusammen in demselben Schulumfeld unterrichtet werden«. Dabei ist es genau anders herum: Nur ein differenziertes Förderschulsystem kann auf die äußerst unterschiedlichen Bedürfnisse behinderter Kinder eingehen. Aber das interessierte den UNO-Beauftragten nicht: »Es gibt Anzeichen dafür, dass in Deutschland keine ausreichenden Fortschritte in Bezug auf die Einbeziehung von Menschen mit Behinderungen in Regelschulen erzielt wurden, obgleich es offenkundig hervorragende Sondereinrichtungen für diese Menschen gibt, die aber im Rahmen der medizinischen Betreuung betrieben werden.« Mehr behinderte Kinder in die Regelschulen, *obwohl* es »hervorragende Sondereinrichtungen« gibt? Muñoz kann diese offensichtliche Paradoxie nur lösen, indem er behauptet, dass diese »Sondereinrichtungen« (also Förderschulen) »im Rahmen der medizinischen Betreuung betrieben werden«. Offensichtlich sucht der UNO-Mann hier nur einen Grund, warum das deutsche Förderschulsystem zu kritisieren ist. Aber ist es nicht egal, in welchem Rahmen Förderschulen betrieben werden, solange es den Kindern nützt?

Und ob. Aber der UNO-»Sonderberichterstatter« stellte die Wirklichkeit weiter auf den Kopf. Das deutsche Bemühen, die Bildung und Erziehung von Kindern mit den vielfältigsten Behinderungen vernünftig zu organisieren, wird nun als politisch nicht korrekte »Absonderung« diffamiert. Dahinter steckt die Botschaft: Wer nicht endlich alle Normalen und Behinderten in eine Klasse steckt, der grenzt Behinderte aus und ist wahrscheinlich ein verkappter Nazi. Woran man unschwer erkennen kann: Um eine optimale Förderung der behinderten Kinder geht es der UNO in Wirklichkeit überhaupt nicht. Und um die Förderung normal- oder hochbegabter Kinder schon gar nicht. Denn dass hier niemand mehr entsprechend seinen Bedürfnissen lernen kann, liegt ja auf der Hand, wie die oben erwähnte lernbehinderte Erstklässlerin zeigt. Aber auch der bereits zur Sprache gebrachte Eric, der plötzlich als Aufpasser für den verhaltensgestörten Alex herhalten muss, wird in der Schule wohl kaum sehr weit kommen. Der Lehrer dieser Klasse musste den Eltern eines Tages gestehen, dass man von acht im Englischbuch vorgesehenen Lektionen in einem Schuljahr nur noch zwei schaffen werde.

Bedarfsgerechte Förderung ade

Keine der betroffenen Gruppen kann in dieser Schule also noch glücklich werden:

♦ die behinderten Schüler nicht, weil ihre Behinderung hier nun erst recht »unangenehm auffällt« und sie sich ausgegrenzt und »minderbemittelt« vorkommen müssen,
♦ die normalbegabten Schüler nicht, weil geistig behinderte und verhaltensauffällige Schüler den Unterricht zwangsläufig stören und aufhalten,
♦ die Eltern nicht, weil auch sie natürlich unter der Fehlbehandlung ihrer Kinder leiden, egal, ob normal oder nicht,
♦ die Lehrer nicht, weil sie sich nunmehr um die unterschiedlichsten Begabungs- und Behinderungsstufen gleichzeitig kümmern müssen.

Die heimliche Inklusion

Mit anderen Worten: Die Schule wird zu einer Einrichtung umgewandelt, in der sich alle gegenseitig seelisch terrorisieren und belasten – ob sie wollen oder nicht. Was dabei völlig vergessen wird: Neben der nun offiziell einsetzenden »Inklusion« gibt es schon längst eine »heimliche Inklusion«, über die niemand spricht. Schon jetzt »gibt es viele verhaltensauffällige Kinder mit enormen Defiziten oder solche mit optischen, motorischen und feinmotorischen Schwierigkeiten«, berichtete mir der vorhin zitierte Grundschullehrer. »Die können teilweise keine Sekunde ruhig sitzen, haben ein schlechtes Gedächtnis, können sich teilweise Buchstaben nicht merken, keine Kritik vertragen oder umsetzen, reagieren aggressiv und haben unglaubliche Konzentrationsschwierigkeiten. Das sind etwa 30 Prozent meiner Klasse. Schon die müssen von einer Klasse auf Kosten der Braven und Ruhigen getragen werden. Wenn da noch Inklusionskinder dazukommen, dann flippen die Normalen total aus. Viele sehen einen Behinderten als Freibrief, sich noch schlimmer aufzuführen. Gerade bei kleineren Kindern, denen noch jegliches Verständnis fehlt. Ich habe mal ein schwarzes gelähmtes Mädchen gehabt, in der 3. Klasse, nicht geistig behindert, sondern spastisch gelähmt. Die musste mit einer Schreibmaschine schreiben und hat die Buchstaben in die Tastatur gehackt – wie so ein Adler: bam, bam. In der 3. Klasse haben sich die Kinder noch sehr kooperativ verhalten. Aber in der 4. Klasse, als es um den Übertritt ging, wurden die Eltern nervös und stellten Fragen, weil ich ja langsamer diktieren musste.«

Was bei der ehrenwerten Inklusion absichtlich übersehen wird, ist das kleine Wörtchen »tragen«: Ein Inklusionskind muss von einer Klasse nicht nur ertragen, sondern auch *getragen* werden. Wenn die Klasse aber schon jetzt nicht tragfähig ist, wird sie nicht mehr funktionieren und zusammen mit dem Inklusionskind als Lerngruppe zusammenbrechen: »Ein Inklusionskind kann nur von einer Klasse getragen werden, in der alles stimmt, wo nicht noch ein paar Migrationskinder und 30 Prozent Verhaltensauffällige dazukommen«, sagte mir der Grundschullehrer. »Es wird ja so getan, als würden die Inklusionskinder in lauter liebevolle Bauernbubenklassen kommen.« Mit anderen Worten ist das geistig oder auch körperlich behinderte Kind (das logischerweise häufig auch Verhaltensdefizite aufweist) der Tropfen, der das Fass zum Überlaufen, oder der Funke, der den Sprengstoff zur Explosion bringt. Ergebnis ist der Zusammenbruch des Unterrichts, der Schule und der Bildung. Denn das ist ja die Schule, auf die zukünftig Ihre Kinder gehen werden, um zu lernen, gute Noten zu schreiben, ihre Zukunft zu gestalten und irgendwann Autos, Häuser und Industrieanlagen zu bauen. Oder – je nach Begabung und Fähigkeiten – auch Brote zu backen, Kunden zu bedienen oder einfache Produkte zu fertigen. Nur ob sie das noch können werden, ist die Frage.

»Fragwürdig«, »dreist« und »indiskutabel«

Tatsächlich kamen die UNO-Pläne hierzulande denn auch schlecht an. UNO-Aufpasser Muñoz wurde 2006 quasi mit Schimpf und Schande aus dem Land gejagt. Die *Frankfurter Allgemeine Zeitung* (Online) bescheinigte Muñoz ein »dreistes Urteil über das deutsche Schulsystem«: »Das Verhalten des UN-Sonderberichterstatters Muñoz ist dreist. Ein Professor aus Costa Rica, der jede Sachkenntnis vermissen lässt, liest dem deutschen Schulsystem nach einer einwöchigen Stippvisite die Leviten.« »Welches andere Land besitzt ein vergleichbar schwach ausgeprägtes Selbstbewusstsein und lässt sich von einem Professor aus Costa Rica, der kaum des Deutschen mächtig ist, die Leviten lesen?«, fragte die *FAZ*. »In Frankreich jedenfalls wäre dieser Abgesandte mit Nichtachtung gestraft worden – und zwar zu Recht. Seine Vorschläge lassen jegliche Sachkenntnis vermissen.« Auch ausgewiesene Fachleute ließen kein gutes Haar an dem Muñoz-Auftritt: »Fragwürdig«, »dreist« und »indiskutabel« nannte beispielsweise auch der Präsident des Deutschen Lehrerverbandes, Josef Kraus, die Feststellungen des »Querulanten aus Costa Rica«: Noch dreister freilich seien »die Empfehlungen, Deutschland müsse sein gegliedertes Schulwesen überdenken, die Hauptschule abschaffen, die Grundschule verlängern, mehr Abiturienten produzieren und das sogenannte Homeschooling zulassen«:

> »Muñoz mag schon wieder im Flieger irgendwo zwischen Genf, New York und San José sitzen. Aber ein paar Dinge sollte ihm irgendjemand doch einmal flüstern. Erstens machen in Deutschland zwei Drittel der jungen Leute den Weg in Lohn und Brot über das hochkarätige System deutscher Berufsbildung. Muñoz hat davon keine Ahnung. Zweitens gibt es kaum ein Land der Welt, in dem die sog. Bildungsbeteiligung der Sechzehn- bis Achtzehnjährigen so hoch ist wie in Deutschland, nämlich über 90 Prozent. Drittens gibt es

kaum ein Land der Welt, in dem die Schulpflicht zwölf Jahre währt – eine Pflicht, die eine riesige soziale Errungenschaft darstellt. Viertens hat Deutschland eine der geringsten Quoten an arbeitslosen Jugendlichen. Fünftens stehen 85 Prozent der Hauptschüler bereits fünf Jahre nach ihrem Schulabschluss in einem festen Arbeitsverhältnis. Sechstens hat Deutschland das höchstdifferenzierte Förderschulwesen der Welt: mit eigenen Schulzweigen für die unterschiedlichsten Benachteiligungen, mit eigens dafür ausgebildeten Lehrern, mit kleinsten Lern- und Betreuungsgruppen. Siebtens erzielen in Deutschland diejenigen Länder die besten PISA-Ergebnisse – übrigens auch unter Migrantenkindern –, deren Schulwesen dezidiert gegliedert ist.« (»Der UNO-Querulant aus Costa Rica«, Deutscher Lehrerverband Aktuell, 22.3.2007)

Der Krieg um die Begriffe

Gottlob hätten »Bundesregierung und alle Kultusminister dem Herrn kräftig widersprochen«. Mensch – unsere Bundesregierung! Hat sie doch mal ordentlich auf den Tisch gehauen! Dann können wir uns ja alle beruhigt zurücklehnen. Nur: Wie kommt es dann, dass plötzlich überall in Deutschland »Gemeinschaftsschulen« entstehen, in denen die Inklusion praktiziert wird, wie im Schuljahr 2012/13 in Baden-Württemberg? Nun, nach der Salamanca-Erklärung von 1994 wurde Ende 2006 auch noch die UN-Behindertenrechtskonvention verabschiedet. Darin verpflichten sich die Vertragsstaaten zum Aufbau eines »inclusive education system«. Nachdem dies in der deutschsprachigen Fassung mit einem »integrativen Bildungssystem« übersetzt und von Bundestag und Bundesrat verabschiedet wurde, gab es prompt Ärger. Denn während »integrieren« laut Duden bedeutet, etwas »zu einem übergeordneten Ganzen« zusammenzuschließen oder es »in ein übergeordnetes Ganzes« aufzunehmen, sollen die behinderten Kinder ja nun auf jeder einzelnen Ebene »einbezogen« werden –

also nicht nur allgemein in das Bildungssystem, sondern in jede Schulklasse. Schon um diese Begriffe tobte also ein regelrechter Krieg, bis die Bundesrepublik endgültig statt auf »Integration« auf »Inklusion« (Einbeziehung) festgenagelt wurde. Woran man sieht: Die Bildungshoheit in Deutschland haben weder der Bund noch die Länder, sondern die UNO und andere internationale Super-Staaten wie die EU. Die deutschen Politiker unterschreiben nur noch ein internationales Abkommen und melden dann möglichst bald Vollzug, das heißt Ratifizierung. Unterzeichnet wurde das deutsche Gesetz von Bundespräsident Horst Köhler, Bundeskanzlerin Angela Merkel, Bundesarbeitsminister Olaf Scholz und Bundesaußenminister Frank-Walter Steinmeier. Und zwar drei Tage vor Weihnachten, am 21. Dezember 2008, wenn sich sowieso niemand mehr für Politik interessiert. Über den Bundesrat und die Kultusministerkonferenz werden diese »UNO-Gesetze« in die Länder eingebracht und dort umgesetzt. Die UN-Behindertenrechtskonvention »ist ein völkerrechtlich bindender Vertrag für diejenigen Staaten, die die Konvention ratifiziert haben«, schrieb mir eine Sprecherin der deutschen UNESCO-Kommission. »In Deutschland ist die UN-Behindertenrechtskonvention mit einem von Bundestag und Bundesrat beschlossenen Ratifizierungsgesetz bestätigt und anerkannt worden. Damit sind neben dem Bund auch die Länder die Verpflichtung zu ihrer Umsetzung eingegangen.« Dementsprechend stellte die Kultusministerkonferenz (KMK) fest, die die kulturellen Belange der Länder koordiniert: »Die Behindertenrechtskonvention ist für alle Träger öffentlicher Gewalt und damit für den Bund, die Länder und die Kommunen völkerrechtlich verbindlich.«

Angriff mit der Inklusionskeule

Das war's dann mit den verschiedenen Bildungssystemen, nicht nur in Deutschland, sondern auf dem Globus, denn 154 Staaten haben die UN-Behindertenrechtskonvention unterzeichnet. Die nationalen Bildungssysteme stehen genauso unter Beschuss wie die nationalen Finanzsysteme und viele andere Bereiche der gesellschaftlichen und staatlichen Organisation. Das deutsche Schulsystem wurde seit dem Jahr 2000 mit immer neuen PISA-Studien sturmreif geschossen, bei denen Deutschland angeblich immer schlecht abschnitt, und schließlich hektisch zu Tode reformiert. Ich sage nur »G8«-Gymnasium, Master- und Bachelor-Studiengänge und verschiedene Experimente und Pläne auf dem Gebiet der »Einheitsschule«. Bei den meisten dieser Studien, Initiativen und »Reformen« handelte es sich um Projekte mit ausländischen Wurzeln in der OECD, der UNO oder den USA und Großbritannien (Master/Bachelor). Ergebnis: Schon jetzt können Schulabgänger und sogar Studenten schlechter lesen, rechnen und schreiben als jemals zuvor und verfügen auch über so mangelhafte soziale Kompetenzen, dass sie für die deutsche Wirtschaft immer »unbrauchbarer« werden.

Genau wie die Schweinegrippe-Impfung, die »Energiesparlampe« und die »Euro-Rettungsschirme« kommt auch diese Initiative von internationalen Organisationen, die damit einmal mehr ihre Funktion als Weltregierungen unter Beweis stellen. Aber was bedeutet das alles? Ganz einfach: Die globalen Schulsysteme, darunter das deutsche, waren eine Form der Organisation. Jedes Land hatte seine Bildung nach seinen Bedürfnissen organisiert. Alle Kinder »in einen Topf zu schmeißen« ist dagegen keine Strategie der Bildung, wie die UNO behauptet, und auch keine Form der Organisation, sondern eine Strategie der Desorganisation. Die Inklusion ist kein Bildungsprogramm, sondern eine Keule, mit der die differenzierten Bildungssysteme zerschlagen werden sollen. Um die Interessen der behinderten Kinder geht es dabei natürlich nicht, denn genau wie ihre normalen Klassenkameraden werden sie vom »inkludierten« Unterricht weniger haben als von einem auf sie zugeschnittenen Bildungsangebot. Vielmehr sollen sie nach PISA, G8, Master und Bachelor als Waffe benutzt werden, um das deutsche (und viele andere) Bildungssysteme zu sabotieren – um den Preis ständiger Konflikte und Probleme im Klassenzimmer. Die jeweils eingerichtete Bildungsorganisation wird abgerissen und durch ein primitives »System« ersetzt, in dem alle Kind in einer Schule lernen müssen – wie in einem Entwicklungsland, wo es kein Geld für ein differenziertes Schulsystem gibt. Und wie wir ebenfalls wissen, fußt sowohl das Leben selbst als auch die Gesellschaft auf Organisation. Deswegen spricht man in der Biologie ja auch von einem »Organismus«. Je komplexer die (soziale) Organisation, umso höher das Lebewesen und umso weiter entwickelt die Gesellschaft. So ist zum Beispiel auch ein Schimpanse oder Pavian kein autarkes Wesen an sich, sondern wird erst überlebensfähig durch seine soziale Organisation. Wird diese Organisation zerstört, geht die ganze Horde zugrunde. Und das ist denn auch der tiefere Sinn dieser Maßnahmen. Mit einem menschenwürdigeren Leben haben sie überhaupt nichts zu tun, sondern durch die Sabotage der Gesellschaft werden am Ende alle leiden müssen – Behinderte genauso wie Nichtbehinderte.

19. *September* Kirsten Heisig: Schauspieler aus ihrem Umfeld erhängte sich mit gefesselten Händen

Heute ist ein großer Tag für mich. Kaum wartet man ein halbes Jahr, bekommt man bereits eine Antwort von der Staatsanwaltschaft Berlin. Vor fünf Monaten hatte ich den Ermittlern eine Frage zu einem mysteriösen Todesfall geschickt. Eine Auskunft traf trotz mehrfacher Nachfrage nicht ein. Begründung: Die Akte befinde sich zurzeit nicht bei der Staatsanwaltschaft. Erst am 19. September bekam ich den Pressesprecher der Behörde an die Strippe – und zwar mit der Akte. Am 6. April 2012 wurde demnach an der Glienicker Brücke zwischen Potsdam und Berlin der Leichnam des Schauspielers Michael Dorn aus dem Wasser gefischt. Gegen 14.15 Uhr waren dort zwei Freizeitsportler mit ihrem Kanu unterwegs. Etwa 40 bis 50 Meter vom Ufer und 100 Meter von der Brücke entfernt sehen sie plötzlich etwas, was sie zunächst für eine Schildkröte halten: eine runde Form, die aus dem Wasser ragt. Beim Näherkommen stellen sie jedoch fest: Es handelt sich nicht um den Panzer einer Schildkröte, sondern um das Schädeldach eines im Wasser treibenden Menschen. Es war der seit dem 10. März 2012 vermisste Schauspieler Michael Dorn (»Gute Zeiten, schlechte Zeiten« u. a.).

Spurlos verschwunden

So weit, so schrecklich. Was mich jedoch stutzig machte: Dorn verschwand auf ganz ähnliche Weise wie die 2010 verstorbene Jugendrichterin Kirsten Heisig. Am 10. März 2012 wurde er zuletzt gesehen, am 13. März wurde Vermisstenanzeige erstattet. Genau wie bei Heisig wurde sein Auto verlassen aufgefunden, und zwar an der Glienicker Brücke, unweit des späteren Leichenfundortes. Genau wie bei Heisig ergab eine im Umfeld des Autos eingeleitete Suchaktion nichts. Obwohl »das Gebiet rund um die Brücke ... mit Spürhunden, Tauchern und Beamten der Wasserschutzpolizei .... weiträumig abgesucht wurde« (*bild.de,* 25.3.12) und das Wasser hier nur ein bis zwei Meter tief ist, fanden die Beamten nichts. Mit Tauchern? »Weiträumig«? Also praktisch genau da, wo Dorn drei Wochen später schließlich gefunden wurde, nämlich nur 100 Meter von der Brücke und etwa 50 Meter vom Ufer entfernt. Genau wie bei Kirsten Heisig. Auch da hatte die Polizei exakt am späteren Fundort der Leiche gesucht, ohne zunächst auf die Tote zu stoßen. Genau wie die Jugendrichterin wurde auch Dorn erhängt bzw. mit einem Seil um den Hals aufgefunden. Das andere Ende des Seils fand sich an der Glienicker Brücke. In seiner Wohnung entdeckte die Berliner Polizei angeblich einen Abschiedsbrief.

Jede Menge Fragen

Doch das war noch nicht das eigentlich Interessante. Denn nicht nur ähnelten sich die Modi Operandi der beiden Selbstmörder oder Mörder. Darüber hinaus standen sich Dorn und Heisig auch näher, als man glaubt. Und zwar hatten die beiden einen gemeinsamen Freund oder Bekannten.* Das heißt, dass sich Dorn und Heisig zumindest »über eine Ecke« kannten – vielleicht sogar persönlich. Umgekehrt betrachtet heißt das, dass es also einen Menschen gibt, in dessen Umfeld innerhalb von zwei Jahren zwei Menschen auf dieselbe mysteriöse Weise verschwanden, um als Erhängungsopfer aufgefunden zu werden. Ein ziemlich großer Zufall, finden Sie nicht? Oder steckt etwa mehr dahinter? Wenn ja (wenn also beide Todesfälle etwas miteinander zu tun haben sollten), dann wird jede »Heisig-Spur« natürlich auch zur »Dorn-Spur« und umgekehrt. Und nachdem der Selbstmord von Frau Heisig im Grunde widerlegt ist (siehe mein Jahrbuch 2011, S. 199–221, oder die DVD »Geheimsache Selbstmord«), stellt sich nun die Frage nach den wirklichen Todesumständen von Michael Dorn.

Laut Auskunft der Staatsanwaltschaft Berlin vom 19. September 2012 war Dorns Leiche bei der Auffindung bereits stark verwest, die Beurteilbarkeit des Leichnams »aufgrund der weit fortgeschrittenen Fäulnisveränderung der inneren Organe stark erschwert«. In der Lunge fand sich ein Lungenödem, am Hals eine Strangmarke mit Knoten, aber »keine Hinweise auf eine stumpfe oder scharfe Gewalteinwirkung durch fremde Hand« – soweit man das noch beurteilen konnte, versteht sich. Als Todesursache gibt der Obduktionsbericht ein sogenanntes atypisches Erhängen an. Wieso »atypisches Erhängen«? Antwort: Als man Michael Dorns Leiche aus dem Wasser zog, waren seine Hände auf dem Rücken gefesselt.

---

* Den Namen kann ich hier aus Gründen des Persönlichkeitsschutzes nicht nennen.

Fesseln sind immer verdächtig

Es wird wohl niemanden überraschen, dass Fesselungen an einer Leiche »zunächst immer verdächtig auf eine Fremdeinwirkung« sind, schreiben die Gerichtsmediziner Brinkmann und Madea in ihrem »Handbuch gerichtliche Medizin« (Berlin, Heidelberg 2004, S. 52, Formulierung im Original). Aber: Fesselungen werden demnach »auch beim Suizid und Unfall (z. B. spielende Kinder, autoerotische Betätigung) beobachtet« (S. 546). Klar: Wenn Kinder mit einem Seil Cowboy und Indianer spielen, kann schon mal ein schrecklicher Unfall passieren. Auch (auto)masochistische Aufhängungsspielchen können hin und wieder schiefgehen. Ein besonderes Geheimnis sind jedoch Erhängungsselbstmorde mit auf dem Rücken gefesselten Händen. In einem Fall fanden Bauarbeiter an einem Montagmorgen im 9. Stock eines Rohbaus einen erhängten Mann. Der Tote hing neben einer Klappleiter, die Hände waren auf dem Rücken gefesselt: »Als auch keine weiteren Verletzungen oder verdächtigen Veränderungen an der Leiche zu finden waren und auch die Totenflecken der Fundsituation entsprachen, war man ziemlich sicher, dass der Mann nicht getötet worden war, sondern dass trotz der auf dem Rücken gefesselten Hände eine Selbsttötung vorlag«, heißt es in Armin Mätzlers Werk »Todesermittlung« (Heidelberg u. a. 2009, S. 107 ff.). »Sollte ihn aber jemand, der ihn hätte töten wollen, zu Fuß bis in das neunte Stockwerk geführt haben, obwohl er ihn in dem unbelebten Rohbau auch hätte in einer der unteren Etagen umbringen können?« Unwahrscheinlich. Die Ermittler kamen daher zu dem Ergebnis: Selbstmord durch Erhängen. »Es konnte davon ausgegangen werden, dass der Mann am Sonntagabend in dem Rohbau die Treppen hinauf zum neunten Stockwerk gestiegen war. Unter Zuhilfenahme einer Klappleiter hatte er aus einem der dort von der Flurdecke herabhängenden Kabel eine Schlinge vorbereitet. Dann hatte er einen Draht an einem Handgelenk verknotet und für das andere eine lose Schlinge vorbereitet. Er war sodann auf die Leiter gestiegen, hatte den Kopf in die Schlinge und das noch freie Handgelenk in die offene Schlaufe der Handfessel gesteckt und hatte sich dann in die Schlinge fallen lassen.« Freilich: Wissen kann das niemand. Fehlende Verletzungen sind noch kein zwingender Beweis für fehlende Fremdeinwirkung.

Rettung unerwünscht

Die Selbstfesselung, so wird angenommen, soll eine Selbstrettung »im letzten Moment« verhindern. In einem anderen Fall hing ein junger Mann in fünf Meter Höhe an einem Baum, das Seil war in 5,50 Meter Höhe über einen Ast geführt worden: »Jedes Handgelenk war mit einem Strick, dünner als das Strangwerkzeug, zweimal umwickelt« (Mätzler, ebenda). Zwischen den Handgelenken waren die Fesseln mit einem Kreuzknoten verbunden worden. Auch hier kamen die Ermittler zum Ergebnis »Selbstmord«. In dem weichen Waldboden fehlten Fahrzeugspuren genauso wie Standspuren einer Leiter. Aufgrund von Seil- und Trittspuren am Stamm kam man zu dem Ergebnis, dass der Mann zunächst mit Hilfe des Seils in die Höhe geklettert war, dort die Erhängungskonstruktion angebracht hatte und sich dann in die Schlinge fallen ließ.

»Besonderes Augenmerk bei der Untersuchung von verknoteten Fesselungen ist auf den Knoten selbst zu richten«, heißt es bei den Gerichtsmedizinern Brinkmann und Madea (S. 52): »Konnte er überhaupt selbst vom Geschädigten geknüpft werden? Handelt es sich um einen besonderen Knoten? ... Entsprechendes gilt natürlich auch für andere Fesselungswerkzeuge (Ketten, Kabelbinder etc.).« Tatsächlich waren Dorns Hände mit Kabelbindern gefesselt, mit denen normalerweise Kabel zusammengebunden werden. Dabei handelt es sich um gezackte Plastikbänder, deren eines Ende in eine Führung am anderen Ende gesteckt und dann festgezogen wird. Aufgrund der Zahnung des Bandes kann sich das Plastikband nicht mehr lockern, sondern muss gegebenenfalls durchgeschnitten werden. Besonders beliebt sind Kabelbinder daher weniger bei Selbstmördern als bei Polizei, Sicherheitsbehörden und Sondereinsatzkommandos, um Personen schnell, unkompliziert und sicher zu fesseln (»Plastikfesseln«).

Rekonstruktion Fehlanzeige

Wo und wie Dorn sich genau umbrachte, wurde laut Staatsanwaltschaft Berlin jedoch nicht rekonstruiert. In der Akte stehe dazu »nichts drin«, sagte mir der Sprecher der Behörde: »Wahrscheinlich ist das auch gar nicht so detailliert überprüft worden. Es wird nur geguckt, ob es Hinweise auf Fremdverschulden gibt, das wird alles untersucht. Wenn es die nicht gibt, wird – zumindest hab ich das hier nicht gefunden – nicht in allen Einzelheiten dargestellt, wie er nun genau vorgegangen sein mag.« Wobei sich die Frage stellt, ob das bei einer Fesselung nicht angebracht gewesen wäre. Zwar habe man an der Glienicker Brücke damals ein Seil gefunden, aber ob es sich dabei um dasselbe Seil (oder einen Teil davon) handelte, das Dorn um den Hals trug, wurde demnach nicht näher festgestellt. Von einer kriminaltechnischen Untersuchung wisse er jedenfalls nichts, so der Staatsanwalt.

Vielleicht wäre eine genauere Untersuchung aber auch deshalb notwendig gewesen, weil sich nicht ganz erschließt, warum sich Dorn einem qualvollen Erhängungstod hätte aussetzen sollen. In einer Kurzvita auf dem Internet präsentierte sich der Schauspieler u. a. als ehemaliger Bundeswehr-Offizier, »Waffenmeister« und »Militärischer Fachberater« für Fernsehen und Film mit »Ausbildung an Waffen und Gerät«. Auch laut Presseberichten hatte der 43-Jährige einen »ausgeprägten Hang zu Waffen« (*mopo.de,* 22.3.2012). Eigentlich unwahrscheinlich, dass so ein Mensch keine Waffe besitzt oder sich für einen Selbstmord zumindest keine Waffe besorgt. Auf der anderen Seite ist ein fingierter Selbstmord durch Erhängen mit anschließendem Fall ins Wasser die ideale Methode, um jemanden aus dem Weg zu räumen, ohne Spuren zu hinterlassen. Kugeln und Patronenhülsen gibt es nicht. Fasern, DNA und andere Anhaftungen des Täters werden abgewaschen. Wenn die Leiche jetzt noch lange genug liegt, können auch Spuren von Gewalteinwirkung verschwinden.

Womit auch in diesem Fall, genau wie bei dem »Selbstmord« der Jugendrichterin Heisig, ein paar Fragen offenbleiben:

♦ Warum hat Dorn sich erhängt, obwohl er mit Schusswaffen vertraut war?
♦ Warum waren die Hände der Leiche mit Kabelbindern auf dem Rücken gefesselt?
♦ Warum wurde die Leiche, die im flachen Wasser unter der Glienicker Brücke trieb, bei der polizeilichen Suchaktion nicht gefunden?
♦ Wie kommt es, dass Dorn und Heisig einen gemeinsamen Freund hatten? Welche Rolle spielte dieser Freund?
♦ War dieser Freund auf irgendeine Weise in die Fälle Dorn und Heisig verstrickt?

Und natürlich: Wie geht es nun in diesem Fall weiter? Antwort: Gar nicht. Der von der Berliner Polizei gefundene Abschiedsbrief gilt als echt; angeblich hatte Dorn vor seinem Verschwinden Probleme, die für einen Suizid sprächen. Dennoch drückt sich der Obduktionsbericht recht vorsichtig aus. Demnach steht ein »suizidales Geschehen« lediglich »im Vordergrund«. Das heißt: Wie Michael Dorn genau gestorben ist, weiß also letztlich kein Mensch ...

26. September **Das Kind isst so lange in der Schule, bis es bricht**

In der Grundschule Zeesen in Königs Wusterhausen ist alles wie immer. Gegen zwölf Uhr kommt das Schulessen auf den Tisch: Es gibt Fischstäbchen, Gulasch und Reis. Doch am nächsten Tag, dem

27. September, ist plötzlich nichts mehr wie immer: Viele Schulkinder tauchen erst gar nicht in der Schule auf, andere kommen zwar zum Unterricht, müssen sich aber »reihenweise übergeben« oder bekommen Durchfall, berichtete Schulleiter Peter Schütze der *Märkischen Allgemeinen Zeitung* (28.9.2012). »Das war schlimm.« Auch die Grundschulen in Großziethen, Niederlehme und Senzig waren demnach betroffen. Insgesamt hatte es in Königs Wusterhausen zu diesem Zeitpunkt 176 Kinder erwischt: Dabei war das nur der Anfang einer beispiellosen Magen-Darm-Epidemie unter Kindergarten- und Schulkindern. Bis zum Wochenende 29./30. September zählte das Robert-Koch-Institut über 8300 Erkrankungsfälle. »Betroffen seien 342 Einrichtungen in fünf Bundesländern. Vor allem in Sachsen, in Brandenburg, Berlin und Thüringen«, so die *Welt kompakt* (1.10.2012).

Na, so was – was war denn da passiert? Hektisch begann die Ursachenforschung. Schuld ist ein Bakterium, meinten die einen, das Norovirus, meinten die anderen. Den Grünen fehlte »ein nationaler Krisenstab mit Durchgriffsbefugnissen«, die SPD forderte »verpflichtende Qualitätsstandards für das Schulessen« (*tagesschau.de*, 28.9.2012). Alles gut und schön. Über die wahren Ursachen der Epidemie, von der schließlich sage und schreibe 11 000 Kinder betroffen waren, verlor allerdings niemand ein Wort: die Abschaffung der Familie und die zentrale Massenabfütterung von Kindern mit Billigfraß aus Industrieküchen. So ist es auch kein Zufall, dass fast ausschließlich die ehemalige DDR von der Epidemie betroffen war, wo die Familienstrukturen von Staats wegen zerstört und die Kinder schon immer ganztags in Horte und Schulen gesteckt wurden.

50 Cent für ein Mittagessen

Bringt zu Hause eine Mutter verdorbenes oder infiziertes Essen auf den Tisch, wird es ein oder zwei Kindern schlecht. Vielleicht auch noch ihr und dem Mann. Bringt der Staat schlechte Lebensmittel auf den Tisch, werden auf einen Schlag Tausende von Kindern krank. Und das ist kein Wunder. Denn durch zentralen Einkauf und Zubereitung von Tausenden von Mahlzeiten können bei Verunreinigungen natürlich auch Tausende von Kindern betroffen sein. Wenn immer mehr Ehen geschieden werden, Frauen arbeiten und Kinder mittags in Kindergarten und Schule abgefüttert werden, steigt die Erkrankungsgefahr für den Nachwuchs. Wo die Familien aufgelöst werden, wird aus Vielfalt und Dezentralisierung Monotonie und Zentralisierung – mit allen damit verbundenen Gefahren. Das ist das Gesetz der allgegenwärtigen Entgrenzung. Wo im Idealfall früher 30 Kinder einer Schulklasse zu Hause mittags 30 verschiedene Mahlzeiten aus 30 verschiedenen Quellen bekamen (Metzger, Supermarkt, Gemüsehändler etc.), bekommen heute glatt mehrere tausend Kinder denselben profitmaximierten Fraß aus derselben Quelle. Um die geschmackliche Qualität muss sich der Zulieferer, anders als Mutter oder Vater, im Allgemeinen ja nicht groß scheren. Da es für die meisten Kinder keine Alternative gibt und die Eltern die Gesichter ihrer Kleinen beim Essen nicht sehen, muss es sowieso nicht schmecken. Und auch in Sachen Verträglichkeit kann man womöglich an die Grenze des Erlaubten gehen. Denn verantwortlich gemacht werden kann nicht mehr ein lokaler Metzger oder Lebensmittelmarkt, sondern eine anonyme und alternativlose Massenküche.

Ernähre sich, wer kann!

Während Schulen und Kindergärten Geld sparen wollen, wollen die Zulieferer Profite machen. Dass dabei das Essen auf der Strecke bleibt, ist nur logisch, denn diese Profite können nur auf Kosten der Kinder gemacht werden. »50 Cent, so viel bleibt etwa in Berlin für den Einkauf der Ware pro Schüler und Mahlzeit, wenn alle anderen Kosten abgezogen sind«, rechnete *Spiegel Online* (28.9.2012) vor. Erkrankungen sind dabei nur die Spitze des Eisbergs. Denn wie heißt es schließlich frei nach dem französischen Geschmacks-Philosophen Jean Anthelme Brillat-Savarin (1755–1826): »Du bist, was du isst.« Wovon nicht die Rede war, ist die pure Lebensqualität unserer Kinder. Und die fängt schließlich schon beim Geschmack an. Dass das Mensaessen häufig nicht schmeckt, scheint gar keine Rolle zu spielen. Dabei reichen die Folgen billigen Essens noch viel weiter: angefangen bei schlechter Stimmung, Aggressionen und Depressionen über mangelhafte Schulleistungen bis hin zu allen aus Fehlernährung entstehenden Krankheiten. Manche Kinder verweigern das Schulessen überhaupt und kaufen sich lieber Nussschnecken und andere Süßigkeiten beim Bäcker nebenan (»Mensaflucht«). Nach dem Motto: Rette bzw. ernähre sich, wer kann. So kann eine zentrale Kantinenversorgung Lebensqualität und Leistung von Zehntausenden von Kindern beeinträchtigen – und damit natürlich auch die ihrer (Rumpf-)Familien. Wie könnte es unseren Kindern und unserer Gesellschaft gehen, wenn sie nur ordentlich ernährt würden?

»Unsere Schulmensa bekommt täglich aus 250 km Entfernung Essen angeliefert von einem großen Anlieferer«, äußerte sich ein Internetnutzer zu dem Lebensmittelskandal. »Alles Mega-Großunternehmen, die Millionengewinne einstreichen und den Kindern billige Waren anbieten (müssen). So ist es nun mal, wenn es nicht mehr genügend Menschen vor Ort gibt, die in der Lage bzw. bereit sind, unseren Schulkindern (aber auch den Alten im Altersheim) frisches Essen zubereiten können/wollen. Junge und alte Menschen sind in unserer Gesellschaft leider nur noch wenig bis nichts mehr wert; so muss ich das jedenfalls interpretieren« (Grammatik im Original).

Mahlzeiten vom Mampf-Multi

Von wegen: »Mit uns wird aus jedem Tag ein besserer Tag«, so der Wahlspruch der Firma Sodexo, deren Essen die Magen-Darm-

Erkrankungen höchstwahrscheinlich verursachte. Laut *Welt kompakt* (ebenda) wurden alle von der Epidemie betroffenen Einrichtungen »von demselben Essenslieferanten versorgt: dem Caterer Sodexo aus Rüsselsheim«. Am 5. Oktober 2012 gab Sodexo zu, dass »eine Charge tiefgekühlter Erdbeeren eines unserer Zuliefererunternehmen ... die wahrscheinlichste Ursache der Fälle von Gastroenteritis« ist. Man sei »über diesen Sachverhalt bestürzt« und entschuldige sich »in aller Form bei den betroffenen Kindern und Familien«. Laut *Welt kompakt* beliefert der Massenabfütterer hierzulande täglich die unfassbare Zahl von 2000 Schulen und Kindertagesstätten. Und zwar vor allem im Osten. Wie viele hungrige Mäuler er dabei stopft, kann sich jeder selbst ausrechnen. Wenn sich bei einer Verunreinigung elftausend Kinder auf den Toiletten krümmen, ist das kein Wunder. Was wenige Eltern wissen (und den meisten auch egal sein dürfte): Sodexo ist ein global tätiger Mampf-Multi aus Frankreich, der in achtzig Ländern der Welt aktiv ist. Er beglückt nicht nur Kindergartenkinder, Schüler und Studenten mit seinen Erzeugnissen, sondern auch Krankenhäuser und Knastinsassen und macht dabei pro Jahr weltweit 16 Milliarden Euro Umsatz. Womit der Konzern in der Liga von McDonald's spielt (20,8 Milliarden Euro). Ausgerechnet der ehemalige sozialistische SED-Staat vertraut seine Kinder also dem globalen Kapital an und mästet mit dem Essensgeld einen internationalen Multi. Wie sagte ich doch mal so schön: Wenn die Familie weg ist, wirst du merken, dass der Staat nicht dein Freund ist. Und das gilt nicht nur für Kindergarten- oder Schulkinder, sondern auch für Kranke, Alte und sozial Schwache. Also früher oder später für jeden.

Oktober 2012

Thema des Monats *7.10.:*
Mars-Rover Curiosity *– Seltsame Funde auf dem Mars*

2.10. Männerenzyklopädie **WikiMANNia** *feiert 1200. Artikel*/Michael Ballack beendet seine Karriere *7.10. Der Mars-Rover* **Curiosity** *entdeckt seltsame Artefakte auf dem Roten Planeten*/Hugo Chávez wird erneut zum venezolanischen Präsidenten gewählt *12.10. Die EU verleiht sich den Friedensnobelpreis*/Das »Abstrakte Bild« von Gerhard Richter geht im Londoner Auktionshaus *Sotheby's* für den Rekordpreis von 21,3 Millionen Pfund über den Tisch *14.10. Die Medien feiern das Münchner Museum Brandhorst* **21.10.** In Stuttgart wird der Grüne Fritz Kuhn zum Oberbürgermeister gewählt **28.10.** Hurrikan »Sandy« erreicht New York und Washington

2. Oktober Von »Lila Pudeln« und »TroPi«-Kindern: Männerenzyklopädie feiert 1200. Artikel

Was ist eigentlich ein »TroPi«-Kind? Was genau versteht man unter einem »Alphamädchen«, einem »Zierfisch« oder einem »Lila Pudel«? Fragen über Fragen – und keine Antwort. Jedenfalls nicht bei *Wikipedia*. Das Gleiche gilt für weniger schillernde Wörter wie »Frauenbevorzugung«, »Schwangerschaftsbetrug« und andere Zeitphänomene, von denen Männer immer wieder betroffen sind. Offenbar, so finden viele Männer, ist *Wikipedia* auf der männlichen Seite blind. Ein paar Herren der Schöpfung regte das derart auf, dass sie eine eigene »Männerenzyklopädie« gründeten: *WikiMANNia*. Heute feiert man dort den 1200. Artikel.

Wider die Kampf- und Käseblättchen

Männerenzyklopädie? Wofür braucht man denn eine Männerenzyklopädie? Nun ganz einfach: Seit in dieser Gesellschaft ein regelrechter Krieg gegen Jungs und Männer tobt und Medien die entsprechende Propaganda betreiben, haben sich ein paar Männer zusammengetan, um wichtige Begriffe aus männlichem Blickwinkel zu betrachten. Der Feminismus ist inzwischen eine staatlich geförderte Ideologie geworden, die sich nicht mehr nur auf Frauenläden oder Kampf- und Käseblättchen wie *Emma* beschränkt, sondern die gesamte Gesellschaft durchdringt. Natürlich auch und besonders unsere Medien. Als beruflich erfolgreich, schlau und smart werden dort fast nur noch Frauen dargestellt, während der Mann in Werbung und Medien hauptsächlich als Dummkopf oder Hilfskraft gezeigt wird. Und natürlich durchdringt die totalitäre feministische Ideologie auch »Enzyklopädien« wie *Wikipedia*. Dabei ist diese Ideologie potenziell noch schlimmer als jede Rassenideologie. Nicht etwa, weil ihr mehr Menschen zum Opfer fallen, sondern weil sie durch Ausgrenzung von 50 Prozent der Menschheit noch viel stärker pauschalisiert und diskriminiert. Wenn die Gesellschaft erst einmal ausreichend an die Vorstellung gewöhnt ist, dass Männer minderwertig sind, kann der Feminismus ebenso grausame Erscheinungen hervorbringen, bis zur totalen Entrechtung und Vernichtung der Männer. Schließlich forschen Wissenschaftler bereits mit Hochdruck daran, Männer regelrecht überflüssig zu machen – und zwar mit »weiblichem Sperma«. Schon 2008 gelang es Forschern der englischen Universität Newcastle upon Tyne, »aus Rückenmarkszellen einer weiblichen Maus eine chemische Form von Sperma herzustellen«. Schon bald »wollen die Gentechniker so weit sein, Stammzellen einer Frau in ›weibliches Sperma‹ umwandeln zu können« (*krone.at*, 1.2.2008). Zeithorizont: zehn Jahre. Der Mann ist dann nicht einmal mehr als Samenspender nötig.

Begriffe für die Wirklichkeit

Bekanntlich benötigt man Begriffe, um die Wirklichkeit zu beschreiben. Wo kein Begriff, da kein Thema, da kein Problem. Wer sich bei *WikiMANNia* durchklickt, merkt überhaupt erst, welche brisanten Themen bei *Wikipedia* fehlen. Wie wär's zum Beispiel mit »Familienzerstörung«: Bei *Wikipedia* kein Thema, bei *WikiMANNia* ein spannender Artikel mit Aspekten, die in den Medien keine Beachtung finden, zum Beispiel »Familienzerstörung durch den Gesetzgeber«, »Familienzerstörung durch die EUdSSR« oder durch den Sozialstaat. Glaubt man *Wikipedia*, gibt es eine »Frauenbevorzugung« ebenso wenig wie eine »Männerbenachteiligung«, eine »Helferinnenindustrie« ebenso wenig wie »Samenraub« oder die »künstliche Gebärmutter«.

Putzjobs und Blowjobs: dem Mann aufs Maul geschaut

Auf der Seite »*WikiMANNia* nach Themen« kann man sich durch eine erstaunliche Vielfalt blättern. Was sogleich auffällt: Da *WikiMANNia* von Männern für Männer geschrieben wird, ist die Sprache härter, deftiger und auch subjektiver als bei *Wikipedia*.

Zum Teil auch zynisch und sarkastisch. Den Herren der Schöpfung wird bei *WikiMANNia* kräftig aufs Maul geschaut: Begriffe wie »Zimtzicke«, »Zierfisch« und »Tittensozialismus« stehen da neben sachlichen Artikelüberschriften wie »Frauenquote«, »Patriarchat« und »Misandrie« (Männerfeindlichkeit).

Die Akte Nina und andere Fälle

Inhaltlich erschließt sich der Nutzwert unmittelbar. Denn man findet auch Informationen über wichtige Gesetze und Bestimmungen, wie das Aufenthaltsbestimmungsrecht oder das Umgangs- und Sorgerecht. Oder über Ärgernisse wie das »Unterhaltsmaximierungsprinzip«: die dem deutschen Recht »innewohnende Idee, möglichst ausgreifende, langdauernde Geldflüsse zwischen Privatleuten zu erzwingen, um staatliche Leistungen über das Zivilrecht loszuwerden«. Besonders spannend, aber auch erschütternd sind Artikel über berühmt-berüchtigte Fälle, wie etwa den »Fall Luca« in Österreich, als die Behörden tatenlos zusahen, wie ein Mann den Sohn des früheren Partners der Mutter zu Tode misshandelte. Oder »Die Akte Nina«, laut *WikiMANNia* »ein dokumentierter Fall der staatlichen Kindesentführung durch das Jugendamt Stuttgart«. Oder der »Fall Amelie« – »die Geschichte einer 18jährigen Schülerin, die ihren Vater und ihren Onkel der Vergewaltigung beschuldigte«. Laut *WikiMANNia* beschäftigte Amelie »Mitte der neunziger Jahre Polizisten, Staatsanwälte, Verteidiger, Ärzte, Psychologen und Richter«. Mit ihren Enthüllungen rannte sie offene Türen der »Helferinnenindustrie« ein, die ihr blinden Glauben schenkte und »die am Borderline-Syndrom erkrankte Frau in ihrem Wahn immer wieder« bestärkte. Für die beschuldigten Männer endete die Sache »mit zwei Fehlurteilen vor dem Landgericht Osnabrück«, das sie wegen Vergewaltigung zu einer Freiheitsstrafe von sieben beziehungsweise viereinhalb Jahren verurteilte. Urteile, die sich lesen »wie von der Opferzeugin selbst diktiert«.

Ach ja, fast hätte ich's vergessen: Ein »TroPi-Kind« ist ein »Trotz-Pille«-Kind, ein »Alphamädchen« ein neuer, weniger männerfeindlicher Typ Feministin (nach dem Buch *Wir Alphamädchen* von Meredith Haaf). Als »Lila Pudel« werden Männer bezeichnet, »die dem Feminismus anhängen«, und ein »Zierfisch« ist eine andere Bezeichnung »für eine besonders attraktive ausländische Frau«.

7. *Oktober* Curiosity: ein Preisschild auf dem Mars

Aus dem jungfräulichen Sand ragt ein kleines silbernes Teilchen hervor. Entfernt ähnelt es einem senkrecht in den Sand gesteckten Röllchen Schokoladenpapier. Na und? Was soll's – Müll liegt schließlich jede Menge herum. Das kann schon sein – allerdings nicht auf dem Mars. Am 7. Oktober 2012 entdeckt der Mars-Rover *Curiosity* das ominöse Teilchen auf der Oberfläche des Roten Planeten. Just in dem Moment, als der fahrbare Mars-Roboter zum ersten Mal eine Bodenprobe entnehmen sollte, so die NASA. Dem Aussehen nach handelt es sich eindeutig um ein Artefakt. Da ist guter Rat teuer. Denn wo soll so etwas auf dem Mars herkommen? Will uns da etwa jemand an der NASA herumführen?

Seemannsgarn im Weltraum?

Die einzige Erklärung für das Teilchen konnte, durfte und musste deshalb natürlich lauten: Das Teil stammt von dem Rover selbst. Das kleine Plastikteil sei wohl irgendwann von dem Forschungsgerät abgefallen und nun wieder aufgefunden worden, so die Vermutung der Wissenschaftler. Puh – das ging ja noch mal gut. Immerhin gibt es eine Menge Leute, die an der Authentizität der Mars-Missionen zweifeln. Schließlich ist der Weltraum ein »Schauplatz«, wie es ihn in der Geschichte der Menschheit noch nie gab. Bis auf die hohe See vielleicht. Deshalb wurde auch nirgends so viel »Seemannsgarn« produziert wie in der christlichen Seefahrt – bis die Raumfahrt kam. Wer kann schon überprüfen, was fern von der Erde wirklich passiert? Können wir etwa nachsehen, ob tatsächlich ein Spielzeugauto auf dem Mars herumkurvt? Oder ob der Rover vielleicht nur durch eine allzu irdische Wüste tuckert? Sind die bescheidenen Hüpfer des »Marsfahrzeugs« wirklich ein neuer Triumph der Wissenschaft oder nur eine Neuaufführung des Märchens von des Kaisers neuen Kleidern? Ist der frenetische Jubel über jeden Zentimeter, den das Gefährt sich fortbewegt, berechtigt oder nur eine besonders perfide Verhöhnung der Menschheit? Hob *Curiosity* in der Realität ab oder nur auf den Internetseiten der NASA? Fährt das Vehikel wirklich über den Mars oder bloß über ein Diorama in einem NASA-Labor? Wer wollte da schon seine Hand für die amerikanische Weltraumbehörde ins Feuer legen?

Mars: Bermuda-Dreieck für Milliarden Dollar

Ich zumindest wäre vorsichtig. Denn schließlich besteht die Geschichte der USA zu großen Teilen aus Potemkinschen Dörfern. Und öde Wüstenlandschaften gibt's schließlich auch auf der Erde. Obendrein viel billiger. 2,5 Milliarden Dollar kassieren, um anschließend einen »Mars-Rover« in einer leeren Wüstengegend herumfahren zu lassen, wäre eine allzu zarte Versuchung für die US-Weltraumbehörde, die seit Jahrzehnten Abermilliarden im Weltraum, speziell auf dem Mars, verheizt, und zwar ohne jede wirksame Kontrolle. Seit 1960 haben die USA nach eigener Auskunft 18 Sonden zum Mars geschickt. Viele davon verschwanden sang- und klanglos im All, und mit ihnen die vielen Milliarden, die sie gekostet hatten. Der US-TV-Sender *abc* hat einmal zusammengerechnet: »Von den insgesamt fast 40 Missionen, die Menschen zum Mars geschickt haben, waren nur 15 erfolgreich. Den Rest schnappte sich der Mars – 24 Raumfahrzeuge im Wert von Milliarden Dollar.« Zum Beispiel:

- Mars Observer, USA, verschwand drei Tage vor dem Erreichen der Marsumlaufbahn am 21. August 1993 spurlos – zusammen mit einer Milliarde Dollar.
- Mars Climate Orbiter, USA, schwenkte am 23. September 1999 in die falsche Anflugbahn ein und ging angeblich in der Marsatmosphäre verloren, genauso wie 650 Millionen Dollar.
- Mars Polar Lander, USA, verschwand zusammen mit zwei »Penetrator-Sonden« am 3. Dezember 1999 nach seiner angeblichen Landung spurlos – und mit ihm 240 Millionen Dollar (ohne Startrakete und Penetratoren).

Kurz: Der Weltraum ist eine unerschöpfliche Geldquelle und ein schwarzes Loch, in dem sich nicht nur Raumsonden, sondern auch Abermilliarden Dollar in Luft bzw. im Vakuum auflösen. Denn das ist ja das Schöne an der Raumfahrt: Sie gilt als so extrem, dass Fehler als unvermeidliche Folgen höherer Gewalt hingenommen werden. Und so wurde die Öffentlichkeit jedes Mal mit geradezu dreisten Erklärungen für den Verlust einer teuren Sonde abgespeist. Der »Mars Polar Lander« soll aufgrund eines fehlerhaften Sensors verloren gegangen sein. Der »Mars Observer« kam angeblich wegen eines defekten Transistors im Wert von einigen Cent abhanden. Beim »Mars Climate Orbiter« wurden angeblich schlicht zwei Maßeinheiten verwechselt, was zur falschen Berechnung des Anflugs führte. Alles Erklärungen, die so unwahrscheinlich klingen, dass sie schon wieder glaubwürdig wirken. Seit jener einmaligen Serie bizarrer Fehlschläge in den neunziger Jahren des letzten Jahrhunderts liefert die NASA wieder etwas fürs Geld – und zwar Bilder. Sie zeigen hauptsächlich Sandböden, Felsen und ein paar öde Wüstenpanoramen. Dass sie vom Mars stammen, müssen wir schon glauben. Denn überprüfen können wir es natürlich nicht. Der aktuelle Mars-Rover *Curiosity* fand wenig später noch zahlreiche weitere merkwürdige Teilchen. Die Weltraumbehörde schien mit diesen unerwarteten Funden regelrecht überfordert zu sein.

Nach dem Fund des »Schokoladenpapiers« (Teil Nr. 1) vom 7. Oktober habe man am 8. Oktober »das kleine, helle Objekt« hauptsächlich fotografiert, berichtete die NASA-Website der Mission am 9. Oktober. Seltsamerweise zeigte man dazu jedoch nur ein Schwarz-Weiß-Bild, und zwar von einem ganz anderen Objekt, das an einen Insektenflügel oder -panzer erinnerte. Der Text tat jedoch so, als handelte es sich um ein und dasselbe Teilchen. Das Rätsel vertiefte sich noch, als man dasselbe Teilchen (Nr. 2) schließlich als Fund der zweiten Grabung vom 12. Oktober präsentierte. Diesmal in Farbe. Bei der zweiten Grabung »sahen wir einige helle Flecken im Grabungsbereich«, sagte der Geologe John Grotzinger bei einer NASA-Pressekonferenz am 18. Oktober. Auf einem Farbbild sieht das präsentierte Teil nun nicht mehr wie das Überbleibsel eines Insekts aus, sondern wie ein abgerissener Fetzen Plastikfolie. Wenn das Teil aber erst bei der zweiten Grabung gefunden wurde, wie kommt es dann in den Bericht von der ersten Grabung am 7. Oktober? Und wo war eigentlich das dabei angeblich gefundene »Schokoladenpapier« (Nr. 1) hingekommen? Allmählich entwickelte sich die Mission zu einer gefährlichen Gratwanderung für die NASA. Nach dem Fund der letzten Woche (7. Oktober) »fürchtete das *Curiosity*-Team, die neuen Partikel könnten menschlichen Ursprungs sein«, schrieb das US-Wissenschaftsmagazin *Wired* am 18. Oktober. »Da sie allerdings in Grabungslöchern auftauchten, müssen sich die Teile unter der Oberfläche befunden haben.«

Das Eis wird dünn ...

Eben. Das ist es ja gerade. Diesmal hatten sich die Gegenstände also nicht (halb) an der Oberfläche befunden, wie das »Schokoladenpapier«, sondern waren erst durch die Schaufel des Rovers freigelegt worden. Daher konnten sie nicht von dem Roboter selbst heruntergefallen, sondern mussten schon vorher da gewesen sein. Das Eis wurde allmählich äußerst dünn für die NASA-Leute. Denn wenn es unter der Marsoberfläche menschliche Artefakte gab, dann musste man den Mars ab jetzt wohl in Anführungszeichen setzen. Dann bestand wohl die Möglichkeit, dass man es gar nicht mit dem Mars und mit irgendwelchen Mars-Materialien zu tun hatte, sondern schlicht mit irdischem Müll in irgendeiner irdischen Wüste. Prompt entschloss man sich bei der NASA zur Flucht nach vorn: »Die Wissenschaftler begannen, es einfach Schmutz zu nennen«, sagte der Geologe Grotzinger, wobei er tatsächlich das deutsche Wort »Schmutz« verwendete. »Wir können nicht ausschließen, dass es menschlichen Ursprungs ist, aber wir glauben nicht daran.«

So hielt man sich alle Optionen offen. Obwohl die Schlussfolgerung, dass das Material menschlich sein musste, eigentlich zwingend war. Um die Verwirrung komplett zu machen, gab es auch noch ein drittes Teil. Es sah wieder komplett anders aus. Es hatte eine rechteckige Form mit abgerundeten Ecken, an den beiden langen Seiten zwei symmetrische Löcher und ähnelte einem Preisschild – also eindeutig ein Artefakt. Wann es allerdings gefunden wurde, bleibt fraglich. Zwar gibt eine NASA-Internetseite als Fundzeitpunkt die zweite Grabung (12. Oktober) an und als Datum des Fotos den 15. Oktober. Dieselbe Seite behauptet anschließend jedoch, die Grabung habe eine Woche zuvor stattgefunden. Das wäre dann der 7. Oktober (1. Grabung) gewesen.

Zusammenfassung:

Fund-Datum	Teil-Nr.	Beschreibung
7.10.12	1	silbern, wenige Millimeter groß, ragte senkrecht aus dem Boden (»Schokoladenpapier«)
12.10.12	2	silbrig transparent, ausgefranste Ränder (»Plastikfolie«)
vor dem 15.10.12 (Datum des Fotos)	3	flach, rechteckige Form mit abgerundeten Ecken, an den beiden langen Seiten zwei symmetrische Löcher (»Preisschild«)

Was zu der Frage führt, ob wir die Entdeckungen von *Curiosity* auf dem Mars bisher in ganz falschem Licht gesehen haben. Handelt es sich möglicherweise doch nur um verstreuten Müll in irgendeiner irdischen Wüste? Schließlich wird der Mars der Erde mit dieser Mission immer ähnlicher.

Sind zwei Größen einer dritten gleich ...

Denn der Mars-Rover entdeckte nicht nur mutmaßliche humane Artefakte. Schon die erste Gesteinsprobe, die er untersuchte, förderte eine »unbekannte Gesteinsart auf dem Mars« zutage, so die *Welt* (12.10.2012). Siehe da: »Dieser Typ entspricht in seiner chemischen Zusammensetzung in etwa einer ungewöhnlichen, aber durchaus bekannten Art, die in vielen vulkanischen Regionen der Erde vorkommt, etwa auf Hawaii«, zitierte *Spiegel Online* Edward Stolper vom Institute of Technology in Pasadena (13.10.2012). Nun, »durchaus bekannt« stimmt – aber ungewöhnlich ist dieses Gestein auf der Erde keineswegs: »Die Elemente in ihm entsprechen der Zusammensetzung von Feldspat, und es gibt nur wenig Magnesium und Eisen«, so Ralph Gellert von der University of Guelph, Ontario, laut *astronews.com* (12.10.2012). Feldspate sind laut *geologieinfo.de* »die weitaus häufigsten Minerale der Erdkruste«. »Da wir bislang nur einen Stein dieser Art auf dem Mars gefunden haben«, so Stolper laut *astronews.com*, »lässt sich natürlich noch nicht sagen, ob bei seiner Entstehung ähnliche Prozesse [wie auf der Erde, G.W.] eine Rolle gespielt haben.« »Nur einen Stein dieser Art gefunden« ist gut – immerhin war es der erste und einzige, der bei dieser Mission überhaupt genauer untersucht wurde. Und schon stellte er sich als irdischer Feldspat heraus. Die Beschaffenheit des Steins könnte, so Stolper, »zumindest ein wichtiger Ausgangspunkt für die Suche nach seinem Ursprung sein«. Wohl wahr. Nun gibt es ja den berühmten mathematischen Lehrsatz: Sind zwei Größen einer dritten gleich, so sind sie untereinander gleich. Übersetzt auf unser Problem könnte das heißen: Findet man auf Mars und Erde dasselbe Gestein, so sind Mars und Erde *prima facie* ein und dasselbe.

Ein Flussbett auf dem Mars

Und so ging es immer weiter. Da war zum Beispiel eine sensationelle Entdeckung, von der seltsamerweise nicht viel Aufhebens gemacht wurde – dass der Rover nämlich schon ab Ende September 2012 in einem regelrechten Flussbett aus Sand und Kieseln herumgefahren war, dessen Struktur sich in nichts von irdischen Flussbetten unterschied. Kein Zweifel: Über Jahrtausende musste hier ein fließendes Gewässer die Kiesel rund geschliffen haben. Die Frage ist nur: Kann oder konnte es auf dem Mars überhaupt jemals fließendes Wasser geben? Denn schließlich beträgt der atmosphärische Druck auf dem Roten Planeten weniger als ein Hun-

Keine Unterschiede: links Mars-Flussbett, rechts irdisches Flussbett
Foto: NASA

dertstel (0,63 %) des Luftdrucks auf der Erde. Was bedeutet, dass Wasser bereits bei etwa null Grad sieden und verdampfen würde. An der angeblichen Landestelle des Rover wurden tagsüber jedoch über zwei Grad Celsius gemessen. Zwar wird es laut NASA nachts um die minus 70 bis 80 Grad kalt. Die Frage ist nur, ob Wasser dann flüssig oder gleich fest (als Eis) vorläge und so natürlich kein »Flussbett« bilden könnte. Stiege die Temperatur tagsüber jedenfalls auf über null Grad, würde das Wasser aus dem »Flussbett« verdampfen und sich später weit verteilt niederschlagen.

Vielleicht waren die klimatischen Bedingungen auf dem Mars für flüssiges Wasser einst günstiger. Sehr wahrscheinlich ist das allerdings nicht. Denn mit ziemlicher Sicherheit war der Planet immer gleich groß und »schwer«. Dann aber kann er auch nur eine bestimmte Menge Gas festhalten (anziehen) und als Atmosphäre an sich binden. Der atmosphärische Druck ist unter anderem eine Funktion der Masse und Planetengröße und kann daher kaum wesentlich höher gewesen sein als heute. Nebenbei bemerkt ist interessant, dass die Mars-Atmosphäre zu sagenhaften 95 Prozent aus dem »Treibhausgas« Kohlendioxid besteht, das angeblich in der Lage ist, Wärme auf einem Planeten festzuhalten. Wenn das stimmen würde, könnte die Temperatur auf dem Mars kaum innerhalb einer Nacht von plus zwei auf minus 70 bis 80 Grad fallen, was auch unabhängig von *Curiosity* als sicher gilt. Laut der Website *solarviews.com* liegt »die durchschnittlich aufgezeichnete Temperatur auf dem Mars« bei minus 63 Grad Celsius, die Höchsttemperatur gar bei 20 Grad Celsius.

Der Mars ist nur einen Klick entfernt

Aber selbst wenn es regelrechte Flussbetten auf dem Mars geben sollte: Wie kommt es dann, dass sich diese – bis auf die rötliche Farbe – optisch nicht von irdischen Flussbetten unterscheiden? Aufgrund der unterschiedlichen Bedingungen (Schwerkraft, Fließgeschwindigkeit, Reibung, Kiesel-Material) müssten in ei-

Sandboden vom Mars oder von der Erde? Prüfen Sie es selbst nach (siehe Text). Foto: NASA

nem Mars-Gewässer eigentlich auch ganz unterschiedliche »Produkte« (also Kieselsteine) herauskommen. Ein Vergleichsfoto des von *Curiosity* angeblich gefundenen Mars-Flussbettes mit einem irdischen Flussbett zeigt jedoch keine Unterschiede zwischen den Kieselsteinen. Aus geheimnisvollen Gründen scheinen auf dem Mars genau dieselben Kräfte zu wirken wie auf der Erde. Auch hier gilt: Sind zwei Größen einer dritten gleich, so sind sie untereinander gleich. Sieht das Mars-Flussbett genauso aus wie ein Erd-Flussbett, dann sind Mars und Erde *prima facie* ein und dasselbe bzw. befindet sich der Mars-Rover in Wirklichkeit auf der Erde.

Der wichtigste und im Grunde genommen einzige Unterschied zwischen dem von *Curiosity* fotografierten Marsboden und irdischem Sand oder Gestein ist die Farbe Rot. Während die Marsoberfläche rötlich erscheint, sieht die irdische eher braun-grau aus. Die Frage ist daher: Übermittelte *Curiosity* wirklich Fotos vom Mars oder nur rot eingefärbte Bilder von der Erde? Zum Glück gibt es hilfreiche Programme, die fehlbelichtete oder farbverschobene Bilder wieder auf Vordermann bringen. Ein sehr bekanntes heißt Irfanview. Es verfügt über eine sehr gute automatische Farbkorrektur. Ein Klick macht aus jedem flauen, falsch belichteten oder farbverschobenen Bild eine natürlich aussehende Aufnahme. Das Tool ist ein sogenanntes Plugin und stammt von dem ungarischen Entwickler András Horváth. Ihm zufolge versucht die Software, »eine Lösung für die automatische Farbkorrektur von Fotos bereitzustellen. Also die automatische Einstellung von Kontrast, Farbbalance, Sättigung und Gamma-Werten mit Hilfe einer Analyse.« Und siehe da: Mit einem Klick verschwindet das Rot aus dem Marsboden, und dieser verwandelt sich in einen ganz gewöhnlichen irdischen Sandboden! Es gibt keinen sichtbaren Unterschied mehr, was bedeutet, dass die Farbe tatsächlich das einzige Unterscheidungsmerkmal zwischen Mars- und Erdboden war. Morphologie und Geologie, also Formgebung und Zusammensetzung der Gesteine, scheinen identisch zu sein. Sie können dieses Experiment sehr leicht nachvollziehen, indem Sie ein Original-NASA-Foto vom Mars nehmen (http://www.nasa.gov/mission_pages/msl/multimedia/pia16233.html), es in Irfanview übernehmen und auf Farbkorrektur (»auto adjust colors«) drücken.

Erde statt Mars – ist das etwa die Wahrheit und nichts als die Wahrheit? Schließlich wäre es ja nicht das erste Mal, dass sich NASA-Proben als allzu irdisch erweisen. Schon vor Jahren fanden sich in den Mondproben der »Apollo«-Missionen allerlei irdische Hinterlassenschaften – bis hin zu Insektenresten ...

12. Oktober EU verleiht sich den Friedensnobelpreis

Die Europäische Union bekommt den Friedensnobelpreis! So eine Überraschung! »Die Union und ihre Vorgänger haben über sechs Jahrzehnte zur Förderung von Frieden und Versöhnung beigetragen. Seit 1945 ist diese Versöhnung Wirklichkeit geworden«, heißt es in der Begründung. Die Arbeit der EU repräsentiere »Bruderschaft zwischen den Nationen« und entspreche einer Form von »Friedenskongress«, »wie Alfred Nobel dies als Kriterium für den Friedenspreis 1895 in seinem Testament umschrieben hat«. Donnerwetter! Die EU ist also die reinste Friedensbewegung – sagt jedenfalls das Friedensnobelpreiskomitee. Und das ist denn auch des Pudels Kern. Denn der Vorsitzende des Komitees ist gleichzeitig Generalsekretär des Europarats. Und damit verleihen sich die Europäischen Institutionen den Preis praktisch selbst.

Tarnung für Kriegführung

Doch der Reihe nach: Dass der Friedensnobelpreis längst zu einem politischen Werkzeug verkommen ist, ist ja kein Geheimnis. Vermehrt werden damit global erwünschte Entscheidungsträger oder politische Strömungen und Organisationen gestärkt. Man denke an die US-Präsidenten Theodore Roosevelt, Woodrow Wilson, Jimmy Carter und Barack Obama. Zudem dient der Preis inzwischen als Tarnung für brutalste Kriegführung. Barack Obama zum Beispiel übernahm nahtlos die Kriegspolitik seines Vorgängers George W. Bush und führte die Kriege in Afghanistan und Irak weiter (von wo die US-Truppen erst 2011 abzogen). Er brach sein Versprechen, das menschenrechtswidrige Gefangenenlager in Guantánamo zu schließen, und führt einen geheimen Drohnenkrieg gegen die pakistanische Bevölkerung, bei dem bisher bis zu 3500 Menschen starben, darunter auch Frauen und fast 200 Kinder. Im Jahr 2011 führte Obama zusammen mit anderen NATO-Verbündeten einen

Bombenkrieg gegen Libyen, in dessen Verlauf 7500 Luftangriffe geflogen und damit das am weitesten entwickelte Land Afrikas zurück in die Steinzeit gebombt wurde. Zu der illustren Runde von US-Preisträgern kommen noch der ehemalige US-Vizepräsident Al Gore und der »heimliche US-Präsident« Henry Kissinger, unter anderem Kriegsherr im Vietnamkrieg, von dem das Zitat stammt: »Globalisierung ist nur ein anderes Wort für US-Herrschaft.« Der Autor Christopher Hitchens *(Die Akte Kissinger)* bescheinigt dem ehemaligen US-Außenminister eine »gefühllose Gleichgültigkeit, wenn es um Menschenleben und Menschenrechte« gehe, und macht ihn für zahlreiche Verbrechen verantwortlich, unter anderem »die vorsätzliche Tötung von Zivilpersonen in Indochina und die persönliche Anstiftung und Planung der Ermordung eines hohen Staatsbeamten in einem demokratischen Land Chile«. Insgesamt wirft Hitchens Kissinger Verstöße gegen das Völkerrecht, Verbrechen gegen die Menschlichkeit, Verschwörung zum Mord sowie Entführung und Folter unter anderem in Chile, Zypern, Kambodscha und Vietnam vor.

Zahlreiche Unwahrheiten

Im Jahr 1974 erhielt den Friedensnobelpreis der bereits in diesem Buch erwähnte »Menschenrechtler« Seán MacBride. MacBride war früher Chef des Geheimdienstes der Irisch-Republikanischen Armee (IRA). Später wurde er Generalsekretär der »Menschenrechtsorganisation« International Commission of Jurists, einer »von der CIA für Propagandaoperationen gegründeten und kontrollierten« Organisation (so der CIA-Aussteiger Philip Agee). Nobelpreisträger MacBride war auch in leitender Funktion bei Amnesty International tätig. Laut Amnesty-Gründer Peter Benenson war MacBride »in ein CIA-Netzwerk eingebunden«.[*] Im Jahr

---

[*] Jonathan Power: Like Water on Stone: The Story of Amnesty International, London 2001, S. 128.

2001 ging der Preis an die Weltregierungs-Organisation UNO, 2007 an die »Welt-Klimaregierung« Intergovernmental Panel on Climate Change (IPCC), deren Klimaberichte durch Manipulationen und Fehler ins Gerede kamen. Dasselbe gilt für den Preisträger Al Gore (2007), dessen Klima-Film *Eine unbequeme Wahrheit* durch zahlreiche Unwahrheiten auffiel. Britischen Schulkindern darf der Film nur noch gezeigt werden, wenn sie gleichzeitig auf neun inhaltliche Fehler aufmerksam gemacht werden.

Und nun also die EU: Erst sie habe die Versöhnung in Europa möglich gemacht, so das Nobelpreiskomitee. Durch die Europäische Union sei heute ein »Krieg zwischen Deutschland und Frankreich undenkbar«. Wirklich? Denn zunächst einmal werden die alten europäischen Konflikte durch die EU nur zugedeckt und vertuscht. In Wirklichkeit sind die Länder Europas durch die EU keineswegs zu Freunden geworden. Vielmehr bestehen die alten Rivalitäten, vor allem zwischen Frankreich, England und Deutschland, fort. Zwar sind militärische Auseinandersetzungen höchst unwahrscheinlich geworden, doch spielen sich die Konflikte auf anderen Ebenen ab – zurzeit vor allem auf der finanziellen. Hier erhalten die europäischen »Bruderstaaten« im Rahmen der »Euro-Rettungsschirme« plötzlich die Lizenz zum Ausplündern. Unter dem Deckmantel der Freundschaft und Solidarität blutet Deutschland aus. Der Friedensnobelpreis betreibt da nur Kosmetik. Freundschaft und Versöhnung sehen wohl anders aus.

Gegründet von der CIA

Die im Jahr 2012 geehrte Europäische Union hat in den letzten Jahren außerdem kräftig an der US-Kriegspolitik im Nahen Osten mitwirkt. Wichtige EU-Staaten wie Frankreich und Großbritannien haben dort direkt Kriege geführt, beispielsweise gegen Libyen. Die EU beteiligt sich auch an anderen internationalen Eskalationen, wie der israelischen und amerikanischen Kriegspolitik gegen den Iran. Neu ist allerdings die Unverblümtheit, mit der sich dem Nobelpreiskomitee verbundene Institutionen inzwischen selbst auszeichnen. Der Komitee-Vorsitzende Thorbjørn Jagland ist gleichzeitig Generalsekretär des Europarats. Der Europarat ist eine Schwesterorganisation der EU und gehört genau wie sie zu den politischen Strukturen des Kontinents. Er verwendet dieselbe Flagge und Hymne und zieht mit der EU an einem Strang. Gegründet wurde der Europarat 1949 auf Betreiben der CIA-Organisation American Committee for a United Europe. Die Chefs dieses Komitees zur Vereinigung Europas waren die berüchtigtsten US-Geheimdienstbosse überhaupt, nämlich William »Wild Bill« Donovan und Allen Dulles. Der Generalsekretär des Europarats steuert also die Vergabe der Friedensnobelpreise, so dass sich die USA auf diese Weise nicht nur indirekt selbst bedienen (wie bei dem Preis für Kissinger und Obama), sondern auch ihre liebsten Kinder hätscheln können, zum Beispiel die UNO, die EU oder ihnen genehme politische Aktivisten.

Dynamit und Nobelpreis

Doch vielleicht haben wir den Friedensnobelpreis nur noch nicht richtig verstanden. Vater der Auszeichnung ist ja bekanntlich der Erfinder des Dynamits, Alfred Nobel. Die »Erschaffung« der Nobelpreise und speziell des Friedensnobelpreises wird stets so dargestellt, als habe Nobel sie vor lauter Schreck über seine Erfindung gestiftet: »Der schwedische Ingenieur war gewissermaßen ›über sich selbst‹ erschrocken. Er hatte das Dynamit und die Initialzündung erfunden und dann miterlebt, für welche Menschen verachtende Grausamkeiten seine Werke missbraucht wurden«, heißt es zum Beispiel in einer typischen Nacherzählung der Nobel-Legende (Günter Ramdohr: *Wieder heidnisch werden*, Norderstedt 2009). Aber ganz so zimperlich dürfte Nobel dann doch nicht gewesen sein. Denn erstens entstammte er einer schwedischen Rüstungsdynastie, die vor allem Russland mit Tötungswerkzeugen versorgt und so ein beträchtliches Vermögen angehäuft hatte. Schon sein Vater Immanuel hatte »mit großem Erfindergeist und Talent« neue Maschinen ersonnen, um noch mehr Menschen noch schneller umzubringen, darunter »ein Schnellfeuergewehr und stationäre Seeminen« *(Wikipedia)*. Zweitens mag sich der Schreck auch deshalb in Grenzen gehalten haben, weil Nobel zu diesem Zeitpunkt bereits seit Jahren verbissen daran arbeitete, das gefährliche Nitroglyzerin endlich handhabbar zu machen. Als er schließlich 1866 auf die Idee kam, Nitroglyzerin mit Kieselgur zu mischen, und so das »Dynamit« erschuf, dürfte er sich gefreut haben wie der sprichwörtliche Schneekönig. Denn erst jetzt konnte Nitroglyzerin weltweit vermarktet werden, ohne dass den Kunden gleich alles um die Ohren flog.

Drittens ist die Geschichte von der schrecklichen Erfindung des Dynamits ohnehin nur ein Ablenkungsmanöver. Denn da es hauptsächlich für zivile Zwecke wie den Berg- und Tunnelbau eingesetzt wurde, war nicht das Dynamit das moralische Problem, sondern die vielen anderen Rüstungsgüter, die Nobel herstellte. Sein »Geschosstreibmittel« Ballistit zum Beispiel revolutionierte die Artillerie, und bei seinem Tod 1896 besaß er 90 Sprengstoff- und Munitionsfabriken auf der ganzen Welt. Als Rüstungsfabrikant entwickelte und produzierte Nobel seine Produkte daher gezielt für die Armeen seiner Zeit. Die Toten der zahlreichen Kriege können Nobel deshalb nicht weiter gestört haben. Viertens ist es demnach auch falsch, dass seine Entdeckungen zur bösen Überraschung des Erfinders für den Krieg missbraucht wurden. Eine reine Verdrehung der Tatsachen, wie wir nun wissen. Vielmehr entwickelte und produzierte Nobel seine Rüstungsgüter direkt für das Schlachtfeld. Die schönfärberischste Version schlägt dem Fass den Boden aus. Sie besagt, dass Nobel seine Sprengstoffe und Munition nicht etwa aus Profitstreben, sondern aus reinstem Pazifismus produziere habe. Denn er sei der Meinung gewesen, »eine besonders starke und schreckliche Vernichtungswaffe würde die Menschheit vom Krieg abschrecken, und wollte seine Arbeit diesem Ziel widmen« *(chemie.de)*. Eine seltsame Logik.

Der Händler des Todes

Warum Alfred Nobel in seinem Testament die Nobelpreise gestiftet hat, insbesondere den für den Frieden, weiß in Wirklichkeit kein Mensch. Für seine Hinterbliebenen war die Testamentseröffnung eine große Überraschung. »Er war in eigener Sache sehr zurückhaltend, und er hatte seine Entscheidung in den Monaten vor seinem Tod niemandem anvertraut«, kann man in der *Encyclopedia Britannica* nachlesen. Weiter heißt es dort:

> »Die plausibelste Annahme lautet, dass ein bizarrer Zwischenfall im Jahr 1888 den Gedanken ins Rollen brachte, in seinem Testament die Nobelpreise zu stiften. Im selben Jahr war sein Bruder Ludwig während eines Aufenthaltes in Cannes gestorben. Die französischen Zeitungen berichteten über Ludvigs Tod, verwechselten ihn aber mit Alfred und druckten die Schlagzeile: ›Der Händler des Todes ist tot‹.«

Tatsächlich schien Alfred Nobel weniger über die Opfer seiner Produkte und mehr über das ihm drohende posthume Image erschrocken gewesen zu sein. Die Preise stiftete er vielleicht »genau deshalb, um diese Art von Nachruhm zu vermeiden, die sich in seinem verfrühten Nachruf abgezeichnet hatte« *(Encyclopedia Britannica)*. Interessanterweise vollzog Nobel diesen Rollenwechsel ja auch erst mit seinem Tod. Davor war er ein äußerst erfolgreicher Rüstungsfabrikant gewesen. Zum Forschungsmäzen und Friedensengel wandelte er sich erst danach.

14. Oktober Des Kaisers neue Gemälde: Moderne Kunst und CIA

Die bayerische Landeshauptstadt München ist nicht nur Heimat des Oktoberfestes, des Hofbräuhauses und der Frauenkirche, sondern auch des hochgelobten Museums Brandhorst. Jenes Museums, in dem die Werke moderner Künstler wie Cy Twombly, Andy Warhol und Jeff Koons zu sehen sind. Am 14. Oktober veröffentlicht die *Welt am Sonntag* in ihrer Online-Ausgabe ein Loblied auf diese heiligen Hallen der modernen Kunst: Die Architekten hätten es fertiggebracht, »ein Gebäude zu zaubern, das alle mögen und in dem sich alle wohlfühlen; das die Bedürfnisse des Sammlers Udo Brandhorst ebenso wie die Vorstellungen dort ausstellender Künstler (Cy Twombly) zufriedenstellt«. Er freue sich schon, wenn er nur die Fassade sehe, zitiert die *Welt* einen Fan. Wie die Architekten hier »mit einer quietschbunten Mikado-Optik das triste Pinakotheken-Viertel aufgemischt haben: wunderbar«.

Und natürlich freuen wir uns mit. Denn Kritik an moderner Kunst ist hierzulande verpönt. Was auch immer Künstler und Architekten in die Landschaft oder auf die Leinwand »gezaubert« haben – es muss einfach toll sein. Und wenn es der eigene Urin ist. Was keineswegs polemisch gemeint ist: Andy Warhols »Mitarbeiter urinierten hierzu auf mit Kupfer-Pigment präparierte Leinwände, durch die chemische Reaktion entstanden zufällige, grünlich-oxidierte Effekte«. Damit habe Warhol »die Idee der ›Piss-Paintings‹ der Sechziger wieder aufgegriffen, als Besucher seines Ateliers am Boden liegende Leinwände bepinkelten« *(Spiegel Online, 17.2.2004)*. Psst – mal unter uns: Haben Sie sich nicht auch schon über Kunstwerke wie die nichtssagenden Farbflächen eines Mark Rothko gewundert? Oder über Cy Twomblys »Seeschlacht von Lepanto«, der das Museum Brandhorst einen eigenen Saal widmet? Wurden Sie nicht auch schon von leisem Zweifel befallen, ob es sich dabei nicht einfach nur um wirre Linien handelt? Oder haben Sie schon mal ratlos vor Twomblys Werk »Bacchus« gestanden: offenbar planlos auf einer großen Leinwand gezogene Kreise? Warum gilt so etwas als Kunst? Warum widmen Museen solchen Werken ganze Säle?

»Moderne Kunst war Waffe der CIA«

Nun, weil jemand nachhalf, nämlich die CIA. Nicht schon wieder die CIA! Erst hat sie die EU gegründet (siehe *12. Oktober* »Die EU verleiht sich den Friedensnobelpreis«) und nun fördert sie auch noch moderne Kunst? Aber warum nicht? Schließlich dürfen wir nicht vergessen, dass die USA die Geheimdienstarbeit global betreiben, und zwar industriell. Bei der CIA arbeiten geschätzte 20 000 Menschen, alle Geheimdienste der USA zusammen (die sogenannte »Intelligence Community«) beschäftigen laut *Washington Post* allein 854 000 Mitarbeiter mit Top-Secret-Freigabe. Insgesamt dürften also weit mehr als eine Million Menschen geheimdienstlich für die USA tätig sein. Diese Dienste repräsentieren eine nationale und globale Geheimregierung, welche die Welt systematisch steuert – insbesondere die Welt nach dem Zweiten Weltkrieg. Denn damals galt es, den Globus, soweit er sich im Machtbereich der USA befand, neu zu organisieren, und zwar im Sinne Washingtons. Diese Neuorganisation betraf nicht nur die Politik, sondern auch die Kultur und alle relevanten Bereiche des öffentlichen Lebens. Ein besonderes Augenmerk hatte der US-Auslandsgeheimdienst auf die Auflösung der gegenständlichen Kunst. Gegenständliche Maler, wie etwa Edward Hopper, spürten die plötzliche Bevorzugung der »abstrakten Kollegen« und schlossen sich zusammen, um sich gegen diese Bedrohung zu wehren. Der britische *Independent* schrieb 1995:

>»Die Central Intelligence Agency nutzte die moderne amerikanische Kunst – einschließlich der Werke von Künstlern

wie Jackson Pollock, Robert Motherwell, Willem de Kooning und Mark Rothko – als Waffe im Kalten Krieg. Die CIA hegte und pflegte den abstrakten amerikanischen Expressionismus mehr als 20 Jahre lang rund um die Welt« (*The Independent*, 22.10.1995).

Angeblich, um ihn dem streng organisierten sozialistischen Realismus entgegenzusetzen. Anders wären viele der abstrakten Künstler auch nie erfolgreich geworden. Die International Organisations Division (IOD) der CIA unter Tom Braden tat sich besonders hervor. Sie förderte Zeichentrickfilme, amerikanische Jazzmusiker und vor allem »Amerikas anarchistische Avantgarde-Bewegung, den abstrakten Expressionismus« (*The Independent*, a.a.O.). Und genau diese Handschrift erkennen wir auch im Münchner Museum Brandhorst wieder. Die Sammlung Brandhorst ist nichts weiter als ein Sammelbecken für solche Künstler, die direkt oder indirekt (oft ohne ihr Wissen) von den US-Diensten gefördert wurden oder vom CIA-geförderten Kunstmarkt profitierten. Nicht zufällig stehen in der Sammlung laut Brandhorst-Website einschlägige US-Künstler ganz oben:

Cy Twombly
Andy Warhol
James Lee Byars
Bruce Nauman
John Chamberlain
Dan Flavin
Mike Kelley
Jeff Koons

Waschpulver & Kunst

Um eine solche Sammlung zusammenzutragen, braucht es natürlich jede Menge »Pulver« – genauer gesagt: Waschpulver. Die Werke wurden von Udo und Anette Brandhorst, einer Enkelin des Waschmittel-Tycoons Hugo Henkel (»Persil«), gesammelt. Wer allerdings mehr über die beiden in Erfahrung bringen will, beißt auf Granit. Selbst anlässlich der Museumseröffnung im Jahr 2009 war nichts Näheres über den Stifter Udo Brandhorst (seine Frau war bereits 1999 verstorben) zu erfahren. »Udo Brandhorst gilt als äußerst öffentlichkeitsscheu, und Informationen sind so gut wie nicht zu bekommen über den Mann, der München das schönste Geschenk dieses Frühlings macht«, notierte damals die Boulevard-Zeitung *tz* unter der Überschrift »Der große Unbekannte« (Online-Ausgabe, 18.5.2009). Die Wahrheit ist: Für eine öffentlich so wirksame Person, nach der sogar ein riesiges Museum benannt wird, ist Udo Brandhorst der reinste Dunkelmann. Sein Leben ist eine Black-Box. Ein *Wikipedia*-Eintrag existiert nicht, über seine Herkunft hat selbst das renommierte *Munzinger*-Archiv nur eine dürre Zeile zu bieten: »Udo Brandhorst wurde 1939 geboren. Als Geburtsort nennen verschiedene Quellen Köln.« Nicht einmal sein genauer Geburtstag oder sein Geburtsort stehen also fest, von sonstigen Details ganz zu schweigen. Auch die Website des Museums informiert den Besucher nicht über seinen geheimnisvollen Gründer und Namensgeber. Während jedem ausgestellten Künstler eine kurze Biografie gewidmet ist, gibt es über Udo und Anette Brandhorst: nichts. Weiß der Freistaat Bayern also nicht einmal, wem er auf diese Weise für 48 Millionen Euro ein Denkmal setzte? Weiß man es im Museum? Die Öffentlichkeit soll es jedenfalls nicht erfahren dürfen.

Das »Museum of Modern CIA«

Aber die Kunst ist doch frei! Natürlich ist sie das. Aber die Meinungsäußerung ist auch frei (jedenfalls zum Teil). Und deshalb wird man doch mal nach dem Ursprung und Zweck bestimmter Entwicklungen fragen dürfen. Das weltberühmte New Yorker Museum of Modern Art war laut *Independent* auf vielfältige Weise mit der CIA verbunden. Einige der Gründungsväter der »Agency« saßen in der Museumsleitung oder fungierten gar als Vorsitzende (John Hay Whitney). CIA-Mann und IOD-Chef Tom Braden war gleichzeitig Geschäftsführer des Museums. Schließlich hing die »abstrakte Kunst … in den Marmorhallen von Banken, in Flughäfen, in Rathäusern, Vorstandsetagen und großen Galerien. Für die Kalten Krieger, die sie förderten, waren diese Gemälde ein Markenzeichen, eine Signatur für ihre Kultur und ihr System, das sie an allen maßgeblichen Plätzen zeigen wollten«, so der *Independent*. Die wirren Linien eines Twombly oder die nichtssagenden Farbflächen eines Rothko »ein Markenzeichen« für die von der CIA angestrebte Kultur und ihr angestrebtes »System«? Ein Satz, den man sich einprägen sollte. Denn die Desorganisation der gegenständlichen Kunst hörte mit dem Kalten Krieg nicht auf. Inzwischen feiern die »Kunstwerke« Welterfolge und erhalten eigene Museen, wie etwa die Sammlung Brandhorst.

Das Wahre, Schöne, Gute

Doch wie man weiß, suchte der Mensch ursprünglich einmal nach »dem Wahren, Schönen, Guten« (Inschrift an der Frankfurter Oper). Aber warum? Und gibt es dafür überhaupt objektive Maßstäbe? Der Grund und die Maßstäbe liegen in der Harmonie, oder noch abstrakter gesagt: in der Organisation. Faustregel: Je höher die Ordnung eines Kunstwerkes, umso eher »gefällt« es oder löst positive Gefühle aus. Die Werke von Bach, Mozart und Beethoven dürften wohl mit die höchste Form musikalischer Organisation darstellen, die wir kennen. Organisation wird vom Menschen von Natur aus als schön und harmonisch empfunden (Musik, Malerei, Architektur etc.), weil er selbst das Produkt perfekter Organisation ist und weil er sie als göttliches Schöpfungsprinzip empfindet. Und das ist sie denn auch wirklich. Wo das Gehirn auch hinsieht oder -hört, versucht es, eine Ordnung zu erkennen. Man denke nur an das chaotische Muster des Alls, das der Mensch durch Sternbilder ordnete. Kakophonien und Disharmonien dagegen befremden ihn, weil er keinen organisatorischen Sinn darin erkennen und sich daher nicht daran »erbauen« (= organisieren, strukturieren) kann.

Des Kaisers neue Gemälde

Und da wird es interessant, denn nun kommen wir aus einer ganz anderen Ecke wieder bei einem Thema an, das wir bereits im Monat September kennengelernt haben: nämlich der totalen Desorganisation der Gesellschaft (siehe *10. September* »Angriff mit der Inklusionskeule«). Werke wie die von Rothko oder Twombly sind ein düsteres Menetekel an der Wand, weil sie die totale Desorganisation repräsentieren und sich auf dem Niveau der Vorsteinzeit bewegen. Und das ist nicht polemisch, sondern entwicklungsgeschichtlich gemeint. Denn bereits in Steinzeithöhlen findet man höher strukturierte Werke als in unseren heutigen Museen. Der Steinzeitkünstler wollte seine Gedanken und seine Welt strukturieren und darstellen. Und Chaos und Darstellung widersprechen sich nun mal – es sei denn, man möchte nur noch den eigenen Verfall darstellen. Und so muss man denn auch einen Twombly oder einen Warhol interpretieren. Doch statt bescheiden erst einmal einen Intensivkurs in Zeichnen oder Bildhauerei zu belegen, feierten und feiern diese Künstler Triumphe. Galeristen und Kunstkritiker an den Schaltstellen des Kunstmarktes sorgen dafür, dass unser Geschmack auf den Kopf gestellt und ein Rothko plötzlich als Kunst begriffen wird. Die Künstler werden erhöht, als würden sie nicht ein niedriges, sondern ein hohes Niveau der Organisation repräsentieren – so hoch, dass es eben kaum jemand versteht. Ein typisches Beispiel für des Kaisers neue Kleider: In Wirklichkeit ist er nackt.

Ein struktureller Angriff auf die Menschheit

Oder man denke an Joseph Beuys. Sein Motto »Jeder ist ein Künstler« oder »Alles ist Kunst« markierte gleichzeitig die endgültige Auflösung der Kunst. Das Ergebnis ist bekannt: Veranstaltungen wie die 2012 abgehaltene dOCUMENTA (13), deren Desorganisation bereits im Schriftzug deutlich wird. Die orthographische Organisation eines Eigennamens ist auf den Kopf gestellt. Statt anfangs groß und dann klein, schreibt er sich am Anfang klein und dann groß. Beuys verstand sich nicht nur als führender Künstler, sondern auch als Sozialingenieur. Er sprach von einem »Energieplan für den westlichen Menschen« und von der Möglichkeit eines jeden, seine eigene Kunst »für eine neue soziale Organisation« zu machen. Diese »neue soziale Organisation« bedeutet in Wirklichkeit die Abschaffung jeder sozialen Organisation und damit die totale Auflösung der Gesellschaft. Man stelle sich unsere staatliche und soziale Organisation als modernes Kunstwerk von Beuys, Rothko oder Twombly vor. Denn mit der Auflösung des Gegenständlichen ist keineswegs nur die Kunst gemeint. Die Gegenständlichkeit der sozialen Organisation (die Struktur) soll sich genauso auflösen, Mensch und Gesellschaft sollen jeglichen Halt verlieren. Daher ist das, womit wir es hier zu tun haben, keine akademische Diskussion. Es ist ein struktureller Angriff auf die Menschheit.

November 2012

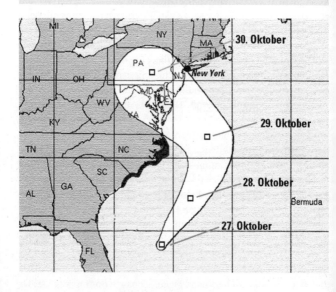

Thema des Monats *6.11.:*
*Hurrikan »Sandy« gewinnt für Barack Obama
die US-Präsidentschaftswahlen*

6.11. Der Hurrikan »Sandy« rettet für Barack Obama die US-Präsidentschaftswahlen / Der russische Präsident Wladimir Putin entlässt Verteidigungsminister Anatoli Serdjukow **7.11.** In der Nordsee wird nach einer Havarie die Statoil-Plattform »Floatel Superior« evakuiert **9.11.** In den USA tritt der Chef des Auslandsgeheimdienstes CIA, David Petraeus, zurück **10.11.** In Frankfurt wird der Rennfahrer Michael Schumacher zur »Legende des Sports« gekürt

6. *November* US-Präsidentenwahl:
And the winner is – »Sandy«!

Junge, Junge – dieser Obama! Bewirbt sich um eine zweite Amtszeit als US-Präsident und marschiert glatt durch! Mit 332 Wahlmännern gegen die 206, die für den Gegenkandidaten Romney stimmten! Doch vielleicht sollten wir über all dem Jubel Obamas wichtigsten Wahlhelfer nicht vergessen. Und damit meine ich nicht Obamas »Schöpfer« und Wahlkampfleiter David Axelrod, dessen Spezialität es ist, farbige Kandidaten in hohe politische Ämter zu hieven. Axelrod hatte früher bereits die Wahlkampagnen für die farbigen Bürgermeister Harold Washington (Chicago), Dennis Archer (Detroit), Michael R. White (Cleveland), Anthony A. Williams (Washington, D.C.), Lee P. Brown (Houston) und John F. Street (Philadelphia) geleitet. Warum er unbedingt Farbige an die Spitze von Städten, Staaten und sogar der Regierung in Washington bringen will, weiß kein Mensch. Und vermutlich traut sich auch keiner nachzufragen. 2004 brachte Axelrod jedenfalls Barack Obama zuerst in den US-Senat und 2008 ins Weiße Haus. Obama ist also quasi Axelrods Produkt. Doch im Jahr 2012 war Obamas wichtigster Wahlhelfer sogar noch mächtiger als Axelrod. Er verfügte über enormen Schwung, schier unerschöpfliche Energie und hohe Durchschlagskraft. Die Rede ist von dem Hurrikan »Sandy«. Eine Woche vor den US-Wahlen, am 29. Oktober 2012, erreichte der Wirbelsturm die Ostküste der Vereinigten Staaten und machte sich auf den Weg nach New York. Der Zeitpunkt hätte nicht besser gewählt sein können.

»Sandy« – eine politische Massenvernichtungswaffe

Aber der Wahlkampf wurde doch ausgesetzt wegen des Hurrikans! Wer's glaubt. Denn einen Wahlkampf kann man gar nicht »aussetzen«. Unmittelbar vor einer Wahl ist alles Wahlkampf, selbst wenn sich der Präsident nur öffentlich am Kopf kratzt. Schon entsteht eine Situation und vor allem ein Fernsehbild, das Wähler so oder so polarisiert. Als würde man einen kleinen Magneten über eine von Eisenspänen bedeckte Fläche halten. Die in der Nähe befindlichen Späne (die Wähler, die das Ereignis mitbekommen haben) werden sich irgendwie ausrichten und zu dem Magneten verhalten. Und »Sandy« bzw. die Reaktion des Präsidenten war natürlich weit mehr als nur ein Kopfkratzen, sondern ein riesiger »Publikumsmagnet«. Daher war dieser Wirbelsturm in Wirklichkeit die wichtigste Wahlveranstaltung und der eigentliche Höhepunkt des Wahlkampfs. Und die Wahrheit ist: Wenige Tage vor den Wahlen nützen derartige Katastrophen immer nur dem Amtsinhaber, und zwar, weil aufgrund seiner Befugnisse nur er als Krisenmanager in Erscheinung treten kann. Eine Woche ist der ideale Abstand zu einer Wahl, um das Eisen zu erhitzen und zu schmieden, solange es heiß ist. Eine Woche braucht man, um den Präsidenten als Krisenmanager zu inszenieren und in den Köpfen zu verankern. Bei mehr als einer Woche bestünde die Gefahr, dass die Krise und damit auch ihre politischen Effekte abklingen. Nicolas Sarkozy kann ein Lied davon singen (siehe *11. März* »Schützenhilfe für Sarkozy?«). Aber so konnte Obama als treu sorgender Landesvater erscheinen, der über den parteipolitischen Querelen steht und die Bevölkerung vor dem Grauen der Katastrophe schützt. Der Wirbelsturm wurde in knallharte Wahlkampfwährung umgemünzt, als New Yorks Bürgermeister Michael Bloomberg und sogar der republikanische Gouverneur von New Jersey, Chris Christie, dazu aufriefen, Obama zu wählen. Besser geht's kaum: ein Hurrikan als politische Massenvernichtungswaffe! Da mochte der republikanische Gegenkandidat Mitt Romney noch so verzweifelt mit ein paar Hilfspaketen wedeln – die Aktion erschien hilflos und kontraproduktiv. Der Gegenkandidat wirkte wie ein Kind, das auch mitspielen will, aber nicht darf. Was war das zum Beispiel gegen Obamas Ankündigung, Benzin in die Katastrophengebiete liefern zu lassen, wo Zehntausende Autofahrer verzweifelt die Tankstellen belagerten? Wahlkampf, Fernsehdiskussionen – alles vergeblich. Die Traumatisierung durch die Katastrophe eliminierte alles, was vorher gewesen war. Hatten Obama und Romney kurz vor den Wahlen in Umfragen noch gleichauf gelegen, konnte Romney nun einpacken. Einen Tag bevor der Hurrikan das Land erreichte, lag Romney laut der Infowebsite *infowars.com* im nationalen Durchschnitt noch einen Prozentpunkt vor Obama: »Eine Woche nach Sandy führt Obama.« »Nachdem Obama in den nationalen Umfragen fast den ganzen Oktober hinten lag, hat er nunmehr eine knappe Führung erobert«, schrieb der *New Yorker* einen Tag vor der Wahl, am 5. November. »Während es eine Vielzahl möglicher Erklärungen für diesen Umschwung gibt, ist die einfachste immer noch die überzeugendste: Sein Umgang mit Sandy hat seine Position und seine Umfragewerte verbessert.« Die Wahrheit ist: »Sandy« wusch weißer als weiß. Bei einer Katastrophe funktioniert das Gehirn des Wählers wie eine Wundertafel, die gelöscht wird und auf der – Simsalabim – der Amtsinhaber als Retter erscheint. »Hurrikan Sandy ist ein Demokrat«, titelte denn auch die Nachrichtenseite *U. S. News* am 29. Oktober 2012. »Ich bin so froh, dass wir letzte Woche diesen Sturm hatten«, jubelte sogar MSNBC-Moderator Chris Matthews, »politisch, meine ich natürlich. Nicht in Bezug auf die Verletzten. Der Sturm ebnete den Weg für eine gute Politik« (zit. nach *infowars.com,* 7.11.2012).

Absolut tote (Wind-)Hose

Ist er nicht ein wahrer Glückspilz, unser Obama? Versiebt am 3. Oktober 2012 eine nationale Fernsehdiskussion, kann sich in den Umfragen nicht ausreichend davon erholen und steigt plötzlich wie ein Phoenix aus der Asche seines lahmen Wahlkampfs – als nationaler Retter. Auf der anderen Seite gibt es bei dem Hurrikan »Sandy« ein paar Ungereimtheiten. So ist die Hurrikan-Saison Ende Oktober im Atlantik eigentlich längst vorbei. Zwar wird sie von Meteorologen bis zum 30. November terminiert, aber der Höhepunkt dauert nur von Mitte August bis Mitte September. Denn Hauptvoraussetzung für einen Hurrikan sind nun mal starke Sonneneinstrahlung und hohe Wassertemperaturen. Nur dann entstehen über dem Wasser jene starken feuchten Aufwinde, die sich schließlich in einer tödlichen Spirale zu drehen beginnen – wie in einem auf dem Kopf stehenden Badewannenausguss. Ende Oktober ist dagegen normalerweise bereits absolut tote (Wind-)Hose. Es fehlt schlicht die Energie. Wie kam es nun, dass just vor den Präsidentschaftswahlen ein großer Hurrikan die US-Metropole New York heimsuchte? Wo nahm der Sturm die (Sonnen-)Energie her? In den ganzen 108 Jahren des Bestehens des New Yorker U-Bahn-Systems hatte es keine solche Überschwemmungskatastrophe gegeben – und nun ausgerechnet eine Woche vor den Präsidentschaftswahlen 2012?

Hurrikan »Sandy« – fit wie ein Turnschuh

Gemach, schließlich gab es schon immer Hurrikane in New York. Zum Beispiel 1960 »Donna«. Allerdings tobte dieser Sturm von Anfang bis Mitte September, also mitten in der Hurrikan-Saison, und brachte es trotzdem nur auf drei statt 4,23 Meter Wasserhöhe an der Südspitze Manhattans (Battery Park). Dann kam im Jahr 2011 »Irene«. Auch der sorgte immerhin für einiges Chaos und Überschwemmungen in oder in der Umgebung der Metropole – allerdings am 28. und 29. August 2011, also auf dem Höhepunkt der Hurrikan-Saison. Interessanterweise zeigte sich Hurrikan »Sandy« also viel fitter als seine Vorgänger, und zwar am Ende der Hurrikan-Saison. Wie kam das bloß? Tatsächlich fragten sich das auch zahlreiche kritische Beobachter. Sie durchleuchteten die Entstehungsgeschichte von »Sandy« und suchten nach Fingerabdrücken von menschlichen Eingriffen: Wo wurde manipuliert? Wo wurde gelenkt? Wo wurde Energie zugeführt?

Am auffälligsten ist wohl der Knick in der Route des Hurrikans selbst (siehe Themenbild dieses Monats). Während »Sandy« am 27. und 28. Oktober noch tangential an der US-Ostküste entlang zog, beschrieb er am 29. Oktober eine radikale 90-Grad-Kurve in Richtung Washington und New York – ähnlich unmotiviert wie die Kursänderungen der entführten Flugzeuge am 11. September 2001. Tatsächlich ist ja die Frage, was ein Hurrikan speziell um diese Jahreszeit in New York zu suchen hat. In der gesamten atlantischen Hurrikan-Saison ging hier weit und breit kein einziger Wirbelsturm an Land – erst der Spätzünder »Sandy«. Normalerweise spielen sich Hurrikane um diese Zeit eher über dem offenen Meer ab, wo, wenn überhaupt, noch genügend thermische Energie vorhanden ist – wie beispielsweise Hurrikan »Olga« Ende November 2001. »Olga« bildete sich in der Mitte des Atlantiks, wanderte in Richtung Südwesten/USA, um sich alsbald aufzulösen, ohne auch nur in unmittelbare Nähe einer Küste gekommen zu sein.

Was also war diesmal anders? Da wären zunächst mal sogenannte »chemdumps«, die Skeptiker auf Satellitenfilmen ausgemacht haben wollen: kreisrunde Wolkenphänomene, die aussehen wie weiße Pickel auf der Wolkenspirale des Sturms. Die Skeptiker führten sie auf Abwürfe von Chemikalien zurück. Tatsächlich können beispielsweise mit Silberjodid-»Impfungen« die Wolken manipuliert und starke Regenfälle erzeugt werden. Schon 2005 erklärte der militärische Wetterexperte Ben Livingston in der Alex Jones Radioshow, dass solche Silberjodid-Abwürfe auch das Verhalten von Hurrikanen beeinflussen könnten. Während es sich bei »chemdumps« also angeblich um Chemikalien-Abwürfe aus Flugzeugen handelt, sollen »chemtrails« (Chemiestreifen) von Sprühvorrichtungen an Flugzeugen verursacht werden. Allerdings kann man nicht behaupten, dass die Steuerung eines solchen Hurrikans von Außenstehenden bereits ausreichend verstanden werde. Die physikalischen und meteorologischen Effekte werden nicht näher ausgeführt. Die Interpretation der Wolkenmuster fällt schwer und erscheint nicht gerade als exakte Wissenschaft. Das gilt auch für die angeblichen Spuren von Infraschall-Anwendungen in den Wolkenmustern. Vereinzelte »chemtrails« innerhalb des gigantischen Sturmsystems könnten auch normale Kondensstreifen sein und den riesenhaften Sturm kaum beeinflusst haben. Beweise sehen sicherlich anders aus. Was auch einen vermuteten Einsatz von HAARP (= High Frequency Active Auroral Research Program) betrifft, ein elektromagnetisches Forschungsprogramm des US-Militärs, das verdächtigt wird, weltweit Energie in das Wettersystem einspeisen zu können. Zwar berichtete die Website *HaarpStatus.com* von erhöhten Aktivitäten der Sendeanlagen: »Wenn die Forschungen von HaarpStatus.com korrekt sind, manipulieren die Regierung oder Teile der Regierung die Ionosphäre und steuern Sandy auf die Ostküste, um dort Chaos und Katrina-ähnliche Bedingungen zu erzeugen, die während der Wahlen am 6. November bedeutende Auswirkungen haben werden«, so der Autor Kurt Nimmo am 26. Oktober auf *infowars.com*. Aber auch das ist noch kein Beweis. Und zwar, weil sich eine solche »Wetterkriegführung« grundsätzlich kaum beweisen lässt. Das ist ja das »Schöne« daran. Weder ein Feind noch die Bevölkerung würden jemals sicher wissen, ob es sich um natürliche Phänomene handelt oder ob sie wirklich ins Fadenkreuz der Wettermacher geraten sind. Wobei für eine »zivile« Wettermanipulation dieselben Gesetze gelten wie für eine militärische: »Es würde keine [herkömmliche, G. W.] Waffe eingesetzt. Niemand wüsste, dass man den Krieg begonnen hat«, so der US-Wissenschaftler und HAARP-Experte Nick Begich.

Trends 2012

Auch für dieses Jahr gilt: Nichts ist so, wie es scheint. Realität und veröffentliche Meinung sind zwei grundverschiedene Dinge. Bundespräsident Christian Wulff musste nicht wegen seiner angeblichen Verfehlungen zurücktreten, sondern wegen seiner wirklichen Verfehlung, die darin bestand, den europäischen Zwangseinigungsprozess in Gefahr gebracht zu haben. Nachdem die Medien sein ganzes Leben ausgepresst hatten wie eine Zitrone, tröpfelten gerade mal ein paar fadenscheinige Vorwürfe heraus, von denen bislang nichts übrig geblieben ist. Nicht nur der Ruf des Mannes ist vernichtet, sondern auch der letzte Notausgang aus der Euro-Diktatur – nämlich ein Bundespräsident, der aufgrund verfassungsrechtlicher Bedenken die eine oder andere Unterschrift verweigert. Erwähnt irgendein Kabarettist den Namen Wulff, sind ihm zwar billige Lacher sicher, allerdings weiß niemand, warum er überhaupt lacht. Denn Christian Wulff dürfte bereits jetzt die am besten durchleuchtete politische Figur dieses Jahrzehnts sein. Würde man diese Methoden auf das Bundeskabinett anwenden, müsste wohl die Hälfte der Minister und vielleicht auch die Regierungschefin zurücktreten.

Kampf gegen den Mann

Aber Vorverurteilungen von Männern sind ohnehin besonders angesagt. Ein weiteres Beispiel ist der Fall des Meteorologen Jörg Kachelmann, der auch 2012 weithin Beachtung fand. Auch hier wurde ein ganzes Leben bis auf den letzten Tropfen ausgequetscht, ohne dass am Ende irgendetwas von den Vorwürfen übrig blieb. Ganz vorne mit dabei: Die »Feministin« und Anti-Männer-Strategin Alice Schwarzer – laut Kachelmann-Anwalt Ralf Höcker eine »Dauerkundin« seiner Kanzlei. An ihrem Treiben zeigt sich, dass es bei Kachelmann eben nicht nur um einen

Kriminalfall ging. An keiner anderen Figur wird so deutlich, um welch menschenverachtende Ideologie es sich beim Feminismus handelt. Um zu suggerieren, »dass Herr Kachelmann trotz seines glasklaren Freispruchs [am 31. Mai 2011] wahrscheinlich doch schuldig sei«, habe die »Frauenrechtlerin« sogar Richteräußerungen erfunden, schrieb Höcker in einem Beitrag für Kachelmanns 2012 erschienenes Buch *Recht und Gerechtigkeit*.[*] Schwarzer fing sich, so Höcker, ein halbes Dutzend einstweiliger Verfügungen sowie Ordnungsgelder in Höhe von 4000 Euro ein. Zudem habe sie 14000 Euro Vertragsstrafe an Kachelmanns ersten Verteidiger zahlen müssen. Insgesamt habe Kachelmann vor dem Landgericht Köln nicht weniger als 92 einstweilige Verfügungen gegen diverse Medien erwirkt (Stand: August 2012). Was nicht zuletzt beweist, dass nicht alle Gerichte so unfähig sind wie das Landgericht Mannheim, das Kachelmann angeklagt hatte.

Erst Wulff, dann Kachelmann – lauter Unpersonen! Doch genau wie die unterdrückten Nachrichten sind auch die Unpersonen dieser ins Nichts steuernden Gesellschaft besonders interessant. Ein weiteres Beispiel ist der iranische Präsident Mahmud Ahmadinedschad, den ich im April zusammen mit einigen Kollegen besuchte. Während unsere Medien versuchen, Iran zur Blackbox zu machen, die sie nach Belieben etikettieren können, ermöglichte uns diese Reise einen Blick hinter diesen neuen »Eisernen Vorhang«. Iran ist ein erstaunlich modernes und aufgeklärtes Land, und der Islam ist eine uralte Religion, die man nicht in Bausch und Bogen verurteilen kann, sondern erst einmal verstehen muss, bevor man über sie redet. Ein Märchen über Ahmadinedschad habe ich in diesem Jahrbuch noch gar nicht richtiggestellt: nämlich dass er Juden hasse und einer der schlimms-

---

[*] Jörg und Miriam Kachelmann: Recht und Gerechtigkeit. Ein Märchen aus der Provinz, München 2012.

ten Antisemiten der Welt sei. Er sei ein »Israelfeind und Antisemit«, weiß zum Beispiel der *Tagesspiegel* (25.9.2012). Laut *Wikipedia* gehören »antisemitische Verschwörungstheorien« zu den »Hauptmerkmalen von Ahmadinedschads internationalem Auftreten« (Stand: 20.11.2012). Bei seinen Auftritten vor den Vereinten Nationen »setzte Ahmadinedschad mehrmals voll auf die antisemitische Karte«, hat die »Tagesschau« recherchiert (25.6.2009).

Juden lieben Ahmadinedschad

Nicht recherchiert haben unsere Medien, dass sich Juden und Ahmadinedschad mit Respekt, ja mit Verehrung begegnen. Das kommt davon, wenn man Judentum und Zionismus (Nationalbewegung zur Gründung Israels) in einen Topf wirft. Bei einem Treffen in New York überreichte die jüdische Gruppe *Neturei Karta* Ahmadinedschad schon im Jahr 2007 eine silberne Schale mit der Inschrift: »Möge dieses Geschenk im Auftrag aller Tora-Juden der Welt ein Zeichen der Dankbarkeit für die Liebenswürdigkeit und Liebe sein, die Sie über die Juden und die gesamte Menschheit ausgebreitet haben. Im Auftrag der Tora-Juden der Welt überreicht von Neturei Karta International, New York, USA.« Zuletzt traf man sich am 27. September 2012: »Der Präsident gab dem Leiter der Delegation, Rabbi Moshe Dov Beck, einem Holocaust-Überlebenden, die Ehre, die Konferenz zu eröffnen.« Rabbi Beck bedankte sich dafür, dass Ahmadinedschad sich die Zeit genommen habe, und würdigte dies als Symbol für seine Zuneigung gegenüber den Juden:

»Wir sind beeindruckt von der Fürsorge Ihrer Exzellenz für die jüdische Gemeinschaft, die wir selbst bei unseren Besuchen in Iran erfahren haben. Wir besuchten das jüdische Altersheim, das jüdische Krankenhaus, und wir waren in der Matzen-Bäckerei, die für Juden unentbehrlich ist. Außerdem ist wohlbekannt, dass die jüdische Gemeinschaft ihren eigenen Parlamentsabgeordneten hat, obwohl sie nicht genügend Mitglieder hat, um einen Parlamentssitz zu bekommen.«

Ahmadinedschad sagte, es gebe heutzutage viel Unterdrückung durch die Zionisten. Besonders schlimm sei, dass diese sich Juden nennen und ihre schrecklichen Taten mit dem Judentum rechtfertigen würden (»President of Iran meets with delegation of Rabbis, New York City, September 27, 2012«, *www.nkusa.org*).

Köpfe rollen beim Geheimdienst

Ein weiteres Thema war der immer fadenscheiniger werdende Terrorismus. Seien es die Attentate von Toulouse und Montauban im März 2012, die Präsident Nicolas Sarkozy fast das Amt retteten, seien es Amokläufe wie der von Aurora, USA, der im Juli 2012 im Vorfeld der Entscheidung über geplante Waffenverbote und -kontrollen stattfand, oder sei es die angebliche Terrorserie des NSU: Überall schimmern der Staat und seine Organe als eigentliche Drahtzieher durch. In Deutschland betreiben die Verfassungsschutzbehörden in Sachen NSU Beweismittelvernichtung im großen Stil – ein typisches Täterverhalten. Reihenweise zogen Verfassungsschutzbehörden die Notbremse und schredderten ihre Akten, um die eigene Verstrickung in das Konstrukt NSU und die zehn Morde zu vertuschen. Die Geheimdienstapparate glichen Eidechsen, die in der Gefahr den Schwanz abwerfen bzw. den Kopf. Lieber opferten sie durch dieses offensichtlich kriminelle Verhalten reihenweise ihre Chefs, als den gesamten Apparat in Gefahr zu bringen. Am 14. November 2012 trat bereits der fünfte bundesdeutsche Verfassungsschutz-Boss zurück, nämlich die Leiterin des Berliner Landesamtes für Verfassungsschutz, Claudia Schmid. Wobei sich einmal mehr die Frage stellt, wie der deutsche »Untergrund« eigentlich wirklich aussieht. Würde man sich mit der »Terrorzelle NSU« beschäftigen, würde man nämlich erstaunt feststellen, dass diese keineswegs im Untergrund lebte. Der Name »Nationalsozialistischer Untergrund« ist daher schon falsch. Wenn, dann müsste es »Nationalsozialistischer Vorgarten« oder »Nationalsozialistische Grillparty« heißen. Denn schließlich führte man viele Jahre lang für jeden sichtbar ganz offen ein beschauliches Leben in einer überschaubaren Nachbarschaft. Selbst *Bild.de* war dies aufgefallen: »13 Jahre zogen die Killer-Nazis eine Blutspur durch Deutschland. Im Untergrund, wie die Ermittler anfangs behaupteten, bewegten sie sich dabei nicht. Im Gegenteil: Die NSU-Mörder lebten völlig unbehelligt, fuhren in den Urlaub, pflegten Freundschaften, gingen auf Stadtfeste« (5.11.2012). Auf diese Weise soll der angebliche Untergrund des NSU nur von einem viel schlimmeren Untergrund ablenken, nämlich vom Untergrund der Geheimdienste, in denen Zehntausende von Dunkelmännern als Staat im Staate konspirieren, finanziert durch Steuergelder und ohne wirksame Kontrolle. Ihre Struktur ist weitgehend geheim, ihre Mitarbeiter sind inkognito, zu ihrer »Kontrolle« gibt es eine parlamentarische »Schnittstelle«, deren Beratungen ebenfalls geheim sind: das Parlamentarische Kontrollgremium (PKG). Es gleicht einem finsteren parlamentarischen Hinterhof, in dem die sauberen Abgeordneten mit den Dunkelmännern gemeinsame Sache machen.

Eine »aufgefrischte« Erinnerung

Aber gegen die überlebende »Terrorfrau« Beate Zschäpe wurde doch noch Anklage erhoben! Und zwar wegen Mordes! Und das ist seltsam, denn noch vor Monaten hatten die Ermittler so wenig gegen sie in der Hand, dass sie die Frau vor lauter Verzweiflung des Mordversuchs an einer Nachbarin beschuldigten, die durch die Brandstiftung an dem Wohnhaus in Zwickau (4.11.2011) in Gefahr geraten sei. Woher kam nun plötzlich die Gewissheit der Ankläger, dass Zschäpe doch an zehn Morden beteiligt war? Steckt dahinter nicht lediglich das verzweifelte Bestreben der

»Ermittler«, einen Sündenbock für die Attentate vorzuweisen? Als Beweismittel soll eine Zeugin dienen, die Zschäpe 2005 am Tag des Mordes an dem Dönerbudenbesitzer Ismail Yaşar in Nürnberg gesehen haben will. Mit dieser Zeugin ist das jedoch so eine Sache. Denn als sie laut Zschäpes Anwalt im Tatjahr 2005 nach ihren Wahrnehmungen befragt wurde, habe sie lediglich zwei Männer erwähnt. Erst bei einer »Nachvernehmung« durch die Bundesanwaltschaft sei ihr offenbar plötzlich eingefallen, auch eine Frau gesehen zu haben, nämlich Beate Zschäpe (»Panorama«-Website, 17.11.2012).

»Auch Bildung geht durch den Magen«

Die Magen-Darm-Epidemie an Schulen und Kindertagesstätten im Osten war vielleicht ein nützlicher Weckruf. Wir dürfen nicht länger zulassen, dass unsere Kinder, die tagsüber ohnehin ihres Zuhauses beraubt sind, mit Billigessen von profitgierigen Multis abgefüttert werden. Einen Hoffnungsschimmer gab es: Am 9. November 2012 eröffnete der Drei-Sterne-Koch Johann Lafer im rheinland-pfälzischen Bad Kreuznach eine Schulmensa für ein Gymnasium mit 1200 Schülern. Denn »auch Bildung geht durch den Magen«, hat die rheinland-pfälzische Bildungsministerin Doris Ahnen (SPD) erkannt. »Wir betreiben hier Unterstützung von Bildung in Form von Essen«, illustrierte auch Lafer den von Politikern bisher glatt übersehenen Zusammenhang. Mit dem Modellprojekt »soll beispielhaft erprobt werden, ob und wie sich Ernährungssituation und -verhalten der Schulkinder durch ein entsprechendes Verpflegungsangebot in Verbindung mit Ernährungsbildung verbessern lassen«. Denn zwar ist Essen nicht alles, aber ohne das richtige Essen ist alles nichts. Vielleicht ist dieses Thema überhaupt ein Ansatzpunkt, um sich wieder auf die »Essentials« zu besinnen und unsere Schulen und letztlich unser Bildungssystem wieder in Ordnung zu bringen. Man kennt das ja: Kauft man ein neues Möbelstück, fällt einem plötzlich auf, wie alt und hässlich die alten Möbel sind, und man fängt an, die ganze Wohnung umzugestalten. Das gegenwärtige Schul- und Kitaessen ist schließlich nur Ausdruck des gesamten Systems. Dabei ist von höchster Bedeutung, wie eine Gesellschaft ihre Kinder behandelt. Das Essen ist nur ein Symptom und ein Symbol dafür, wie wir mit unseren Kindern, ihrem Wohlbefinden und ihrer Bildung umgehen. Das Essen ist nicht anders als die Lehrpläne, die Inhalte und die nicht wenigen Lehrer, die auf Qualität ebenfalls schon längst keinen Wert mehr legen oder gar nicht wissen, wie effektive und hochwertige Pädagogik aussieht. Von Wahnsinnsprojekten wie der sogenannten Inklusion ganz zu schweigen. Deutschland braucht wieder ein funktionierendes und straff organisiertes Bildungssystem und nicht das Desaster, das unsere Bildungspolitiker in den letzten Jahrzehnten angerichtet haben.

Wobei Lafers Projekt, so begrüßenswert es ist, nur eine Notlösung sein kann. Denn ebenfalls Schluss sein muss mit der staatlichen Zwangserziehung in Kindergärten und Schulen. Während man immer mehr Frauen in Arbeitsverhältnisse komplimentiert, sollen folgerichtig immer mehr Kinder in staatliche Einrichtungen gesteckt werden. Welcher Plan dahintersteckt, wird anhand der Hysterie deutlich, mit der grüne und »sozialdemokratische« Politiker 2012 dem Betreuungsgeld begegneten: Alles, was dazu beiträgt, dass Kinder zu Hause erzogen werden, ist des Teufels. Woran man sieht, dass die staatliche Erziehung des Nachwuchses bei den Parteien des rot-grünen Spektrums unverzichtbarer Teil der Agenda ist. Unter dem Deckmantel der »Unterstützung« für berufstätige Eltern soll die elterliche Erziehung abgeschafft und sollen die Kinder ihren Eltern und Familien entfremdet werden. Nachdem alternative Medien und Autoren seit Jahren über diese Strategie berichten, haben das 2012 vereinzelt auch Massenmedien kapiert: »Kinder in die Krippe – Mütter in die Produktion?«, lautete beispielsweise der Titel einer Maybrit-Illner-Sendung am 22. November 2012. Orwell lässt grüßen. Das

Betreuungsgeld wird da zum Casus Belli zwischen verschiedenen Gesellschaftskonzepten – einem freihheitlichen und einem kryptostalinistischen.

Jeder soll nach seiner Fasson selig werden

Und weil wir gerade dabei sind: Es stimmt auch nicht, dass in Deutschland 220 000 Kita-Plätze fehlen, wie man 2012 in den Zeitungen lesen konnte. Vielmehr fehlen 220 000 Eltern, die genügend Zeit haben, sich um ihren Nachwuchs zu kümmern und ihm mittags ein Essen hinzustellen. Das heißt: In Wirklichkeit fehlen Millionen solcher Eltern, deren Kinder bereits dem verfallenden staatlichen Bildungssystem ausgeliefert sind und die es zurückzuholen gilt. Voraussetzung dafür ist natürlich ein Ende jener Propaganda, die Frauen einredet, genau so viel arbeiten zu müssen wie Männer oder noch mehr. Eine Propaganda, die seitens des Staates und seiner Medien nur betrieben wird, um an die Kinder »heranzukommen«. Dabei ist diese Republik bereits hinter Friedrich den Großen (1712–1786) zurückgefallen, dessen 300. Geburtstag 2012 begangen wurde. »Jeder soll nach seiner Fasson selig werden«, lautete das Motto des Preußenkönigs. Stattdessen werden Frauen (und auch Männer) heute pausenlos bearbeitet, sich andere Rollen und andere »Lebensstile« anzueignen, bei denen am Ende durch den Zerfall der Familie Kinder, Erwachsene und Senioren vereinzeln, bis schließlich alle feststellen, dass der Staat kein Ersatz ist. Der konkurriert zwar noch als Versorger gegen die Familie, aber nur, solange es letztere noch gibt. Bis dahin gaukelt er den Menschen vor, dass sie ihre Familie gar nicht brauchen. Und erst wenn die Familie weg ist, werden sie merken, dass der Staat nicht ihr Freund ist.

Eine ebensolche Lüge ist die Mär von den »fehlenden Facharbeitern«. Und das ist wirklich ein ganz erstaunlicher Fall. Noch vor dreißig Jahren wäre die Antwort der Politiker auf den angeblichen »Facharbeitermangel« gewesen: Wir brauchen mehr Kinder und ein hochentwickeltes Bildungssystem, das sie zu Facharbeitern ausbildet. Heute wird erstaunlicherweise peinlich vermieden, genau diesen natürlichen Lösungsansatz auch nur zu erwähnen. Stattdessen wird als einzige »Lösung« propagiert: Wir müssen mehr ausländische Arbeitskräfte ins Land holen. Man spürt die Absicht und ist verstimmt.

Ein Dorf in der örtlichen Turnhalle

Ein weiteres großes Thema dieses Jahres war die »Krise Europas«. Und auch das ist eine Lüge. Denn dabei handelt es sich gar nicht um eine Krise Europas, sondern nur um eine Krise der aufoktroyierten künstlichen Strukturen, Währungen und Bürokratien. Es ist keine Krise Europas, sondern eine Krise der europäischen Politiker, die mit einer Krise der Völker überhaupt nichts zu tun hat bzw. diese letztere erst verursacht hat. In Schwierigkeiten stecken die europäischen Nationen nur durch die EU. Wenn überhaupt, dann haben die EU und der Euro die europäischen Staaten an den Abgrund geführt, indem sie gleichmachten, was nicht gleichzumachen ist. So wie der ganze Globus war auch Europa früher in einzelnen Zellen (Nationen) organisiert, ähnlich wie ein Dorf in Familien organisiert ist. Ihre Einfamilienhäuser konnten diese »Familien« einrichten und gestalten, wie sie wollten. Die Europäische Union gleicht hingegen dem Versuch, das ganze Dorf in der örtlichen Turnhalle einzuquartieren. Das Problem ist also nicht die individuelle Organisation; es sind die Großmachtfantasien der Politiker, ob diese nun den Namen Hitler, Stalin oder den irgendeines Euro-Politikers tragen. Nach der Sowjetunion und dem »Tausendjährigen Reich« war die Europäische Union im 20. Jahrhundert der dritte Versuch, ein europäisches Großreich zu errichten, diesmal allerdings nicht durch Waffengewalt und Unterdrückung, sondern durch Geld (Subventionen) und gute Worte (Sonntagsreden, Feierlichkeiten, Anbetung des Euro). Eine durch und durch »jesuitische Methode«, wie man in

Drahtzieher der Macht nachlesen kann.* Wie an den zunehmend totalitären Zügen dieser »EUdSSR« zu sehen ist, wird das Ergebnis dasselbe sein. Schon jetzt grassieren in den europäischen Mitgliedsstaaten Arbeitslosigkeit, Armut, Zwietracht und Zerstörung. Also genau das, was die Europäische Union eigentlich abschaffen sollte. Dabei ist das nur der Anfang. Denn diesen Erscheinungen muss natürlich mit mehr Gesetzen, Überwachung und Repression begegnet werden. Die Auflösung der ursprünglichen nationalen Organisation wird aber in die Katastrophe führen, so wie die Auflösung der Zellen in einem lebenden Körper diesen zerstört. Dabei war Europa schon immer eine Einheit mit einer, wenn auch schwachen Identität. Diese Identität konstituierte sich erst auf einer kontinentalen Ebene bei der Begegnung mit Asien, Afrika oder Amerika. In diesem Moment empfand man sich nicht nur als Deutscher, Italiener oder Franzose, sondern auch als Europäer. In Europa dagegen standen die nationalen Identitäten im Vordergrund. Und »groß« konnte Europa nur durch seine vielfältige und individuelle Organisation werden, in der Italiener, Franzosen, Deutsche, Spanier, Polen und viele andere ihre eigenen Besonderheiten entwickeln konnten, sei es auf dem wissenschaftlichen oder dem kulturellen Sektor. Europa war wie ein geschliffener Diamant mit zahlreichen Facetten, die durch scharfe Kanten voneinander abgegrenzt sind. Es leuchtet wohl ein, dass sich diese Vielfalt der Ideen und Kulturen in einem einheitlichen Riesenstaat dramatisch reduzieren wird, was sich natürlich auch auf die wirtschaftliche Konkurrenzfähigkeit des Kontinents insgesamt auswirken wird. Es steht jedoch zu befürchten, dass die neostalinistischen Strukturen mit ihrem Feigenblatt-Parlament in Straßburg beispielsweise die »Euro-Rettung« »bis zum bitteren Ende« fortführen wollen, wie der renommierte Staatsrechtler

---

*Gerhard Wisnewski: *Drahtzieher der Macht. Die Bilderberger – Verschwörung der Spitzen von Wirtschaft, Politik und Medien*, München 2010.

Karl-Albrecht Schachtschneider bemerkte. Wie an dem Begriff »Euro-Rettung« unschwer zu erkennen ist, geht es dabei nicht um die Menschen oder um Europa, sondern um ein abgehobenes und abstraktes Produkt in Gestalt einer künstlich geschaffenen internationalen und »kommunistischen« Währung.

Die Erzwingung des europäischen Superstaates

Und weil wir in diesem Kapitel auch von »Trends« reden wollen: Schachtschneider ist der Meinung, »dass man mit der Euro- und Euro-Rettungspolitik in Wirklichkeit den europäischen Staat erzwingen will«, so der Staatsrechtler in einem *YouTube*-Beitrag 2012. »Also wird die politische Union entgegen Vertrag und Verfassung aufgebaut. (…) Diese Politik wird unvermeidlich in den wirtschaftlichen Niedergang aller Völker führen.« Was im Süden Europas bereits erkennbar sei und auch Deutschland »mit in den Abgrund ziehen« werde.

> »Man wird die Bürger dann in jeder Weise in Anspruch nehmen – ihre Vermögen, die ja nicht gering sind. Man spricht von neun Billionen privaten Vermögen, an kurzfristigen Einlagen spricht man von zwei Billionen. Die werden in Anspruch genommen werden durch Kontosperrungen; aber auch die Grundschuldvermögen werden durch Zwangsanleihen belastet werden, das haben wir ja alles schon mal gehabt. Das Gold wird beschlagnahmt werden. Man wird ein Goldhandelsverbot aussprechen. Also die Vermögen sind gemäß der Verschuldung eigentlich schon längst verausgabt, sie müssen nur noch in Anspruch genommen werden. Sie sind eigentlich schon verloren, und es ist sehr schwierig, sie irgendwie noch zu retten. Also, die Bürger werden schwer betroffen werden.«

Der Niedergang der Wirtschaft werde auch Nöte heraufbeschwören, so Schachtschneider weiter. Vielleicht werde es nicht so schlimm werden wie 1929, aber zumindest so gravierend, »dass wir eine schwere politische Destabilisierung erwarten müssen«. Gegenkräfte seien noch gar nicht da. Die Bevölkerung werde möglicherweise rebellieren, aber diese Rebellion werde »mit allen Mitteln niedergeschlagen werden, und zwar auch durch ausländische Polizeikräfte«. Diese Truppen seien in Gestalt der »Eurogendfor« (European Gendarmerie Force) bereits aufgebaut. Der Versuch, durch eine Revolution zum Recht zurückzukommen, werde nicht erfolgreich sein, der Umsturz sei »weitestgehend« bereits gelungen. »Wir werden ein Europa erleben, das despotisch, sprich: diktatorisch beherrscht werden wird.« Die einzige Chance bestehe darin, dass sich die Menschen politisch gruppieren, besinnen und anders wählen, denn noch seien die Parlamente funktionsfähig. Damit sie diesen Weg der Europäischen Union,

»der weitgehend von den Vereinigten Staaten von Amerika gesteuert ist, beenden, und zurückfinden zu einem europäischen Europa, einem Europa der Völker, der Republiken, die bestmöglich zusammenarbeiten aufgrund von Verträgen. Aber wir brauchen die Brüsseler Bürokratie nicht. Ich sag mal ganz deutlich: Wir brauchen diese europäische Fahne, die blaue mit den zwölf Sternen, in Europa nicht. Ich möchte die irgendwann in meinem Leben mal nicht mehr hier flattern sehen.«

Das heißt, wir Europäer müssen jetzt eine grundsätzliche Entscheidung treffen: Wollen wir unser altes, schillerndes Dorf mit all den bunten Familien zurück, oder wollen wir in einem Einheitsstaat nach dem Muster der Sowjetunion leben?

Wes Brot ich ess, des Lied ich sing

Ein weiterer wichtiger Trend dieses Jahres war die strategische Neuausrichtung Russlands und Chinas. Das östliche Machtzentrum zog eine rote Linie in den Sand, und zwar nach innen genauso wie nach außen. In der Außenpolitik wurde die rote Linie in Syrien gezogen, wo man nicht erneut auf von den USA und ihren Verbündeten eingebrachte UN-Resolutionen und »Flugverbotszonen« hereinfallen wollte. In der Vergangenheit wurden derartige Flugverbotszonen lediglich genutzt, um ungestört einen Bombenkrieg gegen das jeweilige Land führen zu können. Und der letzte lehrreiche Fall in dieser Sache war Libyen im Jahr 2011. Auf diese Lektion nicht zu reagieren hätte bedeutet, den USA und der NATO das Feld zu überlassen. Und mit »Feld« ist in diesem Fall der Erdball gemeint. Aber die Gesetze dieser globalen Auseinandersetzung verlangten es auch, im Innern eine rote Linie zu ziehen. Dem Treiben vom Ausland bezahlter »Gutmenschen-Organisationen« musste Einhalt geboten werden. Denn im Ernst: Was hat irgendjemand davon, wenn von den USA bezahlte »Wahlbeobachter« oder »Menschenrechtler« Russland der Wahlfälschung oder der Menschenrechtsverletzungen anklagen? Objektiv werden solche Beschuldigungen wohl kaum sein – auch hier gilt nämlich das Motto: Wes Brot ich ess, des Lied ich sing.

Katastrophen helfen Präsidenten

2012 gab es noch einen weiteren auffälligen Trend: die Nutzung von Katastrophen für Präsidentschafts- oder Parlamentswahlen und andere politische Zwecke. Als Erstes wäre da der französische Präsident Nicolas Sarkozy zu nennen, der versuchte, von den Attentaten von Toulouse und Montauban (März 2012) zu profitieren. Tatsächlich schienen ihm diese Anschläge für seine Situation propagandistisch genau auf den Leib geschneidert zu sein. Der Nächste war US-Präsident Barack Obama, dem rechtzeitig zu den Präsidentschaftswahlen Anfang November 2012 Hurrikan »Sandy« zu Hilfe kam. Und schließlich wäre noch der israelische Ministerpräsident Benjamin »Bibi« Netanjahu zu nennen, dem der neue Gaza-Konflikt im November 2012 gerade recht kam, um sich vor den Parlamentswahlen im Januar 2013 als starker

Mann zu inszenieren und außerdem Palästinenserpräsident Mahmud Abbas den Auftritt vor den Vereinten Nationen zu verderben. Am 29. November 2012 begingen die Vereinten Nationen nämlich den »Tag der Solidarität mit dem palästinensischen Volk«. Denn was kaum noch jemandem bewusst ist: Der Palästinenserstaat ist eigentlich längst beschlossene Sache. Am 29. November 1947 entschied die UN-Generalversammlung, Palästina in einen jüdischen und einen arabischen Staat zu teilen (Resolution 181). Ein Beschluss, den manche allzu gern vergessen machen würden. Aus diesem Anlass wollte Abbas bei den Vereinten Nationen den Beobachterstatus für Palästina beantragen, einen Status, den gewöhnlich eigenständige Staaten erhalten können. Nun aber schadeten die Raketen der Hamas dem Vorhaben. Ja, wäre der neue Gaza-Konflikt nicht »ausgebrochen«, man hätte ihn glatt erfinden müssen. Denn um dieselbe Zeit (13.11.2012) begann auch noch die Exhumierung des am 11. November 2004 unter mysteriösen Umständen verstorbenen ehemaligen Palästinenserpräsidenten Jassir Arafat. Da der Verdacht besteht, dass Arafat vergiftet wurde, soll die Leiche einer toxikologischen Untersuchung unterzogen werden.

Der strukturelle Krieg gegen die Menschheit

Der wichtigste und »tödlichste« Trend besteht jedoch in der galoppierenden Auflösung von Grenzen und der gesellschaftlichen Desorganisation. Vier drastische Beispiele wurden uns in diesem Buch vor Augen geführt. Erstens die Auflösung der Kunst durch den von der CIA geförderten »abstrakten Expressionismus« und durch Sprüche wie »Alles ist Kunst«. Wenn Joseph Beuys' Diktum stimmt, dann ist allerdings nichts mehr Kunst. Zweitens die Zerstörung der globalen Bildungssysteme durch »Inklusion«, also die Aufnahme (geistig) behinderter Schüler in die Regelschulen. Wie wir gesehen haben, wird dies nicht nur für behinderte und nichtbehinderte Schüler verheerende Folgen haben, sondern am Ende auch für die Bildung und Entwicklung der gesamten Menschheit. Drittens die Auflösung der familiären Organisation und in der Folge die zentrale Betreuung und Abfütterung Zehntausender Kinder. Im Jahr 2012 durften wir die Folgen in Form einer Magen-Darm-Epidemie bei 11 000 Schülern im Osten Deutschlands besichtigen. Viertens die Auflösung der Grenzen zwischen einzelnen menschlichen Körpern durch die sogenannte Organspende (um dieses Thema hier einmal ausschließlich abstrakt zu betrachten). Ein fünftes Beispiel habe ich noch gar nicht erwähnt, und zwar den Irrsinn, den ein Regisseur namens Jan-Philipp Gloger 2012 mit Georg Büchners Drama *Leonce und Lena* trieb. Einem Bericht von *Deutschlandradio Kultur* zufolge hat er »sämtliche Figurenbezeichnungen aus dem Stück getilgt und es als einen einzigen durchgängigen Fließtext gelesen, etliche Szenen gestrichen, dafür Passagen aus anderen Büchner-Schriften (aus Briefen zum Beispiel, anderen Dramen oder der Prosa) eingefügt, um diese Textmasse schließlich wieder neu auf zwei Darsteller, eben auf den doppelten Leonce, aufzuteilen.« Damit nicht genug, ist die Hauptperson Prince Leonce männlich und weiblich zugleich. So hat Regisseur Gloger also nicht nur die Grenzen zwischen einzelnen Figuren, sondern auch zwischen verschiedenen Dramen des Dichters sowie zwischen den Geschlechtern aufgelöst. Besser lassen sich Desorganisation und Auflösung kaum noch illustrieren. Der Kampf gegen diese allgegenwärtige strukturelle Auflösung müsste daher eigentlich die wichtigste menschliche Aufgabe der nächsten Jahrzehnte sein, mindestens so wichtig wie der Umweltschutz. Wie gesagt, die soziale Struktur ist nicht irgendetwas, sondern gehört, wie die soziale Organisation bei anderen Säugetieren (z.B. Primaten), zu den Überlebenswerkzeugen einer hochentwickelten Spezies. Ohne funktionierende soziale Organisation wird die betreffende Art untergehen.

Nachwort

Und was meinen Sie: Sind wir ein Stück weit aus Platons Höhle herausgekommen? Ich glaube schon. Das Problem ist natürlich, dass man nur einige wenige Trugbilder untersuchen kann. Dennoch wäre es nützlich, sich über unsere mediale Bilderwelt noch ein paar Gedanken zu machen. Und zwar sollte man sich überlegen, wo zwischen Halluzination, Wachtraum, Schattenspielen und Fata Morgana diese Bilderflut einzuordnen ist. Da die Trugbilder nicht beim Betrachter selbst entstehen, wohl am ehesten bei der Fata Morgana. Oder beim Schattenspiel. Wobei es noch einen wichtigen Unterschied zu Platons Höhle gibt: Glaubwürdig wirkende Erzähler (sogenannte Moderatoren) machen uns weis, dass es sich bei den Trugbildern um Wahrheit und nichts als die Wahrheit handele. In Wirklichkeit sind sie jedoch nur die Bewacher unserer Höhle, die wir schnellstens beiseitestoßen sollten, um selbst endlich ans Tageslicht zu gelangen.

Dabei wünscht Ihnen für das Jahr 2013 viel Erfolg:

Ihr
Gerhard Wisnewski

München, 30. November 2012

Bildnachweis

Fotos: Achilles S. 118; S. 330, S. 344; dpa/picture alliance S. 17, S. 40, S. 69 Landov, S. 165, S. 207; NASA S. 252; Wisnewski S. 77, S. 102, S. 109, S. 111, S. 115, S. 116, S. 117, S. 121, S. 123, S. 137, S. 221.

Register

9/11-Attentate 75 ff., 137, 276 ff.
– Generation 69, 90–101
– Hollywood 56 ff., 63 f.

Abbas, Mahmud 350
Abraham Lincoln (Schiff) 79
Accor 83
ADAC 255
Admiral Tschabanenko (Schiff) 196
Afghanistan 48, 61, 192, 194, 317
Agee, Philip 318
Ahmadinedschad, Mahmud 66, 69, 103 ff., 120 f., 127–135, 338 ff.
Ahnen, Doris 342
Ainis, Michele 253, 255 f.
al-Assad, Baschar 150, 164, 174, 193, 196
Aldrin, Edwon E. 269
Aleppo 275
al-Gaddafi, Muammar 42, 128, 137, 146–150
American Committee for a United Europe 320
American Fund for Free Jurists (AFFJ) 181
Amnesty International 159 f., 165, 175 ff., 179–193, 197, 318
Anders, William A. 269

Andrade, Mario 79 f.
Antidiskriminierungsstelle für Menschen mit Migrationshintergrund (AMIGRA) 211, 213
AOL 71 f.
Apnoe-Test 247
Apple 252
Arafat, Jassir 350
Archer, Dennis 331
Armstrong, Neil 252, 269, 271 ff.
Arnim, Hans-Herbert von 171
Asmuss, Erika 189
Assange, Julian 165
Association of Space Explorers 274
Astor, David 194
Aurora, Amoklauf von 207, 216–239, 340
Aust, Stefan 26 f.
Axelrod, David 331
Ayatollah 140

Bahr, Daniel 251
Baker, Eric 188 f.
Ballack, Michael 303
Bandbreite (Band) 94, 96 f.
Barschel, Uwe 136
Dazin, Sebastien 83
BBC 150 f.
Bean, Alan L 270
Beck, Dov 339

Beck, Thomas 242
Beck, Volker 131
Becker, Verena 207
Beckmann, Reinhold 241 ff.
Beckstein, Günther 23
Begich, Nick 336
Ben Bella, Ahmed 147 f.
Benenson (Solomon), Flora 181
Benenson, Peter 180–188, 318
Berndt, Christina 241
Bertelsmann 192
Betreuungsgeld 343 f.
Beuys, Joseph 329, 350
Bilderberger 166 f., 254
bin Laden, Osama 56, 252, 261–267
Birkner, Stefan 132, 136
Blobner, Manfred 246
Bloomberg, Michael 332
Bock, Olaf 198
Böll, Heinrich 189
Bonnet, Yves 87
Boos, Reinhard 27
Borman, Frank F. 269
Bosnien 152
Boxhall, Joseph Groves 111
Boyle, Francis 179
Braden, Tom 325, 327
Brandhorst, Anette 326
Brandhorst, Udo 323, 326
Brandt, Tino 21
Brandt, Willy 57
Braunmühl, Gerold von 22, 27
Breivik, Anders 102

Bremen (Schiff) 107, 112
Brillat-Savarin, Jean Anthelme 301
Brinkmann, Bernd 295 f.
Broder, Henryk M. 104
Brown, Lee P. 331
Bruckheimer, Jerry 59
Brunkhorst, Angelika 131
Brutkastenlüge 173, 177, 179
Buback, Siegfried 22, 207
Buchanan, Tom 184 f.
Büchner, Georg 351
Bückeburg, Jägerkaserne 258
Budowle, Bruce 265
Bundesanwaltschaft 23–27, 342
Bundesgerichtshof 18, 25
Bundeskriminalamt (BKA) 22 ff.
Bundesrat 48, 165, 289 f.
Bundesverfassungsgericht (BVG) 43, 48 f., 171, 275
Bundesversammlung 47, 69
Bundeswehr 48, 252, 258 ff.
Burgas, Anschlag von 207
Bush, George H. W. 177
Bush, George W. 57, 61, 63 f., 317
Bushido 165, 200–206
Byars, James Lee 325

Carl Vinson (Schiff) 79
Carter, Jimmy 317
Castro, Fidel 148
Center for American Progress 192

Center for Strategic and International Studies 191
Cernan, Eugene A. 268 ff.
Chamberlain, John 325
Chamenei, Ayatollah Ali 124 f., 130
Chávez, Hugo 148, 303
Cheney, Dick 80
Chile 318
China 193 ff., 199, 348
Chossudovsky, Michel 196 f.
Christie, Chris 332
CIA 181, 187 ff., 318 ff., 323–327, 330, 350
Clark, Ramsey 177 f.
Clark, Wesley 174
Clinton, Hillary 191
Collins, Michael, A. 269
Conrad, Charles P. 270
Costa Concordia (Schiff) 17
Council on Foreign Relations (CFR) 191 f.
Counter Intelligence Corps (CIC/DIA) 189
Curiosity (Mars-Rover) 252, 303, 307–316

Dahl, Daniela 52 f.
Dahlerup, Benedicte 249
Dark Sanctuary 202 f.
Datenschutz 69
Dates, Corbin 224 ff., 232 f.
Davidsson, Elias 112, 133
DCRI 87

Dekker, Laura 17, 31–39
Del Ponte, Carla 156 ff.
Delmenhorst, Volkshochschule 134 f.
Denunziation 211 ff.
Deutsche Stiftung Organtransplantation (DSO) 241 ff.
Deutscher Bundestag 27, 43 ff., 48, 165, 171, 200–207, 251, 289 f.
Deutscher Lehrerverband 281, 288
Deutsches Medizin Forum 247
Dimmu Borgir 202 f.
Documenta 165, 329
Döner-Morde 17–23, 25, 28 ff.
Donovan, William 320
Dorn, Michael 292 ff., 296 ff.
Dritter Weltkrieg 165, 193–199
DST 87
Duke, Charles M. 270
Dulles, Allen 320
Dynamit 320 f.

Ehmke, Horst 57
Eisvogel, Alexander 27
Elsässer, Jürgen 112
Emmerich, Roland 64
Encyclopedia Britannica 69
Energiesparlampe 51 f.
Engelbach, David 62
Enteignung 252–258
Enterprise (Schiff) 17, 69, 74–81
Epstein, Jay 83

Equitalia 256 ff.
Erdmann, Wilfried 36
Erdoğan, Recep Tayyip 148
Erfurt, Amoklauf von 236
Europa, quasi-absolutistische Herrschaft in 165–172
Europäische Atomgemeinschaft (EURATOM) 167
Europäische Union (EU) 303, 317–322, 345 ff.
Europäische Wirtschaftsgemeinschaft (EWG) 167
Europäische Zentralbank (EZB) 275
Europäischer Gerichtshof (EuGH) 149, 260 f.
Europäischer Stabilitätsmechanismus (ESM) 17, 43 ff., 47 ff., 165, 171
Europarat 317, 320
Evans, David 248
Evans, Ronald E. 270

Facebook 40
false-flag-attack 75 ff.
Farrakhan, Louis 148
Fatwa 137–146
Fiskalpakt 17, 165
Flavin, Dan 325
Flierl, Ralf 112
Flughafen Berlin Brandenburg 137
Focke, Arnd 244
Focke, Renate 244 ff.

Fox, Mark 81
Frankreich 275, 319
Freie Deutsche Jugend (FDJ) 189
Freundes- und Förderkreis der Jüdischen Gemeinde Delmenhorst 132, 135
Friedensnobelpreis 303, 317–322
Friedrich der Große 344
Friedrich, Hans-Peter 200, 203
Fromm, Heinz 27, 207
Fuchs, Richard 250
Fußball-Europameisterschaft 165

Ganser, Daniele 96 f.
Garaudy, Roger 148 f.
Gauck, Joachim 47 ff., 69, 171
Gaza 349
Gellert, Ralph 312
Generation 9/11 69, 90–101
Gesellschaft für deutsche Sprache 28
GlaxoSmithKline 54
Gloger, Jan-Philipp 351
Goldman Sachs 254
Golos 198
Google 69–74
Gorch Fock (Schiff) 261
Gordon, Richard F. 270
Gore, Al 318 f.
Gottschalk, Thomas 33 f., 37
Gouverneursrat 43
Grass, Günter 102, 134
Greenberg, David 192
Greinert, Christian 244

Greinert, Renate 244
Griechenland 69, 165
Großbritannien 319
Grotzinger, John 310 f.
Guantánamo 137, 317
Gum'a, Ali 140
Guttenberg, Karl-Theodor zu 200, 203

HAARP 336
Haider, Jörg 136
Haise, Fred W. 270
Halogenlampe 50 ff.
Hamas 350
Heisig, Kirsten 219, 275, 292 ff., 298
Henkel, Hugo 326
Henkel, Wilhelm 168
Henn, Frank 94 f.
Hensch, Henning 155
Herman, Eva 44
Herrhausen, Alfred 22, 27
Hetzpropaganda 173 f.
Hill & Knowlton 177, 180
Hirntod 243–249
Hitchens, Christopher 318
Hitler, Adolf 29, 74, 168, 345
Höcker, Ralf 337
Hoffmann, Jeannine 149
Hollande, François 82, 84, 102, 137
Hollywood 40, 55–66
Holmes, James Eagan 217, 219–234, 237

Hopper, Edward 324
Horn, Alexander 19
Horváth, András 316
Hübscher, Claus 112 f., 131–136
Hula, Massaker von 137, 150–164
Human Rights Watch 159, 179, 191, 197
Hurrikan „Sandy" 303, 330–336, 349
Hussein, Saddam 74, 177 f.
Hustinx, Peter 73

Ibn-Ziaten, Imad 81
Inklusion 275, 279–292, 343, 350
Institute for Creative Technologies (ICT) 62
Institute of Technology 312
Intergovernmental Panel on Climate Change (IPCC) 319
International Commission of Jurists 181, 187, 318
International Organisations Division (IOD) 325, 327
Internationaler Währungsfonds (IWF) 44
IP-Adresse 70 f.
Irak 60 f., 63 f., 66, 147, 151 f., 173 f., 177 ff., 192, 194, 266, 317
Iran 11 f., 61, 63, 69, 174, 191–196, 199, 338 f.
– Auslöschung Israels 102–106
– Frauen 118–125

– Geburtenrate 124 f.
– Ölembargo 17
–, Reise nach 102, 112–136
– Todesfatwa 137–146
–, USA gegen 69, 74–81, 319 f.
–, Visum für 40, 66 ff.
– Zentrum für Frauen und Familienfragen 120 f.
Iran Air 112 f.
Irisch-Republikanische Armee (IRA) 318
Irwin, James B. 270
Israel 76, 102–106, 150, 319, 339
Italien 252–258
ixquick 70, 72 ff.

Jaeckel, Achim 247
Jagland, Thorbjørn 320
Jasper, Dirk 65
Juden 135, 148, 338 ff.
Jugoslawien 152 f., 156, 192
Jung, Michael 29
Justice 181, 187

Kachelmann, Jörg 337 f.
Kahn, Jeffrey 266
Kambodscha 318
Kelley, Mike 325
Kennedy, John F. 235 f.
Khan, Jehangir 263 f.
Khomeini, Ruhollah 139, 144 ff.
Kiepenheuer & Witsch 190
Kindler, Sven-Christian 131 f.
Kirste, Günter 241 ff.

Kissinger, Henry 166 ff., 318, 320
Kleber, Claus 134
Klitschko, Vitali 40
Kock-Jensen, Carsten 250
Köhler, Horst 43, 290
Koletzek, Helmut 135
Kongress für kulturelle Freiheit 188 f.
Koons, Jeff 323, 325
Körner, Carl Theodor 172
Kosovarische Befreiungsarmee (UÇK) 152, 155 f., 158
Kosovo 152–159
Kraus, Josef 281, 288
Kreil, Tanja 260
Kriegsgründe, inszenierte 74–81
Kromka, Billy 223
Kuhn, Fritz 303
Kultusministerkonferenz (KMK) 290
Kuttner, Sarah 209
Kuwait 173, 177 ff.

Lafer, Johann 342 f.
Laika (Hündin) 267 f.
Laridschani, Maryam 120, 122
Larsson, Maria 55
Lauro, Marco di 151
Lawrow, Sergei 153
Le Bon, Gustave 14
Lee, Paul 111
Leonow, Alexej 273 f.
Lerma, Xavier 195, 199

Lesch, Harald 273
Leuchter, Fred 149
Liao Yiwu 165
Liberty (Schiff) 76
Libyen 48, 146–150, 152, 156, 174, 176, 183, 191 f., 194 ff., 275, 318 f., 349
Linke, Detlef 248
Littbarski, Pierre 115
Liu Xiaobo 28
Livingston, Ben 335
Long, Rick 266
Loquai, Heinz 155
Lorant, Werner 115
Loreen 137
Lovell, James A. 269 f.
Lufti, Radwan 161
Lusitania (Schiff) 75
Lutz, Dieter 156
Lynch, Jessica 60 f.

MacBride, Seán 181, 187, 318
Madea, Burkhard 295 f.
Magen-Darm-Epidemie 275, 299, 301 f., 342, 351
Mahathir bin Mohamad, Tun 148
Maine (Schiff) 75
Mancini, Ange 84
Mandela, Nelson 148
Männerenzyklopädie 303–307
Marinez, Javi 252
Mars 232, 303, 307–316
Martin, Jesse 38
Marty, Dick 158

Marx, Karl 47
Massaker 150–164, 174
Matthews, Chris 333
Mattingly, Thomas K. 270
Mätzler, Armin 295 f.
Maurer, Kevin 266 f.
Mayor, Federico 282 f.
McGhee, George 167
Menschenrechte 146–150
Menschenrechtsverein für Migranten e. V. 119
Menzel, Jörg 149
Merah, Mohamed 84–90
Meridor, Dan 103, 105, 132
Merkel, Angela 47, 137, 290
MI5/MI6 188
Milošević, Slobodan 152 f.
Minkenberg, Hubert 94 f., 98
Mitchell, Edgar D. 270
Mobile Beratung für Opfer rechter Gewalt 213
Moderne Kunst 323–329
Molins, François 88
Möllemann, Jürgen 136
Mond 252
Montazeri, Hossein, Ali 130
Monti, Mario 254
Mood, Robert 160, 162
Muggel 12 ff.
Muñoz Villalobos, Vernor 204 f., 288
Museum Brandhorst 303, 323, 325, 327
Museum of Modern Art 327

Nabili, Teymoor 103 ff.
Naghi, Imam 139, 141 ff.
Najafi, Shahin 138 ff., 142 ff., 146
Napoleon Bonaparte 42
Narkolepsie 40, 52 ff.
NASA 307–311, 313 ff.
Nationalsozialistischer Untergrund (NSU) 17–27, 84 f., 207, 340 f.
NATO 11 f., 127 f., 147, 150–154, 156, 174 ff., 192, 196, 318, 349
Naturei Karta 339
Nauman, Bruce 325
Navy Seal 261–267
Neckermann 207
Nelkenrevolution 183 f.
Netanjahu, Benjamin 106, 349
Nichtregierungsorganisation (NRO) 198 ff.
Nimmo, Kurt 336
Nobel, Alfred 317, 320 ff.
Nobel, Immanuel 321
Nobel, Ludvig 322
Nordkorea 61
Northwood (Operation) 76
Nossel, Suzanne 190 ff.
Nox Arcana 202 f.

Oates, Dan 218, 224, 234
Obama, Barack 217, 237, 261, 317 f., 320, 330 ff., 349
OECD 291
Olympische Sommerspiele 29, 207

Oppermann, Thomas 203
Organraub 157 ff.
Organspende 207, 240–251, 351
Ortega, Daniel 148
Orwell, George 184
Oswald, Lee Harveyy 235
OSZE 155
Özoguz, Fatima 133

Pakistan 317
Palästina 350
Pandemrix 53 f.
Panetta, Leon 17, 75, 78
Paralympics 275
Parlamentarisches Kontrollgremium (PKG) 341
Patsy (Operation) 236
Pearl Harbor 58 f., 75, 77 ff.
Pentagon 62, 66, 174, 262, 266 f.
Perry, Avi 79
Petersen, Wolfgang 65
Petraeus, David 330
Pfeifer, Henning 108, 110
Philby, Kim 181, 184
Pierlings, Tobias 149
Portugal 182 ff.
Power, Jonathan 187
Powers, Grace 222 f., 229 f., 233
Prinz Adalbert (Schiff) 107
Putin, Wladimir 69, 195, 197 ff., 330

Q-Cells 102
Querry, René-Georges 83 f.

Rabben, Linda 185
Rahmel, Axel 241
Ramdohr, Günter 320
Ramelow, Bodo 131
Rand, Ayn 92
Rassismus, provozierter 207–216
Recherche Assistance Intervention Dissuasion (RAID) 84 f., 89
Rehorek, Stephan 107 ff., 112
Reiter, Thomas 273
Rest, Franco 243
Reuters 128 f.
Richter, Gerhard 303
Robert-Koch-Institut 299
Rockefeller, David 167
Rogosin, Dimitri 196
Rohwedder, Detlev Karsten 22
Romney, Mitt 331 ff.
Roosa, Stuart A. 270
Roosevelt, Theodore 317
Rösler, Philipp 131
Rote Armee Fraktion (RAF) 21 f., 27
Rothko, Mark 323, 325, 327 ff.
Rothschild, Victor 181
Rotkovich, Glenn 228
Röttgen, Norbert 137
Roughead, Gary 78
Ruge, Gerd 188
Rugovo, Massaker von 153 ff.
Rushdie, Salman 139, 143 ff.
Russland 69, 193–199, 207, 348 f.

Safaverdi, Sousan 120
Safi-Golpajegani, Ali 139 f.
Saipa 115, 117
Samsung 252
Sarkozy, Nicolas 69, 81–85, 102, 216 f., 237, 332, 340, 349
Scarrott, Joseph 110 ff.
Schabiha-Milizen 162 f.
Schachtschneider, Karl-Albrecht 346 f.
Schack, Ramon 125
Scharping, Rudolf 154, 156
Schäuble, Wolfgang 49, 137, 169
Schirasi, Makarem 143, 146
Schirrmacher, Frank 273
Schlafkrankheit 53
Schlecker 17
Schmid, Claudia 340
Schmitt, Harrison H. 270
Scholz, Olaf 290
Schröder, Gerhard 133
Schule 275, 279–292
Schulessen 298–302, 342 f.
Schulz, Martin 17
Schumacher, Michael 330
Schütze, Peter 299
Schwanitz, Sonia 99
Schwarzer, Alice 337 f.
Schweinegrippe-Impfung 40, 52 ff.
Scott, David R. 270
Seehofer, Horst 200
Sellars, Kirsten 186
Serdjukow, Anatoli 330

Shaaban, Bouthaina 194
Shawcross, Hartley 181
Shepard, Alan B. 270
Silverstein, Larry 276 ff.
Simms, Timothy 65
Sippel, Thomas 27, 207
Smith, William Alden 110
Sodexo 302
Sofitel (Hotel) 83 f.
Solomon, Harold 181
Solomon, Peter James Henry 180
Sostmeier, Carsten 29 f.
Souza, Steven de 62
Sozialistische Einheitspartei Deutschlands (SED) 189
Spahn, Jens 251
Stafford, Thomas P. 269
Stalin, Josef 345
startpage 73 f.
Statoil 330
Steinbrück, Peer 166
Steinmeier, Frank-Walter 251, 290
Stengel, Charles 109 f.
Stern, Carola 188 f.
Stetten, Christian von 200, 204
Stevens, Chris 275
Stiftung Eurotransplant 241
Stolper, Edward 312
Strahlungsgürtel 267 f.
Strauss-Kahn, Donimique (DSK) 83 f.
Street, John F. 331

Suchmaschine 69–74
Swann, Robert 187
Swigert, John L. 270
Sylvester, William 227
Syrien 12 f., 40, 75 f., 150 ff., 159–165, 172–177, 183, 191–196, 199, 275, 349

Tegnell, Anders 55
Thaçi, Hashim 158
Thüringer Heimatschutz 21
Titanic (Schiff) 102, 106–112
Tocqueville, Alexis de 15
Tonkin-Zwischenfall 75 f.
Toulouse/Montauban-Attentate 69, 81–90, 340, 349
Trittin, Jürgen 166
Tschador 122 f., 125 f.
Twombly, Cy 323 ff., 327 ff.

Ullrich, Carsten G. 90, 94, 98
Umweltbundesamt 52
UNESCO 282 f., 290
Unité de coordination de la lutte anti-terroriste (UCLAT) 83
United Kingdom Independence Party (UKIP) 51
Universität 93 ff.
– Duisburg-Essen 90, 94, 99 ff.
US Navy 76, 78, 80
US Special Forces 266
USA gegen Iran 69, 74–81, 319 f.
Utøya, Massaker von 220, 236

Valls, Manuel 89
Vereinte Nationen (UNO/UN) 146, 149f., 156, 160ff., 191, 282ff., 288ff., 319f., 339, 349f.
– Behindertenrechtskonvention 289f.
– Menschenrechtsrat 146f., 150, 162, 190, 192
– Sicherheitsrat 152f., 198f.
Verfassungsschutz 17–27, 30, 207, 340
Vergewaltigung 258ff.
Vietnam 318
Voßkuhle, Andreas 49

Warhol, Andy 323, 325, 328
Washington, Harold 331
Watson, Jessica 31
Weltgesundheitsorganisation (WHO) 53, 55
Weltumsegelung 17, 31–39
Westerwelle, Guido 133, 161
White, Michael R. 331
Whitney, John Hay 327
WikiMANNia 303–307
Williams, Anthony A. 331
Wilson, Woodrow 317
Winfrey, Oprah 56
Wong, Wendy H. 187
Worden, Alfred M. 270
World Trade Center Properties LLC 278
World Trade Center, Pächter des 275–279
Wostoksee 40
Wulff, Christian 30, 40–50, 171, 337f.

Yaşar, Ismail 342
Young, John W. 269f.
YouTube 70

Ziegler, Jean 147
Zito, Joseph 62
Zschäpe, Beate 18, 26f., 341f.
Zwickauer Zelle 18, 21f.
Zypern 318

Gerhard Wisnewski

Drahtzieher der Macht

Die Bilderberger – Verschwörung der Spitzen von Wirtschaft, Politik und Medien

Angela Merkel war dabei. Joschka Fischer war dabei, ebenso Henry Kissinger, David Rockefeller und Josef Ackermann. Seit 1954 trifft sich jedes Jahr ein diskreter Zirkel der Mächtigen aus Wirtschaft, Politik und Medien: die Bilderberger. Gerhard Wisnewski deckt die Geschichte dieser geheimen Elite auf, er nennt die Teilnehmer, ihre Ziele und Absichten. Ein Aufdeckerbuch im besten Sinne – mit hohem Medienpotenzial.

KNAUR TASCHENBUCH VERLAG

10 Jahre danach

Gerhard Wisnewski

Operation 9/11

Der Wahrheit auf der Spur

In der aktualisierten Neuausgabe seines Bestsellers deckt Gerhard Wisnewski anhand neuer Indizien die zahlreichen Lügen und Fälschungen in der offiziellen Darstellung der Attentate auf das World Trade Center und das Pentagon auf.
Das brisante Dossier über die wahren Hintergründe des 11. September.

KNAUR TASCHENBUCH VERLAG